北京师范大学
国际与比较教育研究院
Institute of International and Comparative Education, BNU

中国比较教育研究50年

总主编　顾明远　　执行主编　曲恒昌

质量与权益

教师管理政策与实践

本卷主编　张瑞芳

山东教育出版社

图书在版编目(CIP)数据

质量与权益/张瑞芳主编.—济南:山东教育出版社,2015
(中国比较教育研究 50 年/顾明远,曲恒昌主编)
ISBN 978－7－5328－9151－1

Ⅰ.①质…　Ⅱ.①张…　Ⅲ.①比较教育学
Ⅳ.①G40-059.3

中国版本图书馆 CIP 数据核字(2015)第 244023 号

质量与权益

教师管理政策与实践

本卷主编　张瑞芳

主　管:山东出版传媒股份有限公司
出版者:山东教育出版社
　　　　(济南市纬一路 321 号　邮编:250001)
电　话:(0531)82092664　传真:(0531)82092625
网　址:www.sjs.com.cn
发行者:山东教育出版社
印　刷:济南继东彩艺印刷有限公司
版　次:2015 年 11 月第 1 版第 1 次印刷
规　格:710mm×1000mm　16 开本
印　张:29 印张
字　数:448 千字
书　号:ISBN 978－7－5328－9151－1
定　价:49.00 元

"中国比较教育研究 50 年"丛书编委会

总序

我国比较教育研究始于 20 世纪 20 年代,最早的研究著作是 1929 年商务印书馆出版的庄泽宣所著《各国教育比较论》。当时,各师范院校开设了比较教育课程,但新中国成立以后就中断了,外国教育研究只以苏联教育为对象,作为我国教育改革的样板。直到 1964 年,国务院外事办公室批准在高等学校设立外国研究机构,才开始研究其他国家的教育,但仍然没有把比较教育作为一门学科来研究,只是介绍一些外国教育的制度和动向。直到改革开放以后,1980年,教育部邀请美国哥伦比亚大学比较教育学者胡昌度来北京师范大学讲学,比较教育才在我国师范院校开始恢复。

1964 年高等学校建立外国研究机构时,北京师范大学外国教育研究室就在原来的基础上扩建,并接受当时中宣部的委托编辑出版《外国教育动态》杂志,供地市级领导干部参阅。该刊经认真筹备于 1965 年正式出版。可惜好景不长,1966 年“文化大革命”开始,杂志被迫停刊,研究人员下放劳动。1972 年在周恩来总理对我国外事工作的关怀下,研究室开始恢复工作,《外国教育动态》以内部资料的形式又编辑了 22 期。改革开放以后,我国在拨乱反正、恢复教育秩序的时候,迫切希望了解世界教育发展的动向和经验,经国务院方毅副总理批准,《外国教育动态》得以复刊并在国内外公开发行,1992 年该刊更名为《比较教育研究》。从 1965 年创刊至今,曲折坎坷地走过了 50 年。

应该说,《比较教育研究》及其前身《外国教育动态》在我国比较教育学科的建设以及国家教育改革中作出了不可磨灭的贡献。

改革开放 30 多年来,我国比较教育研究走过了几个阶段:

第一个阶段,1978 年至 1985 年,是描述、介绍外国教育研的阶段。这一时期主要是介绍美、英、法、西德、日、苏 6 个发达国家的教育制度和教育思想。介绍了在国际教育上有较大影响的四大流派,即:以皮亚杰、布鲁纳为代表的结构主义教育思想、布鲁姆的教育目标分类思想、赞可夫的发展教育思想和苏霍姆林斯基的和谐教育思想。1982 年由王承绪、朱勃、顾明远主编的新中国第一本比较教育教材问世。

第二个阶段,1986 年至 1995 年,是国别研究和专题研究阶段。进入 20 世纪 80 年代中期以后,比较教育界认识到,要借鉴外国教育的经验,必须对各个国家的教育发展进行深入系统的研究,才能把握各国教育的本质特点和发展脉络,于是开始了国别研究,对 6 个发达国家的教育作了较为系统的研究。除国别研究外,许多学者开始进行专题研究和专题比较,如各级各类教育比较、课程比较和各种教育思想流派的评介。

第三个阶段,1996 年至本世纪初,是深入和扩展研究的时期。从上个世纪 90 年代中期开始,我国比较教育研究扩展到许多发展中国家,特别是我国周边国家的教育,研究内容也从教育制度发展到课程、教育思想观念、培养模式和方法、国际教育、环境教育、比较教育方法论等诸多方面。同时,比较教育关注到教育与国家发展及国家宏观教育发展战略的比较研究,以及各国民族文化传统关系的研究。如“巴西、俄罗斯、印度、中国四国教育发展与国家竞争力的比较研究”、“民族文化传统与教育现代化研究”等,重视教育与国家发展的研究;随着我国新一轮课程改革,研究介绍了各国课程改革的经验。

第四个阶段从本世纪初至今,进入全球化时代的国际比较教育研究。我国比较教育学者开展了国际问题的研究,关注国际组织有关教育的政策及其对世界教育的影响;开展了各国教育国际化的研究;更加深入地研究各国教育公平的政策和提高教育质量的改革和举措。

我国比较教育发展的这几个阶段的研究成果在《比较教育研究》刊物中均有反映。《比较教育研究》有几个特点:一是最早、最快、最新地反映国际教育改革的动向。例如,较早地介绍美国的《国防教育法》和拉开了世界教育改革序幕的 1983 年美国高质量教育委员会的《国家在危险中,教育改革势在必行》;最早介绍终身教育思想；最早地把文化研究引进比较教育；较早地研究国际组织的教育政策等。这些研究对我国的教育改革都起到了一定的借鉴作用。为此，借《比较教育研究》创刊 50 周年之际，我们选择刊物中的有价值有质量的文章编辑成册，它们是：《定位与发展：比较教育的理论、方法与范式》《博学与慎思：当代教育思想与理论》《均衡与优质：教育公平与质量》《问责与改进：高等教育评估与质量保障》《光荣与梦想：世界一流大学建设》《理念与制度：现代大学治理》《创新与创业：21 世纪教育的新常态》《流动与融合：教育国际化的世界图景》《转型与提升：教师教育的改革与发展》《质量与权益：教师管理政策与实践》《传承与建构：课程与教学理论探索》《效率与公平：择校的理论、政策与实践》。

这既是一种历史的记忆，又为我国今后的教育改革保存一份有价值的遗产。我想，读者可以从中找到世界教育发展的痕迹，并得到某种启发。

是为序。

2015 年 10 月

目 录

师资配置与聘任

教师评价与待遇

教师权利与义务

导　言

教育对于人类社会的意义与价值，不言而喻，而教师在其中的重要性更是毋庸置疑。古今中外，无数先贤、政要、学者，以及民众对此有清晰而深刻的认识与感知。就教师对于个人的重要性而言，苏霍姆林斯基认为，每个人从童年时期开始，不论是知识领域的开拓，文明习惯的养成，乃至个性、人生观、道德观念等等的形成，教师都起着主要的，甚至有时是决定性的作用。[①]　而教师对于国家、社会的重要性有过之而无不及。我国一向强调："百年大计，教育为本。教育大计，教师为本。"

正是因为教师具有如此重要的意义，"好教师"成为社会各界最普遍、最朴素的诉求。2014 年教师节前夕，国家主席习近平同志在同北京师范大学师生代表座谈时讲到："一个人遇到好老师是人生的幸运，一个学校拥有好老师是学校的光荣，一个民族源源不断涌现出一批又一批好老师则是民族的希望。"[②]而放眼世界，在当今各国的教育改革中，提升质量与追求公平是两大主题，且教师质量的提升成为教育改革的重心。然而，由于有多重因素影响着教师质量，对于"高质量"教师的认定以及教师质量的提升，成为一项多元、复杂的系统工程，涉及教育理念、教师教育、教师管理等各个方面。本书从教师管理的角度选录

---

① 毕淑芝，王义高. 苏霍姆林斯基论教师工作[J]. 外国教育动态，1981，04：28—34.

② 习近平. 做党和人民满意的好老师——同北京师范大学师生代表座谈时的讲话[N]. 人民日报，2014—09—10.

了《比较教育研究》发表的近 50 篇文章,试图管窥各国教师管理中提升教师质量的政策与实践。

一、教育改革中的教育质量与教师质量

20 世纪 90 年代中期以来,提高教育质量逐渐成为世界各国关注的核心问题,而提升教师质量,则成为教育改革的重心。

联合国教科文组织(UNESCO)积极推动各国教育质量的提升。1990 年,UNESCO 召开了世界全民教育大会。全民教育(EFA)运动是一项全球承诺,旨在向全体少年儿童、青年和成人提供优的基础教育。2000 年,"世界教育论坛"总结全民教育开展 10 年来的经验,发布《达喀尔行动纲领》,包括我国在内的来自 164 个国家的政府承诺要实现全民教育和 2015 年前需要达成的六项目标,提升教育质量是其核心内容。2003 年,UNESCO 举办了以教育质量为专题的教育部长圆桌会议;2004 年,第 47 届国际教育大会的主题为"使所有年轻人获得高质量教育:挑战、趋势和优先领域";2005 年,UNESCO 发表的"全民教育全球监测报告:教育质量势在必行"对教育质量问题作了系统论述。21 世纪初,UNESCO 在教育部门内专门成立了提高教育质量处;2014 年举办的"世界可持续发展教育大会"以 2009 年波恩宣言为基础,阐明可持续发展教育与改善教育质量的各个方面密切相关。[1] 在"全民教育"的大背景之下,世界各国的教育改革中,提升教师质量成为重心。

有学者考察,"从 OECD 国际教育指标体系内容的主要演变与发展过程可以看出,保障高质量的教师队伍日益成为各国教育政策关注的重点"。[2] 教师队伍质量是影响学生成绩的第二大要素,仅次于学生个人特质及家庭背景;[3] 同时,教师是促进教育公平和平等的重要保证,而且低收入家庭孩子能够从高

---

① 以上内容参见联合国教科文组织官方网站[EB/OL]http://www. unesco. org/new/zh/education/. 2015−02−12.

② 李琼,丁梅娟. 国际中小学教师队伍指标建设的新趋势[J]. 比较教育研究,2012,04:63−67.

③ Santiago, P. Teacher Demand and Supply: Improving Teaching Quality and Addressing Teacher Shortages, OECD EducationWorking Paper, No. 1. Paris: OECD, 2002. ;Eide, E. , Goldhaber, D. The Teacher Labour Market andTeacher Quality. Oxford Reviewof Economic Policy, 2004,20(2):230∼244.转引自李琼,丁梅娟. 国际中小学教师队伍指标建设的新趋势[J]. 比较教育研究,2012,04:63−67.

质量教师那里获益更多。①

各国为提升教师质量做了很多努力。以美国为例,2002 年《不让一个学生掉队》法案颁布之后,尽快提高基础教育教师队伍的整体质量成为美国一项核心战略决策。2003 年,美国教学委员会发布《教学处于危机之中:教学改革势在必行》的报告,被认为标志着美国教育改革已从宏观转向中观,提高教师质量成为美国教育改革工作的重心。2004 年 9 月,美国教学委员会发布了《提升教师质量》的报告。2004 年 4 月,美国教育考试服务中心发布了"教师质量的系列报告",其中,第一份报告名为《教师质量是教育的基础》。② 作为美国基础教育改革新的发展指向,2010 年 3 月,美国教育部发布的《教育蓝图》(A Blueprint for Reform: The Reauthorization of the Elementary and Secondary Education Act)指出,要提高教师和校长的工作效率,确保每间教室都有优秀的教师,认为"决定学生成功的最主要因素不是他们的肤色、父母的收入,而是站在教室里的老师"③。

又如,韩国在 20 世纪 90 年代之后调整了数项教师管理政策,"以较高的社会地位和优厚的报酬制度吸引优秀人才不断进入基础教育教师队伍,从而有效提高了基础教育质量"④。此外,为了提高教师质量,不少国家对教师资格制度进行了改革。2009 年,日本开始实施教师资格证书更新制;2011 年起,俄罗斯根据新《国立和市立教育机构的教育工作者考核条例》开始对中小学教师进行每五年一次的素质考核,而在此之前所获得的教师资质证明一律失效;澳大利亚的中小学教师在获得正式教师资格后,也需要参加教师注册局每五年一次的考核,完成教师资格的重新注册;我国也从 2013 年 9 月出台了《中小学教师资

---

① Rivers, J. C., & Sanders, W. L. Teacher Quality and Equity in Educational Opportunity: Findings and Policy mplications. In L. T. Izumi &W. M. Evers(Eds.), Teacher Quality(pp. 13~23). Stanford, CA: Hoover Press, 2002. 转引自李琼,丁梅娟. 国际中小学教师队伍指标建设的新趋势[J]. 比较教育研究,2012,04:63—67.

② 教师质量:美国教改的下一个重心[N]. 中国教育报. 2007—03—12.

③ U. S. Department of Education. A Blueprint for Reform[R]. Washington, D. C.: United States Department of Education,2010:1

④ 姜英敏. 韩国基础教育教师职业吸引力保障制度分析[J]. 比较教育研究,2012,08:25—29.

格定期注册暂行办法》,试行中小学教师资格五年一周期的定期注册。①

　　有学者认为,社会对人才素质、对教育变革所提出的要求最终能否实现,教育改进能否产生积极的变化,很大程度上取决于教师的素质及其实践。② 这使得教师成为教育改革成败的关键。我国也提出"努力培养造就一大批一流教师,不断提高教师队伍整体素质,是当前和今后一段时间我国教育事业发展的紧迫任务"。③ 教师在教育改革中的作用越来越重要,教师不仅需要适应,而且要参与改革,同时,教师本身又是改革的一部分,这均要求教师是高质量的教师。

二、何为高质量的教师

　　各国对教师质量的重要性认识是一致的,但由于影响教师质量的因素多样而复杂,对于"何为高质量的教师"这样的问题并不容易回答。

(一) 从合格教师到优秀教师

　　对于高质量的教师,亦即"好教师",民众有自己的期许,在学术界也多有论述。中国自古就追求"经师"与"人师"的统一。从各国的实践来看,高质量的教师首先指向的是合格的教师,然后才是优秀的教师。

　　在世界范围之内,拥有"合格"的教师仍然是各国努力的目标,即使是发达国家同样面临合格教师短缺的问题,特别是在边远贫困地区以及薄弱学校中。例如,美国为解决合格教师不足的情况,某些州也实行过应急性教师资格证书(emergency certificate)、临时性教师资格证书(temporary certificate)制度④,而在《不让一个孩子掉队》法案颁布之后也提出,所有中小学核心课程教师到

---

　　① 顾明远.关于提升我国中小学教师质量的思考——基于世界各国的政策经验[J].比较教育研究,2014,01:1—5.

　　② Torres,R. M. From Agents of Reform to Subjects of Change:The Teaching Crossroads in Latin America. Prospects,2000,30(2):255—273.转引自卢乃桂,王夫艳.教育变革中的教师专业身份及其建构[J].比较教育研究,2009,12:20—23.

　　③ 习近平.做党和人民满意的好老师——同北京师范大学师生代表座谈时的讲话[N].人民日报,2014—09—10.

　　④ 王丹.美国选择性教师资格制度浅析[J].比较教育研究,2008,03:51—55.

2005—2006 学年底都必须达到合格要求①。OECD 国家中,为薄弱学校提供足够的合格教师也面临困难,例如,在新西兰,薄弱学校教师的流失率比较高②。对于发展中国家和发展较为落后的国家,提升教师质量的重任就是要扩大合格教师的数量与范围,特别是要为边远、贫困地区提供足够的合格教师。

提升教师质量同时也指向培养更多的优秀教师。优秀教师是在合格教师的基础上,对教师专业发展提出的更高要求。随着社会的发展,今日"优秀教师"的标准可能会成为日后"合格教师"的标准,在这一过程中,教师的质量得到逐步提升。在世界范围内,各国通常均有对教师质量的基本标准,突出反映在对教师任职资格的要求中。例如,英国的合格教师标准,③,新西兰的《合格教师维度》(Satisfactory Teacher Dimensions)。近年来,各国提高对教师任职资格的要求是提升教师质量最突出的表现。此外,一些国家也有优秀教师的标准,如美国的优秀教师标准④。

(二) 教师质量的评价因素

"合格教师"与"优秀教师"这些标准主要是外部推动因素对教师质量的要求,而理想中的高质量教师也指向教师内在的主动追求。随着时代的发展,对于教师的素质要求越来越高,教师质量的评价因素即教师应具备哪些素质,也越来越复杂。例如,美国教育考试服务中心在《教师质量是教育的基础》报告中特别强调教师的教学能力,认为"有效的教学需要四种类型的知识和技能:基本的学术技能、所教学科的内容知识全面、普通的和内容具体的教育学知识、面对面的教学技能"。我国学者考察美国的教师质量观,认为包括教师的学生观、学科能力、管理和监控能力、反思与批判能力、沟通与交流能力。⑤

综合各国的政策与实践,笔者认为教师质量评价因素大致包含以下四方面的内容:一是教师的道德品行;二是教师的专业知识素养;三是教师的教书育人

---

① 于长学. 美国提高中小学教师队伍素质的举措[J]. 世界教育信息. 2007(1).

② Ritchie G. Quantifying the Effects of Teacher Movements hetween Schools in New Zealand: to Schools that Hath, Shall he Given[J]. Journal of Education Policy, 2004, 19(1): 57—79.

③ 曹娟. 英国合格教师的职业标准及初任教师培训的要求[J]. 外国教育研究, 2005(3): 18—21.

④ 李宝荣. 美国优秀教师专业发展标准及认证制度[J]. 基础教育参考. 2006(6): 26—28.

⑤ 朱旭东, 周钧. 美国教师质量观及其保障的机制、管理和价值分析[J]. 比较教育研究, 2006, 05: 70—75.

技能,四是教师自身的学习能力。每一方面又各具有丰富的内容。

教师虽为众多职业之一,但人们对教师个人品行的要求往往高于其他职业,期望教师能够起到榜样模范的作用,拥有符合社会提倡的正面能量。而由于教育工作的特性,往往人们还期望教师宽容大度、公正公平,有涵养、有责任感,教师的道德品行也包含了教师的职业态度。道德品行的要求难以标准化评判,但是在教师质量评价中是一个得到积极倡导的因素,很大程度上要依靠教师的自律。

教师的专业知识素养通常包括三部分:学生观、学科知识和综合知识。教育中的师生关系对教育质量具有重要的意义,教师如何理解、认识儿童,与学生建立怎样的关系,怎样引导学生,都需要教师具有正确、科学的学生观。这既涉及教师的教育理念,也受到教师相应的教育学、心理学知识的掌握和运用的限制。在学科知识储备方面,要想教好学生,教师要拥有所授科目的专业学科知识,同时又要适当掌握其他学科的知识,要有能力在学生某一学段要掌握的所有知识中把握自己所授学科的位置。这是对教师的基本要求,因此在各国的教师资格的规定中,通常会对教师的学历做出要求,以便对教师的基本学识进行框定。但这一基本要求并不容易达到,很大程度上依赖于一国的教师教育质量。

教师教书育人的技能,通常指教学能力和教育管理能力。教师拥有合格的学科知识之后,如何将这些知识以合适的方式方法教授给学生或者引导学生进行学习,需要一定的技能与技巧,包括知识的呈现、对学生的引导、对学习效果进行反馈与评价等内容,这是教学能力。而教师还要承担教育学生成为合格公民的责任,大到对于学生的思想教育、价值观引导,小到课堂管理、班级管理、组织活动、处理学生之间的纠纷,因此教师还需要具有教育管理的能力。教师教书育人的能力是一种具有不同于学科知识的、动态的、个性的能力,这种能力通常除了文本的学习之外,更重要的是要在实践中锻炼、总结经验。因此,这一质量评价因素影响到各国教师教育中的实习制度的变革,以及新任教师成长为成熟教师过程中的实践锻炼和接受的培训。

教师自身的学习能力,涉及内容更为广泛。例如,反思批判能力、科研能力、计算机知识、网络知识,等等。近年来,随着科技的进步、社会的发展,教育受到巨大的挑战,教师面临更大的压力。面对新出现的技术与社会问题,并没有往常的经验以及现成的教科书来帮助教师,教师自身的学习能力成为应对这些新问题的关键。这使得教师如何尽快接受、学习新知识,提升自己的能力,成为教师素质的评判标准之一。

然而,由于文化等不同,对于何为高质量的教师,不同的人群有不同的认识。例如,有学者考察不同国家学生对于教师形象的期许,认为"当今学生最看重教师的职业道德,而20世纪80年代的学生则更关注教师的教学能力;与中国学生相比,日本学生同样把职业道德放在首要的位置,对教师的教学能力也相当看重,而美国学生把教师的人格特征放在了最重要的位置,最不关注教师的教学能力"[①]。

三、如何提升教师质量

教师质量的评价因素很多,提升教师质量也就成为一项多元、复杂的系统工程,UNSECO发布的《教与学:为所有人实现优质教育》(Teaching and Learning : Achieving quality for all)(2013/2014)报告认为,教师的选聘与培养是实现优质教育的一项重要策略。实践中,通常各国通过本国的教师制度、教师教育制度和教师管理制度来保障和提升教师质量。

第一,保障教师地位。教师地位包括教师的专业地位、法律地位、社会地位,以及经济地位。教师的专业地位来源于对教师专业身份的定位,"教师专业身份是教师生活和工作的组织原则,它为教师怎样行动、怎样理解自己的工作和在社会中的位置提供了参照框架"[②]。教师专业地位受到一国文化、制度的影响,教师个人、国家、其他组织与个人对教师专业身份的不同认识,会影响国家教师教育、教师管理等一系列的制度安排。"教师法律地位是指教师作为专

---

① 李琼. 学生心目中的教师形象:一个跨文化的比较[J]. 比较教育研究,2007,11:18—22.

② Sachs,J. Teacher Education and the Development of Professional Identity: Learning to be a Teacher. In Denicolo,P. , & Kompf, M. (Eds). Connecting Policy and Practice: Challenges for Teaching and Learning in Schools and Universities. Oxford: Routlege,2005.5—21. 转引自 卢乃桂,王夫艳. 教育变革中的教师专业身份及其建构[J]. 比较教育研究,2009,12:20—23.

业人员的法定条件和权利"①,是对教师专业地位的一种制度上的保障,各国有关的教师政策通常基于教师法律地位来展开。教师的社会地位,指教师因其职业所获得的声望和荣誉;教师的经济地位,指教师经济状况与生活水平。教师的社会经济地位是相对于其他人群的社会经济地位的总体衡量。现代社会,通常教师在各国均拥有较高的社会地位,尊师重教是各国普遍的理念。但是,教师的经济地位并不能与社会地位完全匹配,部分地区教师工资低、工作条件艰苦影响了人们从事教师职业的信念。而教师的社会经济地位是由教师的专业地位决定的,依靠教师的法律地位来保障,因此教师的专业地位和法律地位对于教师来说具有更为重要的意义。目前,世界各国承认教师职业的专业性,各国的教师地位有共性,但并不相同,特别是教师的法律地位差异较大。例如,就中小学教师来说,法、德、日、韩公立中小学的教师为公务员,而英美国家公立中小学教师通常为政府雇员。即使同属公务员,由于各国教师相关法律的立法权限、程序不同,使得教师的法律地位仍有差别。总的来说,各国均通过保障教师应有的地位来确保教师的职业吸引力,让更多优秀的人才进入教师队伍,从而提升教师整体质量。

第二,提升教师教育的质量。教师质量的提升非常重要的一环是提高教师教育的质量和水平。笔者倾向于将教师教育分为职前的教师教育与职后的教师培训。近 30 年以来,以提升质量为目标的教师教育改革成为世界各国的共同选择。首先,教师教育培养层级得到提升,教师教育走向了大学化。"教师教育大学化的实质是大学教育学院的教师教育专业建制"②,大学成为教师培养的专业的、主要的场所,教师教育的教育者也走向专业化。20 世纪 60 年代,美国已完成教师教育的大学化,英法国家在 20 世纪 90 年代开始进入教师教育的大学化。2007 年,《欧盟理事会及成员国政府代表就 2007 年 11 月 15 日举行的提升教师教育质量会议的决议》也提出,要确保教师教育的大学化。其次,保障教师教育机构的高质量。各国通常采取的是对从事教师教育的机构进行认证,但认证对象、认证主体、认证程序等不同。美国教师教育的质量认证对象是

---

① 黄崴,孟卫青.英、美、法、德、日中小学校教师法律地位的比较[J].比较教育研究,2002,06:11—15.

② 朱旭东.如何理解教师教育大学化[J].比较教育研究.2004(11):1—7.

所有从事教师培养的机构,负责认证的机构为全美教育学院联合会组成的认证理事会,欧洲国家多数是通过中介机构来实施质量保证①。再次,通过制定与认证教师教育课程标准来提高教师教育的质量。例如,1992年,英国修订《入职教师培养课程批准准则》,要求教师教育的课程要得到"英国教师教育质量认证委员会"(The Council for the Accreditation of Teacher Education)的认证。1998年,英国教育与就业部和师资培训局共同颁发了新的教师教育课程专业性认证标准《教学:高地位、高标准——教师职前培训课程的要求》;2002年,教育与技能部和教师培训署共同签署颁布了《胜任教学:合格教师专业标准与职前教师教育要求》,再次更新教师教育的课程标准。② 澳大利亚2002年之后也采取了强制的教师教育认证制度,主要是指本科生和研究生阶段的教师职前教育课程都要得到评估和鉴定。③ 最后,各国也加强了职后的教师培训力度,加强大学与中小学的合作,关注教师的终身学习,使得职前教育与职后教育的连贯性与衔接更加密切,以此努力提高教师教育的质量。

第三,加强教师管理。教师质量的提升除保障教师稳定的、优越的地位,通过教师教育培养合格、进而优秀的教师外,更需要完善教师管理制度,建立严格的教师进入制度,提高教师待遇,吸引更多优秀人才热爱教师工作,保障在职教师全心投入工作,为教师的人生发展提供宽阔平台。教师管理制度通常包括教师资格制度、师资配置与聘任制度、教师评价与待遇制度等,而无论何种制度都应以人为本,理解教师,关注教师,明确教师的权利与义务。

教师资格制度是国家对教师实施的一种职业许可制度,对从事教育教学的人员基本要求进行规定。自教师资格制度在1782年于美国的佛蒙特州发轫以来,世界上很多国家都建立了教师资格制度,如日本、韩国于1949年确立教师资格制度;1989年,澳大利亚教师资格制度正式建立;1990年,新西兰实施教师注册制度;我国于1995年颁布了《教师资格条例》,等等。近年来,为了提高教师质量,各国修订教师资格的标准,提高与严格了教师的准入资格。应当说教师资格制度是提升教师质量最为重要的教师管理制度,教师资格标准的高与

---

① 洪成文.国际教师教育质量保证制度的最新发展[J].比较教育研究.2003(11):32—37.
② 参见汪霞,钱小龙.英国教师教育课程标准的改革[J].比较教育研究.2011(11):21—26.
③ 参见赵凌.澳大利亚的教师教育认证机制解析[J].比较教育研究.2010(9):87—90.

低、合理与不合理决定着一国教师整体质量的高低,教师资格的认定程序是整个教师质量保障的起点。

师资配置与聘任制度对教师质量的提升具有重要的意义,特别是从教育公平的角度来看。一个地区教师的数量与教龄、师生比、教师流动制度、教师聘任方式方法对该地区整体的教师质量的影响远远高于对教师个人素质的影响。提升教师质量需要依靠教师个人素质的提高,更需要通过合理的师资配置提升区域内教师的整体质量。优质教育资源不足、教育资源不均衡是个世界性的问题,优质的教师资源是其中很重要的一部分。如何通过师资配置来提升教师质量,对于处于偏远、贫困地区,以及教育薄弱地区的学校来说更为重要。通过师资配置可以均衡教育资源,促进教师间的学习,拓展视野,吸收和输出先进的教学理念和方法,从而从整体上提升教师质量与教育质量。例如,法国有较为成熟的全国性的教师流动机制,并为"教育优先区"增加教师岗位。我国在师资配置和教师聘任制度方面也做了较多的探索。例如,为改善农村地区教师不足、质量不高的状况,近年扩大了教师"国标、省考、县聘、校用"改革试点。美国联邦政府也于 2014 年 7 月颁布《全民拥有优秀教育者计划》,旨在加强薄弱学校的师资力量,帮助各州、各学区为优秀教师和学校管理者提供多方面支持。

教师评价是对教师工作的过程和结果的价值判断,教师待遇是教师劳动付出的物质收益。教师质量的提升依赖于教师的主动性,要发挥教师的创造性,激发教师的职业热情,这就要求在管理上建立科学合理的教师评价与待遇制度。不良的评价机制、过低的待遇会直接影响教师的工作质量。例如,我国一些地区将学生的升学率作为教师主要的评价标准,不仅增加了教师的压力,有损教师的身心健康,更不利于学生的发展,不利于整体教育质量的提升。在教师评价中,随着时代的发展以及教师角色的转变,不少国家注重教师能力的开发,逐渐用过程性评价取代结果性评价,下放评价权力,在教师评价中注重教师的意见,让教师参与到评价中来,关注教师差异,以评价促进教师的发展,进而实现教师质量的提升。而良好、稳定的教师待遇有利于维持高质量的教师队伍。例如,韩国教师报酬制度具有稳定、平均、丰厚三大特点[1],而日本"为吸引

---

[1] 姜英敏. 韩国基础教育教师职业吸引力保障制度分析[J]. 比较教育研究,2012,08:25—29.

优秀人才进入教师队伍,以教师的高质量确保教育的高质量,日本在教育现代化的过程中总体上采取了优遇教师的政策"①。而且,对于艰苦边远地区、薄弱学校的教师,不少国家还提供特定的津补贴。即使是在"问责"思路的影响下,西方国家实施的绩效工资,通常也是以财政激励的手段吸引学校自愿参加,并提供充足的经费来源,采取将教师教学行为和教学结果相结合的奖励模式,鼓励教师间的合作与整体进步,淡化竞争。然而由于教育投入的不足,教师工资待遇常常不尽人如意。有学者认为,"美国中小学教师的高声望与其应得的回报是不相称的,因此,'美国教师联合会'等教师组织长期以来持续游说当局以争取中小学教师获取更高的报酬"。②

在教师管理制度中,应当充分保障教师权益,尊重教师,相信教师,发挥教师的自主性,这样才能切实提升教师质量。由于时代的变化,教师的权利与义务也在做着相应的调整。例如,教师的惩戒权、教师的言论自由,等等,在新时代背景下也有了不同的含义,值得关注与探讨。

综上所述,提升教师质量在当代教育改革与教育发展中具有重要的意义,而教师的保障机制是一项复杂而多元的系统工程,需要社会各个方面的共同努力。有学者认为,"在美国形成了三种教师质量保障机制:其一是政府的行政机制,其二是专业团体的专业机制,其三是教师教育机构的学术机制"③。世界各国,情况也大致相同。在《比较教育研究》创刊50周年之际,我们推出了这套《中国比较教育研究50年》丛书,其中有两册涉及教师。本册主要探讨教师质量保障的行政机制,从教师地位、教师资格制度、师资配置与聘任制度、教师评价与待遇制度,以及教师权利与义务领域选取了《比较教育研究》50年来发表的具有代表性的文章近50篇,以便管窥世界各国在提升教师质量方面的教师管理政策与实践。

需要说明的是,《比较教育研究》50年来发表了涉及教师的文章有近千篇,

---

① 高益民. 从工资制度看日本的教师优遇政策[J]. 比较教育研究 2012(08).
② 程晋宽. 劳动力市场中美国教师职业的供求关系与社会地位分析[J]. 比较教育研究,2014(04):91—96,103.
③ 朱旭东,周钧. 美国教师质量观及其保障的机制、管理和价值分析[J]. 比较教育研究,2006(05):70—75.

而关于教师管理的文章有一半多,由于受整体篇幅所限,选入本册的文章数量较少,不少文章被遗落或是被忍痛割爱了,但并不否认那些文章的价值。而选入本册的文章,有一些现在看来多少还是有些写作与编校上的瑕疵或者稚嫩,但是它反映了当时时代的特征以及比较教育学科在这一领域的发展状态,因此以原貌再次刊载。读者如需要可查询《比较教育研究》发表的其他未选入的文章。同时,本套丛书中也有其他分册与本册的选题相关,读者可选择阅读。

张瑞芳

2015 年 10 月

于北京师范大学

教师质量与教师地位

一、关于提升我国中小学教师质量的思考
——基于各国相关的政策、经验

　　百年大计,教育为本;教育大计,教师为本。综观世界各国教育发展的经验,教师是决定教育质量的关键因素。而基础教育又是整个国民教育的重中之重,我国有1 600万教育工作者,其中1 200万是中小学教师,如何提升中小学教师质量已成为社会各界关注的一大问题。2011年12月,教育部先后颁布了《幼儿园教师专业标准》《小学教师专业标准》《中学教师专业标准》,分别对幼儿园教师、小学教师、中学教师的专业提出了要求。这是贯彻落实《国家中长期教育改革和发展规划纲要》的具体措施,是严格教师入职资格、规范教师行为、促进教师专业发展、实现教育现代化的必要的制度建设。除此之外,世界主要发达国家和地区还有哪些教育发展的经验值得我们吸取和借鉴?2013年9月,北师大国际与比较教育研究院组织开展了世界主要国家教师队伍建设的政策研究,从各国教育政策的角度,总结了以下经验。

(一) 立法明确中小学教师的公务员身份

　　教师的法律身份是定位教师的工作性质与教育内容、确定教师与教育环境各要素之间关系的核心依据。许多发达国家考虑到教育之于国家的重要性,先后颁布法律确定了公立学校教师的国家公务员身份。如早在19世纪末,法国就颁布了"1889年法",确定小学教师为国家公务员,工资由国家财政支付;1947年,日本通过《国家公务员法》明确了国立学校教师的国家公务员身份;

1981 年,韩国颁布《教育公务员法》,在第 1 条就明确指出:"考虑到教育公务员服务全体国民的职务特点和责任的特殊性,本法作为国家公务员法和地方公务员法的特例法,以特别规定适用于教育公务员的资格、聘用、报酬、培训及身份保障相关内容为其目的。"[1] 此外,还有部分国家和地区采用了地方公务员制度,如原西德地区公立学校的教师通常都是各州的公务员身份。① 因此,要吸引优秀人才从教,保持在职教师工作热情,需尽快立法,明确中小学教师的公务员身份,以保障广大中小学教师队伍稳定、优越的身份地位及其各项权益。我国教师目前还没有实行公务员制度。虽然许多学者曾提议建立中小学公务员制度,但还有种种制度性障碍。实行准公务员制,或特殊公务员制,把教师纳入公职人员队伍,这样有利于保证教师的资格认定、配置调动以及待遇保障,吸引优秀青年投身教育工作。

(二) 提升中小学教师的学历标准

教师质量直接关系教育质量。近年来,世界各国先后出现了中小学教师"硕士化"的趋势。如 2008 年 7 月 2 日,法国部长联席会议决定于 2010 年 9 月 1 日开始实施中小学教师培训与录用硕士化标准。按照新的规定,在师范生录取考试成绩公布之时,候选人应具备硕士学历。硕士学习可以在综合大学的各个院系完成,也可以在已经被纳入大学教育体系的教师培训学院完成,学习的内容既有学科知识,也有教育理论和教学实习环节。芬兰教师通常也需要拥有硕士以上的学位,他们不仅要掌握教育科学知识和教育研究的技能,而且要在日常工作中熟练地运用这些知识和技能,使之与他们自身的专业发展融为一体。与此同时,日本也把职前培养逐步提高到研究生教育的水平。2013 年 8 月,我国教育部印发的《中小学教师资格考试暂行办法》依然遵循的是 1993 年通过的《教师法》的学历要求,"申请小学教师资格,需中等师范学校毕业及其他专科以上学历;申请初级中学教师资格,需高等师范专科学校及其他专科以上学历;申请高级中学教师资格,需大学本科及以上学历",明显落后于世界其他

---

① 仅有部分教师获得有限期的或者无限期的工作合同。这类教师作为病休或休假(产假)教师的代课教师得到聘用。

国家,因此有必要尽快提升我国中小学教师的学历标准。

（三）完善国家教师资格考试和注册制度

国家教师资格制度是国家选拔优秀教师、掌控教师质量的重要工具。第一,要提高教师质量,教师资格的设置必须专业化,不仅要设置不同学段的教师资格,而且也要设置不同等级、不同类型的教师资格。如韩国1978年颁布的《教师资格审定法》就规定,中小学教师资格种类从资格等级上分为预备教师(准教师)、二级正教师、一级正教师;从资格内容上分为中小学各科目教师、图书管理员、技术教师、保健教师、营养教师。[2]日本的教师资格也分一级教谕、二级教谕等。如此更为细致的专业等级划分,一方面有利于保证教师的专业质量,另一方面也为教师的专业发展提供阶梯。我国现有的教师资格制度虽然设计了从小学到大学,从普通教育到职业技术教育的各级各类教师资格,但在各级各类教师内部缺乏更为细致的划分。当然,这涉及到中小学教师岗位设置的问题,我国的中小学教师岗位设置应更为多元专业,分别设置从学科教学到图书管理、心理咨询、营养保健等多方面的岗位,以确保获得以上教师资格证的优质教师有岗可聘,有志可为。

第二,我国的教师资格考试是"一次性"考试,虽然分为笔试和面试两部分,但笔试通过后即可参加面试,中间无相关实践经历的要求。而许多发达国家将教师资格证的考试设为多个环节。如德国分为两次,学生学习结束时(相当于硕士毕业)参加第一次国家考试,只有通过第一次国家考试才有资格进入第二阶段的见习期。见习阶段结束时师范生参加第二次国家考试,通过第二次国家考试方可获得教师资格证书。澳大利亚的师范生须经过教师准备、临时注册和完全注册(通常为2年的专业能力评价)三个阶段的考核才能获得正式教师资格。[3]建议建立严格的教师国家考试制度和资格证书制度,考试合格者取得教师准入资格,再经两年的教育教学实践,经过第二次考试合格者方能取得教师资格证书,聘任为正式教师。这有利于提升教师行业的门槛及专业性,保障教师队伍的整体质量和标准。

第三,各发达国家的教师资格证都有定期更新的制度。例如,2009年日本开始实施教师资格证书更新制,教师须首先参加资格更新讲座的学习(课时要

在 30 小时以上)后方有资格更新证书。[4]2011 年 1 月 1 日,俄罗斯开始实施新
《国立和市立教育机构的教育工作者考核条例》。根据新的考核条例,俄罗斯将
对中小学教师进行每五年一次的素质考核,在此之前所获得的教师资质证明一
律失效。[5]澳大利亚的中小学教师在获得正式教师资格后,也需要参加教师注
册局每五年一次的考核,完成教师资格的重新注册。我国 2013 年 9 月出台了
《中小学教师资格定期注册暂行办法》,规定"中小学教师资格实行五年一周期
的定期注册",但仍有必要建立教师资格的退出机制。如取得教师资格在两年
教育实践后,第二次考试不合格者取消教师资格;已经获得教师资格证书的教
师,五年考核一次,考核不合格者取消教师资格。二次考核合格者可有终身教
师资格,以后不再考核。教师如犯有刑法或有伤害学生行为者应取消教师
资格。

(四) 改进职前教师的选拔和培养方案

1. 选拔适合从事教育事业的优秀人才

教师职业有其特殊的职业特性和要求,凡是从事教育工作的人必须对教师
职业有清晰的认识,并具备良好的文化素养和实践能力。近年来,世界许多发
达国家纷纷提升师范专业的入学标准,同时加强对候选人职业认识的考察,旨
在选拔优秀的、适合从教的人员进入未来的教师队伍。如教师在芬兰就是一个
要求很高,而且有高度竞争力的行业。2011 年,赫尔辛基大学小学教育专业共
有 2 400 人申请入学,但录取名额仅有 120 人。[6]他们首先必须在大学入学考
试、高中平时表现、校外表现以及一项专门针对教育问题的全国性考试中表现
优异;通过这一关后,还需接受大学的面试,重点考察选择教育专业的动机。可
以说,入选教育学专业的学生几乎都是最优秀的高中毕业生。2012 年 9 月起,
英国也规定只有取得二等及以上学位证书①的学习者才能进入教师教育学习
并得到政府提供的助学金,且不接受学位水平为三级及以下的学生进入教师教
育学习。[7]此外,从 2013 年 9 月开始,英国还将对考生进行语文和数学能力测
试,只有在测试中达到较高标准的人才能进入教师教育领域进行职前学习。美

---

① 英国的学士学位分为五个等级:一级学位、二级甲等学位、二级乙等学位、三级学位、及格。

国 ETS 近年来开发的"教师实践考试系列"(Praxis,也称"普瑞克西斯考试系列"),其中第一个系列(Praxis I)就是针对教育学院大学二年级学生进行的职前学术能力测试,主要测试学生阅读、数学和写作方面的基本技能,以判断学生是否有资格接受师范教育。[8]德国学生也可以经过相关的专业测试考察自己是否适合师范类专业的学习。因此,我国亟需建立一套师范教育人才选拔的标准,以确保能够选拔出合适从事教育工作的优秀人才作为未来教师队伍的后备军。

2. 增强教师教育管理和教学研究技能的培养

目前,我国教师教育的职前培养重点强调基础学科知识,对学生认知方式、管理能力、教学技能、研究方法、评价手段等方面的培养较为薄弱。而纵观世界各国的教师标准,这些都是极为重要的教师素养。如法国 2010 年修订的"教师培训大学学院培训手册"明确规定了教师十大职业能力,其中就明确列入了"能够设计并实施教学;组织班级教学;评估学生;掌握信息与通讯技术"等能力。德国的师范生不仅要掌握本学科的专业知识,而且要学习认知手段、工作方法以及学科教学法等方面的知识。芬兰也强调要让每一个教师都成为研究型教师。几乎所有的师范课程都会培养合作性学习、基于问题的学习、批判性反思和信息技术运用的能力,同时要求学生开展研究性的项目,以了解研究在教育实践指导中的重要作用。芬兰教师教育强烈的研究型色彩不仅使得芬兰教师在知识经济的今天能自如、科学、有效地解决日常工作中所带来的问题,同时也进一步提升了芬兰教师的专业地位,进而能吸引更多更优秀的年轻人从事教育行业。因此,我国亟需加强师范生认知方式、管理能力、教学技能、研究方法和评价手段等方面的培养。

3. 延长教学实习周期,培养实践问题解决能力

教学实习是学生在实践过程中吸收、消化并创造性运用其所学知识的重要环节,教学实习之于教师的意义就等同于临床实习之于医生的意义。而目前我国的教学实习一方面时间太短,通常为 6~10 周左右,另一方面流于形式。而世界各发达国家对于教学实习环节均非常重视,不仅周期较长,而且类型丰富。如德国教师的见习期从 18 个月到 24 个月不等,学生一方面在学校接受实践锻炼,另一方面在师范学院就实践中的问题进行理论方面的分析和反思。俄罗斯

的教学实践共计 20 周，从学生入学到毕业，安排连贯的教育见习和实习计划。[9]英国的职前教育培养模式有两种，一是以大学为主导的培养计划，二是以学校为主导的培养计划。前者要保证学习者在大学学习相关理论课程的同时，投入相当多的时间在中小学进行实践，而后者要保证学员在学校教学的同时，到大学学习相应的课程，使他们在课堂和行为管理中有更好的准备。[10]法国的实习分为三类，一类是观察实习，帮助新教师对职业进行初步接触和全面观察了解，观察的内容包括学校运转、课堂教学、家长访谈等多种；第二类是资深教师陪同实习，也就是在指导教师、培训教师或班级督导委员的帮助下，对教学实践进行观察和分析，指导教师也可以安排进行少量的教学活动，旨在让新教师进一步认识教育系统内容的连续性和补充性；第三种为责任实习，新教师在培训教师和教学主任的帮助下，尝试独立开展教学活动和班级管理。2005 年法国《面向学校未来方向和计划》又针对职业高中教师和准外语教师设立了企业实习和海外实习。建议我国实行师范毕业生一年实习预备期，考核合格者方可获得教师资格证书。

（五）丰富在职培训类型和内容

近几年来我国对教师培训加大了投入力度，并规定每五年要培训进修一次。国培计划、省培计划、地方校本培训正在轰轰烈烈地开展，仍有必要进一步丰富培训的类型和内容。

第一，要以更新教育观念为先导。教师要树立全面发展观、素质教育观，努力造就德智体美全面发展的高素质人才；树立人人成才的观念，面向全体学生，一个也不放弃，促进每个学生成才；树立多样化人才观念，促进个性发展；树立学生主体观念，尊重学生个人选择，发挥学生学习的主动性和积极性。

第二，师德为先。必须重视教师职业理想和职业道德教育，增强教书育人的责任感和使命感；热爱学生，尊重学生，理解学生，善于和学生沟通；坚决杜绝体罚学生、变相体罚学生的反教育行为，不污辱、不歧视学生，公平地对待每一个学生；建立民主、平等、和谐的师生关系，用教师的人格魅力影响学生。

第三，能力为重。教师培训要以提高教师教书育人的能力为重点。培训要结合教师提高的实际需要，联系教育教学实际。要改变培训模式，改变培训老师滔滔地讲、学员静静地听的模式，增加案例教学，培训老师和学员共同讨论；把集体脱产培训和校本培养结合起来，在实践中一面学习，一面反思，学思结合，知行统一，改变培训和教育实践两张皮的现象。如澳大利亚2001年出台的《澳大利亚国家学校教师专业发展蓝图》提出了"以校为本"的在职教师专业发展计划，就是把教师的实际工作，如学生管理、课程材料分析、教学录像、学生评估和实践中出现的问题等作为教师专业发展的课程。让教师群体通过合作探究，研讨日常教学问题的过程中持续改善专业技能与教学研究能力，并把探究的结果直接用于实践。[11]特别要警惕，不要像过去那样，把教师培训成为提高教师应试能力的训练场。

第四，要培养教师终身学习的意识和习惯。当今科学文化知识日新月异，教育者先要受教育，教师只有不断学习，终身学习才能满足学生渴求新知识的需求。近年来，世界各国教师专业化发展的一大趋势就是强调教师的终身学习意识和终身学习能力。教师不仅是一个个体的终身学习者，同时也是学校全体，甚至整个社群终身共同学习体的核心力量。教师只有通过终身学习，才能提高自身的文化素养，才能让自己变成一个有教育魅力的人。总之，在当今时代，人人都是学习者，教师应成为终身学习的典范，做到"学为人师，行为世范"。

参考文献：

[1] 韩国法律第3458号.教育公务员法.韩国总统令,1981—11—23.

[2] 韩国法律第104号.教育公务员法实施规则.韩国教育科学技术部令,2011—04—04.

[3] The Teachers Registration Board's Function [EB/OL]. http://www.trb.sa.edu.au/about_us.php.2012—08—11.

[4] 陈君、李克军.日本教师教育改革的新进展及启示[J].国家教育行政学院学报,2012,(3):94.

[5] 冯相如.俄教师每五年进行一次资质考核[N].基础教育参考,2011,(2):23.

[6] Pasi Sahlberg. Finnish Lessons：What Can the World Learn from

Educational Change in Finland? [M]. New York: Teachers College, Columbia University, 2011, 75.

[7] Students' Need Good Degrees' to Train as Teachers [EB/OL]. http://www. telegraph. co. uk/education/educationnews/8459011/Students-need-good-degrees-to-train-as-teachers. html [2011—04—18].

[8] About he Praxis Series Tests [EB/OL]. http://www. ets. org/praxis/about/. [2013—06—05].

[9] 杨宏. 中俄教师教育专业课程设置比较探究[J]. 黑龙江高教研究, 2012, (2): 81—82.

[10] Department of Education. Training Our Next Generation of Outstanding Teachers. Implementation Plan, 2011[R]. Nov. London: HMSO.

[11] National Curriculum Service. PD 2000 Australia: A National Mapping of School Teacher Professional Development[R]. Canberra: Commonwealth of Australia, 2001. 55.

（本文发表于《比较教育研究》2014 年第 1 期。作者顾明远, 时属单位为北京师范大学国际与比较教育研究院。）

二、教育变革中的教师专业身份及其建构

教育变革不仅改变了教育者、研究者等做什么,也改变了人们对"我"是谁的认识。[1]换言之,教育变革不但改变了教育的内容构成和组织形式,也改变了各种主体的生存状态和意义感受。教师作为有效教育改革运动的关键,正在以新的话语形式来谈论自己和别人,来思考关系与行动。

据此,本文尝试揭示教育变革与教师专业身份的内在关联,审视教师专业身份的内涵和教育变革中教师专业身份建构的复杂性,以求得理论与实践的启迪。

(一) 教师专业身份:教育变革不可回避的问题

在全球化和信息化社会中,教育成为各国培养人才以增强国际竞争力的重要手段。社会对人才素质、对教育变革所提出的要求最终能否实现,教育改进能否产生积极的变化,很大程度上取决于教师的素质及其实践。[2]教师由此被视为变革的力量。

教育变革改变了教师专业生活的相对稳定性,要求教师承担新的角色,通过不断的发展以跟上社会变化和知识更新。教师专业发展成为教育体制重构的核心要素,被视为改革措施有效实施的关键路径。教育变革中的教师专业发展也被赋予了鲜明的时代特色,即与改革密切联系,成为"关注改革的专业发展"。[3]

不过,受工具理性的影响,当前的教师专业发展仍受国家和市场这两股力量所主导,采用自上而下的形式,注重知识和技能的掌握。在这种指令型的制度框架和权威性的专业话语中,教师成为教育改革的对象和工具,只是被期望

忠实地执行预设的角色。因此,教师的专业自主受到限制,教师个人的实践知识、教育观念和对变革的主观认识被忽视。可以说,在这种专业发展范式下,教师是权力和技术控制的受害者、被异化的执行者。[4]这种忽视教师视角的变革实际上隐含着一种危险,即教师的关键作用可能与教育变革的本意背道而驰。

更重要的是,理解教师发展不仅指理解教师应掌握的知识和技能,也包括理解教师是什么样的人及其工作环境。[5]作为教学专业的核心,教师专业身份是教师生活和工作的组织原则,它为教师怎样行动、怎样理解自己的工作和在社会中的位置提供了参照框架。[6]教师对自己身份的理解关涉到其教学效能、专业发展及应对教育变革的态度和能力。因此,教师专业身份及其建构也应成为教师专业发展的重要旨趣。此外,教学具有很强的情境和个人属性。教师也不是完全受外来的规约所束缚,教师认为自己是谁、应该成为什么样子有自己的思考,[7]这些甚至可能与政策规定和理论研究者的主张相背离。而且,教育变革影响了教师的理想信念和专业实践,要求教师专业身份进行相应的转变乃至重构。我是谁、我将变成谁、我想变成谁等问题也就走入了教育实践和理论研究的视野。

(二) 教师专业身份:内涵与特征

当前,"身份"已成为众多研究领域探讨的热点。身份也被视为教育研究中有效的分析、解释工具,[8]是理解学校教育实践和分析教育政策实施的重要中介。通过解读教师身份,既能关注个体教师,也能认识他们所处的社会环境和制度结构。

"身份"是一个复杂而模糊的词汇,具有很强的文化属性,是哲学、社会学等学科共同的研究对象。因此,在不同的语境中,人们对身份的认识存在很大差异。一般而言,身份是人们对"某人是谁"的理解,是人所赋予自己的以及被别人所赋予的各种意义。[9]换言之,身份将自我置于社会系统中,给自我理解以结构和内容。[10]它既包括个体对"我是谁"的理解,强调个人的独特性及自我反思的过程,也包括他人对"我是谁"的认识,关注个体与社会、文化之间的互动。

在身份的形成上,存在着两种相对的观点:本质主义和建构主义。前者认为身份可以是单一的、确定的,而后者则认为身份既不是人类固有的特征,也不完全是社会赋予的东西,而是个体利用可获得的文化资源努力去建构的。身份的形成过程是个人试图理解自己同时也被他人或环境所理解的一种持续的建构过程。因此,身份在根本上属于一种"关系型"现象。[11]

在教育领域,身份也是教师在教学实践中经常遇到并试图回答的问题。尽管教师专业身份已被视为一个独立的研究领域,[12]但受不同的认识论和价值观的影响,人们对教师专业身份的内涵见仁见智。如蒂克尔(Tickle)认为,教师专业身份指他人对教师的理解和期待,教师本人基于其实践经历和个人背景认为在专业工作和生活中什么是重要的。[13]萨克斯(Sachs)则认为,教师专业身份常被用来指一系列由外部人士或教学同行所赋予教学专业的特征,使得教师能够与其他群体相区分。[14]

借鉴相关研究,本文将教师专业身份理解为,是在课堂实践或学校社群的语境中,教师自己及社会他人对"教师是谁"这一根本问题的认识和回答。教师对诸如在"我"的教学故事中"我是谁"、在学校中"我是谁"、在学生的故事中"我是谁"等问题[15]的回答构成了教师专业身份的个人向度。社会他人对"教师是谁"的回答更多包含了社会文化、制度等对教师的期待和规定,构成了教师专业身份的社会向度。前者体现了教师个人及教师群体的自主性,是教师专业身份的内在品性。后者多见于教育政策、制度、文化传统所赋予教师的角色,关涉到教师群体的社会地位。

"身份"较易与"角色"概念混淆,但二者实际分属不同的范畴。身份组织意义,而角色组织功能。[16]角色可以被赋予、被指派,身份则需个体的涉入。"教师角色"与"教师专业身份"这两个概念不仅体现了研究视角的不同,更表达了对教师不同的价值预设。教师角色受工具理性所主导,体现了社会、文化、制度等外在结构对个体的限制;而教师专业身份则蕴含了更多的价值理性,既看到了结构对教师个体的制约,又彰显了教师在教育及专业发展中的能动性。

(三)教育变革中教师专业身份的建构

教育变革使教师专业身份的重建变得迫切,同时也为其提供了必要的哲学基础和社会条件。不过,在教师专业身份建构的过程与路径方面,也存在着相互竞争的话语系统。一些学者认为,教师的自我概念或形象、自我反思等个人因素决定了教师专业身份的形成与发展。另一些学者则认为,教师在社会制度和文化环境中是完全被动的,"教师就像一团被环境所塑造的黏土,他们的身份通过其日常生活烙刻在其身上"。[17]这两种观点尽管各自看到了教师专业身份建构中的不同侧面,却将其极端化,割裂彼此。

实际上,教师专业身份是由个体和教育内外的社会、结构关系共同塑造的。综观相关研究,宏观的制度背景、学科和个人被视为其中的重要因素。本文即从这三个层面来简要审视教育变革中教师专业身份的建构。

1. 制度层面

教学尽管带有很强的个人色彩,但却是一项制度性工作。[18]因此,教师必须根据既有的制度、文化来理解和界定自己。教师专业身份的建构总是基于由规范、传统和制度规则等所构成的理解系统,承载着沉重的社会现实。

教育是提高国家竞争力的重要手段。在很多国家,教育及教育改革已经成为国家政策的重要组成部分。教育改革的路向无不反映国家发展的路向,教育改革的时间表又会反映执行国策的迫切性。[19]政策中关于教育、教学和教师的公共叙事影响到教师对自己专业身份的理解,甚至直接规定和控制着教师的专业身份。

自 20 世纪 80 年代以来,教育放权成为一种全球化的趋势。政府在赋予教师更多权力和责任的同时,也通过各种表现性问责来加强对教育的控制。各种高风险评价方式不仅影响到学生的学习,也规限了教师的思维模式、教育理念和教学实践。

在这种强大的制度压力面前,教师最终会在专业身份方面做出妥协。管理主义和表现性是两个密切联系的教育改革策略。管理主义的话语已塑造出一种企业化身份,该专业身份带有强烈的个人主义、竞争性、外部规制性特征。[20]

在这种表现性和管理性的制度氛围中,教师的自主权受到限制,自我反思的空间受到压缩。教师也明显感到去专业化。而且,当教师专业身份在教育变革要求的压力下与旧的模式相脱离时,教师可能会经历一种非常严重的身份危机。此种情境中,教师可以盲目接受社会的"角色脚本",从而被制度所接受,并获得心理安全。教师也可拒绝社会的规约与控制,以维持其本真的专业身份,但却丧失了大量的心理资本。

2. 学科层面

知识是社会角色的先决条件,[21]教师专业身份的建构有其自身的知识基础和文化机制。很多研究表明,学科知识以及围绕学科知识的教学工作是教师专业身份建构的重要基础,教师个人也很容易将所在学科的同事视为参照群体,称自己为某个科目的教师是教师专业身份的一个很重要方面。很多教师首先是从其所教的学科中发展起专业身份,并且将学科身份视为其首要的身份。反之,当他们不教这门学科时,他们就会把自己视为"局外人"。学科发生变化,例如,当课程融合时,就会给教师专业身份带来不确定性。同时,教师常常赋予不同的学科以不同的地位,不同学科地位的教师也表现出殊异的身份建构特征。上述现象很大程度上源自不同学科的文化。学科亚文化即学科共享的知识、价值观和实践准则。它不仅影响着教师教什么、怎么教、所使用的语言和做决定的方式,而且也决定着教师对政策指令和改革动议的反映方式。通过沉浸在学科亚文化中,某一科目的教师接受了特定的专业身份。[22]不同的学科犹如独立的封闭世界,持有不同的信念、规范和实践,从而塑造了各具特色的教师专业身份。历时地看,不同学科的教师在以学科为基础的职前教育中,受到不同学科习性的影响,经历了不同的专业社会化,从而很容易发展起对学科的忠诚。

当前,课程整合成为西方主要国家教育改革的重要内容。中国的课程改革也力图改变学科本位、科目过多的状况。但教师普遍持有的是一种学科中心的专业身份,故课程整合与学科中心的教师专业身份之间的矛盾亟待解决。

3. 个人层面

专业身份本身就暗含着个人和情境。尽管教师要在制度框架内活动,并受学科的规限,但教师有自己的生命体验、专业哲学和价值追求,是其身份建构的积极参与者。能动性,指人们超越或塑造其所在环境的能力。教师的能动性则意味着教师在结构框架内积极、有目的地引导其工作的能力。在教育问责强化的时代,尽管教师的能动性可能很脆弱、很有限,但确实存在着。因此,教师对变革和政策的反应也不是机械的、统一的。对个体教师而言,重新认识自己、重新界定与实践及他人的关系是一件非常艰苦乃至痛苦的事情。改革之初,教师可能会为了自我保护而拒绝转变,但也会通过各种调试策略,建构起对变革和政策的独特理解,重新给自己定位,并据之行动。而且,尽管新的法令确立了新的专业规范、期待,但当教师更能确定其作为教师是谁时,外部的调节系统并不能改变教师对专业身份的根本认识。[23]此外,面对教育变革,处于不同职业生涯阶段的教师有不同的专业期望,在教师专业身份建构中会面对不同的难题。

(四)结语

教育变革既挑战了教师已有的专业身份,也转变了自己和他人的期待。教育变革的过程也是教师专业身份重建的过程。教师的工作和生活有其自身的逻辑,教师专业身份的建构有其独特的机制。

教师专业身份的建构既包括社会和文化制度等外界的要求,也涉及到学科身份和教师个人教育理念的选择与认同。而且,这几个方面也是密切联系在一起的,体现了一种结构和能动性的关系,表明了个人与社会、工具和本体价值的辨证统一。从工具价值的角度来讲,教师专业身份的重建是回应社会、时代对人才的根本需求,以及教育变革对教师的直接要求,也是教师谋求生存和发展的手段。而从本体价值的角度看,教师专业身份重建本身就为教师专业性的提升、精神空间和生命内涵的拓展提供了空间与可能,是教师专业发展的一个契机。

参考文献

[1] Ball,S. J. The Teacher's Soul and the Terrors of Performa-tivity [J]. Journal of Education Policy,2003,18(2):215—228.

[2] Torres,R. M. From Agents of Reform to Subjects of Change:The Teaching Crossroads in Latin America[J]. Prospects, 2000,30(2):255—273.

[3] Sykes,G. Reform of and as Professional Development. PhiIn Fullan, M. ,& Hargreaves,A(. Eds.)[J]. Teacher Develop Delta Kappan,1996,77 (7):464—467.

[4] [5]. Hargreaves,A. , & Fullan, M. Introduction. In Fullan,M. ,& Hargreaves,A(. Eds.). Understanding Teacher Develop-ment[M]. London: Cassell,1992. 1—19.

[6] Sachs, J. Teacher Education and the Development of Profes-sional Identity: Learning to be a Teacher. In Denicolo, P., & Kompf, M(. Eds). Connecting Policy and Practice: Challenges for Teaching and Learning in Schools and Universities[M]. Ox-ford: Routlege, 2005. 5—21.

[7] 周淑卿. 课程发展与教师专业化[M]. 台北: 高等教育出版社, 2004. 133.

[8] Gee, J. P. Identity as an Analytic Lens for Research in Education [J]. Review of Research in Education, 2000, 25(1): 99—125. Ment and Educa-tional Change. London[M]. New York: Falmer Press, 1992. 170—193.

[9] Beijaard, D. Teachers'Prior Experiences and Actual Percep-tions of Professional Identity[J]. Teachers and Teaching, 1995, 1(2): 281~294.

[10] Gecas, V. Self-concept. In Kuper, A., & Kuper, J. (Eds.). The Social Science Encyclopedia[M]. London: Routledge, 1985. 739—741.

[11] [12] Beijaard, D., Meijer, P. C., & Verloop, N. Reconsidering Research on Teachers'Professional Identity [J]. Teaching and Teacher Education, 2004, 20(2): 107—128.

[13] Tickle, L. Teacher Induction: The Way Ahead. Buckingham; Philadelphia, PA[M]. Open University Press, 2000.

[14] [20] Sachs, J. Teacher Professional Identity: Competing Di-scourses, Competing Outcomes[J]. Journal of Education Poli-cy, 2001, 16(2): 149—161.

[15] Connelly, F. M., & Clandinin, D. J. Shaping a Professional I-dentity: Stories of Educational Practice[M]. New York: TeachersCollege Press, 1999. 3.

[16] Castells, M. The Power of Identity[M]. Malden, Mass: Blackwell, 1997. 6—7.

[17] Waller, W. The Sociology of Teaching[M]. New York: Wiley, 1965. 380.

[18] Little, J. W. Teacher Development and Educational Policy[R].

[19] 卢乃桂. 教育改革潮中的教师和教师发展[J]. 基础教育学报, 2001, (1): 73—100.

[21] 樊平军. 论大学学科文化的知识基础[J]. 江苏高教, 2007, (6)：13—15.

[22] Hilferty, F. Theorizing Teacher Professionalism as an En-acted Discourse of Power[J]. British Journal of Sociology of E-ducation, 2008, 29 (2):161—173.

[23] Lasky, S. A Sociocultural Approach to Understanding Teacher Identity, Agency and Professional Vulnerability in a Context of Secondary School Reform[J]. Teaching and Teacher Education, 2005, 21(8):899—916.

（本文发表于《比较教育研究》2009 年第 12 期。作者卢乃桂、王夫艳,时属单位为香港中文大学教育行政与政策学系）

三、美国教师质量观及其保障的机制、管理和价值分析

教师质量已经成为世界各国政府普遍关注和重视的教育问题,各国政府为了保障教师质量,建立了相应的保障机制,并对之进行管理。本文试图研究美国教师质量观及其保障的机制和管理。我们的问题是,美国的教师质量观是什么? 是什么机制保障了教师质量,又是如何管理的? 这样的机制和管理有什么价值? 本文将对这些问题进行探讨。

(一) 教师质量观

本文选取了美国具有代表性的教师质量观,尽可能从多角度展现教师质量观的内涵。这些角度分别是专业团体、学者个人和政府。他们的理解有相同也有差异,以此来回答本文提出的第一个问题。

首先,教师质量可以从教师的学生观来体现,通过信任、理解、促进、观察、了解、形成等教师行为来构建教师与学生的关系,最终实现教师质量的有效性。如全国专业教学标准委员会 (National Board for Professional Teaching Standards, NBPTS) 认为,教师应当对学生及其学习承担责任,要相信所有的学生都能够学习,识别个体差异,根据个体差异调整他们的实践。教师要理解学生是如何发展和学习的,发展学生的自尊和品格。夏洛特·丹尼森 (Charlotte Danielson) 从教师知识的角度理解教师的学生观,他认为教师应当具备有关学生的知识,包括学生的年龄组知识、不同的学习方法知识、技能和知

识兴趣以及文化遗产的知识等。宾夕法尼亚州教育委员会通过的专业人员证书的条例（第 22 款第 49 章第 81 部分）规定，想要获得教师证书的人应当满足以下标准：（1）教师理解所有的儿童是如何学习和发展的，能够提供学习机会。（2）教师理解学生在学习能力和方法上的不同，要创造促进全纳课堂中不同学习者提高成绩的机会。

第二，教师质量可以从教师的学科能力上体现。也就是说，教师从学科互涉性意识、学生批判和分析思维技能的形成、对学生科目知识"最近发展区"的理解、概念理解策略、学生提出和解决问题能力的形成上体现其质量。全国专业教学标准委员会指出，教师应当掌握他们的任教科目，并且知道如何把这些科目传授给学生，应当理解他们的学科是如何与其他学科相联系的。夏洛特·丹尼森认为，在教师的计划和准备中应当显示学科教学法知识和教学法知识，设计有条理的教学。宾夕法尼亚州教育委员会规定，获得教学证书的候选人要理解核心概念、调查研究工具、教师传授和能够营造学习经验的学科结构。

第三，教师质量可以从教师的管理和监控能力方面来体现。全国专业教学标准委员会提出教师应当对管理和监控学生学习负责。夏洛特·丹尼森从课堂环境角度来理解教师的质量，首先要营造一个学生——教师和学生——学生互动中尊重的课堂环境，建立一种学习的文化，为学习和成就设立预期，同时要安排课堂程序，监控学生行为，对行为失范做出回应。

第四，反思性、批判性的教师质量观在美国得到重视和强调。全国专业教学标准委员会认为，教师应当系统地思考他们的实践，从经验中学习，并努力运用新理论。夏洛特·丹尼森将教师的反思与批判视为教师的专业责任。宾夕法尼亚州教育委员会通过的专业人员证书条例中要求教师系统地思考实践，从经验中学习，寻求其他人的建议，利用教育研究和学术成果，积极获得专业发展的机会。

第五，教师质量观还强调教师的沟通、交流的能力，与同事在教学和课程上的开发，与学校在州和地方教育目标上的共识，与社区在资源上的利用，与家长在合作上的参与实现教师的沟通和交流能力等。全国专业教学标准委员会指出，教师应当是学习共同体的成员，能够与其他人合作发展教学策略、进行课程研制，与家长合作并让他们参与教育教学。夏洛特·丹尼森认为，教师在教学中,能够以口头和书写进行清楚而准确地交流,会使用提问和讨论方法鼓励学生参与。

需要特别指出的是美国联邦政府的教师质量观《不让一个孩子掉队法》是这样定义高质量教师(highly qualified teachers)的:① 对于所有公立中小学教师来说,高质量教师是指那些持有州政府颁发的教师资格证书、具有坚实的任教科目的学科知识的教师,其中包括那些通过选择性通道获得资格证书的教师。② 对于新的小学教师而言,高质量是指至少获得学士学位,通过州一级的教师考试而展示出其具有学科专业知识、具有教授阅读、写作、数学和其他小学基本科目的教学技能。③ 对于新的中学教师而言,高质量指至少获得学士学位,主修任教学科目,通过州一级的任教科目考试而展示出其在该学科领域具有很高的水平。[1]

(二)保障教师质量的有效机制

教育质量观无论多么合理,它还要通过保障教师质量的机制来实现。在美国,为了保障教师质量,形成和创建了教师执照(licensure)、教师资格证书(certification)、认可(accreditation)等有效机制。

在一般的专业资格审查中,执照(license)由政府颁发,证书(certificate)是由专业团体颁发。证书标准是较高的专业要求,执照标准是从业者要达到的最基本的入职标准。两者在标准层次、颁发程序和颁发机构上都是不同的。

美国历史上将控制教师入职标准的合格证称为教师资格证书,但这种资格证书与其他专业的资格证书是不同的。美国传统的做法是用证书代替执照,用政府部门的许可代替专业团体的审查。20 世纪 80 年代,美国开始纠正这一做法。

1986 年卡内基报告对教师执照和教师资格证书进行了区分,认为教师执照是各州政府颁发的,证明持有者达到了从事教学的最低标准,是对公众安全的一种保证。而教师资格证书是专业协会颁发的,表明持有者具有从事高水平专业活动的能力,是同行间进行的一种专业评价。[2]

在 1994 年版的《国际教育百科全书》中,对教师执照和教师资格证书也作了区分。"执照"指国家实施的质量控制,"证书"指的是同行赋予的质量控制。

美国全国专业教学标准委员会(NBPTS)建立了评估和认可教师专业水平的全国性教师资格证书系统,随着这种专业形式证书的出现,术语"执照"被用于强调国家对公立学校运作的许可,"证书"用于限定实践工作的专业认可。[3]综合以上分析,可以从颁发机构、颁发程序、标准层次、执照或证书的用途及所代表的意义等几方面来区分二者。

需要说明的是,尽管学术界对这两个概念进行了严格的区分,但是,在实践层面人们还是经常将二者混用,尤其是许多州政府仍然将其颁发的"教师执照"称为"教师资格证书",联邦教育部在其工作报告中也使用了同样的称呼,也就是说在官方文件中继续使用的"教师资格证书"这个术语,其实质是指"教师执照"。

关于"认可",1996 年版的《教师教育研究手册》提出,认可是一种自愿的行为,是专业团体对某个计划或项目(program)进行鉴定并承认其符合特定的专业标准的过程。[4]1992 年版的《高等教育百科全书》认为,"认可"是一种质量保障和质量控制的过程,其结果是某个院校或该院校的计划被确认为符合既定的最低标准。[5]1994 年版的《国际教育百科全书》也引用了类似的定义,并认为"认可"是一种至关重要的过程,因为其目的是保证公众的利益。[6]

厘清了以上三个概念以后,我们要讨论的是保障教师质量的有效机制。我们认为,在美国形成了三种教师质量保障机制:其一是政府的行政机制,其二是专业团体的专业机制,其三是教师教育机构的学术机制。

政府的质量保障机制以各州政府对本州的教师教育项目(teacher education programs)实施认定(state approval)以及对教师颁发执照两个程序构成。州政府对教师教育项目的认定基本上以"规定某些课程和学时"来实施,被称为"课程和学时认定"。[7]州政府向满足特定标准的个体颁发教师执照,这些要求通常是最低的,目标是向公众确保持有者不会对公众造成伤害,相对于教师来说,就业是为了防止个体对于课堂教学造成伤害。总之,政府所设置的"认定——执照"保障机制是一种法定的行政机制。

专业团体的质量保障机制由全国教师教育认可委员会(NCATE)的认可、州际新教师评价和支持协会(INTASC)的执照颁发以及全国专业教学标准委员会(NBPTS)的教师资格证书和高级资格证书的颁发三个程序构成。

NCATE 的认可用于确认那些符合特定标准的教师教育项目或机构的身份,[8]其目的是向公众保证教师教育的质量,确保由受过良好教育的教师来培养儿童和青少年。[9] INTASC 和 NBPTS 通过合作分别制定了新教师执照标准和有经验教师的资格证书标准,这两条标准彼此衔接,在标准体系和评价方法上双方达成一致,为教师的专业发展提供了通道,即新教师通过 INTASC 的评估获得执照,证明其达到了从教的最低要求,经过数年的教学实践后,通过 NBPTS 的评估获得高级资格证书,证明其达到了相当的专业水平。NCATE、INTASC 和 NBPTS 的三套标准组成了"教师培养和发展的连续统一体"的质量保证体系,成为保证教师质量的三大支柱,[10] 被称为教师质量保证的"三腿凳子机制"(three—legged stool of teacher quality)。[11] 总之,学术团体所设置的"认可——执照——资格证书"保障机制实质上是一种自愿的、专业化的质量鉴定。

教师教育机构的质量保障机制以"基于研究"的培养计划和课程、招生、培养、实践及学位授予等几个环节构成。这一机制实质上是形成教师质量的关键。此部分内容我国学者比较熟悉,本文不予介绍。

(三) 教师质量保障的管理机制

上述三种教师质量保障机制分别有各自的管理机制,即州政府的质量保障管理机制、专业团体的质量保障管理机制以及教师教育机构的质量保障管理机制。

从上面的分析中可以认识到,州政府的教师资格证书和教师教育项目认定是教师质量保障的有效机制,但这种机制需要通过管理来实现。世界各国在对教师资格证书管理上的一个共同特点是国家性,任何一个国家都由政府来实施教师资格证书管理,尽管这种管理受制于不同国家的宏观教育管理体制。在美国证书制度出现的早期,一般是在州教育委员会的授权下,由各县市负责此项工作。美国内战后,教师资格证书的管理出现了州集权化的趋势。进入 20 世纪后,尤其从 30 年代开始,各州普遍开始削减地方证书,将资格证书的审核和发放权集中到州政府一级。至此,美国政府的教师资格证书管理完成了由县府向州府的过渡。

美国州政府教师资格证书管理可以划分为几类,一类是州教育委员会下设置证书或执照发给办公室,二类是独立的教师证书和执照发给委员会,三类是州教学标准委员会下设证书和执照办公室,还有设在教育考试、政策和问责部下的证书和执照办公室。这些管理机构是如何设置、内部结构是什么、又是如何运转等问题需另文专门进行研究。

关于州政府如何认定和管理教师教育项目以保证其质量的问题,本文以美国蒙大拿州为案例进行分析。法律规定,由蒙大拿州公共教育部对本州的教师教育项目进行认定。公共教育部(Board of Public Education)要求各教师教育机构每年提交认定申请,根据本州制定的"教师教育项目认定标准"进行审核。经过审核达到所有标准的项目,才认定其合法性。经过审核未达到标准的项目,公共教育部会要求其进行改善,通过实地考察,如果未达到标准的条款仍然没有改进,公共教育部将会另行安排再次实地考察,不符合标准的项目将被列为"待认定"。按规定每个教师教育项目每五年接受一次公共教育部的实地考察。

关于州政府的"教师教育项目认定标准"各州采取了不同的做法。有的州采用了全国教师教育认可委员会(NCATE)的认可标准,也有的州自行制定标准。以蒙大拿州为例,其制定的标准包括几个方面:教师教育的目标与任务,教师教育的组织与管理,课程(包括实习)与教学,招生、保留与筛选政策,为学生提供的服务,设施与教学资料,中小学合作关系,理论框架,大学教师资格,机构治理资源等几个部分。

从以上分析来看,州政府对教师质量的管理是在相关法律的框架下进行的,通过设置管理机构、管理程序、制定标准对教师教育机构进行认定,对合格教师颁发资格证书,以保证教师培养的质量和进入教学岗位的教师质量。

关于专业团体的质量保障管理机制,本文以全国教师教育认可委员会(NCATE)为案例来讨论。从 NCATE 的组织结构来看,包括会员团体和管理董事会。会员团体由教育专业团体组成,包括教师教育机构协会、教师组织、州和地方的教育决策组织、学科专业领域的专业组织、科技组织,如教育沟通和科技协会、行政管理人士组织等。以上成员机构几乎囊括了全美各类重要的教育专业团体,此举在于使 NCATE 的成员具有广泛的代表性。

NCATE 的管理机制主要是由管理董事会来完成的。NCATE 设有五个管理董事会,各履行不同的功能。① 执行董事会,下设有三个委员会:财政、人事和会籍委员会、诉求审查委员会、组织章程委员会。执行董事会的功能是监督 NCATE 的标准、政策、财政事务、组织章程,以及选举和评鉴委员会主席。② 机构认可董事会,下设三个委员会:评鉴委员会、标准委员会、程序和评估委员会。机构认可董事会的功能包括决策教师教育机构的认可地位,发展和制定认可标准等。③ 州伙伴关系董事会,负责发展与各州的伙伴关系。④ 专门领域研究董事会,负责制定相关专门领域的课程指导纲要。⑤ 申诉董事会,负责处理一些申诉案件,保护被认可机构的权力。

从以上分析看出,专业团体对教师质量的管理是在广泛的专业团体的支持下进行的,通过各层级机构的设置,保证正常和有效地实施管理。

关于教师教育机构的质量保障管理机制主要是通过培养机构的学术制度来运行的。通常在外部由美国大学认可组织进行认定评判一所大学的学术质量,在大学之内还通过项目或专业认定来保证教师的质量。因此在美国会有两种排名,一种是大学排名,另一种是专业或项目排名。就教育的项目或专业而言,密歇根州立大学在教师教育专业或项目上排名全美第一,宾州大学在高等教育项目或专业上排名第一。由此可见,培养机构的内部质量保障管理机制也显得特别重要,事实上这些管理对于在大学工作的人来说是比较了解的,比如大学教授的遴选制度、学生对大学教师的上课评估制度、大学对学生毕业的学分要求和论文要求等都体现出质量保障的管理,所有这些都构成了质量保障管理机制。

(四) 教师质量保障机制的价值分析

教师质量是通过一定的机制得到保障的,这种机制又具体表现为教师教育认可与认定、教师执照和资格证书、教师培养等制度,其建构与其他制度的建构一样建立在某种价值基础之上。在我们看来,教师质量保障机制的价值主要体现在五个方面:学术价值趋向、专业发展价值趋向、满足多元需求价值趋向、实践价值趋向、学术文凭与资格证书的对等价值趋向。下面我们分别加以解释。

1. 学术价值趋向

这种趋向主要通过学术文凭和基于研究的教师教育项目两个方面体现出

来。从政府的质量保障机制来看,州政府对本州教师教育项目进行认定时,要求这一项目能够提供使学习者获得学位的课程,另一方面,州政府的教师资格制度(实质为执照)所规定的首要条件是教师的学术文凭,而这个文凭一定是在通过双重或三重认可或认定的大学机构中获得的。从专业团体的质量保障机制来看,学术价值趋向体现在:① 未来教师需在本科教育层次以上的高等教育机构中接受培训。② 新教师需具备学士以上的学位。③ 有经验的教师若要获得高级资格证书,需具备硕士或博士学位。从教师教育机构的质量保障机制出发,基于研究的教师教育项目和课程是学术价值趋向的重要体现,通过对未来教师进行通识教育、学科专业教育和专业教育使未来教师获得学术能力和学术文凭。

2. 专业发展价值趋向

美国教师质量保障机制所反映出来的专业发展价值趋向主要体现在教师执照和资格证书的等级划分和更新制度上。教师执照和资格证书被划分成不同等级本身说明,在教师专业发展的不同阶段所获得的教师执照和资格证书在价值意义上是不等的,初任教师所获得的教师执照与有经验教师所获得的教师资格证书存在类型和重要性的不同。与此相应的是,根据教师专业发展的阶段和规律,采取教师执照和资格证书的更新制度。教师执照没有终身制,但有永久性执照和资格证书,这个永久性执照和证书只有通过专业发展到一定的阶段后才具有合法性。

3. 满足多元需求价值趋向

美国教师教育的认可、执照、资格证书和教师教育项目体现了强烈的满足多元需求的价值趋向,形成了执照和资格证书、教师教育项目的"双轨制"。教师执照和证书的双轨制是指:一是正常轨道,即从临时执照到初级执照到高级证书;二是选择性轨道,即为社会非学校人员和非教师教育专业学生设的选择性执照和资格证书。它既要满足刚刚从高等教育的专业教师教育机构毕业出来的应届毕业生,也要满足从高等教育的非专业教师教育机构毕业出来的应届毕业生,还要满足社会非学校人员的求职者,最后还要满足为了获得更高文凭的在职教师。由此相应产生了教师教育项目的双轨制:一是基于大学的教师教育模式,即正常轨道,二是选择性教师教育模式,由各级政府、学区、基金会主办。值得一提的是，选择性教师教育模式为美国的贫困学区输送了许多教师，缓解了这些学区教师队伍的不足。临时性执照和应急执照主要是一种满足教师供求极端不平衡时期的需要。

4. 实践价值趋向

实践是美国教师质量保障机制的一个不可或缺的价值趋向。从政府的质量保障机制来看，实践经验是颁发教师执照的必然要求，许多州对实习和见习时间进行了明确的限定。州政府在认定教师教育项目时，实习和见习是教师教育课程的内容之一。从专业团体的质量保障机制来看，通过实习和见习培养未来教师的教学能力是专业团体认可教师教育项目的标准之一。实习经验也是专业团体颁发新教师执照的要求，而高级资格证书只是授予那些有丰富实践经验的教师。从教师教育机构的质量保障机制来看，其课程中的教学实习和见习是不可缺少的内容。

5. 学术文凭与资格证书对等的价值趋向

这种对等的价值趋向是现代教师教育的一种显著特征，它表明了学术教育和专业教育的统一，学术教育主要满足学术文凭，专业教育主要满足专业标准，而学术文凭的高低决定了资格证书的级别，尽管从总趋势来看，美国各州普遍提出了教师达到硕士学术文凭的要求。

从以上分析看出，这五种价值趋向代表了政府、专业团体、高等教育机构和教师教育者对教师质量的要求，是确定教师质量的基本依据和评判标准，具有评价性、规范性和指导性功能。

(五) 结语

通过对美国教师质量观的分析，对美国教师质量保障机制的解释，对管理机制的揭示以及对质量保障机制和管理的价值阐明，我们可以设问：我国教师质量观是什么？有什么样的质量保障机制？又有哪些机构来管理教师质量使保障机制得到有效运行？在我们建立质量保障机制和设置管理机构的时候又应考虑哪些价值趋向？确实，当前教师质量也得到了普遍关注，认识到教师质量是教育质量好坏的一道重要防线，但是，还需要我们回答以上问题，本文也许会为回答这些问题提供一定的思想基础。

参考文献

[1] US Department of Education(2002). Meeting the Highly Qualified Teachers Challenge: The Secretary's Annual Re-port on Teacher Quality[C]. Washington, D. C. : the author. 4-6.

[2] The Task Force on Teaching as a Profession (1986). A Nation Prepared: Teachers for the 21st Century[C]. New York: The Carnegie Forum on Education and the Economy. 65.

[3] Husen T. , Postlethewaite, T. N. (eds.). (1994). International Encyclopedia of Education(2nd ed.)[M]. Oxford: Pergamon. Press. Vol. 9, 5926.

[4] Roth, R. A(1996) . Standards for Certification, Licensure, and Accreditation. In: Sikula, J. (ed.). Handbook of Reof Higher Education [M]. Oxford: Pergamon Press. 1313.

[5] Clark, B. R. & Neave, G. (eds.) (1992). The Encyclopediaon Teaching & America's Future. 63.

[6] Husen, T. , Postlethewaite, T. N. (eds.) . (1994). International Encyclopedia of Education(2nd ed.)[M]. Oxford: Pergamon. Press. Vol. 1. 24.

[7] Angus, D. L. (2001) . Professionalism and the Public Good: A Brief History of Teacher Certification [R]. Washington, D. C. : Thomas B. Fordham Foundation. 35.

[8] Kunkel, R. C. (1984) . Regional and National Voluntary Accreditation: The Place and Appropriate Future of National Accreditation [R]. (ERIC Document Reproduction Service No. ED250 309) . 6.

[9] National Council for Accreditation of Teacher Education. (1970) . Standards for the Accreditation of Teacher Education[C]. Washington D. C. : the author. 1.

[10] The National Commission on Teaching & America's Future

(NCTAF). (1996). What Matters Most: Teaching for America's Future [C]. New York: The National Commission on Teaching & America's Future. 29.

[11] The National Commission on Teaching & America's Future search on Teacher Education(. & Schuster Macmillan. 244. 2nd ed.)[C]. New York: Simon(NCTAF). (1997). Doing What Matters Most: Investing in Quality Teaching [C]. New York: The National Commission on Teaching& America's Future. 63.

（本文发表于《比较教育研究》2006 年第 5 期。作者朱旭东，时属单位为北京师范大学教育学院；作者周钧，时属单位为教育部普通高等学校人文社会科学重点研究基地北京师范大学教师教育研究中心）

四、劳动力市场中美国教师职业的供求关系与社会地位分析

在全球经济困境的劳动力就业市场中,高等教育毕业生的就业问题日益突出,中小学教师职业已经成为许多美国大学毕业生的理想职业。在美国劳动力市场中,当中小学教师的供应大于需求时,教师的工资就会降低;相反,当中小学教师的需求大于供应时,就会导致工资增加。同时,中小学教师职业的供求关系也会影响教师职业的社会地位及职业声望。

(一) 美国中小学教师职业的工作机会

1. 大学毕业生对教师职业的追求日益增加

20 世纪 60 年代后,美国人口出生率不断下降,学龄人口的减少导致教师的过剩。大学生和教育工作者都认识到美国教师的供应出现了过剩,大学新生中有志成为教师的人数也从 1968 年的 23％下降至 1982 年的 5％。美国发布《国家处在危险中》的报告后,美国教师职业的供求关系发生了逆转。在 20 世纪 80 年代后期到 90 年代期间,有志成为教师的大学生数上升了近 100％。另外,美国很多社区学院现在也积极参与中小学教师培训工作,美国高等院校的教师教育日益升温。[1]受到 2007 年以来经济萧条的影响,更多的人选择申请参加教师培训,以便获得中小学教师的工作机会。

根据对美国教师教育发展的分析与预测,美国未来会增加许多寻求教师岗位的求职者,也会产生许多教师工作岗位。在未来 10 年中,美国将需要增加数百万名新教师,原因是:① "二战"后生育高峰期出生的一代已经生育子女,美

国人口从 1950 年的 1.5 亿人到 2006 年增长了 1 倍,达到 3 亿人,持续的人口
增长导致 K-12 年级学龄人口的增加;② 全球化推动许多移民家庭进入美国,
使得美国学校注册人数一直不断上升;③ 今后 10 年中,有相当比例的在职教
学人员将要达到退休年龄;④ 教育改革者们正在努力缩小班级规模,扩展学前
教育,更加重视数学和科学课的教学,并推动教学革新与课程改革,这些变化都
需要更多的教师;⑤ 对教师资格不断提出的更高要求将限制教师的供应,而且
很多地区都在新建更多的"特许学校",这就对教师提出了新要求和新需求;⑥
相当比例的教师在不断流失,离开课堂或离开教师职业,这势必导致教师岗位
的空缺。[2]

2. 选择教师职业的理由

在全球经济危机的背景下,美国人对教师职业的兴趣越来越高,教师行业
已经成为人们的重要工作机会。为研究人们选择中小学教师职业的原因,有一
项研究对美国 76 所"教师教育学院"就读的未来教师进行了抽样调查。90%的
被调查对象把"帮助孩子们成长和学习"作为他们从教的理由;居于第二位的理
由是"教学是一个富有挑战的领域"(63%);接下来几个选择教师职业的理由分
别是"喜欢教师的工作条件"(54%);"受自己最喜欢的教师的影响"(53%);"教
师的使命感和荣誉感"(52%)。最近的一些研究也进一步验证了以上研究。有
些研究还发现,对自己中小学教师的崇拜对他们做出成为教师的决定具有重要
的作用,而根本的决定因素则与当前美国教师职业的稳定收入和社会地位的提
高密切联系。[3]

由于美国教师职业具有较强的吸引力,一些教育研究者认为,今后 10 年美
国出现教师大量匮乏的可能性很小。一方面是因为近来的教师缺乏主要出现
在大城市学区和某些特定学科领域,如数学和科学,许多学区都报告不存在潜
在的教师普遍短缺。另一方面,与 20 世纪 80 年代相比,现在离开教师职位的
人数越来越少,而不断增加的师范生注册人数将与离开教师职位的人数持平。
不断增加的教师工资待遇也可能让已经离职的中小学教师重新回到学校,并吸
引更多受过教师培训但还没有成为教师的人加入教师队伍。[4]

3. 教师队伍的多样性:一个备受关注的话题

美国教师队伍的多样性是由多种原因形成的,不断变化的就学形式和教师

工作机会是导致教师职业多样性的根本原因。美国教师队伍的多样性已经成为一个备受关注的政治问题。

首先,在全球化的背景下,美国学校学生的多样性在不断增加,但教师队伍的多样性却跟不上这个变化。例如,美国公立学校中非洲裔、亚裔和西班牙裔的学生几乎占学生总数的 40%,但来自这些少数族群的中小学教师只占 15%或更少。这种差异在美国一些大城市学区中尤为明显,那里少数族群的学生常常占就学学生数的 90%或者更多。

美国来自少数族群的教师人数占教师队伍总数比例不足的情况在未来会越来越严重。目前,仅有大约 10%教师教育专业的学生是美籍非洲人或美籍西班牙人,然而,在未来几年中,来自少数族群的中小学学生数预计将保持更高的比例。近年,美籍亚裔教师的缺乏已经成为一个严重的社会问题和教育问题,如今,亚裔学生占 K-12 年级学生总人数的比例约为 5%,而相应的亚裔教师比例却不到 2%。[5]

其次,美国非公立学校中的工作机会增加也成为教师职业的多样性的动力。在未来 10 年中,受到市场化教育改革的推动,美国"非公立学校"存在大量的就业机会。美国私立学校的学生注册人数已占全国中小学生总数的 10%以上。[6]

在过去的 30 年里,美国天主教学校的学生注册人数不断下降,但新建了许多其他类型的非公立学校。私立学校注册学生人数的增加主要集中在独立学校(非教派学校)以及由福音派和原教旨主义教会团体资助的学校。此外,许多天主教学校一直在教职员工中增加世俗教师的比重,这种趋势将会继续。更重要的是,很多天主教学校已经或正在转变成"特许学校",越来越多的教职员并不隶属于天主教的教会组织。[7]

同公立学校一样,私立学校也在更新他们的课程和教学方案,通常要招聘更多的教师,这些教师在科学、数学、计算机、残疾人教育、双语教育等领域必须学有专长,这就势必导致教师队伍的多样化。

其三,特殊教育需求领域的教师缺乏也是美国教师职业多样性的重要表现。对美国教师是否会存在大范围短缺这一问题,有不同的看出,但可以肯定的是,对于某些有特殊教育需求的教师岗位,如残疾学生的教育、补偿教育(remedial education)、双语教育以及数学、科学及外语等学科领域,教师缺乏的现象将会继续。此外,在许多乡村地区和一些城市及市郊人口增长较快的地区,尤其是美国西部及西南部地区,仍存在教师供应短缺的现象。[8]

美国增加教师队伍多样性以便更好地适应学生的多样性,这被视为美国未来教育发展的一个重要政治目标。例如,丽萨·德尔皮特(Lisa Delpit)和其他分析家指出,黑人学生会对课堂中友善的美籍非洲裔教师做出良好的反应;许多美籍非洲裔教师比非少数族群教师对黑人学生的行为更容易做出正确的判断;与非少数族群的教师相比,少数族群的教师能更好地成为少数族群学生的积极角色榜样。在很多情况下,来自少数族群的教师能更好地理解少数族群学生的期望和学习风格,尤其是如果来自少数族群的教师自己就是在劳动阶层家庭中成长的,他们在与那些低收入家庭的孩子一起时就更能理解这些学生。[9]另外,学校也需要更多来自亚裔、西班牙裔和其他少数族群的美籍教师为那些英语技能有限的学生提供特殊的语言教育和语言服务。

美国教师教育学院协会(AACTE)的官员指出,美国少数族群教师所占比例低下的数据意味着一种"毁灭性"的教育危机。美国教师教育学院协会和其他组织一起倡议,通过立法设立各种新的教师教育方案,以增加少数族群教师的数量,包括增加对未来少数族群教师的财政资助、增加少数族群教师的录取名额、新设大学预科方案(precol-legiate programs)以吸引少数族群学生。[10]

(二) 美国教师职业的工资收入状况

1. 美国中小学教师工资的增长

从美国产业和行业分类的角度看,学校教育属于人力资源劳动力密集型行业。在美国目前 22 个大的行业中,共有雇用人员 1.35 亿人。教育行业从学前班到大学的教师 845 为万人,是美国雇用人数第 6 大行业,雇用人数约占美国全部受雇人数的 6% 以上。[11]长期以来,美国中小学教师的工资费用占学校运营和预算的 65%~80%,但教师的工资和津贴又是保持学校教师人力资源优势和竞争力的重要杠杆。

过去,美国教师的工资收入一直相对较低。例如,1963 年,美国中小学教师的年平均工资以现期美元折算还不到 3.6 万美元。在 20 世纪 70 年代通货膨胀期间,美国教师的绝对工资因通货膨胀而相应下降,相对其他所有行业的平均工资也有所下降,但从 1980 年起,美国中小学教师的绝对和相对工资都有所回升。到 2010 年,美国中小学教师的年平均工资达到 5.2 万美元以上。如今,一个在富裕学区工作的资深教师通常年收入可达 8 万到 10 万美元。此外,教师还有机会通过辅导学生的校外课程、体育运动、戏剧表演和其他课外活动来增加收入。一些升迁到学校管理职位的教师,其年薪可大大超过 10 万美元。另外,公立学校的教师通常都能享受比其他行业工作人员更优厚的福利,如养老金和医疗保险等。[12]2007 年开始的经济危机对提高教师工资产生了实质性的影响,但美国联邦政府的几项法案,如经济刺激法案,以及各项提高教师质量的举措,还是促进了美国中小学教师工资的增长。

从 1930 年以来,尽管美国教师的工资比产业工人的平均工资的增长要高,但与从事一些其他行业的大学毕业生,如建筑师、注册护士、会计、职业治疗师等相比,美国教师的工资水平仍然较低。[13]研究人员发现,2003 年,美国教师平均周工资比有相似学历和工作经验的其他工作人员的周工资要低近 14%;周收入的趋势分析也表明,2010 年,美国公立学校教师的周平均收入比相当的其他工作人员的周收入要低 15%。[14]

2. 各州间存在较大的教师工资差异

美国的教育财政制度具有地方分权的特征,由于各州教育财政的不均衡性,各州之间及州内部不同地区,中小学教师工资水平存在较大的地区性差异。

美国中小学教师工资最高的 3 个州是康涅狄格州、加利福利亚州、新泽西州,其教师的年平均综合工资在 6 万美元以上;年平均工资最低的 3 个州是蒙大拿州、北达科他州、南达科他州,其教师的年平均综合工资在 4 万美元左右。[15]可见,美国教师的工资收入存在着较大的地区差异。

美国教师工资收入的地区差异是与各州的社会经济发展水平密切关联的。同时,各州的相对生活成本也存在较大差异,例如,处于发达地区的纽约州的生活成本高于美国北部平原各州的生活成本。另外,在美国各州内部,美国中小学教师的工资也有很大差异,富裕郊区的教师工资水平通常要比其他大多数"市内学区"和"乡村学区"的教师工资高很多。

3. 工作经验与受教育程度对工资收入的影响

影响美国教师个体工资收入差异的最主要因素是教师的工作经验和教师所受高等教育的程度。有教学经验和受教育程度高的教师的工资要高于经验欠缺和受教育程度低的教师的工资。以马里兰州圣·玛丽县公立学校教师的工资为例,拥有标准教师资格证书、教龄为 1 年的教师年薪约为 4 万美元,而教龄长、受教育程度最高的教师年薪约为 7.7 万美元。这充分体现了教龄和受教育程度对教师工资差异的影响(具体如下表所示)。马里兰州的教师工资水平在美国属于较高的州,这种工资差异不仅在州与州、学区与学区之间存在,而且在最高工资水平和最低工资水平之间也普遍存在较大的差距。

马里兰州圣·玛丽县公立学校教师的年工资等级表[16]
单位:美元

受教育程度工作经验	学士学位及标准教师资格证书	硕士学位或高级教师资格证书	硕士学位及高级教师资格证书＋15 小时核准的培训时间	硕士学位及高级教师资格证书＋51 小时核准的培训时间
第 1 年	40 055	42 270	43 386	45 608
第 5 年	42 083	45 526	47 245	52 522
第 10 年	50 794	53 086	56 013	61 240
第 13 年	56 474	69 167	72 173	77 354

注:在获得州"标准教师资格证书"后的 10 年内,所有教师必须获得"高级教师资格证书"。

尽管那些资深教师能拿到一份诱人的工资,尤其是考虑到教师的 1 学年只有不到 10 个月的工作时间,但教师的起点年薪却往往低于其他一些行业的起点年薪。2001 年,美国新教师平均起点工资为 26 639 美元,会计为 35 555 美元,销售为 36 278 美元,数学/统计为 41 698 美元,计算机科学为 42 500 美元,工程学为 44 362 美元,教师职业所获得的收入与其所受到的训练以及经验是不成比例的。[17]2007 年,美国新教师平均起点工资才 35 284 美元,美国很多政界和教育界领导已经认识到这个问题,都提出要提高刚工作的新教师和经验丰富的老教师的薪金,目的在于吸引并留住高水平的教学人员。[18]

（三）美国中小学教师的职业声望和社会地位

职业声望(occupational prestige)反映了特定社会对于某种职业的尊重程度。如果一种职业总是能为社会做出特别有价值的贡献，这种职业就可列为高声望的职业；如果一种职业需要从业人员受过高水平的教育或拥有高水平的技能，而且几乎不需要从事手工或体力的劳动，这样的职业也常常具有较高的社会声望。从职业声望和社会地位的角度看，美国中小学教师职业历来排名相对较高。

1. 中小学教师职业声望的调查

美国最有名的职业声望研究当属"全国民意调查研究中心"（National Opinion Research Center，NORC）从 1947 年起进行了一系列职业声望调查研究。在 1966 年对美国 500 多种职业社会声望的调查研究中，平均分最高的职业是 82 分的内科医生和外科医生；平均分最低的是只有 9 分的擦皮鞋者；小学教师的分数是 60 分，中学教师的分数是 63 分。[19]如今，美国公立小学和中学教师的职业声望分数分别已上升到 64 分和 66 分，教师职业持续保持在较高水平上。

2008 年的哈理斯民调(The Harris Poll)显示，52％的调查对象认为，教师是一种具有"很高社会声望"的职业。57％的调查对象认为，消防员具有"高声望"，其声望值排名第一，以下依次为医生（53％）、教师（52％）、警察（46％）、演员（16％）、会计（15％），房地产经纪人则以 6％的声望值排名最后。[20]

2. 中小学教师职业声望高的原因

美国中小学教师之所以能在有关职业声望的调查中保持较高的排名，原因之一是，在 21 世纪初教师的平均受教育水平已经比 20 世纪有了很大的提升，美国教师专业化运动极大地提高了中小学教师的学历层次；另一个原因是，教学工作越来越具有专业性特征，需要复杂的专业技能和专业理论知识。

埃里克·霍伊尔(Eric Hoyle)将教师工作与其他职业进行了对比，发现工作的复杂性与职业声望直接相关，而教学工作比其他所有职业要复杂 75％，因此其声望的排名非常高。教师工作的复杂性主要体现在需要运用逻辑思维和科学思维的原理来定义问题、收集数据、证明事实、得出结论等。

一个人在美国要成为一名从事复杂教学工作的教师,须首先精通语言,包括阅读、写作、演说等;其次,须能有效地与各种人打交道,包括儿童、青少年、家长、同事及上司等;再次,教师职业的互动主要在专业性互动方面,与其他"非专业人员"的联系并不紧密。无论如何,社会都会把高声望以及高报酬给予专业人员,诸如内科医生、律师、工程师,主要是因为他们必须处理一般被认为更抽象、更复杂的信息,而且因为这些领域需要更严格的学术培养和资格许可认证。[21]

3. 教师职业声望和收入的不一致性

理论上说,高声望和高收入是具有内在一致性的,这种理论称为"地位一致性假说"(status—con—sistency hypo thesis)。地位一致性假说认为,一个群体倾向于将本群体的成就表现(包括声望和工资收入)与其他群体的成就表现相比较,并希望获得与其他相似职业的有相似教育背景群体的可以对等的回报。[22]

与其他类似群体进行比较,美国中小学教师的高声望与其应得的回报是不相称的,因此,"美国教师联合会"等教师组织长期以来持续游说当局以争取中小学教师获取更高的报酬。一些研究人员认为,中小学教师回报的低下是让一些教师选择离开教师职业的动因。"大都会人寿保险公司"于 2008 年所做的美国教师的调查结果显示,62％的教师对他们的职业感到"非常满意"。虽然这是近 20 年来满意度最高的一次,但只有 16％的教师"非常同意"教学工作能让他们有机会获得一份体面的工资。[23]

虽然美国教师的收入与声望存在不一致性,但美国中小学教师的社会地位在持续上升。20 世纪八九十年代的教育改革运动让美国中小学教师成为公众关注的中心,也给各州和各学区施加压力以增加教师的工资,教师的社会地位和经济收入都得到实质性的提高。但不幸的是,2008 年以来的经济不景气,导致近年来美国中小学教师的工资增长陷入停滞状态。但教师们仍对其职业保持较高的满意度,其职业声望也相对维持较高水平。

(四) 结语与反思

比较与分析中美教师职业供求关系和社会地位,至少可以得出如下三个基本结论。

首先,中国教师职业的劳动力需求增长主要受到两种力量的推动:一是中国社会在快速从农业社会向工业化与信息化社会的跨越式转型,工业化和城镇化的过程导致教育人口的转移,许多优质学校不断拓展办学市场,走外延发展的办学道路,需要招聘大量新教师,都市新城市区域的"新城市学校"需要大批的新教师;二是学校教师的专业化运动以及新课程改革对教师素质提出了新要求,中国教师职业的需求增长体现为对高学历获得者的推崇,现在在一些经济发达地区出现了小学教师本科化、优质学校教师研究生化的趋势。

其次,中国教师职业的经济收入得到较大幅度的提高。教师的月工资收入从 20 世纪 80 年代中期的数十元,增加到如今的数千元,绩效工资制度改革也改变了教师经济收入的结构。近 30 多年来,中国教师经济收入的增长方式与美国教师经济收入的增长方式存在很大的差别,但仍跟不上国民经济的增长比例。中国义务教育阶段教师工资收入水平依然偏低,近 50% 的农村教师和县镇教师没有按时或足额领到津贴或补贴。相对于美国教师年均 5 万多美元的收入,我国教师职业只有年均约 2 万人民币的收入,收入的差距巨大。相对于高消费、高房价时代,我国教师的绝对购买力存在严重不足。我国教师薪金制度已不能适应全球化时代教师专业化发展的需要,制约着基础教育质量的提高,要提高我国教师薪酬以达到发达国家教师的薪酬水平依然任重而道远。

再次,中国教师的社会地位、职业声望与职业收入之间存在巨大落差。在我国实施科教兴国战略以来,教师的政治地位、经济地位、社会地位、职业声望均有大幅提高。然而,我国教师职业声望与职业收入之间也存在不一致性。全国普通小学、普通中学教职工年均工资收入为 17 729 元和 20 979 元,分别比国家机关职工年均工资收入低 5 198 元和 1 948 元。在我国国民经济实力不断提升的全球化背景下,我国教师职业不仅相对收入过低,而且绝对收入也严重偏低,成了困扰教师队伍发展的关键瓶颈问题。因此,要切实提高教师的社会地位和职业声望,就需要真正提高教师的绝对和相对收入。

参考文献

［1］Debra D. Bragg Teacher Pipelines［J］. Community College Review

(July 2007),10~29.

[2] Geoffrey Borman and N. Maritza Dowling. Teacher Attrition and Retention[J]. Review of Educational Research(Septem-ber 2008),367—409.

[3] Jane G. Coggshall. Prospects for the Profession. TQ Re-search & Policy Brief(October 2006). [EB/OL],available at www. tq-source. org; and "Generation Y Teachers Looking for Change," American Teacher (February 2008). [EB/OL]available at www. aft. org.

[4] Donald Boyd et al,. "Who Leaves?" 2008 paper prepared for the National Bureau of Economic Research. [EB/OL] available at www. nber. org.

[5] Rona F. Flippo and Julie G. Caniff, "Who Is Not Teaching Our Children?"Multicultural Perspectives(Issue 2,2003); and Condition of Education. [C] (Washington,D. C. :National Center for Education Statistics,2008).

[6] William J. Hussar and Tabitha M. Bailey,Projections of Education Statistics to 2017. [R](Washington, D. C. :U. S. Govern-ment Printing Of-fice,2008),Table 1.

[7] Paul Vitello and Winnie Hu. For Catholic Schools, Crisis and Catharsis[J]. New York Times,January 17,2009.

[8] Andrew J. Rotherham,"The Wrong Teacher Shortage," Blueprint (March/April 2003)[EB/OL]. available at www. ndol. org/blueprint; and Erling E. Boe,Lynne H. Cook, and Robert J. Sunderland,"Teacher Turn-over,"Exceptional Children(Fall 2008),7—31.

[9] Lisa D. Delpit. The Silenced Dialogue [J]. Harvard Educa-tional Review (August 1988),pp. 280—298; and Marona A. L. Graham-Bailey. An Incomplete Identity. ·Rethinking Schools (Fall 2008). available at www. rethinking schools. org.

[10] Reg Weaver. Schools'Changing Faces. NEA Today (September 2006)[EB/OL]. available at www. nea. org/neatoday; and Carol P. McNulty and Mark S. Brown, "Help Want-ed," Childhood Education (Spring

2009),179.

[11] 乔磊.在美国当教师工资有多少?[EB/OL]http://xian. qq. com/a/20090720/000270. htm(2013—03—12).

[12] Jay Chambers and Sharon Bobbitt, The Patterns of Teacher Compensation[R] (Washington, D. C. : U. S. Department of Ed-ucation, 1996); and Rankings of the States 2008 and Esti-mates of School Statistics 2009(Washington, D. C. : Nation-al Education Association, 2008), available at www. nea. org.

[13] Dan Goldhaber and Daniel Player. What Different Bench-marks Suggest about How Financially Attractive It Is to Teach in Public Schools[J]. Journal of Education Finance(Winter 2005), pp. 211—230; and John M. Krieg. Book Review How Does Teacher Pay Compare? [J]. Economics of Education Review, 2007, 265—266.

[14] Sylvia A. Allegretto, Sean P. Corcoran, and Lawrence Mishel, The Teaching Penalty: Teacher Pay Losing Ground[R]. (Washington, D. C. : E-conomic Policy Institute, 2009).

[15] Ranking of the States 2008 and Estimates of School Statis-tics 2009 [R]. (Washington, D. C. : National Education Associa — tion, 2008). Table 16. 1.

[16] 马里兰州圣·玛丽县公立学校网站[EB/OL]. www. smcps. k12. md. us(2013—03—12).

[17] [美]小弗恩·布里姆莱,鲁龙·贾弗尔德. 教育财政学——因应变革时代(第九版)[M]. 窦卫霖主译. 北京:中国人民大学出版社,2007. 326—228.

[18] Mathew DiCarlo, Nate Johnson, and Pat Cochran, Survey and Analysis of Teacher Salary Trends 2007(Washing, D. C. : American Federation of Teachers, AFL—CIO, 2008), Table 1~2[EB/OL]. available at www. aft. org.

[19] Donald J. Treiman, Occupational Prestige in Comparative Perspective [M]. New York: Academic Press, 1977.

［20］"Prestige Paradox：High Pay Doesn't Necessarily Equal High Prestige：Teachers'Prestige Increases the Most over 30 Years," The Harris Poll（Harris Interactive,Inc. ,Au-gust 5,2008）［EB/OL］. http：//www. harrisinteractive. com/har-ris_poll/index. asp? PID＝939.

［21］Eric Hoyle. Teaching：Prestige, Status and Esteem［J］. Ed-ucational Management and Administration（April 2001）, 139～152.

［22］David J. Hoff. Politics Pulls Teacher to Forefront［J］. Education Week（January 2006）,1,21,24.

［23］Laura Greifner. Teacher Satisfaction at 20-Year High, MetLife Survey Finds［J］. Education Week（October 18, 2006）,p. 11；Gerald W. Bracey,"Teach-ers Raking It In," Principal Leadership：American Teacher：Expectations and Experiences（2008）.

（本文发表于《比较教育研究》2014 年第 4 期。作者程晋宽,时属单位为南京师范大学教育科学学院）

五、韩国基础教育教师职业吸引力
保障制度分析

　　韩国在第二次世界大战以后迅速提高基础教育质量,并在 PISA 等国际学业水平测试中获得令世界瞩目的成绩,与其高质量的教师队伍是分不开的。在韩国,中小学教师被认为是稳定、丰薪且具有较高社会地位的职业而备受青睐。高等教育中教师教育专业的入学门槛连年提高,各地新教师聘用考试竞争激烈,在职教师的离职率也只有 1‰~2‰。[1]韩国职业能力开发院于 2007 年对 15 000 名中小学生进行的调查显示,教师被选为"将来最希望从事的职业"的第一位。[2]教师在众多社会职业中独冠群芳,表明教师职业的社会地位、经济地位和工作环境得到韩国社会的普遍认可。本文主要探讨韩国是通过怎样的制度建设来保持教师职业的吸引力,使优秀学生乐于进入教师队伍并无所牵绊地"敬业""乐业"的。

(一) 健全的法律法规体系,保障教师的身份与权益

　　教师的法律身份,是定位教师的工作性质与教育内容、确定教师与教育环境各要素之间关系的核心依据。不同国家对教师法律身份的定位有所不同,使这些国家教师的适用法律、所享有的权益与范围与力度均不相同。能否向教师提供稳定、优越的身份地位,并保障其各项权益,成为不断吸纳优秀人才从教、保持在职教师工作热情的关键因素。

　　韩国自教师队伍建立初期就明确了教师作为专门职业的性质,将所有教师确定为国家公务员。为进一步强调教师这个专门职业的特殊性,韩国于 1981 年颁布《教育公务员法》,在第 1 条就明确指出:"考虑到教育公务员服务全体国

民的职务特点和责任的特殊性,本法作为国家公务员法和地方公务员法的特例法,以特别规定适用于教育公务员的资格、聘用、报酬、培训及身份保障相关内容为其目的。"[3]此后,韩国陆续颁布关于教师的相关法令,直至今天已多达45条,内容广泛涉及教师的培养、聘用、资格、人事调动、晋升、培训、惩戒等方面,使得一切与教师有关的管理工作都有法可依。在这些法规中,特别为保障教师地位和权益,使教师在工作中免受不当待遇而制定的专门法规就有《教育公务员法》《提高教师地位特别法令》《为提高教师地位的交涉、协商相关规定》《教师惩戒、处分再审规定》等。

韩国教师相关法令中对教师身份、权益的保障主要体现在以下几方面:

1. 关于教师的身份和职业性质

韩国教师作为国家公务员的身份早已明确,在此基础上,韩国反复强调教师作为教育工作者的特殊权威和地位。《教育公务员法》第43条明确指出:"教育权必须得到尊重,教师不受任何使教师的专门地位和身份受到影响的不当干涉。"[4]不仅如此,韩国于1997年特别制定《提高教师地位特别法》。该法第2条规定,教师的身份和专门职业的性质应得到中央及地方教育行政机构乃至全社会的尊重:"①国家、地方自治体及其他公共机构应努力创造条件使教师得到全社会的尊重,使其以高度的荣誉感和使命感从事教育活动。②国家、地方自治体及其他公共机构应特别注意到,教师在对学生进行教育和指导活动的过程中,其权威应受到充分尊重。"[5]

2. 关于教师的工作权利保障

工作稳定是韩国中小学教师得以安心从教的重要原因。韩国不少教师相关法令中涉及教师工作权利方面的内容。《教育公务员法》第43条规定:"除刑拘、法律惩戒或本法规定的事由外,教师不接受违背本人意愿的停职、降职、免职等措施。"[6]这条法律表明,除非教师触犯法律或本人要求,否则其他机构或个人无权给教师免职、降职,这有效保障了教师稳定的工作权利。《提高教师地位特别法令》第4条还规定"除非为现行犯,或所属学校校长授权,教师不在校园内被捕,"[7]明确了教师不可侵犯的工作尊严和权利。此外,根据《教育公务员法》第47条,教师对人事管理问题的任何意见,都可通过教育部下设的"教育公务员中央苦衷审查委员会"进行咨询,并不因此而受到任何不利待遇。

3. 关于教师经济地位的保障

优厚、稳定的工资报酬制度历来是韩国的教师职业保持旺盛吸引力的重要原因。关于这个问题,韩国的法律也有明确的相关规定。《教育公务员法》第34、35、36 条和《提高教师地位特别令》指明教师的报酬应得到特别的优待,私立学校教师的报酬应不低于国/公立学校教师。

4. 关于教师的权利救济

为防止出现教师在受到惩戒、接收人事管理安排的过程遇到不公现象却"有冤无处诉"的现象,《提高教师地位特别法令》第 7 条规定:"……教育科学技术部下设'教育申诉审查委员会',负责申诉案件,并再审各级各类学校教师的惩戒处分以及其他违背本人意愿、对其不利的各类处分(包括拒绝续聘)。"[8]不仅如此,韩国还另颁布《教师惩戒、处分再审规定》和《为提高教师地位的交涉、协商相关规定》,对教师的任何惩戒、处分规定都将受到专门委员会的细查以保障教师的合法权益不受侵害。

(二)严格的职前培养、资格授予和职后培训制度,突显教师的专门职业特点

1. 严格的职前培养和资格授予制度

韩国的基础教育教师培养根据教育阶段分为小学教师和中学教师。小学教师的职前培养分为中等师范学校时期(1945～1961)、2 年制教育大学时期(1961～1980)、4 年制教育大学和教育研究生院时期(1981～至今)。由于韩国直至 2005 年才在全国范围内普及了 9 年义务教育,因此小学即义务教育阶段的教师培养一直被韩国视为国家事业而备受重视。韩国的小学教师实行的封闭式、针对性(根据教师需求量调整培养规模)培养,由 10 所国立教育大学、1 所私立大学(梨花女子大学)、1 所韩国教员大学来培养具有 4 年制本科和 2 年制研究生学历的小学教师。2008 年,这 12 所小学教师培养机构培养出 23 575 名毕业生。[9]

中学教师一开始就采用开放式培养模式,综合大学和师范大学并存,迄今经历了多途径培养时期(1945～1960)、大力扩张时期(1960～1980)、调整规模时期(1980～至今)。由于是非义务教育阶段,中学教师培养与小学阶段存在较

大差异,不受规模限制,也因此出现了供过于求的现象,使韩国不得不对获得教师资格的学生实施聘用考试。目前,韩国的中学教师主要由师范大学、综合大学教育专业、综合大学非教育专业、教育研究生院的硕士课程等进行培养,2008年共培养 152 098 名毕业生。[10]其中,私立综合大学非教育专业的培养规模为107 445 名,远高于国/公立大学的 44 653 名。

综上所述,韩国的小学教师采取的是教育大学为基干的封闭式培养模式,中学教师采取的则是以私立、综合大学为主的开放式培养模式。但是,无论哪种模式,有一个特点是共同的,那就是以严格的资格授予和聘任制度来突出教师职业的专门性。

根据韩国 1978 年颁布的《教师资格审定法》及其实施规则,韩国的中小学教师资格种类从资格等级上分为预备教师(准教师)、2 级正教师、1 级正教师;从资格内容上可分为中小学各科目教师、图书管理员、技术教师、保健教师、营养教师。所有在专门的教师培养机构毕业的学生可免试获得预备教师(大专毕业)、2 级正教师(本科毕业)资格(表 1)。获得资格后的学生如得以聘任,即要求通过一定时间的在职培训获得上一级别资格证书。

表 1　准教师、2 级正教师资格的课程及学分要求

领　域	科　目	最低学分要求	
		大学	大专
教职理论	教育学概论;教育哲学及教育史;教育课程及教育评价;教育方法及教育工学(教育软件应用);教育心理学;教育社会学;教育行政与教育管理学;其他教职有关科目	14 学分7 科目以上	10 学分5 科目以上
教科教育(保健教师、专业咨询教师、技术辅导教师、营养教师除外)	教科教育理论;教材研究与教学法;逻辑、论述相关科目;其他教科教育相关科目	4 学分 2 科目以上	4 学分 2 科目以上
教育实习	教育实习	2 学分	2 学分

资料来源:韩国法律第 104 号.教育公务员法实施规则.韩国教育科学技术部令.2011.4.4.

获得资格并不等于能够成为教师,韩国每年举行中小学教师聘任考试,供已获得教师资格的历届毕业生参加。2008 年,有 11 204 名教育大学毕业生参加了小学教师聘任考试,后有 6 417 名被录取,其录取比例为 57.3%;有 66 993 名毕业生参加了中学教师聘任考试,却只有 4 964 名毕业生被录取,其录取比例是 7.4%。该现象表明,以封闭式培养为主的小学教师获得资格后的就职率较高,其筛选过程主要集中在教育大学的入学阶段,而采用开放式培养的中学教师获得资格后的就职率低,其筛选过程主要集中在获得资格后的聘任考试阶段。无论是哪个阶段,对教师质量的严格把关是最受重视的原则。

    2. 持续、系统的教师培训制度

所有在职教师都要接受各种培训作为职务晋升和自我完善的重要途径。在职教师培训体系颇为复杂,根据培训主体分为专门机构培训、学校培训、个人培训三大类。专门机构培训指由中央级的教育培训专门机构、大学附属的"中小学教育培训学院"、道/市教育培训院、远程教育培训院等机构负责组织的培训,这些机构提供新教师培训、资格培训、职务培训、特别培训等多种多样的培训机会,供不同需要的教师选择;学校培训是各级各类学校为解决本校的问题实施的培训;教师的个人培训是教师个人为自身发展所参加的各类培训(表2)。

表 2   韩国在职教师培训种类与内容

培训种类	实施主体		主要内容
专门机构培训	中央级教育培训机构	新教师培训	岗前、岗后培训、汇报培训
	大学附设的初中等教育	资格培训	获取特定资格、晋升为目的
	培训院、各道/市教育培	职务培训	教科、生活指导、信息化、教养等方面
	训院、远程教育培训院	特别培训	指定教师攻读学位、做访问学者等
学校培训	各级各类学校	解决学校面临的问题	教学法研究、课程教材研究、课题研究、教职工研讨会、政策咨询等
教师自主培训	教师个人	教师的自我提高	取得学位、教科研究、参与学术会议、参与学会活动等

资料来源:홍창남.교직여건개선과교육역량개발,이종재,김성열,돈아들스,"한국교육60년"서울대학교출판문화원2010,p.211.

通过严格的筛选制度确保优秀教师进入教育系统,再实施系统的在职培训,使教师的工作能力不断提升。严格的准入、培训制度不仅没有造成教师的不满,反而唤起教师对本职工作的自豪感,赢得了社会对教师职业的尊重,与对教师优厚的待遇形成良性循环,进一步确立了教师作为专门职业的地位。

(三) 优厚的薪酬待遇,解除教师的后顾之忧

韩国自确立教师资格制度的 20 世纪 50 年代就开始实施基础教育教师的工资由中央财政全额负担的制度。今天的韩国,教师工资由国库负担的涉及面越来越广,包括公私立幼儿园教师、公立小学教师、公私立初高中教师。

韩国根据《教育公务员法》和《公务员报酬规定》的相关规定发放教师工资,哪怕洗漱费这种小项费用也均有详细的法律规定。教师报酬制度具有稳定、平均、丰厚三大特点,其报酬由基本工资和各项津贴组成,由于基本工资由中央财政统一发放,消除了教师之间、学校之间、地区之间的差异。基本工资采取单一型报酬体系,工资体系分为 40 个等级,毕业于 4 年制教育大学的新任教师为 2 级正教师,拿 9 级工资,此后每年递升 1 级,直到退休。因此,只要知道工龄,就可算出拿多少基本工资,即使升职为校长、教导主任,对基本工资体系也无任何影响。教师工资的个人差异主要来自津贴制度,即根据劳动性质、工作岗位、工作地点、家庭环境等因素获得不同的津贴,这样的津贴在教师收入中所占比例较高,有的地区甚至超过 50%。津贴内容包括公务员基本津贴,例如,年终津贴、管理岗位津贴、家族津贴、子女学费补助津贴、每年 1 月和 7 月发放的定勤津贴等;只发给教师的特殊岗位津贴,例如,教职津贴、偏僻地区任职津贴、教材研究津贴、班主任津贴等;福利卫生津贴,例如,困难补助、节假日休假津贴、午餐津贴等。各项津贴的发放依据和额度也是由法令详细规定的。

长期以来,韩国社会对教师的报酬制度多有诟病,认为教师的报酬制度被纳入公务员报酬体系中,无法体现教师职业的特殊性与专业性;过分平均且论资排辈的工资体系无法促进教师的工作积极性。因此,韩国自 2001 年开始改革报酬制度,根据教师的工作业绩颁发结构工资。但是,由于全国各类教师组织的猛烈反对,自 2002 年开始先对所有教师平均颁发 90% 的业绩津贴,只用剩下的 10% 来进行差额分配。此后,差额发放津贴的制度逐渐被人们所接受,

各地开始陆续采用津贴的差额分配制度,目前各地差额津贴的发放比例为
30%~50%。

尽管教师工资有所改革,但仍维系着前述的三大特征,根据李光炫等 2007 年
所进行的调查表明,在 OECD 成员国中,韩国教师的工资是属于领先地位的。稳
定、平均和丰厚的基础上还有一定的竞争机制,这样的报酬体系在全球乃至韩国
国内经济深陷低迷、时常出现高管被免职的状况下,自然是非常有吸引力的。

（四）不断完善的人事管理制度,激发教师的工作热情

1. 调整国立/公立学校的教师流动制

韩国的基础教育教师分为私立和国立/公立学校教师。不同性质的学校,
教师管理制度也有所不同。国立/公立学校教师的身份为国家公务员,因此,他
们的聘任、培训、晋升、报酬等相关人事管理业务主要由教育科学技术部或地方
教育厅主管,并不归属特定学校。而且,韩国实施的是教师流动制,要求教师以
4~5 年为期在同一地区的不同学校间流动。这样的制度设计一方面有利于避
免教师与学校绑定,在工作过程中免受学校内部权力操控,从而维护教师的工
作权利和独立性,另一方面也有利于避免教师由于长期身处一所学校而出现工
作倦怠。当然,更主要的目的是为了保证公共教育资源的公平分配,避免教育
资源出现倾斜。学校根据地方教育委员会的需要统一调配推荐本校教师进行流
动。每年到人事调整的时节,任职期满的教师向地方教育厅提出调动申请,再由
教育厅安排人事调动。但是,教师如遇一些特殊情况也可申请延迟流动时间。在
儒家文化的韩国,大部分申请延迟的原因是家庭方面的,如父亲年迈、病危等。

已有的教师流动制近年颇受批评,认为教师的频繁流动不利于教师在工作
过程中显现长效的教育效果,也阻碍教师对某学校产生认同感,无法充分调动
教师的工作积极性。因此,韩国开始延长教师在一所学校的工作期限,加强各
中小学在管理上的自律权限。如济州道教育厅将全道分为 A、B、C 三大地区,
A 地区为济州道两大城市,即济州市和西归浦市;B 地区为济州岛上的其他村
镇;C 地区为济州岛周边的偏僻海岛。该道政策规定,教师在 A 地区工作 6 年
后,就必须提出调动至 B 地区工作 4 年的申请,后再调动至 C 地区工作两年,
在 C 地区工作期间,教师可根据韩国的《岛屿、僻地教育振兴法》享受僻地津贴

和环境不利地区特别津贴。

2. 关于私立学校的长期聘任问题

私立学校教师的工资虽然由中央财政全额拨款,但人事管理主要由各学校法人自行负责,学校理事会根据本校的需要和标准来聘任教师。20 世纪 70 年代,韩国大力推行基础教育均衡化政策,为弥补公共教育资源不足问题,遂将私立学校纳入公共教育系统中,并全额发放私立学校教师工资,使提高私立学校教师权利的呼声渐高,很多私立学校开始注重保障教师权利,福利待遇与公立学校看齐,有的甚至超过公立学校。大多数私立学校教师一经聘任,就可在本校任职到退休,所以在私立学校担任教师也是一个十分稳定的职业。

3. 关于教师晋升制度

韩国的在职教师晋升制度遵循以教师-校监-校长为主线的单一晋升体系。长期以来,韩国教师的晋升依据是工龄、业务评价成绩和培训成绩,但还是论资排辈。而这样的晋升制度在今天的能力社会被认为无法提升教师的工作积极性。20 世纪 90 年代以来,韩国陆续改革晋升制度,增加了校长公开招聘制,鼓励普通教师不受工龄限制跨级竞聘。而且,韩国还增加了晋升考察内容中业务评价的考察比例,以此来激发教师的工作积极性。2009 年,共有 291 所中小学实施校长公开招聘制,占国立/公立学校的 3%;另一方面,韩国自 2008 年开始打破单线晋升体系,增设了"首席教师"职位,教师们通过竞争争取。

韩国基础教育教师的人事管理是在长期的历史过程中不断完善的,在聘任、供职、晋升过程中采用合理措施来激发教师的工作积极性是韩国人事管理改革的核心目录。

韩国教师的社会地位一直较高,这是韩国的文化传统和现代制度共同作用的结果。从韩国历史上看,数百年的科举传统使教育在身份地位的提升过程中具有决定作用,教师职业自然受到尊崇;在经济高速发展的今天,韩国政府又将教师看作是国家复兴的关键因素,百般从制度上创造条件吸引优秀人才从事教育,使得教师职业被看作可以同时得到社会尊重和职业稳定的、"最有吸引力"的职业。

参考文献：

［1］［2］홍창남.교직여건개선과 교육역량개발.이 종재,김성열,돈에덤스.한국교육60년[M].서울: 서울대학교출판문화원.2010，p.201，p.212.

［3］［4］［6］韩国法律第 3458 号. 教育公务员法. 韩国总统令. 1981. 11. 23.

［5］［7］［8］韩国法律第 4376 号. 提高教师地位特别法. 韩国总统令. 1991. 5. 31

［9］한국교육개발원.교육통계분석자료집[M].2008.

［10］한국교육과학기술부，2008교육양성현황.

（本文发表于《比较教育研究》2012 年第 8 期。作者姜英敏，时属单位为北京师范大学国际与比较教育研究院）

六、英、美、法、德、日中小学校教师法律地位比较

教师法律地位是指教师作为专业人员的法定条件和权利。西方国家教师法律地位的确定和调整取决于各国社会政治经济背景、隶属法系、法律传统以及学校教育机构的性质，所以，各国中小学校教师法律地位既有共性也有特殊性。[1]本文以国家结构的性质和所属法系为标准，把属于普通法系的英美两国，属于民法法系的法德两国以及属于混合法系的日本作为研究对象，就中小学校教师的法定条件、身份、权利保障、教学自由和法律责任等方面进行分析，研究各国中小学教师法律地位的共同性和差异性，为我国的教师法律地位研究和实践提供参考。

（一）以法确定教师的地位，但法律约束形式不同

英、美、法、德、日等五国的教育法律都十分重视对教师的法律地位的确定，重视通过法律手段解决教师管理问题。在信奉"法律至上"的美国和日本，教育法制化程度比较高，对教师的法律身份、权利和义务、法律责任都有明确的法律定位。但是，由于各国法律传统和政治制度的差异性，各国在关于教师法律地位的具体法律约束形式方面有所不同。

从法的存在形式来讲，英、美隶属普通法系（Common Law System）。普通法系是以英格兰普通法为基础形成的世界性法律体系，也称英美法系。它重视判例法、习惯法和制定法，特别重视判例的法律效力，[2]因此，英美国家通过法

院对实际发生的有关教师法律纠纷的判例来确定教师的权利、义务和责任。德、法隶属民法法系(Civil Law System)。民法法系又称大陆法系、罗马-德意志法系或法典法系,是以罗马法为基础发展而来的,它通过制定成文法来规定教师的身份、权利、义务和责任。[3]"二战"以后,随着国家教育权的逐渐强化,这两种法系呈现相互融合的趋势,属于普通法系的国家开始采用成文法(例如,美国已基本形成制定法和判例法两大系统),而属于民法法系的国家也开始使用判例法。[4]日本的法律体系兼具上述两种法系的特点:一方面,关于教师的成文法比较健全;另一方面,有关判例也是确认教师法律地位的重要依据。

由于各国体制不同,涉及教师的立法权限也有所不同。根据宪法规定,美国、德国等联邦制国家举办教育的责任在各州,各州制定适用于本州的教师管理法规,没有适用全国的教师法律,通过签订协议促进州际之间的教师交流。近年来由于教育的作用突显,中央或联邦一级的教育立法权限也逐渐扩大,开始对教师立法产生影响。在法国和日本,中央一级享有极大的教育立法权限并制定适用于全国的教师法律。

由于所属法系不同,法律渊源不同,教师法规或教育适用的法源不同,各国教师的法律身份也有所不同。例如,普通法系的教师法律渊源是上级法院对有关教师法律案件的判决;民法法系的法律渊源主要是成文法等教师的法律规定,即宪法、法律、行政法规对教师的有关法律规定。当没有适用于教育机构的特定法律或判例的时候,美、英两国调整一般雇佣关系的劳工法律通过解释可适用于教师,法、德、日三国的一般公务员法则适用于教师。

(二)以法规定政府、学校、市场在教师管理方面的权责分配

政府、学校、市场对教师管理的权责在一定程度上是通过法律进行分配的。尽管英、美、德、法、日等国在教师管理权责方面的分配方式不同,但这些国家中的政府、学校、市场、社会和法院等都通过不同方式、不同程度地参与了教师管理。

从政府方面看,近年来中央和地方在教师管理权限方面呈现出合作趋势。例如,美国联邦法律规定,教师培训等方面的经费补助,由州教育法全面规定教师资格、任职、解雇、待遇等事宜,地方学区则负责实施并可制定一些地方法规。

近年来,美国通过对宪法条款的解释,加大了联邦在教育事务上的立法权限。日本自 1990 年《终身学习法》颁布后,中央和地方的行政管理部门都在逐渐扩大对教育事务包括教师的管理权限,但教育的地方分权和独立行政传统开始向中央行政主导型的方向转变。法国的教育行政长期以来自成体系,省学区督学负责教师名额的分配、调动、任命和纪律惩戒。1982 年权力下放法实施以来,地方政府对教育及教师的管理权限和责任逐渐增大。

从学校方面看,五国学校在教师管理权限方面有相似性,也有所不同。20 世纪 70 年代以前,这些国家的学校管理权限在地方教育管理部门,而不在学校。自 70 年代末,随着美国掀起"校本管理"(School-Based-Management)的学校改革运动,[5]西方其他国家也积极推行校本管理,要求把课程权、财政预算权和人事权从教育行政管理部门下放给学校,自此学校对教师的管理权限才有所增加。例如,英国 1988 年教育改革法后兴起的"可持续学校"(Maintained School)中,教师虽仍是地方教育当局的雇员,但校长已拥有雇佣和解聘教师的权力(不过这类学校存在的非法解雇教师和学校承担赔偿责任问题,成为英国教育立法亟需解决的问题)。

从市场方面看,五国有完善的市场机制,教师管理也毫不例外地受到市场机制的影响,各国都坚持市场原则来聘用教师。例如各国一般都在教师法规里明确规定,教师聘用坚持公正、公开、透明原则,通过公开发布招聘广告,通过人才市场的招聘程序聘用教师,而不能随意聘用教师。

(三)突出教师身份的公务性,教师雇佣合同受到严格的 法律限制

法、德、日三国明确规定,公民在取得教师资格证书并获得教师职位后,其身份就是国家(或地方)公务员,纳入国家公务员行政管理系统中,适用本国的公务员法或根据教师职业的特殊性而专门制定的教育公务员法。英、美两国公立中小学教师不是国家公务员,而是国家的公务雇员(Public Employee),[6]由公立学校的责任团体(地方教育委员会或地方教育当局)采取雇佣合同的形式与教师签订工作协议,教师的雇佣和解雇不适用于一般的劳工关系法,也不适用于国家公务法律条款,而是由仅适用于学校雇员的法律明确规定。显然,由

于各国把教育看作是国家兴办的公共事业,教师受国家委托执行国家意志,按国家的教育计划和培养目标教育下一代,执行的是国家公务,因此,各国都把教师定位为公务员或公务雇员。

与其他一般雇佣关系相比,公立学校教师的雇佣合同也受到限制,尤其是在集体谈判、罢工、教学责任等方面。在日本,教师的结社、组织和集体行动等宪法所赋予的权利受到严格的法律限制。日本文部省认为,教师人事政策是管理和操作问题,只能由教育行政机构决定,地方公务员法禁止教师与地方教育机构进行集体谈判。英国自 20 世纪 80 年代中期以来,教师的教学责任由合同约定改为由国家教育和科学部立法详细规定,教师不再是基于合同向雇主提供服务,而是基于法规提供教育服务。美国公立学校教师的雇佣条件很多都由法律规定,在公务雇佣领域能否集体谈判仍有争议。一般认为,集体谈判并不是维持公立学校的必要手段,因为学区作为民选的负责公立学校管理的团体,不能向雇员组织妥协或违法授权,但学区可以与地方教师组织就学区有自由处置权的事项,如工作时间、工资、纪律措施、解雇的方式和工作条件等进行协商。在德、法两国,国家立法机关确定教师的雇佣条件,政府和教师协会无权就此签署集体谈判合同,罢工为非法要受到法律惩罚。

(四) 以不同方式强化教师雇佣权利的法律保障机制

教师雇佣权在五国都得到强有力的法律保障。这种保障分为实体保障和程序保障。实体保障指各国以不同的法律形式明确规定教师的身份、权利、义务和法律责任。程序保障又分为事前保障和事后保障。事前程序保障指对教师做出惩戒和处分之前要遵循严格的程序,依照法律规定的惩戒种类和条件实施。事后程序保障是教师获得各种救济的权利的程序,各国都有明确的教师申诉、复审、纠正、补偿和定期撤销处分的法律救济制度。

就事前保障来讲,在教师具有公务员身份的德、日、法三国,教师一经聘用,就可终身就职,而且只要不犯法或触犯法律规定的其他禁止行为,就免受失业的威胁。在实行公务雇佣的美、英两国,中小学教师由地方政府采用签订合约的方式雇佣,因此其身份或职位的保障不如德、日、法健全。

美英公民权利的程序保障制度非常发达,所以,教师的权益受到明确的保护。在美国,校长不是教师的雇主,也就无权解聘教师,教师和地方教育委员会虽然是雇佣关系,但根据不同的合同形式,教师的法律身份受到强有力的保障。签署年度合同和续签合同的教师在合同期间如果被解雇,各州法规要求学区要发出通知,说明解雇理由并向教师提供自我辩护的机会。终身教师的解雇程序从法律上讲更为复杂,一般包括:提前 30 天通知,说明理由和出示充分证据,举行听证。当某个州没有此类法规时,面临解雇危险的教师可根据美国宪法中的"正当程序法律保护"条款维护自己的权益。实际上,在大多数教师与学区关于解雇的诉讼中,学区都因违反正当程序法律保护而败诉。

在英国,教师辞退是个极为敏感的法律问题,中央、地方政府和学校都以一定形式参与了这一过程:中央政府制定一系列的就业法令,保障雇员不因性别、种族、工会会员资格或参与社会活动等不当理由而被辞退;地方教育当局作为雇主有权依法以正当理由停止聘用或辞退教师,但教师在解聘前有权获知自己专业的缺陷并被给予充分合理的改进机会;校长无权辞退教师,但其个人意见至关重要。在终止固定期限合同问题上,地方教育当局不能以合同到期为由逃避 1978 年雇佣保护法案规定的责任,合同到期但若原职位继续存在,解雇教师就是不公正的,因人员过剩而被终止合同的教师还有权获得补偿。

总之,这种从实体和程序两方面建立的教师雇佣权利的法律保障制度,有力地保证了各国教师的工作的安全、教育职业的吸引力和教育的连续性,也与教师的公务员身份相一致。

(五) 以法建立教师聘任、资格和薪金制度,但不同的规定影响到教师的实际地位

五国都立法规定教师的聘任标准和程序,实行教师资格制度,政府依照法律规定向符合条件的公民颁发具有法律效力的教师资格证书,持证者通过人才市场选拔程序便可任教。在工资问题上,无论教师是公务员还是公务雇员,教师工资都不属谈判范畴,而是由国家或地方立法规定。如英国从 20 世纪 80 年代中期以来教师工资不再由协商决定,而是由国家教育和科学部立法规定全国教师工资水平,日本地方法令也规定教师工资。

虽然五国都将教师聘任、资格、工资纳入法律轨道,但具体法律制度的不同

则影响了本国教师的实际地位。德、日、法三国同属民法法系,教师均为公务员,但在教师聘任和工资待遇上有很大的差异。在教师聘任标准上,德、日两国规定,教师受过长期的教育和实践训练并经过国家考试和见习后才可正式聘用,而法国对教师资格的要求却明显低于德、日两国;在工资待遇问题上,德、日两国教师的经济待遇,无论与欧洲其他国家相比还是同国内其他职业相比都比较高,而法国中小学教师的工资水平则比较低。这些差异直接影响到不同国家教师的地位。德国和日本的教师是极为受尊敬和备受青睐的职业,法国教师的地位则相当低,许多教师至今还是 B 级公务员。20 世纪 90 年代以来,法国政府采取各种措施提高教师工资待遇,藉此提高教师的地位。

(六) 规定教师的教学自由权,但对其自由度有所限制

各国教师虽具有宪法所规定的公民言论、表达自由、结社等权利,但这些权利受到了法律的一定限制,尤其是教师在班级内的教学行为。一般来说,各国法律都认可教师一定程度上的教学自由权,但这种自由权要受学校管理当局的指导,自由的限度取决于控制教师课堂行为的方式和控制机构。

这五国中,教师教学自由度最大的是英国。传统上,英国没有统一的课程指导,对教师也没有严格的规定。不过,英国 1988 年颁布的教育改革法加强了对课程的管理,教师教学自由度受到了一定的限制。自由度最小的是日本。日本文部省的教育权限虽然有限,但它肩负着中小学教材的审批权,对学校教师的教学有很大的制约,这就限制了教师的教学自由。德国教师作为公务员,主要受学校督学的指导,教师在课程范围内一定程度上有决定教学内容、教学模式和教学方法的自由权,但法律从来没有就学校法所保证的教师的教学自由作出明确界定。在美国,虽然联邦没有管理教育的权限,州也不制定课程指导或教学计划,但地方学区却握有广泛的课程决策权,学校和教师的教学自由度受到一定的限制。美国的法院认为,教师教学的自由度是一个关于教学的科学管理问题,而不是法律问题。最高法院从来没有就教师在选择课程、教学方式和方法等问题做出过判例。州和联邦低级法院的判例认为,教师在州规定的课程范围内具有一定程度上的选择课程内容和实施方式的自由,但不能与社区价值相悖。近些年,美国、加拿大等国家教育改革的重要趋势就是权力下放,把原来

属于学区教育局的权力下放到学校和教师手中,教师的教学权力正在扩大。

(七) 建立教育法律救济制度,维护教师合法权益

法律救济是指通过一定的程序和途径裁决社会中的纠纷,以使权益受到损害的人获得法律上的补偿。

五国建立了完善的教育法律救济制度,从而确保了教师的权利得以实现。法国通过两条司法途径处理涉及教师权益的法律纠纷:一是教育系统内部的司法制度。法国中央和学区的教育行政部门设有专门处理教育法律纠纷的教育委员会,受理教职员行政诉讼和纪律惩处案件;另一条是教育系统外部的行政诉讼制度。[7]法国教师是国家公务员,涉及教育、教师的诉讼案件均由行政法院受理。美国的教师与学校的纠纷多起因于校方对教师的侵权行为,如降低工资、压缩科研经费、减员解雇教师等。纠纷的处理有民间和官方两种渠道:民间处理,是指由一些非官方机构如校董会、学区教育委员会等根据法律和地方法规裁定教育纠纷;官方处理,是指通过法院系统处理教育纠纷。日本的教师权益受损,可以先由主管教育行政部门处理,对主管部门的处理不服,可上诉所在地区的人事院或人事委员会、公平委员会,如对其裁决仍不服,可上诉司法机关。

教师对学生伤害事故的责任承担方式也是各国教师法律要解决的一个重要问题。一般认为,教师和学校应该承担学生在校安全的责任,但他们的责任不应超出教学相关领域。只要教师不是由于疏忽、故意或存在明显的不当行为,则很少由教师个体直接负责赔偿。但教师免于个人赔偿并不是说学生无权获得赔偿或免除学校管理当局的赔偿责任。根据各国不同情况,赔偿责任分别由教师工会保险、国家特定的教育基金会、政府或学校管理当局承担。日本为了降低在学生伤害事故中学生与教师及学校的对抗,保护学生与教师建立亲密的关系和教师在职业活动中一定程度的自由,新的立法提出建立基于公共责任(Public Liability)的伤害赔偿制度,引进学生伤害的非过错责任(Non-fault Liability),而不必证实教师存在工作疏忽行为。

（八）结语

通过对五国教师法律地位的比较研究,可以发现,英、美、德、法、日等五国都把教师管理纳入法治轨道,强调用法律手段解决教师管理问题,确立教师的公务身份,以法保障教师的合法权利和一定程度的教学自由权,明确法律救济方式和法律责任承担方式;同时,在具体的做法上又因各国的政治制度、法律体系和文化传统有所不同。这些共同性和差异性都对我国教师法律地位的确定和实现有启发意义。

从共同性方面来看,我国有必要借鉴这些国家的做法。我国以法律手段解决有关教师的法律问题的时间很短,1993 年才颁布第一部对我国教师地位、权利、责任和义务作出规定的教师法,并为确保教师的法律地位,使其责任和义务得以履行,权利得以实现,提出了实行教师资格证书制度、聘任制度、培养和培训制度、考核制度等。但这些法律仍然存有缺陷:一方面,对教师法律地位的规定过于笼统,不能很好地运用于法律实践。例如,法律规定我国中小学教师是专业人员,但到底是什么样的专业人员却不明确,所以教师的法律主体地位并没有真正确立,教师的地位依然不高。另一方面,对教师法律地位的保障缺乏严格的规定,以致在实践过程中既不能保证教师有效地履行其职责,又不能很好地保证教师的合法权益,也没有做到以法对教师进行管理。例如,不少地方政府拖欠教师工资,严重侵害了教师的合法权益,但却没有得到相应的法律解决或法律救济。所以,有必要借鉴这些国家的做法,运用法律把中小学教师规定为公务性的专业人员,并参照公务人员或专业人员的法律具体规定教师的责任、权利、义务以及法律救济措施,规定政府、学校、市场、司法部门以及社会在教师管理方面的法定职责,从而实现对教师以法管理,确保教师法律地位的确定和实现。

还要注意到,法律是一种文化现象,在不同的国家,法律制度是不完全相同的。所以,在借鉴上述国家的做法的时候,我们要考虑这些国家的政治制度、文化传统以及所属的法系,还要考虑到我国的国情。具体来说,首先要从我国教师工作的社会主义性质来确定教师的法律地位;其次,既要考虑我国的文化传统,又要考虑全球化共同要求来确定教师的法律地位;再次,要考虑到我国各地发展的不平衡性,中国地域辽阔,东部、中部、西部发展有很大的差别,在不违反宪法、教育基本法和国家教师法的前提下,赋予各级政府和学校管理教师的权力,确保教师法律地位得到合理地确立,教师的责、权、利得以实现。

参考文献

[1] Jan De Groof． The Legal Status of Teachers in Europe[J]. Mobolity and Education[Z]. 1995. 19—22.

[2] 沈宗灵.法理学[M].北京:高等教育出版社,1994.319—322.

[3] 李晓燕.我国教师的权利与义务及其实现保障机制研究[M].广州:广东教育出版社,2001.

[4] 赫维廉,李连宁.各国教育法制的比较研究[M].北京:人民教育出版社,1997.

[5] 黄崴.校本管理:理念与模式[J].教育理论与实践,2002,(1).

[6] 劳凯声,郑新蓉.规矩方圆—教育管理与法律[M].北京:中国铁道出版社,1997.254.

[7] 陈永明.国际师范教育改革比较研究[M].北京:人民教育出版社,1999.391—400.

(本文发表于《比较教育研究》2006年第6期。作者黄崴、孟卫青,时属单位为华南师范大学教育管理系)

七、法国教师地位的变迁

国家的繁荣在于人才，人才的培养在于教育，教育的质量在于教师。法国，如同其他发达国家，十分重视教师的培养，将教育经费的大部分用于教师的培养和教师的工资。法国最早的师范学校为 1794 年诞生于巴黎的高等师范学校（Ecole Normale Supérieure），目的是培养中学教师。法国最早培养小学教师的师范学校是于 1810 年创建的斯特拉斯堡。社会的发展与变革对教师的要求不断变化，法国教师的地位也随之而变迁。

（一）昔日印象：乡村文化人与"黑色轻骑兵"

法国 19 世纪初的小学教师（instituteur）由地方乡绅选聘，受本堂神甫监管，除了从家长那里获得微薄的酬劳，通常还要从事其他职业，才能聊以生存。

1833 年 6 月 28 日，法国颁布《基佐法》，不仅规定"所有市镇，或单独、或与临近市镇共同建立初等学校"，同时还要求各省建立一所师范学校，以培养小学所需的师资。这一法律开创了法国公共教育的新格局：遍布全国的乡镇普遍建立了小学。这些小学通常与乡镇政府比邻而居，或者小学就与乡镇政府共用一座楼房，一半是学校，一半是政府。就是在今天，这种古老的建筑依然屡见不鲜。19 世纪中期以来，法国小学教师开始拥有比较体面的社会地位。在乡村中，几乎只有小学教师是"文化人"，掌管着全村文化活动，他（她）经常是镇长的秘书，撰写各类公告文书，主持地方选举等。许多乡镇还专门为教师配置了住房。据 1914 年的调查，小学教师中 15％出身于小农家庭，17％出身于小商业主,15％出身于职员,18％出身于小学教师家庭。直至 20 世纪 70 年代,能够成为小学教师依旧是平民家庭子女改变社会地位的极好机遇。[1]

法国义务教育开始于 1882 年,但义务教育的目的不是给人民以知识,而是控制人民。资产阶级认为,学校的首要目的就是教育人民,就是通过非宗教化的道德教育教化人民。当时一位督学声称,"应当管住我们的孩子、工人的儿子,抵制经常鼓动造反的平等理论……尊重个人,尊重所有权,尊重法律,便是应当铭刻在我们学生意识和心中不可磨灭的 3 个原则"。[2] 1883 年 11 月 17日,法国教育部长儒尔·费里(Jules Ferry)在其离职时给全国小学教师写了一封著名的后来被认为"政治遗言"的告别信。他在信中说,"你们肩负的各项任务、你们最贴心的任务、你们最沉重的任务,便是给你们的学生以道德及公民教育"。[3]关于道德教育内容,费里认为,学校"应当赋予学生毅力、自我控制,克服宗派意识和嫉妒心理。应当教育学生遵守社会秩序,承认功德,尊重所有权,热爱祖国"。[4]师范学校的建立改变了小学教师的命运,除了效忠于资产阶级的共和国,别无他途。

法国有一谚语,"孩子的耳朵长在背上",反映出法国父母管教孩子十分严厉。法国传统学校基本上是家长式的管理,教师就像父亲或管家那样主宰着班级:宽厚的权威,时而粗暴但经常充满深情;尽管孩子众多,年龄和水平各异,甚至逃学缺课,也不厌其烦;要求学生之间互相帮助。[5]教师的严厉,使人联想到可怕的匈牙利轻骑兵,又因为当时教师的制服为黑色,为国家承担着教育民众的使命,因此"黑色轻骑兵"(hussard noir)便成为法国第二共和国时期称呼小学教师的绰号。

(二) 中学教师:国家精英的缔造者

1802 年,拿破仑创建中学(Lycée),目的是培养国家精英。自 1806 年帝国大学创建以来至 20 世纪初,高等教育与中等教育并无严格区分,中学教师与大学教师都具有同一个称号":professeurs"。中学教师都有自己的学科,可以在高等教育的各学院授课,在社会中享有崇高的声誉。

从拿破仑帝国起,法国便盛行精英主义,中学教师的培养主要由大学,特别是由作为大学校的高等师范学校承担。学者德尔福(Albert Delfau)指出,"这些大学校,无论其目标,还是其特性,都博得了拿破仑的信任。不仅如此,波拿巴在实现其公共教育的进程中,任何时候都不允许阻挡其路。他需要有得力的助手:综合技术学校为其军队培养军官,高等师范学校为其中学培养教师"。[6]但是 4 所高等师范学校中只有位处于尔姆街和塞弗尔的高等师范学校培养中学教师,前者培养男教师,后者培养女教师。其他两所位于圣克鲁和丰特奈高等师范学校,则分别培养初等师范学校的男教师和女教师。

中学教师的录用通常采用竞争考试的方式。1810 年创建的中学教师竞考(agrégation)则是进入中学教师行列的基本途径,考试通过者被任命为中学教师(agrégé)。考试的竞争性极强,一个位置经常有 12 个以上的报考者。直至第二次世界大战前夕,法国中学教师的数量只有 15 000 人,而小学教师已达到132 000 人。[7]正是鉴于这些少而精的特点,可以说法国中学教师不仅是国家精英的缔造者,其本身也是国家精英。

(三) 教师学院:中小学教师同质化

法国初等师范学校招收初中毕业生,昔日的小学教师来自农村,又回到农村,与孩子和家长密切接触,并以执教为终生职业。但是 20 世纪 60 年代之后,情况发生了巨大变化,随着战后人口的激增,教育民主化的发展,法国中等教育开始迅速膨胀,甚至有"每天建一所初中"之说。[8]由于中学教师的大量空缺,便录用了相当多学历不够的非师范生,于是出现了水涨船高似的"社会晋级"现象。

"社会晋级"导致教师社会地位下降,教师的职业难以吸引优秀青年,开始出现了教师招聘"危机"。1989 年,由鲁昂学区总长丹尼尔·邦塞尔(Daniel Bancel)主持的教师培训改革委员会向教育部长提交了题为《创建教师培训的新动力》[9]的报告,其结论部分融入了 1989 年颁布的《教育指导法》,并启动了法国教师培训的重大改革。

"更好培训"和"更多招聘"为这次师范教育改革的主旨。根据《教育指导法》第 17 条规定,在当时的 28 个学区各建立一所"教师培训大学学院"(IUFM),以取代原有的各类教师培训机构。教师培训大学学院具有三项使命:准备参加中小学教师录用考试,进行教师的初始和继续培训,开展教育研究。这一改革的教育理念一方面是将不同层次不同类型的中小学教师培训集中于同一机构，使学生获得一种共同的教育文化；另一方面是促进教师的职业化，使之具有高等教育的特点，以吸引更多的优秀青年加入到教师行列。

这次改革的重要结果是打破了小学教师与中学教师的职业隔绝，取消了小学教师的原"instituteur"，代之以中学教师同样的称号"professeurs"。除了保留中学高级教师（agrégé）录取的基本学历为大学四年的硕士毕业外，所有教师培训大学学院新生的基础学历，均为高中毕业会考文凭加大学 3 年学习，即获得法国学士文凭。

然而，教师培训大学学院的教学模式也引起了人们的批评。教师培训大学学院，顾名思义是教师培训机构，但是在其第一年的教学中，几乎全部教学任务是准备各种教师资格的考试。这不仅脱离了教师培训的目的，也造成极大的浪费，因为许多师范学生不能通过考试，而不得不重新选择其他专业。就是在教师培训大学学院的第二年，实习教师的实习安排也经常不是严格围绕着培训，而是依据教学的需要，替补一些临时空缺，并实际担任教师的职责。所谓实习培训，不过是在"自悟"教师门道，很少能得到经验丰富的教师的指导。

对教师培训大学学院最极端的批评是认为其无效，无用，寄生，因为它忽视了不同层级教育的差异，因此批评者主张关闭教师培训大学学院。[10]

（四）今日改革：教师培训硕士化

怎样才能成为好的教师？早在 1983 年，法国著名教育史学者普罗斯特（Antoine Prost）便指出，"好教师，不是工作最多的人，而是促使学生学习的人。是学生在学习，而不是教师。教师与整个学校，承担着支持、评价和验证这一过程的责任"。[11]

在知识经济时代和学习化社会中，法国社会对教师的期望越来越高，教师的使命不仅是传授知识，还要承担许多社会应当共同完成的任务。1994 年，法国教育部的一份官方文件公布了《小学教师的能力特征参考》，[12]作为小学教师初始培训的基本目标和考试标准。1997 年 5 月 23 日，法国教育部以《通报》的方式，确定了中学教师的使命。[13]法国教育部在 2007 年颁布的《教师培训大学学院的培训手册》[14]中明确提出教师 10 大职业能力之后，又于 2010 年将教

师 10 大职业能力加以完善,[15] 新的规定如下:

(1) 以国家公务员身份工作,恪守职业伦理,认真负责;

(2) 掌握法语以便教学与交流;

(3) 掌握学科知识并具备良好的普通文化;

(4) 设计与实施教学;

(5) 组织班级教学;

(6) 照顾学生的多样性;

(7) 评估学生;

(8) 掌握信息与通讯技术;

(9) 能够团队工作,并与家长和社会人士合作;

(10) 自我学习与创新。

为了保证中小学教师具备必需的能力,提高中小学教师的质量及社会地位,同时也适应欧洲一些国家将中小学教师的培训提高至硕士阶段的趋势,法国部长联席会议于 2008 年 7 月 2 日决定于 2010 年开学时实施硕士化的中小学教师培训与录用。

按照新的规定,师范生录取考试的学历资格为硕士,即大学学习满 5 年。其两年的硕士阶段学习可以在大学各院系和教师培训大学学院系,学习内容既含学科知识,又含教育理论与教学实习。

在一些学者看来,中小学教师培训的硕士化虽然有利于教师质量的提高,但是严格的教师录取考试总会有一些硕士生被淘汰,由于他们曾经接受的是职业型的培训,再进入学术型的博士学习可能会遇到困难。

对于管理者来说,硕士毕业考试和教师资格考试的时间有所重合,需要加以调整,以避免学生考试压力过大。

大学生抱怨的是,原来在教师培训大学学院学习一年之后,教师资格考试合格者便可享受实习教师的工资待遇被取消了。

其实,提高教师地位最直接、最有效的办法莫过于提高教师工资。2010 年 9 月,法国教育部长吕克·夏戴尔(Luc Chatel)提出新的教师生涯公约,从当年开学起,竞考合格被录用的新教师可以享有一定的额外工资。每个新教师的第一年工资可以多得 1 884~3 180 欧元,另有 1 557~1 628 欧元的住房补贴。据测算,只有 19 万名教师,约占总数 1/4 的教师可以享受此待遇。

在临近大选之际,争取连任的法国总统萨科奇提出"多劳,多得"的设想,承诺教师在目前每周 18 小时的必须工作量的基础上,增加至 26 小时,月工资便可增加 500 欧元。[16]但是,广大教师对此提议比较冷淡,因为他们的工资虽然可增加 25%,但劳动付出却增加 44%。教育部长夏戴尔的策略是"少一些教师,多一些收入",[17]他认为近 5 年间退休的 7 万名教师只需补充一半的新教师,节省下来的经费,便可分摊到在职教师的工资上。这种拆东墙补西墙的做法也不会使教师们满意。现在,这些措施实施的可能性微乎其微,因为政府已经更迭,新政府的教师政策目前尚不得而知。但是可以肯定,提高教师地位并非易事,特别是在国家"钱紧"的时候。

参考文献

[1] Philippe Tronquoy,Le système éducatif,Cahier franξais N°285,mars-avril 1998. 22.

[2] Bernard Charlot,L'Ecole en mutation,Payot,Paris,1987. 66.

[3] Jules Ferry,Lettre aux instituteurs,le 17 novembre 1883 à Paris[EB/OL]. http://www2. cndp. fr/laicite/pdf/Jferry-circulaire. pdf [2012—03—29].

[4] Bernard Charlot,L'Ecole en mutation,Payot,Paris,1987. 54.

[5] Antoine Prost, Education, société et politiques, Une his—toire de l'enseignement en France,de 1945 à nos jours, Seuil,Paris,1992. 64.

[6] Albert Delfau,Napoléon 1er et l'instruction publique, Paris,Edition Albert-Fontemoing,1902. In Bruno Magli—ulo,Les grandes écoles,PUF,Paris,1982. 11.

[7] Emmanuel Fraisse,Regards sur la formation des ma1tres en France,Revue internationale d'éducation de sevres,n° 55,décembre 2010. p. 62.

[8] Antoine Prost, Education, société et politiques, Une histoire de l'enseignement en France,de 1945 à nos jours, Seuil,Paris,1992. 144.

［9］Daniel Bancel，Creer une nouvelle dynamique de la formastion des ma1tres，le 10 octobre 1989.

［10］Fabrice Barthélémy et Antoine Calagué，En finir avec les IUFM，LE MONDE，03. 09. 02 ［EB/OL］. http：//archive. wikiwix. com/cache/display. php url＝www. r-lecole. freesurf. fr/iufm. ［2012—04—01］.

［11］Antoine Prost，Les lycées et leurs études au seuil du 21ème siècle，CNDP，1983.

［12］Ministère de l'education nationale，Annexe III de la note de service 94—271 du 16 novembre 1994 MEN DE B1.

［13］Ministère de l'éducation nationale，Circulaire n°97—123 du 23/05/ 1997 adressée aux recteurs d'académie，aux directeurs des IUFM.

［14］Ministère de l'éducation nationale，Cahier des charges de la formation des ^ en institut universitaire de forma-ma1trestion des ma1tres，bulletin officiel n°1 du 4 janvier 2007.

［15］Ministère de l'éducation nationale，Définition des compétences à acquérir par les professeurs，documental — istes et conseillers principaux d'éducation pour l'exercice de leur métier，Bulletin officiel n° 29 du 22 juillet 2010.

［16］Le Monde ［EB/OL］. http：//www. lemonde. fr/éducation/ ［2012— 02—28］.

［17］Discours de Luc Chatel ［EB/OL］. http：//www. éducation. gouv. fr ［2012—01—11］.

（本文发表于《比较教育研究》2012 年第 8 期。作者王晓辉，时属单位为北京师范大学国际与比较教育研究院）

教师资格制度

一、比较视野中的教师资格定期注册与 考试类型分析

自 2010 年起,我国教育部在全国范围内试点实施教师资格考试改革和定期注册制度。[1]2013 年开始全面实施这一改革,并把这一内容纳入年度工作重点的范围,[2]自此我国的教师定期注册和考试制度便进入了一个新的发展阶段。那么,这样一种变革中的制度是怎样的一种生成性质,同其他国家教师资格相关制度的比较来看属于怎样的类型等问题就具有了进一步研究的意义。

这一变革经由媒体的宣传也引发了社会公众诸如"打破教师铁饭碗"等热议。这一方面表明制度变革、新制度的产生与公众的切身利益和需要密切相关,另一方面也体现了对制度变革或新制度本身的合理性、合法性存在的不同认识所引发的争议。由于教师资格制度涉及教师这个主体,教师又与社会公众的利益密切相关,在信息化、网络化时代很容易引发公众讨论,而网络舆论中一些讨论又往往把个别教师的个体行为,例如,性侵学生等极端事件作为制度的主体表现,或者与并无专业关系的"铁饭碗"等日常生活化式的认识联系在一起,从而使原本专业、严肃的一项国家制度改革演变为社会公众的庸俗热议。这一方面体现了复杂背景下社会公众的质疑,另一方面也反映出了对于专业制度的误解和误读。因此,有必要从国际比较和我国在教师资格制度实施过程中存在的问题以及由此带来的质疑进行专业解释。

本文试图回答的问题是:在比较视野中,教师资格制度的性质是什么? 各国教师资格定期注册有什么不同? 不同国家是如何开展教师资格考试的? 本

文所讨论的教师资格制度主要是定期注册和考试两个方面。

（一）教师资格制度的性质

教师资格制度,也称"教师资格证书"或"教师许可证制度"。作为职业资格制度的一种,它指管理部门(政府的管理机构或教师专业组织)依照教师所需具备的知识与技能,对教师实行的一套法定的职业许可和规范体系,它规定了教师资格的分类与适用、教师资格的认定(其中包括认定机构、资格条件和资格考试等)和教师资格的管理(包括考核与更新)。从功能上看,教师资格制度作为国家对专门从事教育教学人员的最基本的要求,作为公民获得教师岗位的法定前提条件,是吸纳优秀人才进入教师行业的保障,也是提高教师质量的第一步。因此,教师资格制度是世界上许多国家推行的一项针对教师行业的职业准入制度,对于规范教师任用标准,促进教师专业化发展,从而提高教育质量都具有重要意义。教师资格制度的发展主要体现在职前教师教育的发展、教师资格鉴定与管理体制的完善,以及教师职后专业发展三个方面。

教师资格鉴定与管理体制是重要的核心部分,而教师资格注册制度以及教师资格考试制度是这一体制完善的重要标志。我国实施教师资格制度,包括定期注册制度、考试制度等新制度,并不是因为教师队伍中出现的"极端事件",而是为保障教师素质的提高以及教师专业化水平的提升,是我国教师队伍建设过程中必不可少的环节,也是我国教师管理法制化、专业化的体现。下文将针对教师资格定期注册和教师考试制度进行国际比较的分类研究。

（二）比较视野中的教师资格定期注册类型

公众将我国教师资格 5 年定期注册制度的实施理解为"打破铁饭碗",其实是对教师资格制度的一种简单化误读。教师资格制度是一种注册认证制度,从国际上来看,根据资格注册的次数、是否更新、注册和更新的年限等主要变量,可以划分为"无年限单次注册"和"有年限更新注册"两大类。

1. 无年限单次注册制

无年限单次注册制又可称为"终身制",指国家或地区实行的非定期更新的、一次注册后无规定剥夺教师资格情况则终身拥有教师资格的制度。这种

"终身制"的实施并非没有资格的更新,而是通过教师职业生涯过程中的专业发展来实现资格的更新,并且这些国家的教师专业发展无不处在国家和政府的监督、管控和推动之下。这种专业发展式的更新往往是与教师职称晋升的制度联系在一起的。有明确教师职称晋升制度的无年限单次注册制代表的国家主要有法国、英国、韩国和新加坡。

在法国,由于不同的教师资格证书对应不同的岗位和薪金水平,教师受此激励,专业发展动机很强。除了通过工作年限的增加,中小学教师还可以通过参加会考考取教师资格证书来达到晋升高一级岗位的目的。

英国则推出了一套教师业绩管理的方案,包括起点评估(threshol assessment)和业绩起点(performance threshol)、业绩管理(performance management)和业绩评估(teacher appraisal),以确保教师教育的专业水准和提高教师的教学能力,帮助每一位教师实现持续的专业化发展。通过业绩管理,让教师在享有专业发展权利的同时,也担负起自己专业发展的义务。[3]韩国教师有正教师、专门指导教师、司书教师、技能教师、保健教师、养护教师等几种。每一种教师都至少有两级教师资格,如正教师资格分为准教师和正教师1级、正教师2级。教师资格达到2级或1级的教师还可以从教学岗转变为教学与学校管理岗位。韩国《初中等教育法》规定"具有中(小)学正教师(1级)的资格证,有3年以上教育经历及受到了所规定的再教育或具有中(小)学正教师(2级)的资格证,有6年以上教育经历及受到了所规定的再教育的教师可通过相应考核,获得中(小)学校监资格"。[4]

新加坡教育部设置"教育服务专业发展和生涯规划"(Education Service Proessional Development and Career Plan,简称 EduPac)系统,引导教师"最大程度上发掘自身潜力"。教师发展路径有教学通道(teaching track)、领导通道(leadership track)和资深专家通道(senior specialist track)3 种,具体如下页示意图所示。在这个系统中,热爱学生并且视教学为使命的教师可以经由资深教师(senior teacher)、领导教师(lead teacher)、高级教师(master teacher)发展到首席高级教师(principal master teacher);愿意走管理路线和专家路线的教师也分别有良好的专业发展前景。[5]

新加坡教师资格注册制下的教师晋升通道示意图

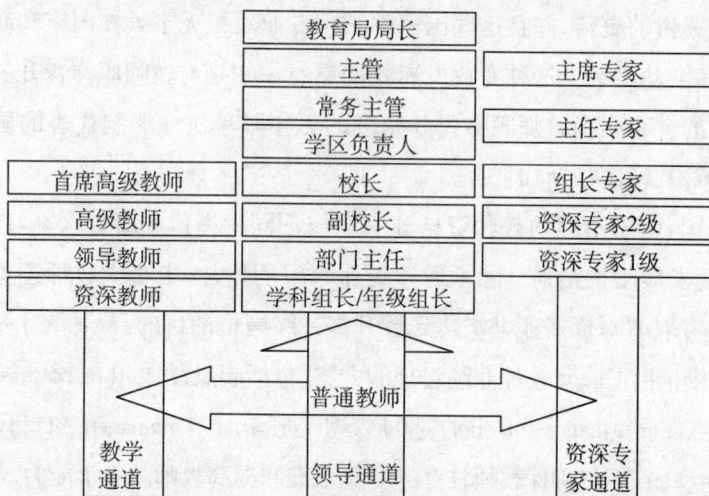

	教育局局长	
主管		主席专家
常务主管		主任专家
学区负责人		
首席高级教师	校长	组长专家
高级教师	副校长	资深专家2级
领导教师	部门主任	资深专家1级
资深教师	学科组长/年级组长	
	普通教师	
教学通道	领导通道	资深专家通道

（根据新加坡教育部相关资料整理)[6]

在采用无年限单次注册制的国家中,教师在专业发展之外,若发生不良行为,就会受到国家的处罚,如法国对失职、渎职的教师进行身份处分或者惩戒处分。[7]身份处分一般包括免职、降职两种类型;惩戒处分包括警告、减薪、停职等。[8]

由此可见,无年限单次注册并不等于"铁饭碗",而是根据专业发展需要,与教师职称、薪资直接挂钩,从而使教师具有激励动机,使教师获得终身的专业发展意愿。也有一些国家实行了无职称晋升制度的无年限单次注册制,如德国、南非等国家。

2. 有年限更新注册制

有年限更新注册,是指该国实施教师资格更新制度,且规定了更新的年限,这一类的国家有日本、俄罗斯、美国、加拿大、澳大利亚和新西兰。根据各国的实践,可进一步划分为无层级更新类和有层级更新类。后者又可划分为两层级类和多层级类。

（1）无层级更新注册制

这一类的代表国家是日本。日本的教师资格更新注册以 10 年为有效期,不分注册的层级。根据日本文部省 2011 年最新规定,2009 年 4 月 1 日之后授予的教师资格证,从获得所需资格(达到相应的学位及培训要求)起,教师资格的有效期为 10 年,并且要在第 10 年年末之前完成教师资格更新。例如,2010年 3 月 25 日获得教师资格的人,需要在 2020 年 3 月 31 日前完成教师资格更新,以此类推。[9] 10 年期满前必须进行资格更新,否则该教师资格证将会失效。[10]

(2)多层级更新注册制

这一类的代表国家有俄罗斯、美国、新西兰、澳大利亚等。俄罗斯将教师资格更新注册的层级分为"一级职称认证"和"高级职称认证"两种。美国教师资格的更新注册层级分为"初始教师资格认证""标准教师资格认证""专家/熟练教师资格认证"等。美国绝大多数州的教师执照需要终身更新。一般来说,初始层级的执照有效期为 2 年,专家层级的执照更新周期为 5 年一次。具体来看,各层级更新的周期也有所不同。新罕布什尔州的专家层级执照更新周期为3 年一次;内布拉斯州相应的标准层级执照的有效期为 7 年,专业层级执照有效期为 10 年;新墨西哥州的专业执照每 9 年更新一次。其他国家如新西兰将其更新注册分为临时注册(provisional registration)、经确认的注册(submitted confirmation)和完全注册(full registration)3 个层级。临时注册和经确认的注册可以看作是达到完全注册的过渡,并分别规定了有效期限,即规定了更新注册的时限,通过更新最终达到完全注册的目的。又如澳大利亚塔斯马尼亚州的教师注册,分为有限授权(limited authority)注册、临时注册和正式注册 3 类,其注册更新的策略和意义同新西兰相类似。

从以上例举国家所实施的教师资格定期注册制度来看,体现出了不同类型、不同层级、不同年限等特征。我国采取"五年定期注册制度"属于有年限更新注册制度。需要强调的是,与国际上其他国家实施教师资格注册制度一样,其目的不是为"打破铁饭碗",而是为了保证教师专业发展过程中不断提高教师专业水平,通过层级化的注册制度的设计来激励教师终身学习。如果说与所谓"铁饭碗"的通俗说法有一定的联系的话,也就是那些成为教师需要经过极其严格的"关口"的国家的教师资格注册制度,是以完备的考试制度作为"守门人"来保障教师质量。在我国目前教师资格制度不完备的背景下,实施有年限的教师资格注册制对于保障教师质量,提高教师专业化水平是必需的举措。[1]

(三)比较视野中教师资格考试与教师任用的类型

在实施教师资格制度的过程中,不少国家采取了教师资格考试的认定方式。根据教师专业发展过程中考试出现的时间不同可分为师范生招生考试、教师资格证获取的考试、教师任用资格考试、教师续聘资格考试、教师资格证更新考试等。根据教师资格与教师任用的关系的不同分为普通教师资格考试、教师任用资格考试等。可见涉及教师身份、地位的不同,考试的性质、形式、时间等也不同。如在实施教师公务员制度的国家,凡是经过教师资格考试并合格的候选人在成功获取教师职位的同时,也拥有了国家公务员的身份。例如,新加坡、德国、法国、日本、芬兰等国家的教师资格考试与教师公务员制度具有密切的关系。另外,从教师资格考试与教师任用关联性上来看,有教师资格考试与教师任用合一型,代表国家有法国、德国、新加坡、芬兰;也有教师资格考试与教师任用分离型,代表性国家有日本、韩国、美国。本文以最后这一种区别方式为例,介绍合一型和分离型两种类型代表性国家教师资格考试的概况。

1. 教师资格考试与教师任用合一型

以法国为例,教师资格证考试也称"教师录取考试",取得教师资格认证至少需要 5 年的时间,学历要求为硕士。申请者在完成大学学习后获得学士文凭,通过参加各学区的入学考试,合格后进入法国教师培训学院接受为期两年的培训。法国教师资格考试的第一类——教师资格证考试就在这两年的培训期间进行:① 教师资格证考试第一次(预录考试):师范生结束在教师培训学院的第一年的学习后,要参加教师资格聘用会考。其中,小学教师由学区组织考试,分为法语和数学两门笔试;中学教师由国家统一组织会考,预选考试为专业学科考试。会考合格后,考生成为实习教师,拿到会考资格证书,然后继续第二学年的学习。② 教师资格证考试第二次(录取考试):在师范生完成在教师培训学院的第二年的学习后进行。这一年主要是培养教师的职业能力,学生要参

---

[1] 需要指出的是,这些联邦制国家其教育政策的实施在各州也是有差别的,这里仅选取有典型意义的州为例说明。

与实习,完成硕士论文,完成相应的课程内容。学年末,师范生要参与教育部举办的教师聘任考试,主要是对教学实践、学位论文、课程内容三方面的评估。师范生考试合格后,由教师培训学院报学区批准,即可获得教师资格证书,成为国家公务员。需要注意的是,法国师范生招生考试也非常严格。考试内容分为三部分:第一部分为初试(笔试),包括语文、数学、科技、史地四项;第二部分是复试,包括口试(就一般性教育问题发表见解并回答问题)和体育、音乐、美术的实践;第三部分是自选考试,为外语或方言的笔译。考试的灵活性比较强,考生在科技、史地、外语或方言以及体音美方面都有一定的选择余地。另外,因重要性不同,不同科目在计算总分时的加权系数不同,考生在报名时自己选择两门主考科目,它们的系数为2,其余为1。

再以德国为例,德国的教师教育除巴伐利亚地区小学教师由教育大学培养外,其他地区主要是由各种综合性大学完成的,基本上没有独立设置的高等师范院校,学生在完全中学毕业后申请就读教师教育专业。德国教师资格与任用考试涵盖在教师教育专业的学习过程中,包括前后联系的实习教师资格考试(第一次国家考试)和(候补)教师资格考试(第二次国家考试)。系统完成高等教师教育专业学习的大学毕业生方可申请参加第一次国家考试。首先,考生需完成一篇毕业论文,内容可在教育学、主修专业和辅修专业中任选,考试委员会认可后,参加下面的考试。考试包括5小时笔试,每位考生的题目可以不同,但都是3道题目,考生需写出20页~25页答卷。另外,还需参加80分钟的口试,测试的是心理学、教学法和学校有关的法律知识等。此外,还有4周的教育实习测试,大约50个学时。学生到文理中学、实科中学或主体中学实习,主要是听老教师授课、观摩老教师组织教学、批改作业、管理班级,然后写出实习体会。最后,考试委员会根据教授的评语做出最终的成绩评判,一般考试通过率约为90%。[11]

通过第一次国家考试后,申请教师资格者向所在州教育部或文教部提交大学教育毕业文凭和第一次国家考试的成绩,申请到州教育学院或教师培训中心担任实习教师。顺利完成实习任务和达到实习要求的学生,于每年的2月~5月,可申请参加第二次国家考试。届时,学生参加州文化教育部组织的包括公开课(2节)、当堂撰写教育理论文章(4小时)、主辅修专业口试和政治法律口试

(3 次)等在内的第二次国家统一考试。这次考试非常严格,每年都有 5%~10% 的实习教师通不过。没有通过的,还有一次补考机会,可以在 1 年以内补考,但要延长实习期。如补考不合格,则失去任教和从事教师职业的资格。通过考试的教师就可以像其他公务员一样进入试用期,试用期一般是 2 年。[12]

2. 教师资格考试与教师任用分离型

所谓分离是指要从事教师职业前首先必须经过教师资格考试,考试合格获得相应资格证书。以韩国为例,新教师的任用需要通过国家实施的任用考试。已具有教师资格证书的人有资格参加考试。考试基本内容包括笔试、实际运用能力测试和面试三个部分。笔试由填空题、选择题和论述题等几种题型构成。主要评价应考者的知识及运用能力,能力测试是评价应考者美术、体育、音乐等方面的艺术能力,面试是评价教师的适应能力、教职观、人格及素养等综合素质的测试。考试分两次进行,第一次考试分为填空题、选择型和论述题的笔试和能力实践考试,第二次考试分为论述型的笔考试、能力测试和面试。各市、道教育厅根据上述规定实施教师任用考试。经过第一次考试的笔试、能力测试和大学成绩选拔出的人数约为拟录用人数的 1.2 倍,然后再进行第二次考试的论述、面试和实际教学能力考试的选拔。笔试包括教育学(30%)、专业(70%);中学教师的艺术能力考试包括教育学(30%)、专业(30%)、实际能力测试(40%)。

日本的情况与韩国类似,大学毕业经过考核获得教师许可证书后,要当教师者还必须参加公开的甄选考试。教师的任用是由都、道、府、县教育委员会负责,各级教育委员会每年举行甄选考试。都、道、府、县教育委员会以甄选考试的方法从持有教师合格证者当中任用一定名额的教师。凡持有"教师合格证"者都可以报名参加应聘考试。由于各地方自治体(都、道、府、县)具有命题自主权,因而考试时间、形式、内容不尽相同,但基本包括下文将要介绍的五个部分。作为从教基本素质的考试,考试结果以合格或不合格呈示给考生,考试内容与考生答题情况不公开。一旦考生通过考试,其姓名就被登陆于"××县公立学校录用候选者"的名册中,作为当年各校招收新教师的候选者。如果不参加考试或考试不通过,则根本没有成为中小学教师的机会。在每年所进行的考试中,第一轮以笔试为主,合格者参加第二轮考试。第二轮考试一般包括教育论文、面试(分个人和团体)、适性检查与试讲。如果考生欲成为学校音、体、美教师,还需参加技能考试。只有上述两次考试均合格,才有可能被公立学校录用。具体说来,考试包括笔试、技能测试、面试、论文写作考试、适性检查 5 个部分。[13]其中,笔试的考察内容主要分 3 部分:教育学素养、一般素养和专业素养。技能测试是针对那些申请成为中小学体育、音乐、美术教师的考生进行的专项技能测试。面试是除笔试之外的又一项重要考试项目,对于在笔试中难以体现的报考者的神情、仪态、语言表达、举止等通过面试加以评判。面试主要分个别面试和团体面试两种。每位考生都需参加这两种形式的面试,各地方自治体根据实际情况,有把这两种面试分别置于每年两轮考试之中的,也有将两者置于一轮考试之中的。论文写作考试是旨在探查报考者的思维力、思辨力、文字组织与表达能力,主要考察考生对所写文章的总体构架能力,同时在内容上对其所提观点的明确性、论证的逻辑性、结论的合理性做出评判,评判其体现的创新意识。小学和中学教师的报考者都需参加这一测试。适应性检查主要是针对考生的职业适应性进行的心理测验,一般置于每年的第二轮考试中。该项测试主要检测作为教师所需的心理健康及性格特征,包括自信度、融合性、灵活性等,一般通过专门制定的测验量表进行测定。

(四) 结语

通过以上有关国家教师资格注册与考试类型的比较分析可以认定,教师资格制度是针对教师行业的职业准入制度,对于规范教师任用标准、促进教师专业化发展、提高教育质量具有重要意义,是各国教育体制完善的一项重要内容;其中的教师资格注册以及教师资格考试是这一制度完善的重要标志。就教师资格考试而言,是一种知识、能力水平高低的判断手段,在教育高度发达的国家,如日本、法国、德国、美国等都实施了教师考试制度。

针对公众的一些误读,本文的结论还在于:

首先,教师考试仅仅局限在教师入职关,而不贯穿于教师专业发展一生的说法,是对教师考试的误解。对于新制度的实施,通常情况下不是对在职教师的强迫性实施,但对于新人职的教师是一项必须要实行的制度,因此也不存在教师考试会影响到教师的教学时间等问题。

其次,在认识教师考试中,舆论提出的一个最大疑虑是"师德"考试,普遍认为师德是不能通过考试来衡量的。对于这一说法我们认为,不能因为师德在行为表现上的不可考性而否定教师考试的价值,更何况考试可以有不同的内容和形式。根据道德的认知需要、"育人"能力的需要,正如有的国家教师考试经验所表明的,采取不同的考试内容和形式,如案例分析、现象判断等来考查教师的"师德"水平也是有意义的。同时,与此相关的舆论还有"师德一票否决制",这一说法实际上并不是一个问题,因为所谓"师德一票否决制"也就是指教师若发生不良行为(包含师德),必将受到国家的处罚,如对失职、渎职的教师进行身份处分或者惩戒处分。"师德一票否决制"是完全正确的,是教师履行其专业责任和义务的保障。

我国无论实施教师资格定期注册还是教师考试,都是一种新的制度设计,并且要经过不同地区、不同层面的试点后方可以成为一项国家制度。从试点情况来看,教师考试是主要针对非师范生的考试,社会认可度较高。因此,有理由期待这些制度将会在我国教师队伍管理过程中,成为保障教师质量的重要手段。

参考文献

[1] 中华人民共和国教育部. 关于印发《师范教育司 2010 年工作要点》的通知［EB/OL］. http：//www. moe. gov. cn/puh-licfiles/husiness/htmlfiles/moe/A10_ndgzyd/201005/xxgk_ 87503. html［2013—07—24］.

[2] 中华人民共和国教育部. 教育部办公厅关于印发《教育部人才工作协调小组 2013 年工作要点》的通知［EB/OL］. http：//www. moe. gov. cn/puhlicfiles/husiness/htmlfiles/moe/moe _ 933/201303/xxgk _ 148859. html［2013—07—24］.

[3] 张垦珉,张捷. 英美教师、教师教育机构认证标准:新要求、新进展［J］. 国家教育行政学院学报,2004,(2).

[4] 驻韩国使馆处编译. 韩国法制处《初中等教育法》［EB/OL］. http：//www. moleg. go. kr/main. html. 2013—04—21.

[5]［6] 新加坡教育部. Career Information［EB/OL］. http：//www. moe.

gov. sg/careers/teach/career-info[2013—01—09]/[2013—07—08].

[7] 开俊国. 西方中小学教师聘任模式的比较分析[J]. 比较教育研究，2004,5.

[8] 开俊国,姜红. 日法两国中小学教师任用管理模式比较 [J]. 外国教育研究,2003,30(7):24.

[9] 文部科学省. 教员免许更新制のけみ[EB/OL]. http://www. mext. go. jp/a_menu/shotou/koushin/011/08082808/001. pdf，2009—03 [2013—07—08].

[10] 祝怀新,丁波. 日本教师资格更新制浅析[J]. 比较教育研究,2007,(2).

[11] 侯建国. 德国教师资格制度对我国的启示[J]. 河北教育(综合版),2007,517(9):7—9.

[12] 高春香. 德国教师培养培训的透视[J]. 继续教育,2007,136(5):60—62.

[13] 朱炜. 日本教师资格考试制度述评[J]. 上海师范大学学报(哲学社会科学·教育版),2002(10):95—99.

（本文发表于《比较教育研究》2014 年第 12 期。作者为袁丽、朱旭东、王军,时属单位为北京师范大学教师教育研究所）

二、韩国的教师资格制度

教师资格制度是国家对教师实行的一种法定的职业许可制度,规定了教师职业必备的基本条件。教师资格制度的基本理念,在于肯定教师职业的特殊性和专业性,承认教师在教育中的重要地位和作用。世界各国教育竞争日趋激烈的今天,能否建立起一支质量较高、结构合理的教师队伍,已成为决定一个国家教育成败的关键所在。韩国的教师资格制度的一些成功经验与发展中所面临的问题很值得我们借鉴与思考。

(一) 韩国教师资格制度的历史沿革

韩国的教师资格制度起步较晚。直至 19 世纪末,韩国的中小学教师仍是由被当地尊为"博学之人"担任的,大都未经专门培训。师资培养机构也较少,直到 1895 年才成立了韩国最早的师资培养机构——汉城师范学校。1910 年的《日韩合并条约》使韩国沦为日本的殖民地,民族教育惨遭摧残。当时的师范教育仅限于小学教师的培养,且带有浓厚的殖民地色彩。独立后的韩国于1949 年制定并颁布了《教育法》,首次以法律形式对教师资格作出规定。韩国于 1953 年颁布了《教育公务员资格检定令》,作为教师资格制度的具体实施规则。该法令规定教师资格种类分为一、二级教师、准教师、特殊教师和养护教师(保健教师);中学教师要求具有大学学历,小学和幼儿园教师要求具有中专学历,18岁以下者保留其资格直到满18岁方可任教①。这两个法令的颁布标志着韩国教师资格制度的确立。

1961年,朴正熙发动军事政变掌握政权后,对社会各部门进行了较大规模的改革。在教育方面,于当年颁布了《教育临时特例法》,法令第六条规定,"为培养小学教师,建立教育大学。教育大学为公立或国立性质,学制2年"。根据该法规定,韩国将原有的部分师范学校升格为教育大学,并新建了几所教育大学。教育大学招收高中毕业生,学制2年,学生毕业后,授予二级教师资格证书。为了适应师范教育的改革,韩国改革了《教育公务员法》中对教师资格的内容,除相应地提高学历条件外,又增加了司书教师(图书管理教师)和教导教师两种教师资格,并将特殊教师改为实技教师(各种专业技术指导教师,如实验指导)。1964年,韩国颁布了第一个单独的教师资格法令《教师资格检定令》,法令将教师资格的颁发年龄推到20岁,并规定在资格证书上标明所担任的课程。

20世纪70年代韩国经济的蓬勃增长,带来了教育的迅猛发展,国立教育并不能满足日益膨胀的国民受教育需求,私立学校纷纷建立,不少私立大学设置师资培养课程来培养教师,改变了教师专门由特定的国立师资培养机构培养,并将教师看作是国家公务员的局面。因此,《教育公务员法》中关于教师资格的规定被转到了《教育法》。这期间对教师资格又进行了一些改革,例如,师资培养机构的学生可在本专业外再修一门副专业,教师资格证书中标明副专业名称等。1978年,韩国颁布了新的《教师资格检定令》,成为现行教师资格制度的原型。

直至20世纪70年代中期,韩国的正规师资培养机构仍无法缓解师资紧缺的状况,这使韩国不得不依赖于各种形式的临时教师培养机构,例如,初等教师的临时培养机构有教师速成班、讲习班、教师研修班、临时教师养成所等;中等教师的临时培养机构有中等教师养成所、临时中等教师养成所等。这些临时培养机构的培训时间从3个月到1年不等,毕业后授予二级教师资格证书。临时机构教学水平较差,培训时间短,无法保证教师素质,但毕业的学生却可以获得正式的资格证书。直到20世纪70年代末,韩国的教师供求矛盾基本趋于缓

---

① 〔韩〕韩国教育革新研究会编:《教育改革的反省与发展方向》,教育科学社,1991年。

解,政府才下令陆续停办了这些机构。国立、私立大学和临时教师培养机构大量培养教师,使得韩国的师资培养很快出现了供过于求的局面。

20 世纪 80 年代,韩国教育由数量的增长转变为质量的提高,2 年制教育大学难以适应教育发展的要求。为此,韩国 1980 年的《7.30 教育改革方案》中又将所有的教育大学升格为 4 年制大学,虽然毕业后仍授予二级教师资格,但其标准却大大地提高了,师范大学的升格必然要求教师资格制度的改革。1982年,韩国改革教师资格制度的部分内容,提高了学历要求,将免试检定的专业课成绩要求和综合大学教职课程(有志从教的学生在大学二年级提出申请,校方根据教师资格的有关规定进行审查,得到批准的学生学习规定课程,毕业后授予二级教师资格)的成绩要求提高至 80 分以上,并加强了有关专业课的学分要求。

从韩国教师资格制度发展看出:① 教师资格制度的建立与师资培养几乎同步;② 为了缓解供求矛盾,开办各种形式的临时教师养成所,向短期培训者授予与正规培养机构毕业生相同的教师资格证书等做法,致使教师资格制度在师资培养体系中缺乏权威性和地位;③ 由于师资培养与资格授予缺乏宏观和长远计划性,出现了盲目培养和滥授资格证书的现象。

(二) 韩国的教师资格制度现状

1. 教师资格证书的种类与标准

韩国的中小学教师资格,分为一级教师、二级教师、准教师、司书教师(图书管理教师)、实技教师、养护教师(保健医生)6 种。初高中阶段和特殊学校还设有教导教师。

(1) 小学教师的资格标准

小学准教师资格基本要求是:① 小学准教师资格考试合格;② 以高中毕业或同等学历为入学资格的临时教师养成机构毕业;③ 广播函授大学的初等教育科毕业。

小学二级教师资格的基本要求是:① 教育大学毕业;② 师范大学初等教育学科毕业;③ 在教育研究生院或教育部长官指定的研究生院教育学科初等教育专业获得硕士学位;④ 持有小学准教师资格证书,有 2 年以上教龄并受过有关的在职教育;⑤ 持有中学教师资格证书并接受过有关的在职补充教育;⑥ 具有短期大学或同等学历为入学条件的临时教师养成所毕业;⑦ 持有小学准教师资格证书;有 2 年以上教龄并毕业于广播函授大学初等教育学科。

小学一级教师资格的基本要求是:① 持有小学二级教师资格证书,有 3 年以上教龄并受过一定的在职教育;② 持有小学二级教师资格证书,有 3 年以上教龄并毕业于广播函授大学的初等教育学科;③ 持有小学二级教师资格证书,在教育研究生院或教育部长官特别指定的研究生院教育学科获得硕士学位,并有 1 年以上教龄。

(2) 中学教师的资格标准

中学准教师资格的基本要求:① 毕业于教育部长官所指定的大学(短期大学除外)的工业、水产、海洋及农工专业;② 中学准教师资格考试合格。

中学二级教师资格的基本要求:① 师范大学毕业;② 在教育研究生院或教育部长官指定的研究生院教育学科获得硕士学位;③ 毕业于临时教师培养机构;④ 综合大学教育学科毕业;⑤ 在综合大学修满关于教育课程的规定学分;⑥ 持有中学准教师资格证书,有 2 年以上教龄,并接受有关在职教育;⑦ 持有小学准教师以上资格证书,大学学历;⑧ 教育大学、短期大学助教或讲师,有 2 年以上教龄。

中学一级教师资格的基本要求:① 持有中学二级教师资格证书,在教育研究生院或教育部长官特别指定的研究生院教育学科获得硕士学位并有 1 年以上教龄;② 持有其他种类的教师资格证书,在教育研究生院或在教育部长官特别指定的研究生院教育学科获得硕士学位并有 3 年以上教龄;③ 持有中学二级教师资格证书,有 3 年以上教龄并接受一定的在职教育;④ 教育大学或短期大学的教授、副教授,有 3 年以上教龄。

中学教导教师资格的基本要求:① 持有中学一级教师资格证书并受过教导培养方面的培训;② 持有中学二级教师资格证书,有 3 年以上教龄并受过教导方面的培训;③ 持有中学准教师资格证书,有 5 年以上教龄并受过有关教导方面的培训;④ 大学毕业,所学专业为教育学科、心理学科或教育心理学科,有 5 年以上教龄,并受过教导方面的培训。

(3) 特殊学校教师资格标准

特殊学校二级教师资格的基本要求：① 毕业于教育大学或师范大学的特殊教育学科；② 毕业于综合大学特殊教育有关学科，在学期间修满所规定的教职课程；③ 持有幼儿园、小学或中学二级教师资格证书，并接受所需在职教育；④ 持有幼儿园、小学或中学二级教师资格证书，并在教育研究生院或教育部长官特别指定的研究生院特殊教育专业获得硕士学位；⑤ 持有特殊学校准教师资格证书，2 年以上教龄并受过一定的在职教育；⑥ 持有幼儿园、小学或中学的准教师资格证书，有 2 年以上教龄，并在教育部长官特别指定的研究生院特殊教育专业获得硕士学位。

特殊学校一级教师资格的基本要求：① 持有特殊学校二级教师资格证书，3 年以上教龄并受过一定的在职教育；② 持有特殊学校二级教师资格证书，有 1 年以上教龄，并在教育研究生院或教育部长官指定的研究生院特殊教育专业获得硕士学位；③ 持有幼儿园、小学或中学一级教师资格证书，并接受必要的补充教育；④ 持有幼儿园、小学或中学一级教师资格证书，有 1 年以上教龄，并在教育部长官指定的研究生院或教育研究生院特殊教育专业，获得硕士学位。

(4) 司书教师的资格标准

① 大学学历，所学专业为图书馆学，并修满规定教职学分；② 持有准教师以上的资格证书，受过有关司书教师培训；③ 在教育研究生院或教育部长官指定的研究生院教育学科的司书教育专业获得硕士学位。

(5) 实技教师的资格标准

① 短期大学毕业，所学专业为总统令所规定的实科类，或毕业于技术高中；② 大学或短期大学毕业，所学专业为艺术、体育及总统令所指定的其它技能培训专业；③ 实业类高中或 3 年制技术高中毕业，实技教师资格检定考试合格；④ 具有实业科、艺术科或保健科等方面的专业知识，实技教师资格检定考试合格。

(6) 保健教师的资格标准

① 大学的护士专业毕业，并持有护士资格证书；② 短期大学的护士专业毕业，持有护士资格证书，在学期间修满规定的教职课程学分。

韩国的小学采取"包班制"，中学采取"课任制"，其中中学资格证书教科种类,有 72 种之多(表 1)。

表 1　韩国中学教师教科种类一览表

资　格		教科种类
中学	一级、二级、教师	国语、数学、科学(化学、物理、地球科学)、社会(一般社会、历史、地理)、伦理、咨询、教育学、宗教、哲学、心理学、环境、体育、教练、音乐、美术、汉文、外语(英语、德语、俄语、法语、汉语、西班牙语、日语)、技术、家政、农业、工业、电子计算、水产业、食品加工、摄影、服装设计、林业、畜牧业、园艺、蚕业、农业土木、造景、农产品流通、机械、农业机械、建筑、土木、电子、通信、化工、纤维、金属、资源、工艺、汽车、造船、印刷、陶瓷、电子机械、电子计算机、环境工业、商业、重型机械、渔业、养殖、航海、冷冻、观光、服饰、内燃机
特殊学校一级、二级教师		除上述各科外,还包括听觉障碍、智力落后和肢残等种类;小学和幼儿园阶段无教科分类,只在教师资格证书级别后的括号内注明所教学生的障碍类别

资料来源:[韩]韩国 1992 年总统令"教师资格检定令实施规则"。

　　韩国的教师资格制度对各师资培养机构(综合大学除外)和课程及学分没有作出具体的规定,师资培养机构根据教育部关于大学课程设置的有关规定设置课程。综合大学的教职课程则根据教师资格法的规定安排其教职课程和学分。"教师资格检定令实践规则"中有关综合大学教职课程的规定如表 2。

　　2. 资格检定与聘用

　　韩国的教师资格检定分为免试检定与考试检定两种。免试检定主要由教育部授权的各师资培养机构依据教育法有关规定进行;免试检定的主要对象为毕业于正规的师资培养机构者、修完综合大学的教职课程者、临时教师养成所毕业者、毕业于受到特别认可的其他教育机构者、教育部长官特别认可并被公认为学识渊博、德高望众者。

表 2 韩国教职课程学分及课程规定

学科领域	科　目	最低学分要求	
		大学	大专
教职理论	教育学概论,教育哲学及教育史,教育课程及教育评估,教育方法及教育工学,教育心理学,教育社会学,教育行政及教育经营,其它有关教职理论课程	14 学分以上 (7 科目以上)	10 学分以上 (5 科目以上)
教科教育(司书及养护教师教职课程除外)	各教科教学论,各教科教材研究及指导,方法,其它教科教育有关科目	4 学分以上(2 科目以上)	4 学分以上(2 科目以上)
教育实习(司书及养护教师为实际操作)	教育实习	2 学分(4 周)	2 学分(4 周)

资料来源:〔韩〕韩国 1992 年总统令,《教师资格检定令实施规则》。

考试检定主要是为了授予下列教师资格证书而进行:① 中学准教师资格证书;② 小学准教师资格证书;③ 幼儿园准教师资格证书;④ 特殊学校准教师资格证书;⑤ 实技教师资格证书。

韩国的资格授予与聘用是相分离的。获得教师资格证书后,还必须参加"教师任用考试"才有可能成为一名真正的教师。考试以市、道为单位进行,各地区按照本地区的师资需求状况,择优选拔。考试采取笔试、面试和实际操作等形式。由于教师职业收入稳定、待遇较高,因此,韩国的教师自 20 世纪 80 年代开始就出现供过于求的现象,致使韩国的"教师任用考试"竞争十分激烈。

(三) 韩国教师资格制度的特点与问题

韩国教师资格制度的主要特点是实行半开放式的师资培养模式,即小学教师主要由全国 11 所国立教育大学和 1 所私立梨花女子大学初等教育学科培养;中学教师主要由师范大学、综合大学的教育学科和综合大学的教职课程培养。此外,以提高师范教育质量为目的于 1985 年建立的韩国教员大学集师资培养、在职教师培训、教育研究等功能于一身,也负责培养一部分中小学教师。这些培养机构无论是公立还是私立,国家对其课程设置、学分配置没有作出具体规定,因此,培养出的教师在其知识结构和水平上存在一定差异,而韩国的教师资格制度只把"毕业于一定的师资培养机构"作为其主要的资格检定标准。

韩国的教师资格制度特点形成的原因主要有:① 韩国在日本长达36年的殖民统治下,各方面都受到了日本的影响,教师资格制度也不例外。如把师资培养机构毕业作为获得教师资格的主要条件;教师资格等级的划分、获得和转级都带有日本二战前的教师资格制度的痕迹。② 韩国独立以后,为了缓解严重缺乏教师的局面,开办了许多临时性的师资培训机构,培养出大量的只经过简单培训的"合格教师",并向他们颁发与正规教师培养机构毕业生相同的资格证书,结果影响到教师资格证书在教师培养中的权威性,在教师资格检定和资格证书授予过程中未能达到严格把关的目的。

韩国各级各类师资培养机构的毕业生最初获得的资格一律为二级,工作1~3年,且经过一定培训后,方可获得一级教师资格。因此,正如在本文"韩国教师资格制度的现状"部分中所介绍的,韩国二级教师的学历包括硕士、学士、短期大学毕业等,甚至还包括经过培训的高中毕业生。这种划分方法表明,韩国对教师经验的重视超过了对学历的注重。从另一方面,也体现出韩国的文化传统,即"尊重前辈、论资排辈"的思想对教师资格制度的影响。

韩国政府的教改决策,多是以根据基层存在问题提出的建议和设想为基础,由政府提出相关法令加以推行实施。韩国设置众多师资培养机构,各培养机构拥有资格检定和授予权,缺乏统一严密的教师资格检定标准,从而造成近年来韩国教师质量下降。因此,专家们建议,实行"全国教师资格考试"制度。所有师资培养机构的毕业生参加全国统一的考试合格才能获得教师资格;考试和资格授予由教育部负责。专家们认为,这种制度才有利于国家对教师素质的严格把关,实现对教师培养机构的宏观管理。

在韩国,教师资格从一级晋升为校监或校长的机会很少,对大部分教师来说,一级教师是最高级别。专家们认为,教师等级上的平均主义和晋升机会少,是影响教师工作积极性与进取精神的重要原因,因此必须实现教师资格等级的细分化,形成准教师、二级教师、一级教师、先任教师、特级教师的资格等级制度,详细规定各级教师的学历、在职培训经历、工作实绩等标准,拉开各级教师的工资和福利待遇档次,以激励教师不断提高自身素质。

（本文发表于《比较教育研究》1998年第1期。作者为姜英敏,时属单位为北京师范大学国际与比较教育研究院）

三、日本教师资格更新制浅析

　　教师资格制度是国家对教师实行的一种法定职业资格认定制度,也是教师教育体系中的重要组成部分。日本是世界上较早实行教师资格制度的国家,其完善的教师资格制度,为日本培养了大批优秀的教师,对日本的教育发展做出了巨大贡献。但是,进入 21 世纪后,日本教育面临各种危机,日本人民对教育、教师的信任感发生了动摇,对教师资格制度的作用产生了怀疑。为此,近年来,日本政府为建立符合新时代要求的教育,满足人民对教育日益高涨的要求,在全国展开了关于教师教育改革和教师资格更新制的导入问题的大讨论。日本中央教育审议会(简称中教审)教员养成部会在征询各方意见后,于 2005 年 10 月 21 日审议报告中,肯定了导入教师资格更新制(简称更新制)的必要性和重要性,提出了更新制的具体设计方案。

(一) 日本教师资格制度的沿革

　　日本教师资格制度是以 1949 年制定的《教育职员资格法》为依据而建立起来的。根据 1949 年制定的《教育职员资格法》规定,师资培养在大学进行,毕业于设有师资培养课程的大学的学生,只要修满规定科目学分,就可取得教师资格证书。[1]因此,日本教师资格证书制度是以"大学培养师资力量"和"开放制的师资培养"为基本原则的,其目的是吸引既具有高度专业知识,又具有广阔视野的人才从事教育工作。该制度的实施,为日本培养了许多高素质的教师,也为日本学校教育的普及、充实和战后的日本社会发展做出了极大的贡献。

　　但是,20 世纪 80 年代,日本教育病理现象的表面化和整个世界教育环境的变化促使日本进行第三次教育改革。1988 年日本文部省对《教育职员资格法》进行了大幅度的修改,修改内容主要有三个方面:① 把原来的 1、2 级教师资格证书改变成 3 级制教师资格证书,3 级制教师资格证书是指修完研究生课程为基本资格的专门教师资格证书、大学程度毕业的 1 类教师资格证书和专科程度毕业的 2 类教师资格证书;② 为录用社会人员创设了特别外聘教师制度,该制度认可对无教师资格人员的录用;③ 增加在大学取得教师资格证书所需的专业科目和学分。[2]

尽管 1988 年改进后的教师资格制度比以前完善了许多,但在实施过程中,其不适应社会及其教育发展要求的一面也引起了日本政府以及教育界的关注。同时,从 1990 年开始,伴随着世界范围内新一轮的教师教育改革,日本也掀起了新一轮的教师教育改革浪潮。

1996 年,原日本文部大臣奥田干生向日本教育职员培养审议会(以下简称教审会)提出《关于面向新时代教师培养的改善方针》的咨询。1997 年 7 月,日本教审会(第一次答复)在提出教师培养改善方案的同时,对师资培养课程以外的教师资格证书制度也提出了一些弹性措施。这表明了日本教师资格制度向着弹性化发展迈出了谨慎的第一步。2002 年 2 月 21 日,教审会发表了题为《今后教师资格制度的应有状态》的答复报告,进一步发展和促进了日本教师资格制度的综合化、弹性化,从而形成了现行的教师资格制度。

现行的教师资格证书制度是根据《教育职员资格法》,对具有大学学士等一定基本资格并修满大学的教职课程所必须的学分的人员,授予终身有效的教师资格证书的制度。其主要特征是:

第一,鲜明的资格证书主义[3]色彩。现行的教师资格制度是根据《教育教员资格法》所规定的,授予各种类型的相应资格证书。这种鲜明的资格证书主义观下的资格证书制是与教师职业的专业性密切相关的。首先,由于教师直接接触学生,对学生的人格形成具有很大的影响。同时,由于教师负有传递知识、技能,培养学生成为合格的公民的重要使命,因此,必须根据学生身心发展的不同阶段,配备与之相适应的教师。而相应的教师在上岗任教之前必须拥有相应的教师资格证书。因此,教师资格证书既有根据学校类别的分类(小学、初中、高中、幼儿园、盲校、聋哑学校、特殊学校),又在初中以及高中根据学科类别进行分类(语文、数学、理科等)。另外,还分为专修资格证书、一类资格证书、二类资格证书。

第二,综合化、弹性化。[4]教师资格制度的综合化,是指将现行的与学校类别相对应的资格证书转化为跨越各种学校类型的综合资格证书。教师资格证书的综合化有两种情况:一是教师可以同时持有几种类型、几门教学科目的资格证书;二是允许教师资格证持有者担任多门教学科目。

教师资格的弹性化是指在遵循相应的教师资格主义原则的基础上,采取特殊的政策,如"特别外聘教师制度""持有小学、初中、高中或者幼儿园的教师资格证的教师,即使无各种特殊教育学校的教师资格证书,也可以担任盲校、聋哑学校、保育学校的教学工作""担任盲校、聋哑学校或者养护学校或者特殊年纪的自立活动课的教师以及讲师,只需持有其中一个学校的自立活动的资格证书"等等。

第三,资格证书的多重性。[5]在日本,许多大学担负着教师教育的重任。在这些大学中,开设了多种类型的师资培训课程,这些课程拥有教师资格课程的认定,因此,只要学生修满了规定的学分数,即获得了多种教师资格证书。由此,日本教师资格证书呈现出多重性特征。

(二) 日本教师资格更新制的导入

随着日本教育改革的不断深入,实现让孩子们感到快乐的学校、快乐的功课、容易理解的功课成为每个日本公民的愿望,而实现这个美好愿望就必须要有高质量的学校和高水平的教师。因此,日本人民对于学校和教师寄予了很高的期望,希望学校承担起传授基础知识、培养生存能力和终身学习能力的重任,希望教师既要有极高的工作热情,又要具有作为教育专家的实力和综合的社会能力。

但是,在现实社会中,教育问题日益严峻,孩子们缺乏学习积极性,学习能力、身体素质下降,逃学、校内暴力时有发生,电脑的普及又使孩子们沉酣于虚拟世界,导致与人交往的能力下降,等等。与此同时,指导能力欠缺、工作积极性欠缺的教师人数也在不断增加,这些因素使日本人民对学校、教师产生了信任危机,对现行的教师资格制度的真正价值也产生了疑问,他们普遍认为大学的教职课程存在问题,教师资格证书所保证的资质能力和社会对教师要求的资质能力存在着很大的落差。

在这种社会背景下,2000 年 12 月,在教育改革国民会议最终报告中,"更新制的可能性研究"被作为《建设评价教师工作积极性和努力程度的体系》中的一个议题提出。2001 年 4 月 11 日,原文部科学大臣町村信孝向中教审提出了咨询,主要涉及的内容有:教师资格制度的综合化、弹性化;更新制的可能性研究;促进特别资格证书的活用。[6] 2002 年 2 月 21 日,中教审在广泛征询社会各方面意见后,发表了《关于今后教师资格制度的应有状态》报告,在报告中对教师资格制度的综合化、弹性化提出建议的同时,对更新制可能性问题进行了讨论。对更新制的可能性主要从"作为确保教师的适合性的制度的可能性"和"作为提高教师的专业性的制度的可能性"这两个方面进行讨论,讨论的结果是中教审认为,由于教师资格制度和公务员制度的整合性、一致性,应慎重对待,暂缓考虑导入教师资格更新制。

2004 年 8 月,当时的文部科学大臣河村建夫曾提议改善师资策略制度化,对此,文部科学大臣中山成彬表示赞成,并于同年 10 月 26 日,向中教审就更新制问题提出了再咨询,教师培养部会教师资格制度工作组就教师资格制度改革,特别是更新制的导入问题展开了多次讨论,并于 2005 年 8 月 5 日提交了审议经过报告。2005 年 10 月 21 日,教养部对教师教育提出了改革方向和改革的具体方案,并确定将导入教师资格更新制。

(三) 更新制导入方案的基本内涵

现行教师资格制度中,教师资格证书的授予只需要具备两个条件:① 具有学士学位等基本资格;② 修满教职课程所需的学分,而且现行的教师资格证书是终身制的。

更新制是指通过教职课程的培养,能够解决社会、学校教育所担负的课题,适应孩子们的变化,确保拥有不同时代所要求的、作为教师所必备的资质能力,而对教师资格证书定期进行必要的更新的制度。

导入更新制后,最主要的区别在于:第一,修满教职课程学分后,根据国家规定的教师适合性基本准则,各大学教职课程委员会(暂命名)给予评定。如评定不适合,将不授予教师资格证书。第二,教师资格证书取得后,每隔10年,有义务接受一定的听课学习,然后,教育委员会进行评定其适合性。如果没能更新,教师资格证书失效。

教师资格证书一经授予便有10年的有效期,满10年时,进行第一次更新。在第一次更新时,要求有效期限快到的前1~2年内,接受、完成资格更新讲习的20~30课时。资格更新讲习有以大学为主体开设的讲习,也有在大学参与或与大学合作的前提下,由教育委员会开设的讲习,这些讲习都要得到文部科学大臣的认可。要根据其在有效期限内所接受、完成的指定资格更新讲习,以决定是否给予更新教师资格证书。如无法达到更新条件时,教师资格证书失效。但是,如果接受、完成了资格更新讲习和含有同样内容的讲习,即使教师资格证书已失效,也可以申请重新授予。教师资格证书在第一次更新后,又有10年有效期,然后进行第二次更新,即每隔10年更新一次。[7]

除教师资格证书的有效期限外,更新制还涉及到更新的条件、资格更新讲习、教师资格证书的失效、教师资格证书的再授予、不同种类的教师资格证书的更新处理、对拥有多种教师资格证书的人员的更新办法、对现持有教师(包括在职教师)资格证书的更新处理等。更新制中许多细节问题仍有待进一步讨论决定。

(四) 更新制导入的意义

正如前面所分析的,在现行的教师资格制度中确实存在着许多问题。例如只要在大学里修满教职科目的学分,就能获得教师资格证书,对教师所要求的能力的教育内容等不够明确。而且,由于科学技术、社会文化的迅猛发展,IT的发展和随之而来的知识爆炸,以及知识经济时代的到来等,都要求教师不断更新专业能力,提高教师的专业化水平,以便更好地顺应社会发展的需要。因此,日本政府为解决指导能力欠缺的教师人数增加等教育问题,提高对教师资格证书的认可程度,树立人民对教师的尊敬和信赖,对现行教师教育进行改革,导入更新制具有其重大意义。

日本从更新制的可能性研究的提出到2007年的更新制的导入确定,历时5年,获得了许多经验和教训。导入更新制,在师资培养上加强了实践能力和资质能力的培养,提高了获取教师资格证书的条件,能切实地抓好教师的上岗关。在教师资格证书上设置有效期限,能改变教师对工作的认识,促使教师不断进行学习进修,以提高自身的专业知识和指导技能,更好地适应教学工作。更新时,设置更新条件,能促使具有较长教龄的教师获取最新知识的更新,同时,剔除部分不合格的教师。因此,总体来说,更新制的导入将全面提高教师的素养,并减少不合格的教师人数,有利于教师队伍的建设。

不过,日本在就更新制的可能性问题讨论期间,来自教育界的反对呼声也颇为强烈。据全日本教职员联盟的调查统计,有 53.1％教师认为没必要导入更新制,其理由分别是"只导入更新制无法对付缺乏指导能力的教师(32.0％)""应该努力充实第 10 年进修等现行制度(29.9％)""为更新进行新的进修,会增加教师负担、减少跟学生的接触(24.8％)"。[8]因此,日本中教审一再强调导入更新制,要努力获取教师以及有志于从事教育事业的人的理解,要使教师们认识到更新制是让教师获得人民信赖的重要政策,通过充实的教育活动对教师自身也是具有很大意义的。

更新制的导入是日本对教师培养、教师资格制度改革的重要方案之一,其牵涉面相当之广,必须让日本都道府县的教育委员会、学校、教师以及相关的行政部门充分了解更新制导入的目的和内容,取得日本全国人民的理解和支持。只有这样,学校才会积极地着手准备资格更新课程的开设,教育委员会才会积极地对教师资格管理制度进行整顿,人民才会积极地投身于教师行业。也只有这样,更新制的导入才能发挥其真正的作用,使日本的教师培养、教师资格制度改革顺利地得以进行。

参考文献

［1］兼子仁.教育小六法［M］.东京:学阳书店,1991.502—515.

［2］文部省大臣官房総務課.文部省法令総覧.东京:株式会社帝国地方行政学会,1962 年,7624—7627.

［3］［4］［5］［6］文部科学省大臣官房.中央教育審議会答申.文部科学広報(第 18 号),2002—2—28(3).

［7］文部科学省大臣官房.今後の教员养成・免许制度の在り方について（中间报告）.文部科学広報 2006—1—30(8).

［8］全日本教職員連盟.全日教連モニター結果「教员免許更新制」.全日教连教育新闻,2005—4—10(4).

（本文发表于《比较教育研究》2007 年第 2 期。作者祝怀新、丁波,时属单位为浙江大学教育学院）

四、终身学习型专业发展：日本教师资格标准述评

（一）教师的资质能力要求

在日本要成为教师，必须经过国家认定并开设教师教育课程的国立、公立、私立大学或者短期大学进行相关学习。在这样的培养过程中，究竟需要培养哪些资质能力呢？资质能力的概念于 1987 年教员养成审议会的第一次咨询报告《教员资质能力提高方案》中首次提出。对于应该养成的资质能力的明确说明，最早是在 1997 年 7 月举行的教师教育培养审议会上发表的题为《面向新时代的教员培养改善方案》的第一次报告中提到，其中将资质能力概括为：由对教师这一专业性职业的热爱、自豪和认同感所组成的知识技能的总体。[1] 同时将教员的资质能力分为任何时代都需要的资质能力和今后特别需要的资质能力。任何时代都需要的资质能力包括作为教育者的使命感、对人类成长发育的深切理解；对幼儿、儿童、学生教育的热爱；相关教学科目的专业知识；广泛丰富的教养为基础的实践性指导能力。今后特别需要的资质能力包括能够立足全球视野行动的资质能力（对地球、国家、人类的恰当理解，丰富的人性，国际社会所需的基本资质能力）；在变化的时代中生存的社会人所需的资质能力（与问题探索能力等相关的、与人际关系相关的、适应社会变化所需的知识与技能）；教师的职务中必然要求的资质能力（对幼儿、儿童、学生和教育的理想状态的恰当理解，对教师职业的热爱、光荣感、身心一体感，教学科目指导和学生指导所需的知识、技能和态度）。

2006 年 7 月的中央教育审议会咨询报告《今后教员养成与资格制度的发

展方向》对《面向新时代教员培养的改善方案》中提出的两种资质能力做了进一步完善,提出"培养具有专业素养和丰富个性的教员""避免教员培养的统一划归,以生涯发展为中心提高教员的资质能力,在确保全体教员达到基本资质能力的前提下,积极发展每个教员的专长领域和个性特点"。[2]从此前以教师资格证的种类和取得学分为目标的教师培养,转变为培养高质量的专科教师。

(二) 教师资格获得的标准

1. 教师资格标准

1949 年,日本政府颁布实施《教育职员资格法》(日语为"教育职员免许法"),其中规定,选择教师作为职业的学生要在大学阶段学习三大类课程:一般教育课程、学科专业课程和教职专业课程。

教师资格证分为"专修许可证""一种许可证"和"二种许可证"三个级别,不同级别的教师资格证对学科专业课程和教职专业课程所需学分的规定不同。《教育职员资格法》最新的一次修改是在 2008 年 6 月,对取得教师资格证最低条件(表1)的各项指标进行了重新确定。

表 1　教育职员资格获得的最低条件

类别	所需资格	基础资格	大学必修科目的最低学分数			
			学科专业科目	一般教职科目	教职专业(学科)科目	特别支援教育科目
幼儿园教师	专修许可证	硕士学位	6	35	34	
	一种许可证	学士学位	6	35	10	
	二种许可证	短期大学的学士学位	4	27		
小学教师	专修许可证	硕士学位	8	41	34	
	一种许可证	学士学位	8	41	10	
	二种许可证	短期大学的学士学位	4	31	2	
初中教师	专修许可证	硕士学位	20	31	32	
	一种许可证	学士学位	20	31	8	
	二种许可证	短期大学的学士学位	10	21	4	
高中教师	专修许可证	硕士学位	20	23	40	
	一种许可证	学士学位	20	23	16	

（续表）

类别	所需资格	基础资格	大学必修科目的最低学分数			
			学科专业科目	一般教职科目	教职专业（学科）科目	特别支援教育科目
特殊教育学校	专修许可证	有硕士学位,并且有小学、初中、高中和幼儿园教师的普通许可证				50
	一种许可证	有学士学位,并且有小学、初中、高中和幼儿园教师的普通许可证				26
	二种许可证	有小学、初中、高中和幼儿园教师的普通许可证				16

　　资料来源:《教育職員免許法》平成二十年(2008 年 6 月)版 http://law. e—gov. go. jp,2010—11—12.

　　大学的教师教育课程内容设置丰富,学生选择课程和自由活动的空间较大。学科专业课程根据所执教科目开设,如初中的国语、社会、数学、理科、音乐、美术、保健体育、技术、家庭、职业指导,等等。目前日本大学开设的教职专业教育科目有:① 有关教育的本质及目标的科目—教育原理、教育史、教育理论等;② 有关青少年身心发展及学习过程的科目——教学心理学、发展与学习心理学、教育-青年心理学;③ 教育与社会、制度、经营有关的科目——教育法学、教育社会学、社会教育等;④ 有关教育的方法及技术的科目——教育工学、教授工学、教育实践论等;⑤ 有关学科教育法的科目——没有特别规定,由学校自定;⑥ 有关特别活动的科目——没有特别规定,学校自定,但要进行课外活动的研究;⑦ 有关学生指导、教育咨询指导的科目——生活指导论、教育临床论、教育指导论等;⑧ 教育实习——教育实践研究;⑨ 其他——终身学习论、教育评价、教职演习、教育方法等。[3]

　　2. 教师资格获得的方式

　　日本的教师教育由文部科学省指定的教师培养机构、文部科学大臣认定的培训及函授教育机构承担,这些机构涵盖了短期大学、以培养教师为主的教育大学、综合性大学及大学院等。为保证教师培养的质量,教师教育机构必须要达到国家高等教育机构的基本要求,符合《短期大学设置基准》《大学设置基准》《大学院设置基准》和《教职大学院设置基准》等要求。目前,按照师资培养机构的级别不同,培养形式和学制的长短也存在差异。

第一,新制国立大学。经过"二战"后的教育改革,文部省确立了教师培养在大学的原则,设立新制国立大学。各都道府县必须在本辖区内的国立大学中设置学艺学部或教育学部,或新设学艺大学,这些新设的学部或大学均以旧制的师范学校及青年师范学校为母体发展起来。

文部省认为,新制大学中的教育课程是取得教师资格的必备条件,因此制定了教师资格证制度,即 1949 年日本政府颁布实施的《教育职员资格法》。新制大学主要提供 4 年制本科教育,学习内容既包括一般大学生必修的通识教育课程,也包括教师培养的教职专业课程。

第二,新构想教育大学。在第三次教育改革中,为了提高教师质量,日本于 1978 年创办了新构想教育大学。新构想教育大学一般以硕士课程为主,学制为 1～2 年,公开招收学生,其中 2/3 是有 3 年以上教学经验的在职教师。

第三,教职大学院,即教育硕士研究生院。2006 年 7 月,中央教育审议会再次建议设立"教职大学院制度",导入"教师资格证更新制"。[4]这种新型的教师培养机构属于 2003 年设立的"专门职大学院(专业学位研究生院)"的一种。随后,教职大学院制度于 2007 年 3 月正式公布设立,并于 2008 年 4 月 1 日正式实施。[5]

2007 年 3 月,文部科学省颁布了教职大学院的设置基准。设立教职大学院的目的是培养能在学校运营和教学研究中承担领导角色的教师,其标准学制为 2 年,但也会根据具体情况做出改动。例如,所招收学生为在职教师者,学制可以缩短为 1 年;所招收学生为没有教师资格证的社会人员,学制则要延长到 2 年以上。最终,学业合格的毕业生可获得教育硕士学位。

(三) 教师资格晋升的标准

1. 晋升标准

《教育职员资格法》对日本教师的培养和晋升做出了严格的规定:在制定领域内修满学分而且符合相关要求者,或者通过教育职员检定者可以获得相应种类的教师许可证；在从教数年后，通过在大学进修获得学分，可以申请获得高一级教师资格。教师专业资格证分为三种类型：普通教师许可证、特别教师许可证和临时教师许可证。这里的教师指幼儿园、小学、初中、高中、中等教育学校和盲聋养护学校的教谕、助教谕、养护教谕、养护助教谕、营养教谕及讲师等，不同岗位的教师需要获得不同种类的教师资格。在职教师为了获得更高一级的资格证书需要具备一定的必备条件（表 2）。

表 2　教育职员资格晋升的必备条件

类别	所需资格	基础资格	在职最低年数	大学必修学分
幼儿园教师	专修许可证	一种许可证	3	15
	一种许可证	二种许可证	5	45
	二种许可证	临时许可证	6	45
小学教师	专修许可证	一种许可证	3	15
		特别许可证	3	41
	一种许可证	二种许可证	5	45
		特别许可证	3	26
	二种许可证	临时许可证	5	45
高中教师	专修许可证	一种许可证	3	15
	专修许可证	特别许可证	3	25
	一种许可证	临时许可证	5	45

资料来源：《教育職員免許法》平成二十年（2008 年 6 月）版 http://law.e—gov.go.jp，2010—11—12.

　　普通教师资格证全国通行，分为硕士水平的"专修"、学士水平的"一种"和两年短期大学水平的"二种"三个等级，获得此证并且从事教师职业者成为"教谕"。获得普通教师资格证需要具备的基础资格已经在前面介绍，该资格证长期以来实行终身有效制。

　　特别教师资格证为特殊人员的选拔打开大门，丰富了日本教师队伍的多样性。在保证全体教师基本素质的前提下，吸收具有专长的志愿者进入教师队伍，以期增强学校的活力，提高学校教育力，避免教师标准的整齐划一。临时教师资格证只限于无法聘用持有普通教师资格证者的情况，有效期为 3 年，仅在发证地区有效,获此证书并从事教师职业者称为"助教谕"。

为了提高教师的自身素质和教学水平,文部省于 2007 年 6 月 20 日正式出台《教员资格证更新制》,将教师资格晋升法律化,2009 年 4 月 1 日起正式实施。[6]该法案规定教师资格的有效期限为 10 年,每 10 年须更新资格证。[7]自此,普通教师资格证的终身有效制被废除。

2. 晋升的研修形式

日本教师的研修形式,从 1988 年设立"新任教师研修制度",到 2002 年制定的"10 年教职经验教师研修制度",以及后来的"指导改善研修""职能/专门研修"和"长期研修"等,已经形成多样化的发展趋势。笔者在此重点介绍后三种研修形式,对于前两种大家熟知的研修形式不再赘述。

第一,指导改善研修。为了改善教学能力不足教师的指导力,2007 年,指导改善研修作为法定的研修被制度化。该研修制度规定,对负责人认定的不能对儿童进行适当指导的教师,负责人必须对其实施指导改善研修,为期不少于 1 年,并且制订适合研修对象能力的计划书,在研修结束时要对其进行关于指导改善程度的相关认定。

第二,职能/专门研修。除了以一般教师为对象的研修之外,还有与校内各种职务相对应的研修,即职能研修。从以管理职务为对象的校长研修、主任研修、骨干教师研修,到教务主任等各种主任研修,都属于职能研修。专门研修是指为了应对学校面对的教育课题所准备的各种课题研修,以便教师能更有效地解决这些问题。专门研修的内容包括辅导和教育咨询、人权教育、国际理解教育、信息教育、学校组织管理等多种研修。

第三,长期研修。教育公务员特例法第 22 条第 3 项规定,"教育公务员根据负责人所制订的计划,在在职的情况下,能够进行长期研修"。具体主要在大学和研究生院、民间企业、教师研修所等地进行研修,此外也包括海外研修。1980 年开始实施长期派遣到大学研究生院的研修,为期 1~2 年,以各地的国立教育大学和教育学院为中心。2001 年开始实施"研究生院修学停职制度",持有"一种许可证"或"特别许可证"的教师,在得到负责人的同意后,可以自发到国内外的大学研究生院接受不超过 3 年的停职(即无薪)学习,并能够取得"专修许可证"。[8]从 2010 年 4 月 1 日至 2011 年 2 月,参加该项研修的教师共有 204 名,在海外的大学进行研修的教师有 26 名。[9]

(四) 结语

自 21 世纪以来,为了适应终身学习型社会的需要,教师资格也面临着越来越高的挑战,日本文部科学省频繁修订《教育职员资格法》,继而出台《教员资格更新制》等法律政策。新的教育政策和教育实践体现出日本教师资格标准的基本特点。

首先,日本教师资格标准对教师的理论能力和实践能力提出更高要求。自 1989 年日本政府在《教育职员资格法》中新增"专修许可证",到目前"专修许可证"已经成为从幼儿园至中小学各个阶段的一种普通教师资格证。可见,日本对教师资质能力的要求已经从本科教育提高至硕士研究生教育阶段。在职教师要想获得"专修许可证"除了要在研究生院修得必需的学分之外,还要完成一定的教学年限,教学实践能力也成为获得更高资格证书的必要条件。

其次,日本的教师资格标准体现出原则性与灵活性相结合的特点。虽然,《教育职员资格法》对教师资格证的获得与晋升标准做出了明确的规定,但是为了使教师队伍多样化,专门设置了特别资格证。吸收具有特长而又没有普通教师资格证的志愿者,以增加学校的活力,提高教育质量。

最后,教师资格的更新标准是日本废除教师资格终身制的具体实践,标志着教师专业发展走向终身学习之路。为了确保教师能够时刻保有必要的资质能力,定期更新知识和技能,获得社会的尊重和信赖,文部科学省于 2007 年发布《教员资格更新制》,2009 年开始正式实施。《教员资格更新制》规定教师资格证的有效期为 10 年,同时明确规定了教师在大学或大学院参加更新培训的时间长度。自此,终身制的教师资格证被废除,取而代之的教师资格更新制为教师专业发展终身化提供了法律保障。

参考文献

[1] 教育職員養成審議会第一次答申『新たな時代に向けた教員養成の改善方策について』(1997—7—28)[EB/OL].

http：//www. mext. go. jp/b _ menu/shingi/chukyo/chukyo3/siryo/04112401/001/002. htm[2010—10—12].

［2］［4］中央教育審議会答申『今後の教員養成・免許制度の在り方について(答申)』(2006—7—11)［EB/OL］. http：//www. mext. go. jp/b_menu/shingi/chukyo/chukyo0/toushin/06071910. htm[2010—11—06].

［3］陈永明. 国际师范教育改革比较研究［M］. 北京：人民教育出版社，1999. 250—251.

［5］文部科学省省令『専門職大学院設置基準等の一部を改正する省令等について』(2007—3—5)［EB/OL］. http：//www. mext. go. jp/b_menu/hou-dou/19/03/07030503. htm[2010—11—08].

［6］文部科学省『教育職員免許法』(2008—6—18). http：//law. e—gov. go. jp[2010—11—12].

［7］文部科学省『教育職員免許法及び教育公務員特例法の一部を改正する法律(平成 19 年法律第 98 号)』(2007—7—31)［EB/OL］. http：//www. mext. go. jp/b_menu/hakusho/nc/07081707. htm[2010—10—28].

［8］文部科学省『大学院修学休業制度』［EB/OL］. http：//www. mext. go. jp/a_menu/shotou/kyuugyou/syuugaku. htm[2011—2—18].

［9］文部科学省『平成 22 年 4 月 1 日現在の休業者数』［EB/OL］ http：//www. mext. go. jp/a_menu/shotou/kyuugyou/06071809. htm[2011—2—18].

(本文发表于《比较教育研究》2011 年第 8 期。作者年智英,时属单位为北京师范大学国际与比较教育研究院)

五、从外部管理走向内部规范
——20世纪末美国教师证书制度的专业化方向

美国自1825年出现第一个教师证书到20世纪80年代,已走过了一个半世纪的历程。自20世纪80年代以来,提高质量为着眼点的基础教育改革对教师素质提出了更高的要求。教师证书制度中由政府部门控制资格审查的局面被打破,专业团体参与专业标准制定和资格审查的力度加大,教师资格审查制度由过去的外部管理走向内部规范,实现了由非专业管理向专业规范的转化,为世界各国教师证书制度的改革树立了典范。

(一)证书概念的澄清

美国虽然历史上有过短暂的教师过剩,但由于教师职业缺乏吸引力,教师供求被动地受人才市场的影响,所以长期以来合格教师一直短缺。为了奇效控制人才市场对教师需求的自发影响,美国各州从一开始就形成了由教育行政部门通过行政和法律手段控制教师资格审查的管理模式。到20世纪初,美国教师资格审查开始形成这样的程序:凡毕业于政府认可的教师教育机构就可以申请并获得教师资格证书,这种做法一直延续到20世纪六七十年代。到80年代,教学是美国惟一由州政府而不是由专业团体颁发证书的职业,而医学、建筑、法律等专业在20世纪初就开始由专业委员会建立专业标准。由于缺乏相应的专业标准,在教师短缺时还有不少州向没有接受过专业培训的人员颁发"应急证书"。[1]进入20世纪80年代后,仍有46个州向未接受过培训的人员颁发应急证书。1985年、1986年,几个州就颁发了3万份应急证书。此外,还有

30 多个州使用低标准的选择性证书,有的选择性证书只要求接受几周的培训就可以进入教学职业。[2]由此可见,缺乏严格的专业标准是美国教师资格审查制度长期以来存在的问题。

"二战"后,随着中等教育的普及,美国教师的需求逐渐从数量满足转向质量提高,传统的证书制度受到越来越多的挑战。自 20 世纪 80 年代以来,基础教育改革要求进一步提高教学质量、提高教师的专业标准。教育部门的领导也认识到"教师和教师教育者必须掌握自己的命运。有效的途径是明确标准……专业人员必须确立高标准"。[3]要提高专业标准和资格审查的有效性,就必须终止传统的证书颁发习惯。重新思考教师证书的颁发程序、严格教师专业标准成为改革的必然选择。

这次改革,首先开始的是澄清证书概念。美国历史上将控制教师入职标准的合格证称为教师证书(certification),只要符合州政府规定的要求——即毕业于认可的教师教育机构,就可以申请获得由州政府颁发的资格证书。这种资格证书与其他专业的资格证书有着本质的不同。在其他专业资格审查中,证书由专业团体颁发,执照由政府颁发。证书标准有较高的专业要求,执照标准是从业者要达到的最基本的入职条件,两者在标准层次、颁发程序和颁发机构上都不相同。若依此为标准,就不难发现,美国传统的教师证书只规定了教师入职的基本要求,是用政府部门的许可代替专业团体的审查,体现的是执照的作用,而不是证书的职能,所以它与其他专业中的执照是一个含义。要纠正这种做法,必须实现两个转变:一是实现由政府部门审查转向专业团体审查;二是实现先由专业团体颁发证书,再由政府部门发给执照的正常程序。20 世纪 60 年代已经有人认识到这种概念上的混乱,但对它的普遍关注和彻底纠正是在 80 年代以后。

1985 年津菲尔(Zimpher)在第一版《国际教育百科全书》中首次呼吁要严格区分这两个概念。[4]卡内基报告在提出严格教师证书制度之前,也对资格证书(certification)和执照(licensure)两个基本概念进行了区分。"资格证书一般不同于许可证(即执照,这里的许可证与执照对应的英文单词都是 licensure,考察诸多研究发现,这里的许可证与执照是同一个意思。在中国,其他研究中更多是将"licensure"一词译为执照,本文采用大家熟悉的译法,将 licensure 统一译为"执照"。资格证书由专业部门颁发,而许可证(执照)则由州签发。资格证书表明,本专业承认该资格证书的持有者完全能够胜任本专业的高标准工作。许可证(执照)则表明,持有者达到了该州规定的在州内合法从业的最低标准"。[5]报告指出,在教育领域并没有使用执照的常用概念,而是将执照与资格证书等同起来使用。为了保证教学从业人员的专业标准,首先需要与其他专业一样,把执照与证书区别开来。为此,报告建议成立全国教学专业标准委员会,使教师职业真正成为像医生和律师一样的"专业"。报告建议教师资格分为三级,一是持有执照的教师(licensed teacher),二是持有资格证书的教师(certi-fied teacher),三是持有高级资格证书的教师(advanced certificate Holder)。教师执照按现行办法由各州政府颁发,教师资格证书与高级资格证书由全国教师专业标准委员会颁发。凡申请资格证书与高级资格证书的教师,都要通过教师专业标准考核。高级资格证书只授予在教学工作中表现突出,并且具备教学领导才能的教师。两级资格证书的标准都应与其他专门性行业的证书标准具有可比性。[6]

在教师教育的其他研究中也提出了要严格区分,证书与执照这两个概念。杰森·米勒姆(Jason Millman)在他主编的《教师评估新手册》中指出"执照由政府控制,以公众的健康、安全、福利为名;执照是通过规范最低标准来保护公众利益。证书是由特殊专业组织控制的,它意味着在实践领域中具有特殊或高级能力。证书标准在健康领域已得到较高发展,如医生、按摩医师、护士、药剂师的鉴定都有严格的标准。"[7]这些报告和建议在教师证书制度改革过程中,起到了澄清概念、统一认识的作用,为教师证书制度的改革奠定了认识基础。

(二) 教师资格审查从外部管理走向内部规范

在对证书和执照概念重新界定的基础上,美国教师证书制度出现了一系列新的变化,形成了由政府和专业团体共同参与、由证书和执照一并构成的规范体系,多层次、多标准、严要求的规范模式赋予了教师资格审查制度新的特点。

1. "证书"的重新定位

各州教师证书制度尽管有所不同,但改革中增加专业团体参与程度的专业化趋势非常明显。在对传统证书重新定位的过程中,出现了多种不同的模式,这里以两个州为例来说明这种变化。

一是以纽约州为代表的先证书后执照的模式。这种模式并没有完全取消传统证书,而是严格了证书的颁发程序。证书还是由政府部门颁发,但增加了专业团体的参与程度,申请者在完成认可教育计划的同时,必须参加由专业团体组织的考试。执照由地方政府颁发,它以证书为依据,对教师的执教范围进行更详细的规定。在纽约州,教师证书的所有要求都包括在教师培养计划中:中小学教师证书申请者,必须毕业于政府认可的教师教育机构,同时还必须通过"纽约州教师证书考试(NYSTCE)",要申请终身证书者还必须获得硕士学位。获得证书后,申请者可以向市或学区有关教育部门申请教学执照,执照颁发机构在参照证书规定的任教范围基础上,进一步详细规定教师的执教领域。[8]这种模式遵循了其他专门性职业先颁发证书,再发给执照的正常程序,但与他们不同的是证书由政府部门和专业团体共同颁发。

二是以明尼苏达州为代表的执照评估模式。由于传统证书体现的是执照的职能,所以将传统证书还原为执照,而加强执照的专业审查职能是通过严格审查程序来提高入职标准,达到控制教育质量的目的。在这种模式中,执照也是由州政府和专业团体共同颁发。

1986年,明尼苏达州教学委员会和高等教育协调委员会共同发布了《明尼苏达州教师教育前景》,强调"以研究为基础,以结果为导向的课程",关注教师教学技能改变带来的教学结果。他们模拟其他专业的执照体系,确立了"表现本位"(performance — based standards)的执照评估体系,要求未来教师首先要完成普通教育和专业教育,然后接受基本技能和专业知识评估,合格后完成有指导的实习计划。实习合格后参加州教学技能考试,然后才能获得教师执照。在教学技能考察中,主要是对教学中表现出来的能力进行评估。

在这种模式中,颁发执照涉及到三个环节,即教师教育、有指导的教学实习、专业知识与技能的测试,由于第三部分"专业知识与技能的测试"是对前两个环节的评估,所以,颁发执照的过程也被称为教师资格评估的过程,颁发执照的体系被称为评估体系。可见,评估是明尼苏达州教师资格审查制度不同于过去的关键。

2. 证书制度的"新"特点

（1）增设专业团体，加大专业人员的参与程度

各州证书模式尽管不同，但专业团体的大量出现以及专业人员作用的逐步加强是这一时期的共同特点。自 20 世纪 80 年代以来，越来越多的州开始建立教学专业标准委员会，这些委员会直接参与教师证书、执照标准的建立以及教师资格的审查，他们支持新的教师教育计划、更新和保持证书、执照标准，在州教师专业标准的建立中发挥了重要的作用。20 世纪 80 年代末，已有 10 个州建立了自治的专业委员会，数量比 80 年代初增加了 3 倍。[9]明尼苏达州教学委员会（MBOT）是全美成立较早的专业委员会之一，该委员会拥有自治权利，由 7 位教师、1 位校长、1 位高校代表和 1 位非教育人员构成，[10]负责执照标准的建立和实施，为全国树立了典型。

（2）政府部门与专业团体共同参与资格审查

借鉴其他专门性职业使用证书的传统，许多州或者抛弃过去用证书代替执照的做法、还原证书以本来面目，或者重构证书、执照体系，形成了不同于过去也不同于其他专门性职业的新的审查制度——由政府和专业团体共同进行资格审查和证书颁发。这种特殊制度的形成是有其特定的历史原因的。首先，要改革证书制度的行政和法律管理传统，必须有成熟的专业团体作保证，而专业团体长期处于缺位状态，它的组建与发展还需要一个过程。其次，政府部门的作用也不会立即消退，它在长期历史过程中形成的经验还需要进一步发扬。因为在美国，教师的社会地位和各方面待遇都还不高，教师职业还缺乏足够的吸引力，所以通过行政和法律手段进行管理在目前来看还是不可缺少的。在新模式中，尽管专业团体的作用还只是一部分，但它毕竟打破了政府部门垄断证书的传统，在实现从行政管理向专业规范转变的过程中迈出了重要的一步。

（3）增加专业考试，严把教师入职关

增加由专业团体设置的考试是 20 世纪 80 年代后期以来教师证书制度的重要变化。在纽约、明尼苏达等州的带领下，美国各州的教师证书制度逐步改变了过去简单按学历选用教师的做法，开始根据教师的实际成绩来评定工资和待遇。在完成认定的课程学习后增加资格考试成为取得教师资格证书的必要条件，使用标准化测验来衡量教师质量的做法流行起来。20 世纪 80 年代末，

已有半数以上的州要求未来教师进入教育专业学习以前参加选拔性考试,完成教师教育计划之后接受评估性测验。在整个20世纪80年代,大多数州要求申请者参加由设在普林斯顿的"教育测试服务中心(ETS)"编制的全国教师测验(NTE)。该测试包括课堂交流技能、一般常识、教育专业知识、各学科的专业内容等。

(4) 从外部审查到内部评估,资格审查与教师教育结合

无论是明尼苏达州"表现本位"的执照评估体系,还是以纽约州为代表的先证书后执照的模式,都强调资格审查与教师教育的结合。在20世纪80年代改革的基础上,尤其是在"表现本位"评估体系影响下,进入20世纪90年代,突出教师实际教学能力、融资格审查与教师教育于一体的新评估方案产生。新方案包括:在教育专业学生第二年的中期或结束时,实施基本学术能力测验;在学生完成教师教育计划后,进行有关任教学科和教育专业知识的测验;当新教师在他人指导下完成一个阶段的教学工作后,评价其课堂教学技能等。这样,不同于以前的教师资格审查体系基本形成。20世纪90年代的新体系中,教师资格评估和证书颁发程序如下:

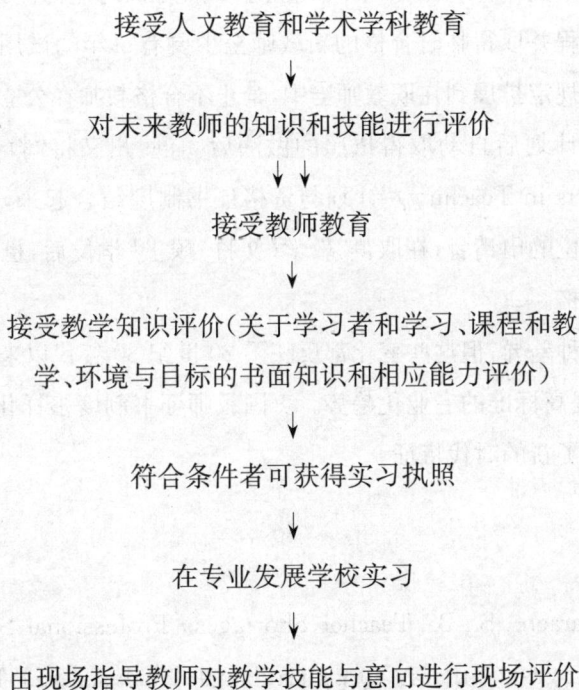

接受人文教育和学术学科教育

↓

对未来教师的知识和技能进行评价

↓ ↓

接受教师教育

↓

接受教学知识评价(关于学习者和学习、课程和教学、环境与目标的书面知识和相应能力评价)

↓

符合条件者可获得实习执照

↓

在专业发展学校实习

↓

由现场指导教师对教学技能与意向进行现场评价

符合要求者可接受由学科领域和特定学科层次提

供有关评估、计划、教学、管理等教学技能的评价

成功地完成上述要求者可以获颁发专业教学执照

教师资格证书过程[11]

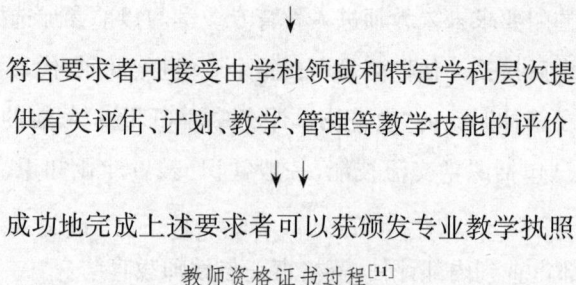

上图表明,资格审查与培养过程以及新教师的见习过程相结合是 20 世纪 90 年代美国教师资格审查制度的突出特点。它突破了过去只关注课时、学分等外部指标的做法,将审查的重点转向对申请者已有知识和能力的考察,这就将教师资格审查与教师教育结合起来,将教师教育纳人专业规范的程序之中。以专业标准审查申请者的知识与技能、规范教师教育,必然带来教师入职标准的提高和资格审查程序的科学化,真正起到了审查与把关的作用,标志着教师资格审查制度由外部控制转向内部评估,由非专业管理走向专业规范。

上图显示了证书制度改革的基本思路,由于各州模式不统一,具体的实施在各地表现出很大差异。比如,有些州除了增加知识与能力测试外,还要求那些修完教育课程并取得临时合格的新教师至少要有一年的试用期。有些州还将资格考试的规定扩展到在职教师当中,禁止不合格教师在公立学校任教。在取消完成教育计划后自动取得执照的做法后,有些州又将"教学(文科)硕士 (Master of Arts in Teaching)"计划与资格证书制度结合起来,规定获得非教育专业学士学位的申请者,在取得"教学(文科)硕士"学位后,也就自动具备了初级证书的资格。

尽管有多种差异,但这些变化都反映了 20 世纪 80 年代以来教师资恪审查中严格程序、提高标准的专业化趋势。美国教师证书制度多样化的特点,在 80 年代后被赋予了新的时代特征。

参考文献

[1] Bacharach. S. B. Teacher Shortages. Professional Standards. and Hen House Logret. Ithara：Organizationnal Analvsis and Practice. July

1985. 1n Darling-Hammond. Wise Arthur E. Klein Stephen P. . A License to Teach[M]. Westview Press,1995. p. 1.

［2］Darling-Hammond，L. "Teaching and Knowledge: Policy Issues Posed by Alternative Certification for Teachers." Peabody Journal of Education 67（3）: 123-154In Darling-Hammond，Wise Arthur E. Klein Stephen P. . A License to Teach[M]. Westview Press,1995. p. 9.

［3］Imig. David G. "The Professionalization of Teaching: Relying on a Professional Knowledge Base." Paper Presented at the American Association of Colleges for Teacher Education Knowledge-Base Seminar，St. Louis，Mo. 1992. In Darling-Hammond，Wise，Artbur E. ，Klein,Stephen P.. A License to Teach[M]. Westview Press,1995.

［4］Anderson，Lorin W. ed. International Encyclopedia of Teaching and Teacher Education. 2d ed[M]. Elsevier Science Ltd，1995. p. 566.

［5］国家教育发展与政策研究中心.发达国家教育改革的动向和趋势[M].北京:人民教育出版社,1987. 320.

［6］苏真. 比较师范教育[M]. 北京:北京师范大学出版社,1991. 52.

［7］Jason Millman. The New Hand Book of Teacber Evaluation [M]. Sage Publication，Inc. 1990. p. 62.

［8］Teacher College Colunhia University[Z]. 2000—2001. p. 57.

［9］［11］Darling-Hammond，Wise Arthur E. ，Klein,Stephen P.. A License to Teach[M]. Westview Press,1995. P. 10.

［10］Houston，W. Rohet，Haberman，Martin，Sikula,John. Handbook of Research on Teacher Education[M]. Macmillan Publishing Company. New York，1990. p. 104.

（本文发表于《比较教育研究》2004 年第 12 期。作者郭志明,时属单位为天津师范大学教育科学学院）

六、美国"以标准为基础"的教师证照
制度的改革与启示

一、寻求高质量的教师队伍:美国"以标准为基础"的教师证
照制度改革背景

进入 21 世纪,为打造一支高质量的教师队伍,美国日益加强教师教育的改革,特别是对教师的职业准入与持续进修做出了细致规定。2002 年,美国国会通过了《不让一个孩子掉队》(No one Child Left Behind,NCLB)的教育法案,规定至 2005～2006 学年底,任教核心科目的公立学校教师必须达到"高素质"的目标,并获得各州的认证。[1]在此背景下,各州纷纷开展了"以标准为基础"的教师证照制度改革。

美国之所以格外关注教师的证照制度改革有其深刻的国内背景。第一,近 10 多年来,教师队伍的数量迅速增长,迫切需要对原先陈旧的教师证照制度进行改革。1990 年～2001 年,公立学校教师数量从 240 万增长至 300 万,同时私立学校教师数量也从 35 万增至 39 万。1955 年～2001 年,公立学校的平均师生比从 27∶1 降至 16∶1;私立学校这一比例从 32∶1 降至 15∶1。[2]即便如此,预测研究还是指出,未来 10 年美国教师总缺额将达到 17 万～27 万。[3]特别是在某些学科,教师短缺的现象十分突出。对于"招聘难"的科目的师资问题,教育主管部门正尝试通过制定新的政策,如缩短教师培养年限,采用"替代性认证计划",引进英语方言国家的外国教师等。与教师数量短缺的情况相伴随的是教师的质量问题。NCLB 法案要求所有教师必须达到"高素质"的标准。

2003 年,公立中学的外语教师中,只有 63% 达到此标准。最为严重的是信息技术教师,公立学校的教师也只有 13% 达到高素质的标准(表 1)。[4]

表 1　美国 2003 年各科高中教师合格率[5]

	语言	数学	科学	外语	信息技术	职业教育课
公立学校	83.5%	80.4%	82.8%	63.1%	13.6%	66.8%
私立学校	49.4%	49.2%	43.7%	30.0%	0.0%	39.0%
合计	78.4%	76.0%	76.6%	57.3%	10.2%	65.9%

第二,为解决教师短缺的问题,某些州和地区采用了"替代性认证"(Alternative Teacher Certification)和短期豁免的做法。目前为止,美国共有 20 万教师通过"替代性认证"入职。仅 2000 年~2003 年,通过"替代性认证"平均每年增加 25 000 名新教师,而加利福尼亚州、新泽西州和德克萨斯州的"替代性认证"教师的数量更多,分别占州教师总数的 18%、24%、24%。[6]许多地区还紧急聘任未通过认证的教师,给予短期豁免。获得短期豁免的教师必须持有学士学位。2000~2001 年,加利福尼亚州入职 1 年内的新教师中,34% 的教师通过紧急聘任上岗。[7]

上述问题迫使美国加速教师认证体系的改革,特别是强化"以标准为基础"的教师证照制度。虽然,有些学者对"标准"存在质疑,认为它有可能导致对教师的认识不够全面、深刻。[8]但是,标准确实成为各州政府监控与决策教育改革的有力工具,也成为政府提升教师队伍质量的有效手段。[9]同时,很多学者与政策制定者认识到:"教师不能仅是技术性去迎合标准的规定,反之,标准必须能够引导教师,让教师能够自愿投入扩展自身的智能。"[10]美国在教师证照制度中推行的标准,重在促使教师能成为反思型的探究者,"这样的标准必须要激发教师能够从教学历程中进行反省与批判,并且分析学生的学习得以获得启示的观点,以累积自身的实践智慧"。[11]

(二) 资质认证—准入执照—进修证书:"以标准为基础"的教师证照制度的体系改革

证照制度的产生是为了打造一支高素质的教师队伍。哈曼德(Darling-

Hammondetal)等人于 2005 年在休斯顿州、德克萨斯州开展了一项研究,结果发现:① 持有合格证照的教师在各项学生学业成就上都胜过未持有合格证照者;② 未持有合格证照教师,通常在教学 2 至 3 年后会离职;③ 教师的教学效能与师资培训课程的内容有显著相关。[12]这项研究说明证照是判断教师高素质与否的重要指标。2000 年以后,"全美教师教育认证委员会"(NCATE)修订了教师的认证标准,开始整合"州际新教师支援与评价协会"(INTSAC)与"全美专业人员教学标准局"(NBPTS)的标准,建立了以资质认证、准入执照和进修证书三位一体的教师证照制度体系。

"全美教师教育认证委员会"(NCATE)是美国对教师教育机构的质量作认证的最重要组织。其目的在于提供教师素质的品质保证,并协助改善师资培育机构的质量。在全美 1 000 多所的教师教育院校机构中,超过 550 所由它进行认证,另外 120 所也在申请中。由 NCATE 认证的师范院校培养的教师数量占全美的 70% 以上。[13]"它的认证标准是具有专业知识基础,且具有学术上的共识。而认证标准既可以作为一致认同的知识基础,也可以作为社会大众理解教师专业发展的参照"。[14]

"州际新教师支援与评价协会"(INTASC)成立于 1987 年,其目的在于发展各州的教师初入职执照标准。它于 20 世纪 90 年代颁布了《初任教师执照、评价与发展标准模式》(Model standards for beginning teacher licensing, assessment and development),提出了初任教师的 10 项核心能力:了解任教学科的概念与框架;了解学生的学习与个体发展;了解个别学生学习上的差异;善用教学策略,鼓励学生批判思考与问题解决等;理解个别和团体的动机与行为;知道有效运用不同媒介的知识;教师在学科知识、学生、课程目的等基础上安排教学计划;教师理解与运用正式和非正式的评价策略;教师是反思实践者;教师与同事、家长、社区保持良好的互动关系等。[15]申请者要通过 INTASC 的 3 项测试:学科知识测验、教学知识测验、实际教学评价。学科知识和教学知识测验在教师第一年任教时举行,通过者取得初任执照(initial license)或临时执照(provisional license),实际教学评价则采用档案袋评价的方式,通过者可获得永久执照(permanent license)。

"全美专业人员教学标准局"(NBPTS)为教师的可持续发展,特别是专业的进修提供了平台。NBPTS 成立于 1987 年,至今已为数万名教师颁发了高级认证。2007 年获得高级认证证书的教师将近 64 000 人。高级认证要求教师提交教学计划、学生的作业样例以及教学实况录像。另外,教师还必须参加一系列笔试。持有学士学位以及至少 3 年从教经验的教师方有资格申请高级认证,其有效期通常为 10 年,每隔 10 年需要重新认证。大多数州要求,教师必须在每 3～7 年参加 6 学期的专业发展课程。2003 年的一项研究发现,有 46％的教师报告他们在过去 3 年内参加了大学课程的学习,平均支出了 2 937 美元。[16]

(三) 学术门槛－实践智慧－专业热忱:"以标准为基础"的教师证照制度的内容改革

为了保证教师达到一定标准,各州对教师的入职均有一定的要求,尽管这些要求各州之间各不相同。总体来说,要获得资格认证,教师至少需要持有学士学位,并通过各种入职考试以及刑事背景审核。入职的教育要求一般包括:通识课程、学科领域课程(如数学、科学、历史等)、专业课程(儿童发展、教育学或教学方法以及教育理论等)以及一定时间的教学实践活动。美国教师资格认证的权力在各州,所以对有些任职教师有一些特定要求。例如,有些州要求特定科目的教师要接受过更多相关领域的学科课程的培训。对于中学教师的资格认证,25 个州要求申请者必须主修他们所要执教的学科,另外有 11 个州要求所执教学科至少是辅修科目。小学教师的资格认证,各州基本要求申请者必须主修教育学,课程内容还要包括人文学科和自然科学学科。同时,师范生必须要参加资格认证的考试。最常用的认证考试是 Praxis1(基本技能测验)和 Praxis2(专业知识测验),这两项测验都是由独立、非官方的教育测验服务中心(ETS)开发的。

近年,各州都在加强教师认证标准的研制。许多著名学者和决策者甚至提议,将 NCATE 的资格认证作为美国师资培训项目的强制性标准。哥伦比亚大学纽约教师学院的院长莱文(Levine,1999)曾经提到:"美国有太多薄弱的教育学校,它们的教师、学生、课程都无法适应当前的需求……政府应该加强或关闭这些学校。"[17]当然,不同的学者对"高素质"有不同的立场与观点。一派学者重视学术与理论。20 世纪 90 年代中期,美国国家教育统计中心收集的数据显示,大学生中成绩中下等的主修教育的本科生人数远远大于成绩上等的学生,而他们正是未来的中小学教师。研究还发现,教师教育专业的学生所修课程过于简单,学术性不强。教育专业学生的平均成绩高达 3.41(满分为 4.0),而社会科学专业学生的平均成绩为 2.96,科学和工程科目、高等数学和微积分专业的本科生平均成绩仅为 2.68。[18]

另一派学者则更看重师范生的教育实践智慧与广博的视野。这反映了美国历史上由来已久的两派之争:一派重科学知识,另一派被称为"反智派",发端于哲学家卢梭。"反智派"学者指出,很多教师培训项目都设置了不必要的学术高门槛,从而限制了一些有才能的教师的进入。高素质的教师未必是学术研究型的,但一定是充满着教育实践智慧的,它与学历层次与学术研究并不具有密切的联系。"反智派"学者认为,实际操作技能、创造力以及批判性思维比"纯粹的口头知识"更具价值。近几年来,美国教师证照制度改革过程中还形成了第三种势力,即关注教师的专业精神。这些学者认为,与学术素养、实践智慧相比,更为重要的是教师的奉献精神和专业热忱,这是从事教育工作的前提与基础,也是评定高素质教师的首要条件。教师的证照标准,"必须包含专业态度(professional dispositions),重视教师在实践中所养成的专业信念、价值、态度,以塑造教师的专业认同"。[19]学者们指出,传统的教师证照标准并不能真实反映申请人的情感、道德和专业伦理方面的信息,因此有必要在内容体系方面特别突出教师的职业精神与专业热忱。美国师范院校协会(AACTE)的前任主席古德莱德(Good lad)曾指出,教师专业群体必须找出并选择那些有关情感、专业伦理等方面的指标,缺少了这样一些标准,则并不能真正判断其真实的教育能力。[20]

(四) 美国"以标准为基础"的教师证照制度改革对完善我国教师教育标准的启示

美国"以标准为基础"的教师证照制度改革取得了诸多经验,值得我们学习与借鉴。首先,必须形成机构认证、准入执照与进修证书三位一体的国家教师教育标准体系。近年来,随着我国各级各类教师教育机构办学主体的多元化,一方面为师资培养带来了丰富性与多样性,另一方面对教师队伍的质量产生了一定的冲击与影响。因为没有有效的评估和监控,教师培训的质量将得不到保证。建立专门的评估机构,制定明确的标准,对培训机构的资质和培训的效果进行评估和监管是非常必要的。特别是应该专门设立独立的全国性教师教育评估中心,并确保承担教师培训的组织者或组织机构与教师教育评估机构相分离。只有这样才形成一个多方参与的、公正的评价和监控体系。

其次,必须大力开展"以标准为基础"的教师认证制度改革,特别是对"标准"要进行全面、系统、深入的研究。美国"以标准为基础"的教师证照制度改革非常突出教师的学术素养、实践智慧、专业热忱,认为这三者是高素质教师的核心与关键要素。这一主张有其合理之处,值得学习与借鉴。特别是对于专业热忱的重视,正是我们改革中关注不够的。其实,以往的师范教育非常重视师范生的人文养成,"往昔的师范生规矩严明,保守稳健,往往牺牲个人志趣天赋潜能,专心致志以教育为职志,资深优良的师范生服务四十年而意犹未尽,无怨无悔。个人生涯与国家前途命运悠关,期望学生'博闻强识而让、敦善行而不怠'"。[21]因此,注重教师的专业热忱、专业精神是切实提升教师素养和帮助教师形成高素质的关键与基础。

再次,推进教师进修证书的制度改革,激励教师积极投入到专业发展的过程中。虽然我国教育部制定了《中小学教师继续教育规定》对教师进修予以规范,但未能明确规定执行不力者所应承担的法律责任。随着继续教育培训力度的加大,经费的保障随之成为突出问题。如果政府义务履行不力,其责任追究又缺位,培训经费保障问题迟迟得不到解决,就会大大限制教师的进修培训。美国的教师教育改革非常重视教师的进修证书,并取消了教师资格的终身制。此外,在教师认证制度的改革上,还应强调激励制度。联合国教科文组织 1980 年 7 月在巴黎召开的教育内容改革讨论会上,在展望和预测普通教育变革趋势的文件中提出,正式承认教师有权享受在职培训,并建立工资照发的教学休假制度。如果能建立起完善的激励机制,让教师参加在职培训无后顾之忧,那么势必会增加他们参加在职培训的热情,激发他们参与在职培训的主动性。

参考文献

［1］Scannell，M. M. & Metcalf，P. L. Autonomous Boards and Standards-based Teacher Development［J］. Educational Policy，2005，（14），61.

［2］U. S. Department of Education. National Center for Education Statistics［J］. Digest of Education Statistics，2002，21.

［3］Hussar，W. Predicting the Need for Newly Hired Teachers to 2008—09［Z］. Washington，D. C. ：National Center for Educational Statistics，U. S. Department of Education，1999，10.

［4］Murphy，P. ，DeArmond，M. and Guin，K. "A National Crisis or Localized Problems? Getting Perspective on the Scope and Scale of the Teacher Shortage，"［EB/OL］Education Policy Analysis Archives，2003，11（23）. http：//epaa. asu. edu/epaa/v11n23.

［5］U. S. Department of Education. Compiled from the National Center for Education Statistics，Schools and Staffing Survey. Public Teacher Questionnaire，"1999～2000［Z］. 2004，20.

［6］Feistritzer，C. E. and Chester，D. T. Alternative Teacher Certification：A State-by-State Analysis［Z］. Washington，D. C. ：National Center for Education Information，2003，11.

［7］Shields，P. M. ，Humphrey，D. C. ，Wechsler，M. E. ，Riehl，L. M. ，Tiffany-Morales，J. ，Woodworth，K. ，Young，V. M. ，& Price，T. Teaching and California's Future：The Status of the Teaching Profession. Santa Cruz：The Center for the Future of Teaching and Learning，2001，15.

［8］Apple，M. W. Markets，Standards，Teaching，and Teacher Education ［J］. Journal of Teacher Education，2001，（52），182.

［9］Yinger，R. J. & Hendricks-Lee，M. S. The Language of Standards and Teacher Education Reform［J］. Education Policy，2000，（14），94.

［10］Delandshere，G. & Arens，S. A. Representation of Teaching and Standard-based Reform：Are We Closing the Debate about Teacher Education

[J]. Teaching and Teacher Education,2001,(17),547—566

[11] 黄嘉莉.教师素质管理与教师证照制度[M].台北:学 富文化事业有限公司,2008. 82.

[12] Darling-Hammond,L. ,Holtzman,D. J. ,Gatliin,S. J. ,&Heil-ing,J. V. Does Teacher Preparation Matter? Evidence about Teacher Certification, Teacher for America and Teacher Effectiveness[EB/OL]. Education Policy Analysis Archives, 2005, 13(42). Retrieved Oct. 22,2007 from Http://epaa. asu. edu. /epaa/v13n42.

[13] Vergari,S. and Hess,F. M. The Accreditation Game[J]. Education Next,Fall,2002,2(3),48—57.

[14] Wise,A. E. Establishing Teaching As a Profession:The Essential Role of Professional Accreditation[J]. Journal of Teacher Education,2005,56 (4),318~331.

[15] Interstate New Teacher Assessment and Support Consortium (INTASC). Model Standards for Beginning Teacher Licensing, Assessment and Development:A Resource for State Dialogue[EB/OL]. Retrieve Dec,27, 2007,from http://www. ccsso. org/content/pdfs/corestrd. pdf.

[16] National Education Association, Status of the American Public School Teacher 2000—01[Z]. Washington,D. C. ,2003 16.

[17] Levine, A. Dueling Goals for Education[J]. New York Times, 1999,April 7,21.

[18] Henke,R. R. ;Geis,S. ;Giambattista,J. Out of the Lec-ture Hall and Into the Classroom: 1992—93 College Graduates and Elementary/ Secondary School Teaching. Washington, D. C. : National Center for Education Statistics,U. S[Z]. Department of Education,1996,5.

[19] Sykes,G. & Plastrik,P. Standard Setting as Educational Reform: Trends and Issues Paper No. 8. Washington,D. C. :ERIC Clearinghouse on Teacher Education and American Association of Colleges for Teacher Educa-tion[Z]. 1993, 18—20.

[20] Goodlad, J. I. The Occupation of Teaching in Schools. In J. I. Goodlad, R. Soder, & K. A. Sirotnik(Eds.), The Moral Dimensions of Teaching[M]. San Francisco:Jossey-Bass,1990, 3—34.

[21] 吴清基. 新世纪师资培育的国像[M]. 台北:心理出版社,2007. 4.

（本文发表于《比较教育研究》2011 年第 2 期。作者姜勇,时属单位为华东师范大学学前教育与特殊教育学院）

七、新西兰教师注册标准及其启示

随着我国师资改革的不断深化,以教师注册促进教师专业成长开始受到关注。2010年,教育部提出"师资工作的重点之一是启动教师资格定期注册制度试点",并由北京、上海于2011年试行。然而,自试行教师注册以来,关于教师注册的标准及其实际操作等问题仍处于探索之中。新西兰作为教育高度发达的国家,自1990年便实行统一的中小学教师注册制度,将其视为确保师资队伍质量、促进教师专业成长的重要举措。2010年,新西兰颁布并实施了全面、具体、可操作的教师注册标准(Registered Teacher Criteria),以此引导教师注册。本文通过对新西兰教师注册标准的背景、内容及其实施的深入分析,以期为我国教师注册标准的研究和制定提供理性思考。

(一) 教师注册标准的背景

2006年10月,新西兰教师协会(Teachers Council)重新审视实施十多年的教师注册制度。在其反思报告中指出:"一体化"教师教育模式已现雏形,但现行注册参考标准单一片面,且与教师教育内容脱节,继而引起师资质量的下滑。基于此,教师协会制定了教师注册标准。

1. "一体化"教师教育模式的影响

1840年新西兰建国纲领《怀塘伊条约》(Treaty of Waitangi)提出,"建立全国性的教师教育体系,根据白人与土著居民教育状况……探索适合实际的教师教育模式"。进入20世纪80年代,新西兰开始强化职前教育和职后教育的联系,初步形成了"一体化"的教师教育模式。[1]"一体化"教师教育模式最突出的特点是规范性，不论是职前教师的选拔依据、培养目标、课程设置、学习评价，还是职后教育内容的选择都有相应的标准，围绕教师所必需的专业知识、专业实践、个人态度和价值观三个主题，培养具备有效教学能力的教师。受此影响，教师协会认为，注册作为教师取得教师资格证（practising certificate）和延续教师职业的重要步骤，也应该有其自身的标准，以此判断教师的个人与专业能力。因此，教师协会强调教师注册要紧密结合教师教育的内容，并从教师的职业责任、专业知识、专业技能等方面制定与教师教育内容相一致的标准，增强其针对性，使之能成为职前教育与职后教育的媒介。

2. 旧有注册参考标准的失效

自 1990 年实行教师注册制度以来，注册标准以参考相关教师专业标准为主。最初，教师协会根据多元文化的实际，提倡教师应具备良好的教育价值观，真正热爱不同族群的学生，并参考《注册教师的核心道德》（Code of Ethics for Registered Teachers），以教育价值观与信仰作为注册标准，因为"职前教育已使教师获得成功教学所必备的专业能力"，因而职业的延续则需考察"信仰与态度"。[2]然而，以道德标准判定教师职业是否得以延续忽视了其他因素，故这一注册参考标准从其实施开始便受到质疑。人们认为"教师对教学的兴趣源于高薪"，"教学能力的表现形式是多元性的"，社会公众对此标准持反对态度，最后该参考标准不得不被取消。[3]随后，新西兰又参考《合格教师维度》（Satisfactory Teacher Dimensions），将"专业知识""专业实践""专业关系"、"专业领导"作为注册标准，但在实施中未能收到良好效果。大约 57％的教师表示《合格教师维度》未厘清"专业关系"和"专业领导"的差异，操作性不强，并且混淆新教师与有经验教师的差别，内容宽泛。[4]另外，多数中小学校长表示"专业责任"未明确对少数民族学生的关注，与《怀塘伊条约》所指的多元文化社会背景下的教师教育不符。[5]

3. 中小学在职教师质量的下滑

PISA 项目获得的好成绩证明，"新西兰职前教师教育计划"（Initial Teacher Education Programme，下称"ITE 计划"）是成功的，为中小学输送了大量优秀师资。与"ITE 计划"相比，教师的职后教育却不尽人意，教师质量下滑的状况严重。2004 年，教育评论办公室（Education Review Office）对教师教学能力进行了调查,仅有 65％的小学教师和 52％的中学教师达到教学所需的"学科知识"、"教学方法""、课堂组织"和"满足学生需求"4 个基本领域。[6]对于在职教师质量下滑的问题,教师协会于 2006 年展开调查,调查表明由于缺乏"可靠注册标准"引导职后教育,教师职后教育课程、周期、结业标准等方面混乱,注册标准与教师职后教育实质上已经脱节。[7]在职教师质量下滑的严峻形势还表现在教师无法满足边缘群体的教育需求,出现了新形式的教育不公平现象。约 90％的中小学校抱怨教师即使接受职后培训,但实际教学中也很难满足太平洋岛屿族裔等非白人学生的特殊需要。[8]严峻的在职教师质量问题加速了教师注册标准的制定,教师协会希望教师注册标准能够既反映职前教育和职后教育的内容,又能从终身教育的角度引导教师的职后教育。

(二) 教师注册标准的内容

教师注册标准由专业价值观和专业知识观组成,根据教师专业成长涉及的 4 个领域,划分为 12 条标准,每条标准都对应详细的规定。12 条注册标准清晰描述了教师成功教学所需的专业责任、专业知识、专业实践和专业领导能力,为所有学生提供高质量的教学及教师的职后教育提供了有效的指引,提高了教师的职业期望。[9]

1. 专业责任

教师成功教学的第一因素不是良好的教学能力,而是认可多元文化背景下的新西兰教育,从而产生致力于教育的意愿。事实上,并非所有教师都对教师职业有认同感。根据调查发现,即便是取得研究生学历的教师,如果只具备教学能力而缺乏责任也将对工作产生"极大的负面影响"。[10]因此,以对学生、教学及专业发展为代表的专业责任处于首要地位。

专业责任被细分为 3 条标准,每条标准有其各自实现的具体方向,包括:①具备促进学生个人成功的服务意识与能力。教师应尽可能采取任何合理的步骤为学生提供良好、安全的学习与教学环境,使学生获得心理、人际等方面的安全感和学业的成功。同时,遵守现行新西兰教师法规,尊重不同语言和文化,理解和关心学生个体的特殊需要,培养其积极乐观的态度。② 尊重不同学生的文化背景。这是《怀塘伊条约》民主精神的继承,教师在实际工作中需践行对不同学生民族习俗、语言、文化的尊重，并能推及同事与学生，培养有包容心与接纳思维的社会公民。③ 提高个人的专业能力。教师需拥有提高个人专业能力的责任心，与同事协商合作制定适合自身的学习目标和程序，并在学习共同体中积极把握专业学习的机会，推动教学能力的发展，形成个人的教学智慧。

2. 专业知识

专业知识是有效教学的理论依据，是促进专业成长的重要因素之一，特指专业的实践知识，突出实践取向，摒弃空洞的教学理论。根据《职前教师毕业标准》(Graduating Teacher Standards)，实践性的专业知识体现在3个维度，即掌握教学的知识与程序、熟悉学生有效学习的进程、识别有效学习的影响因素。[11]

专业知识以上述3个维度为蓝本，要求教师为学生个人成功设计富有吸引力、挑战性的和相互支持的学习环境，提高专业反思能力。该领域有3条标准，每一标准即是专业知识的基础：① 构思、完善并帮助学生执行适当的学习计划。教师需掌握制定学习计划的实践性知识，使学生明确学习目标，进而结合课程知识帮助学生执行，促进不同类型学生的学习。② 研究不同类型学生的学习。理论学习要形成对不同类型学生学习的研究，特别关注先前经验与现学知识的关系，为学生将知识运用于生活提供机会与帮助。此外，研究制定鼓励少数民族学生对人际交往和学习负责的策略，形成个人学习的能力。③ 有效应对学生多元需求。教师需拥有文化融合背景下有效教学的知识，以指导教师在未来教学情境中选择最有效的教学方式、资源、技术以及学习与评价方式，并根据学生的多元需求调整具体教学。

3. 专业实践

专业实践与专业知识密不可分，是专业知识的具体运用，教师在教学中根据专业知识展开教学实践。概言之，专业实践就是教学的高度专业化，要求教师以实践取向思维整合教学理论和实践的关系。[12]从职前教育到职后教育，专业实践都反对教师脱离理论指导的教学实践或理论知识的机械运用。

具体而言，专业实践的标准可称为3个"重视"：① 重视二元或多元文化背景的教育环境，有效展开教学工作。教师能够根据课程内容和少数民族学生的实际制定合理的教学目标，为学生提出具体的学习目标，提高他们的学习期望值。② 重视正式与非正式评价,提高评价的综合性与客观性。教师要恰当运用通过正式与非正式渠道获得的评价信息,结合不同类型学生的学习情况,客观地确定学生取得的进步以及需改进的地方。③ 重视批判性思维在解决教学问题中的运用。教师需善于批判性地借鉴他人研究成果,吸纳不同观点,对教学质疑有专业反应,并批判性地看待质疑,形成解决教学问题的有效反思。另外,对于个别学生的学习困难,教师需批判性地分析学生的文化背景,寻求学生文化与促进学习间的交汇点,针对性地采取有效教学方式。

4. 专业领导

专业领导又称"专业领导能力",根据"ITE 计划"对职前教师文化能力、教学领导能力、管理和沟通能力的培养目标而制定,要求教师能够协调好与学生及同事的关系,在教与学中起领导、示范作用。该领域的考察旨在帮助教师巩固职前教育的内容,促进教师将专业知识和专业实践两种能力提升到管理层面,并发展成为专业价值的一部分。[13] 专业领导能力包含 3 条标准:① 在教与学中积极运用领导能力。教师鼓励并指导学生参与教学设计,使学生产生对自我与他人的责任意识。同时,积极参与学习共同体的创建,发挥自身及专业优势,承担研究领域的责任。② 具备领导创建学习环境的能力,并能提高其中合作、包容和相互支持的气氛。教师需领导学生创建良好的学习环境,在此环境中灵活自如地采用管理策略提高学生的学习兴趣,培养相互尊重、相互信任、共同合作的心向。③ 建立积极的人际关系展示亲和性的领导能力。以促进学生发展为目标,教师与学生、同事、儿童照顾者构建良好的关系,务必厘清这些关系所涉及的道德伦理、职业规定等方面的联系,注重非强制性管理能力的效能。

(三) 教师注册标准的实施

2009 年,教师协会就教师注册标准进行社会调查,最终在全国范围内获得认同,于 2010 年成为新西兰教师注册标准,并于当年由教师协会负责实施。2011 年,教师注册标准完全取代《合格教师维度》,成为新西兰教师注册的唯一标准。虽然教师注册标准的实施时间仅仅 3 年,但因其合理的内容和完善的实施程序与策略,实施卓有成效。

1. 实施程序及策略

(1) 调查与反馈

调查与反馈部分以结构化的形式操作,是客观收集、评价教师专业能力的重要途径。调查通过教师协会委托地方教育当局组织由校长组成的调查小组进行,反馈则是由学生、教师个人以及其他教师的评价构成。其中,调查的内容包括专业知识、专业实践、专业领导和专业关系4个方面,每一方面都细化成5~7个小方块。如专业知识方面,分为"课程理论的运用"、"教学过程的设计是否有学生参与"等5个小方块。整体上看,调查主要针对教师的教学过程,描述教师在教学中能否根据教师教育内容,特别是"ITE计划"所规定的内容展开教学,借以评价教师的专业基础,形成调查报告,此部分比较概括。反馈部分因不同人员参与评价而比较具体,突出教师注册标准的指导作用。与调查类似,反馈部分也将教师注册标准的4个领域分割成"责任""人际关系""专业探讨"等8小方块,每一小方块将继续划分,阐述"是什么"、"教师做到了哪方面"等内容,让教师与学生勾选。[14]调查与反馈密不可分:调查重于考察教师对职前教育阶段专业知识的巩固程度,为专业基础;反馈部分则完全按照教师注册标准的规定考察在职教师的专业能力,为实践取向。

(2) 面试与讨论

面试与讨论立足于调查与反馈所得的结论,其内容包括随访观察、结构性对话和反思能力测验、会议评估4个部分。随访观察的目的是防止调查和反馈存在舞弊现象,通过随机抽查的方式对某一学校教师的教学情况进行二次评价,结论以第二次评价为准。结构性对话和反思能力测验往往结合在一起,对话的内容根据教师注册标准的4个领域和12条标准进行,主要涉及教师反思能力,目的是考察教师临时性的专业反应,证明教学机智,这被视为专业成长的一部分。两者对教师反思能力考察大致为"如何与少数民族学生、同事建立起良好的学习与工作关系"、"在实践中如何能提高学生的福祉"、"如何合理运用不同文化促进学习"、"如何继续学习才能提高专业能力"、"如何帮助同事有效教学"等12个主题,每一主题都与12条标准吻合。[15]会议评估部分由评估会议(appraisal meeting)承担,当事教师不能参加,属于教师协会的内部会议,根据上述结构性对话和反思能力测验的结论客观评估教师在教学上是否已经达到教师注册的标准,属于对调查、反馈以及面试的整体性评估。

（3）汇总与决定

汇总是对教师各类硬性指标的总结,每一位教师都应是反思型与实践型的教师,因而汇总的内容统一于教师反思能力与实践能力的考察。汇总由几个部分构成:(1) 科研能力。教师必须将自己有关反思能力的科研成果提交,成果可以是已发表或还未发表但能代表个人研究能力的材料,总称为《教学实践的反思杂志》(Refective Journals of Teaching Practice);(2) 教学设计。教师的教学设计需装订成册,内容涵盖每次教学活动的设计、组织、评价等;(3) 评估记录。主要有学生学习情况的评估分析、学校领导对教师的评估记录、教师教学反思纪录以及教师从所有纪录中汲取的经验。[16] 以上所有环节结束后,则进入决定阶段。为做到该阶段的客观性,教师协会将采取匿名的方式邀请大学专家以及中小学校校长或经验丰富的教师共同进行,评审材料也以匿名和机打的形式出现,由教师协会随机安排评审成员审议、表决。对教师的评审结果分为"通过"或"不通过"。通过评审的教师将取得延续教师资格的机会;不能通过评审的教师则被转为"有限教学资格"(Limited Authority to Teach)教师或资格更低的教职人员。需指出的是,未通过评审的教师只是被剥夺了独立教学资格,并非被驱除出教师队伍,他们须在下一年继续提出注册申请。在此期间,这类教师需向本校经验丰富的教师学习,形成师徒式的指导模式,经验丰富的教师称为"导师"(Mentor Teacher)。

2. 实施成效

教师注册标准实施至今,新西兰教育部及教师协会还未对其进行系统总结,但已出现关于教师注册标准有效性的讨论。在实践中,教师注册标准的成效主要表现为:加强了注册标准与教师教育内容的联系、促进了教师之间的专业合作、提升了在职教师的质量三个层面。

首先,实现了教师注册标准与教师教育课程的一致性。教师注册标准规定了教师的专业责任、专业知识、专业实践和专业领导能力,随之而来的教师培训更加重视与这 12 条标准的联系。奥克兰大学谢莉尔·哈维(Cheryl Harvey)教授将 12 条标准和现行的课程标准比较研究时发现,总共有 11 条课程标准与教师注册标准的内容相符,因而确定教师注册标准已融入课程标准成为培训的内容。[17]这种一致性初显了培训目标的指向性。新西兰的教师教育开始走向与教师注册标准内容的整合模式,教师注册标准的重要性更加凸显,这有助于教师注册标准的长期实施。

其次,促进了教师间的专业合作。为加强教师对注册标准的学习,保障注册的通过率,新西兰开发了"专业电子档案袋"(professional eportfolios)系统,并成立直属该系统的网上"档案袋学校"(eportfolio school),以合作的方式展开互动学习。理论资源上,该系统为教师提供公共平台,让教师共享教学经验及科研成果,并提供教育学的理论知识,形成"专家对话、共同分享"的"调整→网络→指导"模式,加强了不同类型教师间的专业联系。[18]实践资源上,该系统提供关于教师专业学习的真人示范课,其中以"教育实践系列"(Educational Practices Series)和"最优实证综合训练"(Best Evidence Synthesis Iteration)最为突出。两者以教师注册标准的实践训练为基础,通过教师系统性的实际学习,有经验教师的示范指导,使教师在虚拟的网络中观摩真实的教学,最后由申请注册的教师合作练习。

最后,提高了在职教师教育质量。2011 年教师协会的教师教育中期调研报告指出,关于教师注册标准对教师质量的影响,超过 50% 的受访教师认为教师注册标准将专业知识与专业期待细化,促使教师为通过评审而自觉根据教师注册标准进行学习,有经验的导师也能按照标准指导注册教师学习。[19]此外,社会对教师注册标准给予高度评价,认为教师注册标准有"实现所有教师成功通过注册"的潜力,它以更详细、更具操作性的标准引导教师注册,使教师更加关注自身的专业成长,无形中提高了教师实践教学能力和职业的社会期望,有助于为学生提供高质量的教学。[20]

(四) 新西兰教师注册标准的启示

2011 年 9 月,我国教育部规定由北京、上海试行教师定期注册,建立"国标、省考、县聘、校用"的教师准入和管理制度。中新两国的国情与教育体制虽有区别,但新西兰教师注册标准在内容与操作上依然为我国教师注册标准的研究和制定提供些许有益参考。

1. 注重教师职业道德的养成

新西兰教师注册标准视专业责任为教师成功教学的第一因素,其相应的3条标准详细阐述了教师服务学生、尊重学生、提高专业能力的自我责任。综合观之,此三者的出发点与归宿点都集中于教师职业道德,凸显师德的重要性。就我国而言,师德建设一直是教师教育的关键,从职前教育到职后教育,教师教育的课程、标准以及涉及教师的规章条例无不规定"师德为先",将师德置于重要地位。但由于师德的内隐性、层次性等特点,我国的师德建设与考察仅停留在字面上的提倡或号召,其养成方式主要依赖教师个体自我遵循。因此,未来我国的教师注册标准仍可将师德放在所有标准的首位,突出其重要性,但要以解释条款的形式详细陈述师德的各方面要求,使之细化。在此基础上,以注册标准为参照,引导教师内化、顺应注册标准关于师德的内容,使师德的外在标准规定与教师内心需求共融,形成以服务学生、关爱学生为主体的师德体系。

2. 突出实践能力为本

教师职业由于其对象的特殊性,要求教师必须具备较强的实践能力。在新西兰教师注册标准中,实践能力涉及专业知识和专业实践两个领域,其标准共6条,占所有标准50%。该标准明确指出教师所需的实践知识,如教学设计、多元文化的理解能力、少数民族学生的学习评价等,将理论与实践统合起来。在我国,虽然专门的教师注册标准还未制定,但透视各类有关教师专业发展的标准,教师实践能力的诉求已经出现。相继颁布的《中长期教育改革与发展规划纲要(2010—2020年)》《中小学教师专业标准》和《教师教育课程标准》都明确指出"能力为重",并对实践能力做了详细的规定,以"实践之中的理论"来引导教师教育。实践证明,任何标准的制定都不能脱离实际,需结合实际参考其他相关标准。因此,我国在制定教师注册标准时,可以结合其他类似的教师标准,把实践能力视为根本标准,详细陈述实践能力的相关要点,使之既能与其他标准共通,又能有效耦合实践理论与实践操作的关系。

3. 重视标准的可操作性

可操作性是教师注册标准的重要特征之一。新西兰教师注册标准虽囊括教师专业成长的4个领域而划分为12条标准,但每条标准都有各自详细要求,以保证教师注册标准的实施简便可操作。实施阶段,标准的可操作性在调查与反馈、面试与讨论、汇总与决定等方面表现尤其明显,形成了由领导机构评价、教师评价、自我评价和学生评价四位一体的评价模式,以操作性实现注册的客观性。相对于新西兰,我国虽未有专门的注册标准,但从其他类型标准,如《教师专业标准》《教师教育课程标准》等可以看出:这些标准虽能突出重点,如"能力为本"、"关爱学生"等,但多是以"引领"的方式出现,在某种程度上不利于实际操作。因此,未来我国教师注册标准的制定要重视标准的可操作性,使注册标准具体化。具体而言,我国注册标准可在依照其他标准突出重点的同时,将其重点领域下属的关键点列出来,以附件的形式指出这些关键点要"做到什么"、"实现什么"、"如何实现"等,如有可能还可以提供完整的操作模板,各地方可以结合模板设计富有特色的教师能力评价模式,以实现注册的可操作性,进而彰显其有效性。

　　4. 强调标准与教师教育的一致性

　　新西兰教师注册标准的制定受到教师教育"一体化"的影响,紧密结合教师教育,注册标准的内容既能反映职前教育的内容,也能反映职后教育的内容。教师注册标准与教师教育内容的一致性,一是有利于标准更容易获得社会的认可,二是有助于促进教师自觉加强对专业知识的学习。当前,我国教师职前教育以及职后培训的内容都有很大的相似性。未来我国的教师注册标准不能脱离教师教育的内容,而是应加强注册标准与教师教育的衔接,使标准的内容涵盖职前教育和职后教育的内容,成为促进教师自我学习的推动力,以此从注册管理的视角体现教师教育的重要性,从而实现完整的"职前教育—入职标准—职后教育—注册—专业发展"的一体化教师专业发展模式。

参考文献

　　[1] Cameron, M. & Baker, R. Research on Initial Teacher Education in New Zealand: 1993 ~ 2004 [M]. Wellington: Min-istry of Education, New Zealand Teachers Council, 2004: 69.

　　[2] Development of the Code of Ethics [EB/OL]. http://www.teacherscouncil. govt. nz/required/ethics/devofcodeofethics. stm, 2012—12—01.

［3］Code of Ethics：For Registered Teachers and Those Granted a Limited Authority to Teach［M］. Wellington：New Zealand Teachers Council，2004：1—6.

［4］Wellington Kindergartens Induction and Mentoring Teacher Registration Kit［EB/OL］. http：//www. wn-kindergarten. org. nz/_literature _48819/Teacher_Registration_Kit，2012—12—02.

［5］Teacher Registration［EB/OL］. http：//www. principalskit. org. nz/teacherregistration/，2012—12—02.

［6］新西兰教师培训混乱.［J］. 比较教育研究，2005，（2）：93.

［7］Implementation of the Registered Teacher Criteria［EB/OL］. http：//www. teacherscouncil. govt. nz/RCT/RCTimplementa-tion. stm，2012—12—02.

［8］Adrienne Alton-Lee. Quality Teaching for Diverse Students in Schooling：Best Evidence Synthesis Iteration（BES）［R］. Medium Term Strategy Policy Division，Ministry of Educa-tion，2003.

［9］［15］［16］The Registered Teacher Criteria Handbook 2010. ［EB/OL］. http：//www. teacherscouncil. govt. nz/RCT/RC-4Thandbook —english. pdf，2012—12—03.

［10］Hipkins，R. How Visible Is Theory in Science Knowledge Construction? ［R］. Paper Presented at the New Zealand Association for Research in Education conference Dunedin，1998.

［11］Graduating Teacher Standards 2007［EB/OL］. http：//www. teacherscouncil. govt. nz/te/gts/gts-poster. rtf，2012—12—05.

［12］Requirement to Hold a Practising Certificate［EB/OL］. http：//www. teacherscouncil. govt. nz/rt/index. stm，2012—12—06.

［13］Principal Professional Standards［EB/OL］. http：//www. education-al leaders. govt. nz/leadership development/other-pro-fessional-information/Professional-standards，2012—12—07.

［14］Wellington Kindergartens Induction and Mentoring Teacher

Registration Kit ［EB/OL］. http：//www. wn-kindergarten. org. nz/_
literature_48819/Teacher_Registration_Kit, 2012—12—05.

［17］Registered Teacher Criteria and the New Zealand Curricu-lum［EB/
OL］. http：//aucklandsct. wikispaces. com/file/view/RTC＋and＋New＋
Zealand＋Curriculum. pdf, 2012—12—09.

［18］More on Registered Teacher Criteria and Professionale-Portfolios
［EB/OL］. http：//nickrate. com/2011/04/26/more-on-registered-teacher-
criteria-and-professional-eportfo-lios/, 2012—12—09.

［19］［20］Induction and Mentoring Pilot Programme：Primary Leading
Learning in Induction and Mentoring［R］. Wellington：New Zealand Teachers
Council, 2011.

（本文发表于《比较教育研究》2014 年第 1 期。作者陈庆文、曾柏森,时属
单位为玉林师范学院教育科学学院）

八、论澳大利亚教师资格制度的发展

澳大利亚的教师资格制度从 20 世纪后半期起步,到现今短短的几十年就建立了以教师资格鉴定和教师资格注册制度为基本类型的比较成熟的发展体系,树立了一个起步晚、发展快的典型。

(一) 澳大利亚教师资格制度的发展阶段

澳大利亚的教师资格制度是随着其教师教育体系的完善而得以发展的,主要体现在职前教师教育发展、教师资格鉴定与管理体制的发展以及教师职后专业发展三个方面。"二战"后,澳大利亚教师资格制度的发展可分为以下三个阶段。

1. 教师资格制度的准备阶段:职前教师教育大学化与注册教师管理委员会的建立

"二战"后一直到 1970 年,澳大利亚的职前教师教育主要是由教师学院(teacher's college)来承担,20 世纪 70 年代的变革实现了由高等教育学院(college of advanced education 简称 CAEs)和大学(universities)同承担。职前教师教育培养机构的高等教育化,主要体现于培养机构不再提供 2 年制的教师培养计划,CAEs 提供 3 年制的教师学历(Diploma of Teaching 简称 Dip. T.),而大学给那些 3 年制的学位合格者(通常是农学士、商学士、理学士等)颁发 1 年"终端"的教育学历文凭(Diploma. Ed.),同时还存在着 4 年制的教育学士(E. Ed)。到 20 世纪 80 年代,联邦政府开始了 CAEs 合并的高等教育改革,到 80 年代末,大学与高等教育学院并行的"双轨制"被政府采取的大规模的 CAEs 与大学合并的政策打破,产生了多校区的大学(multi—campus universities)。到 1988 年几乎所有的高等教育机构都合并、升格成了大学。就此,从 20 世纪 80 年代末到整个 90 年代,澳大利亚的职前教师教育几乎都是大学而不是学院来承担的。[1]

职前教师教育的大学化即从学院教师教育到大学教师教育为澳大利亚建构现代教师资格制度奠定了基础。

同时,这一时期出现了注册教师管理委员会。以昆士兰州为例,1968 年,该州出台了"应急成人教师培养计划(the Emergency Adult Teacher Training Scheme,简称 EATTS)",这一计划是为了克服中学教师的短缺,允许成人毕业者通过 8 周的专业训练后去学校任教。随着教育的发展,这一计划遭到了批评,批评者认为这种应急的教师认证有着不可避免的缺点,并迫使政府调整了该计划。EATTS 之争使得确立教师注册主体或机构来保护已建立起来的一定的专业标准更具有呼声,因此,教师注册被视为朝向实现对该州孩子的最好教育和对教师获得专业认可的双重目标迈进的重要一步。1970 年,教师教育评论委员会(the Committee to Review Teacher Education)建议成立教师注册委员会。昆士兰州采纳该建议,于 1971 年 6 月在《1970 教育法修正案》的保障下成立了昆士兰教师教育委员会(Queensland Board of Teacher Education,简称 BTE)。通过这一委员会,1973 年,开始引进教师自愿注册体制;1975 年,在中小学实行了教师义务注册;1981 年,实现了学前教师义务注册。1989 年,依据 1988 年的教师注册法,注册教师管理委员会(the Board of Teacher Registration 简称 BTR)取代了 BTE。BTR 的成立标志着澳大利亚的教师资格制度的初步建立,而这一阶段的显著特征是职前教师教育与教师资格鉴定或注册制度同步发展。

2. 现代教师资格制度的正式确立阶段:证明制与注册制两种教师资格制度的出现

直到 20 世纪 90 年代,澳大利亚注册教师都没有真正实现法制化和专业化,各州的教师也就没有规定最低资格要求,没有经过正规训练的人也可以从教。直到 1998 年,澳大利亚仍有一半以上的教师低于 4 年的训练。[2]

这一时期出现了两种类型的教师资格制度:证明制(certification)与注册

制（registration）。这两种教师资格制度类型奠定了澳大利亚 21 世纪的教师资格制度发展基础和方向。

证明制是基于教师雇佣主体的一种管理机制，其特点是：由作为教育雇佣者的州教育局长（Director-General of Education）授权；雇佣者作为法定主体有权改变和规定最低资格；专业纪律（professional discipline）是雇佣者的权限；在政府部门教学纪律行为不合格并不妨碍其作为其他部门的教师；证明属特定系统，也就是说具有新南威尔士公立学校教师资格证明的教师不具备在其他系统教学的执照功能；在一个州获得证明的教师不能得到其他州的承认；证明有试用期；教师教育者不需要证明，因为大学在教育局长管理之外；一旦被授予教师证明，就没有必要更新或持续。只要教师不出现不合格的纪律行为或者能力问题，证明具有永久性。

注册制是基于非教师雇佣主体并依据州法律授予实践执照的管理机制，其特点是：由非教师雇佣主体的法律性注册管理委员会给予注册；注册管理委员会规定最低资格标准，在观念上代表着专业观点；专业纪律是管理委员会的权限；不合格行为禁止在同一州的任何地方甚至是其他州从教；依据法律，注册可以是特定系统或者一般系统，如，在昆士兰和南澳大利亚，对所有教师注册是普遍的或者强制性的，而在维多利亚州，对非政府公立学校教师是强制性的；实施注册制的州与南澳大利亚州之间相互认可；同样，这些州与新西兰之间相互认可并促进了跨塔斯马尼亚州的注册；注册有试用或临时注册期间；在昆士兰需要进学校管理指导实习生的教师教育者必须注册，而在南澳大利亚则不必；注册定期更新，没有持续注册的教师将被教师注册管理委员会合法地终止其教学行为。[3]

3. 新世纪教师资格制度的成熟与新发展阶段：教师资格制度的法制化和标准化发展趋势

21 世纪以来，各州和地区①都相继以法律的形式规范和发展了教师资格制度。特别是 2004 年，可以被称为澳大利亚的"教师资格制度年"，在这一年，出

---

① 除首都直辖区 the Capital Territory 没有引进教师注册或资格鉴定，使用入职前检查（preemployment checks）外。

现了四部推动教师资格制度发展的法规:南澳大利亚州的《2004 年教师注册与标准法》、新南威尔士州的《2004 年教师协会法》、澳大利亚北部地区的《北部地区教师注册法》和西澳大利亚州的《2004 年西澳大利亚教育学会法》。这些法规都比较完备地规定了教师资格鉴定或注册等相关制度。同时,这一阶段在职前教师、教师专业标准、教师专业伦理等方面都有很大的发展。

(二) 澳大利亚两种类型教师资格制度的实施

澳大利亚现行的教师资格制度是在 20 世纪 90 年代的证书制与注册制基础上发展出来的教师资格鉴定制与教师注册制度。其中,新南威尔士州实行的是教师资格鉴定制度,其他各州和地区主要实行的是教师注册制度。

1. 教师资格制度的实施机构与职能

澳大利亚教师资格制度实施的相关机构主要是由各州的教师协会、教师管理委员会等专业机构来承担的,分别是:维多利亚教学协会(Victorian Institute of Teaching,简称 VIT)、新南威尔士教师协会(NSW Institute of Teachers)、昆士兰注册教师管理委员会(QLD Board of Teacher Registration)、昆士兰教师学院(QLD College of Teachers)、南澳大利亚注册教师管理委员会(SA Teacher Registration Board)、塔斯马尼亚注册教师管理委员会(TAS Teacher Registration Board)、西澳大利亚教育学会(WA College of Teaching)、北部地方注册教师管理委员会(NT Teacher Registration Board)。

维多利亚教学协会是一个管理和促进教师专业发展的法定权威机构,依据2001 年维多利亚教学协会法(Victorian Institute of Teaching Act 2001)成立,主要从事的事情包括:注册所有教师,确保只有有资格者才能进入该州的学校;促进教师专业向更宽阔社会发展;发展教师专业的实践标准;通过有组织的指导计划支持教师第一年的教学;对准备进入教师职业者的职前教师教育学业进行认可与资格鉴定;调查与检查一些教学中出现的严重错误行为和教学能力不合格或不适当现象。[4]

新南威尔士教师协会依据《2004 年教师协会法》(Institute of Teachers Act 2004)设立,具有以下几个方面的职能:向部长提供关于教师专业发展标准内容、发展、应用,以及其他建议(包括部长作为教师资格鉴定权威对非政府学校教师资格认可、终止与撤回方面的建议);建议和帮助教师认识资格认定的权威性;对资格鉴定过程进行监控;确保教师专业标准公平性与一贯性。[5]

成立于 2006 年的昆士兰教师学院是一个具有法律效力专门对教师进行资格认定的机构。昆士兰教师学院由董事会(QCT Board)、董事主席和支持它的一些委员会组成。《2005 教育法》(Education Queensland College of Teachers)规定了昆士兰教师学院具有以下主要职能:为合格教师注册并允许教学准入;制定教师注册与准入的最低条件;教师合格性的持续认可;实施教师认可的犯罪历史检查,以及教师注册或教学准入的申请;临时注册(provisional registration)需要的相关职前教师教育认可与监控;推进关于教师专业标准的发展和应用;实施对认可教师进行的注册与录档工作,并对其专业行为和专业能力进行调查;促进教师实施专业活动并采用适当的实践方式;对教师专业的相关规章进行评论和研究,并推进教师专业走向公共领域。[6]

南澳大利亚注册教师管理委员会成立于 2004 年,《2004 年注册教师与标准法》(Teachers Registration and Standards Act 2004)是其法律基础。委员会的主要职能体现在三个方面:对教师进行注册管理、推进教师教育发展、推进教师专业水平的发展。[7]

塔斯马尼亚注册教师管理委员会由州教育部长任命 10 位成员组成,任期 3 年,其成员代表分别来自政府、天主教和独立学校主体。该注册委员会以《2000 年教师注册法》为依据,主要具有教师资格鉴定、注册和推进教师教育与教师专业水平发展等职能。[8]

2004 年,澳大利亚北部地区立法会通过了《北部地区教师注册法》[Teachers Registration (Northern Territory) Act]。依据该法,北部地区建立了具有独立法律地位的注册教师管理委员会。该委员会主要负责给教师注册或者授予招聘主体招聘未注册者的权利;联络教师教育和教师专业发展供给者;支持适当的教师教育学业的发展;促进教师伦理发展。[9]为了帮助注册教师管理委员会实现它的职能,该委员会建立了四个理事会(committee):专业标准与伦理理事会(通过提高教师专业标准和伦理要求提高教育质量和学生的产出成果);投诉与咨询理事会(通过报告严重错误行为和调查能力严重不合格者来提高教育质量和促进教师专业发展);注册程序理事会(确保北澳大利亚学校的所有教师有合适的资格和良好的品质);职前资格鉴定理事会(PAC)(给注册教师委员会提供对职前教师教育的评估和资格鉴定方面建议,确保毕业生能满足为实现教师注册目的的毕业教师的实践标准的要求);专业学习委员会(PLC)。[10]

西澳大利亚教育学会成立于 2004 年 9 月,《2004 年西澳大利亚教育学会法》(Western Australian College of Teaching Act 2004)为其提供了法律基础。教育学会的成立是对教师要求建立像医生、律师、心理专业人员等其他专业组织以管理教师专业和提升教师专业地位的一个回应,主要职能是推进教师专业标准、价值;提供注册;联络教师用人单位和与教师教育学业相关的大学,促进和鼓励教师的继续教育。[11]

这些教师资格鉴定或注册机构工作实施的最大特点就是依据相关法律运行,充分体现了澳大利亚教师资格制度法律化的发展进程。

2. 实施类型之一:鉴定制

新南威尔士州现行的教师资格制度是在 20 世纪 90 年代的证书制基础上发展起来的,与其他各州和地区实施的教师资格制度有着显著的不同,其核心是在新南威尔士教师协会的规范、合作、指导下,由教师(资格)鉴定权威(teacher accreditation authority,缩写 TAA)①具体操作实施的教师资格鉴定管理机制,而这一教师资格鉴定的管理机制是以各学校的鉴定管理(School-hased accreditation scheme)为基础的。这一鉴定工作的基本流程可分为三个脉络。

第一脉络的主体是学校。学校确定鉴定对象,即准入职教师;基于专业标准开展对准入职教师的指导工作,为其安排指导教师;收集、整理专业水平的证明材料;提交 TAA 鉴定。

第二个脉络的主体是 TAA。协助各学校确定鉴定管理人员和人事工作;

---

① 新南威尔士州的《2004 年教师协会法》规定了"教师(资格)鉴定权威"(teacher accreditation authority,缩写 TAA)是由作为教育雇佣主体最高代表的政府教育主管(Director-General,主管公立学校部分)或教育部长(Minister,主管非公立学校部分)本人或其授权的他人或机构组成。由于这一鉴定工作是由新南威尔士州教师协会规范、合作、指导下的"基于学校"(school-hased work)来实施的教师资格管理机制,因此,TAA 的成员大多是各学校的教育管理者。

通过指导和合议的方式支持、实施鉴定工作;结合专业标准接收、整理鉴定对象的证明材料;基于证明材料撰写鉴定报告;导出鉴定结论并由鉴定对象和 TAA 签字;TAA 将报告和证明材料递送教师协会。到最后一步就可基本确定鉴定对象是否具有鉴定标准要求的相应级别的专业水平了,如果鉴定为否,则属于没有通过,如果连续 3 年未通过则被解聘;如果鉴定通过则成为认可教师(accredited teacher),处于"专业能力教师"发展阶段,随后教师可自愿参加鉴定"专业成就教师"发展阶段,以及自愿参加鉴定"专业领导力教师"发展阶段。

第三个脉络的主体是新州教师协会。协会针对 TAA 的工作提供规范、协助和建议;监督鉴定工作的实施;组织与支持外部评价工作;将 TAA 提供的报告和证明材料递送外部评价者;外部评价者对报告进行评价;协会监督两方面评价的差异;将外部评价报告反馈给 TAA。

可见,教师资格鉴定实施过程中有"三主体"(学校、TAA、教师协会)和"五角色"(TAA、指导教师、新老师、教师协会、外部评价者)。TAA 的责任重大,拥有决定权,主要包括:指派指导教师负责新教师的进步,这些指导教师应该有经验和能力与同事参与讨论并反思有效的教学;负责保存对新教师的资格鉴定的记录并作出相关报告,所有这些报告将保持一致的形式;以教师协会认可的形式对鉴定合格的教师发放资格证书。指导教师负责帮助和支持新教师去达到合格标准,并应该根据这些标准讨论帮助新教师的进步。新教师需要收集相关资格鉴定合格的证据,在咨询 TAA 的代表时有责任使自己迈向强制性资格鉴定合格的发展方向,同时还需要自我评价并与同事真正合作。教师协会依据《专业教学标准框架》(the Framework of Professional Teaching Standards)负责整个教师专业能力资格鉴定与认可。外部评论者是由教师协会在同一学校部门选出来的有经验的教师。

教师资格鉴定过程具有以下几个特点:"三主体"在"五角色"中形成一个互动的体系;体现了交往理性的精神和原则,TAA 代表同新教师之间的对话倡导开放与真实;资格合格鉴定不仅是终结性评价更是形成性评价,具有建设性。在整个鉴定过程中主要集中在支持和帮助教师达到鉴定合格,以教师的专业发展为首义;具有时间的延展性,没有要求教师在短时间内就达到相应标准,而是根据新教师个人自身条件来决定;从权利和义务的角度来看,建立起了较好的监督制度和责任分工,有较好的透明度,从而有利于资格鉴定的公平运行。

3. 实施类型之二:注册制

除上文介绍的新南威尔士州以外,其他各州基本上实施的是基于非教师雇佣主体的教师资格注册制。

维多利亚州的教师资格注册制分为两类:一种是有资格注册为教师的人(qualified to be registered as a teacher,缩写 QRT);另一种是有适当的教学技能和经历、符合被授予教学准入条件的人(eligible to be granted permission,缩写 EGP)。QRT 又可分为完全注册(Full Registration)、临时注册(Provisional registration)、非实践注册(Non－practising registration)和暂定注册(Interim registration)。注册教师的有效期为 5 年。临时注册教师是没有达到维多利亚州的专业实践标准且临时注册的教师,有效期为 1 年。非实践注册者不承担学校教学职责,且不需要更新,有效期为 5 年。暂定注册由 VIT 执行主任授权,直到下一次 VIT 大会确认了暂定注册有效后暂定注册教师才能承担教学职责。任何一种教师注册在有效期内都可以申请延伸注册,其延伸有效期为 12 个月。有关 QRT 或 EGP 的资格或条件包括:申请者已经获得教育部长批准的资格或者与之对等的 VIT 确定的资格;提供部长批准的关于适合做教师且有能力用英语从事学校教学和交流的证明;提供部长批准的已达到的专业实践标准。教师只有注册或有 EGP 才能承担教学职责。注册教师以发放的证书作为凭证。[12]同时,针对不同级别的教师,维多利亚教学协会还制定了不同的注册评价标准(The Standards for Registtration),包括新任教师注册标准(The Stan－dards for Graduating Teachers)、完全注册标准(The Standards for Full Registtration)、更新注册标准(The Standards for Renewal Registtration)。[13]

南澳大利亚的教师资格注册合格需要三个方面的条件。第一,注册所需资格(qualification)和经验、被认可的教师教育学位、文凭或者其他资格。这些资格是在顺利完成了职前教师教育[包括学前、小学、中学教师教育的高等教育/高等教育阶段的教育学业(tertiary course)]后授予的,这些教师至少经过 4 年的全日制或对等的非全日制学习,其中要包括在学校或学前教育机构承担过实习教学的工作。被认可的非教师教育学位、文凭或其他资格要求顺利完成至少 3 年全日制或对等的非全日制高等教育。第二,被认可的研究生学历、文凭或其他资格。这种资格是在顺利完成职前教师教育后授予的,要求至少经过1年的全日制或对等的非全日制学习,其中包括在学校或学前教育机构承担过实习教学工作。第三,满足了教师专业标准条件:必须已在申请注册的前12个月里顺利完成标准要求的课程。没有学校教学1年经历的老师只能注册临时教师。注册主任(the Registrar)给注册合格者以TRB批准的形式发放注册证书。未注册人员教学特许:未注册教师可以向TRB申请教学特许。TRB可以特许申请者在TRB指定的条件下在特定时期从事特定科目教学。这里的条件包括限制教学的地方或环境。从授予注册到第3年的1月31日为注册有效期,在有效期结束前需要更新注册。特许教学的有效期相对较短。[14]

在北部地区,顺利完成了教师注册认可的学业或在外地顺利地完成了对等学业的人可以向注册教师管理委员会(TRB)申请注册。注册条件:第一,教育资格:查尔斯·达尔文大学(Charles Darwin University)北部地区土著教育;巴齐勒学院(Batchelor Institute of Indigenous Tertiary Education)四年制教育学位(4-year Degree of Education)或教育文凭(Diploma of Education)。澳大利亚其他州或地区认可的四年制教育学位,或被TBR认可的在新西兰或国外获得四年制学位,其中至少经历了45天的教学实习。第二,有教学能力,其中包括良好的英语能力。国际英语测试系统(IELTS)、国际第二语言精等级(ISL-PR)、教师专业英语评(PET)中任何一种都可作为决定注册是否英语合格的依据。第三,有良好的品质。暂定注册:注册申请者在TBR注册决议悬而未决之际可以注明理由请求TBR主任发放暂时注册证书(Interim certificate of regis-tration)。注册流程:TRB给申请合格者发放注册证书。证书有效期不超过5年。注册更新(Renewal of registration)流程:TRB给已注册教师更新注册,发放新的注册证书,更新的注册有效期不超过5年。[15]综上,澳大利亚各州的教师资格注册制已具有了比较完备的系统,类别和层级都比较全面,通过有限授权、临时注册、注册、更新注册等层级体现了教师资格制度实施的全面性。而且,个别州的特许注册满足了由于地域、人口、教育水平等实际因素带来的对师资需求的弹性。此外,最重要的是,这些基于非教师雇佣主体实施的教师资格注册制以上文介绍的教师与教学专业权威机构为实施核心,通过建立在以多方合作的专业团体或协会的初级形式之上,发展成为了包括来自大学、学校、教师、教师教育者、教育行政部门、社区、其他相关社群人员的机构,使教师资格注册的工作直接指向了建设教师专业化的发展方向。

(三)澳大利亚教师资格制度的发展特点

1. 整体发展的标准化趋势

20世纪90年代以来,澳大利亚教师教育进入了标准化时期,重要的标志就是从联邦到各州有关教师和教师教育的一系列专业标准的制定与实施。首先,从制定的级别来看,在联邦一级制定与实施专业标准的工作一直受到重视,同时,各州也都在积极充实着这一工作,并被要求与联邦标准保持一致的方向。到目前为止,澳大利亚既有联邦一级标准的不断更新、出台和推行,各州也都陆续拥有了自己的标准文本。其次,从内容分类上来看,主要包括教师教育课程标准、教师专业发展标准和教师教学标准。这三个方面的内容在早期国家级标准中往往是结合在一起的,标准化运动的发展进入新世纪以后就更加细化,这时国家和各州制定的有关教师的标准就更加细化地体现在了教师专业发展和教师教学上了。进而,从其所制定的文本中的概念使用的名词来看,早期主要采用了"(专业)标准"(Professional Standards)、"(能力)框架"(Competency Framework),并(或)结合"指导纲要"(Guideline)的用法,到近期各州和国家级标准都主要采用"(专业)标准"的概念。最后,从标准出台的影响范围和级别来看,20世纪90年代开始出现了国家级标准,产生一定影响的两个标准是:1992年"澳大利亚教学委员会"(Australia Teaching Council)出台的"初教师能力标准"(Beginning Teachers Competency Framework)和1996年该委员会出台的"国家初教师教学能力标准:国家教学与学习质量计划"(National competency framework for beginning teaching:National Projection the Quality of Teaching and Learning)。[16]尽管这个委员会的存在与发挥作用为期并不长久,这两个标准文本的制定和推行工作也并没有能够引起国家级的重视,但是,这两个标准文本的出台却为澳大利亚教师教育标准化的运动拉开了序幕,为随后的国家级标准的出台和各州的标准化运动做了铺垫。紧随其后的1998年出台的"职前教师教育项目的国家标准与指导"(Preparing Profession,Report of the National Standards and Guidelines for Initial Teacher Education Project,缩写

NSGITE)和 2003 年出台的"国家教学专业标准"(A National Framework for Professional Standards For Teaching,缩写 PSFT)为进入新世纪以后各州发展并制定更加细化的有关教师的专业标准打下了基础。2011 年,"澳大利亚教学与学校领导协会"(Australian Institute for Teaching and School Leadership,缩写 AITSL)经由"澳大利亚教育与学前儿童发展及青年事务部部长理事会"(Ministerial Council for Education,Early Childhood Development and Youth Affairs,缩写 MCEECDYA)正式通过并在全国范围内颁布、实施"国家教师专业标准"(National Professional Standards for Teachers2011,缩写 NPST)。同时,各州也都发展了自己的专业标准。

综观澳大利亚的五个州和北部地区现行的教师专业标准,不难发现这样一个显著特点:各州和地区教师专业标准的理念基本一致,其框架和具体要求也大同小异。以教师专业化为基本理念,澳大利亚的教师专业标准从职业的历时维度和专业的共时维度展开并与教师资格鉴定或注册紧密联系,[17]教师资格制度的发展正是以这些专业标准为基础,从而形成发展的连续性。

2. 内容建构的伦理化趋势

目前,教师专业伦理作为教师专业标准的重要内容,在澳大利亚正处于发展与建构期,主要遵循着建构的两个向度:教师伦理的基本原则与教师伦理的实践表征。这两个向度密切联系,基本原则是教师伦理之伦理学本体;实践表征是教师伦理的现实鲜活表现,主要是教师对学生、同事、学校、教育和社会的伦理实践,是教师专业化发展的一个重要维度。澳大利亚现行的教师资格鉴定或注册工作中都渗透着对教师伦理的要求,澳大利亚现代教师资格制度作为教师专业发展的重要组成部分,把教师专业伦理纳入教师资格制度是教师资格制度自身发展与完善的必然,也将推进澳大利亚教师资格制度真正实现教师专业发展的根本目的。

3. 实施互认的法律化趋势

澳大利亚是一个教育联邦制国家,各州有着高度的教育发展的自主权,其教师资格制度也呈现出了自主发展的特点,但是自 20 世纪 90 年代以来,其教师资格制度的发展就指向了相互承认的发展方向,其相互承认的原则是在"第一州"(这里的州包括澳大利亚各州或地区以及新西兰)获得的职业在"第二个州"获得对等职业的注册授予权。这一权利是基于"1992 年相互承认法"(Mutual Recognition Act 1992)和"1997 年跨塔斯曼海(在澳大利亚和新西兰之间)相互承认法"(Trans Tasman Mutual Recognition Act 1997)的保障。各州的教师资格认证虽未完全消除相互承认的障碍,达到"一证通行"的效果,但是这种以法律保障下的相互承认的趋势却已显现出来,最显著的标志就是在实施教师资格注册的各州,对于要求的教学经验大多认可其跨州性,并且在特定情况下豁免来自"第一州"的经历。

参考文献

[1][2][3] Brian Charles O'Donnell, B. A. , M. ED. Admin. A Model for Registering Teachers, Accrediting Teacher Education and Awarding Advanced Certification in Australia: A Means for Advancing the Status of Teaching as an Autonomous Profession[M]. Bell&Howell information and Learn-ing Company, 2000: 63—66, 66—67, 87.

[4] Ahout us[EB/OL]. http://www. vit. vic. edu. au/content. asp? Document_ ID=5. 2010—09—01.

[5] Institute of Teachers Act 2004[EB/OL]. http://www. nswteachers. nsw. edu. au/Lihrary. html. 2010—09—01.

[6] Ahout us[EB/OL]. http://www. qct. edu. au/college/funetions. html. 2010—09—01.

[7] Ahout us[EB/OL]. http://www. trh. sa. edu. au/. 2010—09—01.

[8] Ahout us[EB/OL]. http://trh. tas. gov. au/ahout/default. htm. 2010—09—01.

[9] Ahout us [EB/OL]. http://www. trh. nt. gov. au/index. shtml. 2010—09—01.

[10] Ahout us[EB/OL]. http://www. trh. nt. gov. au/ahout_ us/com-mittees. shtml#professional_standards. 2010—09—01.

[11] Ahout us[EB/OL]. http://www. college of teaching. wa. edu. au/.

2010—09—01.

[12] Education and Training Reform Act 2006[EB/OL]. http://www. vit. vic. edu. au/content. asp? Document_ID=5. 2009—09—01.

[13] Victorian Institute of Teaching Annual Report 2011[R]. Victorian Institute of Teaching,2011:7—8.

[14] Teachers Registration and Standards Act 2004[EB/OL]. http:// www. trh. sa. edu. au/. 2009—09—01.

[15] Teacher Registration (Northern Territory) Act[EB/OL]. http:// www. trh. nt. gov. au/. 2009—09—02.

[16] National Project on the Quality of Teaching and Learning(Australia), Australian Teaching Council, National Working Party on Teacher Competency Standards(Australia),National competency framework for beginning teaching[R], Australian Teaching Council on behalf of the National Working Party on Teacher Competency Standards,1996.

[17] A National Framework for Professional Standards for Teaching Teacher Quality and Educational Leadership Taskforce [EB/OL]. http://www. trh. nt. gov. au/prof_standards/index. shtml. 2011—01—01.

（本文发表于《比较教育研究》2014 年第 8 期。作者袁丽,时属单位为北京师范大学教师教育研究所;作者李育球,时属单位为浙江师范大学非洲研究院）

九、澳大利亚职教教师资格与标准
——TAA 培训包的经验与借鉴

培训包(Training Packages,简称 TP)是澳大利亚国家职业教育与培训制度中重要的官方文件和教学法规。TAA(Training & Assessment,TAA)培训包规定了职教教师应该具备的能力,主要有四级证书和专科文凭两个职业资格等级。

(一)澳大利亚职教教师准入制度

1. 政府层面对职教教师资格与培训的规范

澳大利亚职业教育非常重视教师专业发展,从联邦政府到职业院校都有一套完善的师资培养计划、管理制度和激励机制。澳大利亚高职师资的发展重点不是过分突出教师的学历和职称,而是结合职业教育的自身要求,不断鼓励教师紧跟行业技术发展的步伐,并成为终身学习者。

2. 职教教师的准入条件

澳大利亚建立了严格的职教教师准入制度,要进入职业院校任教的人员必须具备三个条件。第一是获得专业资格证书,职教教师至少达到与所教授课程同样水平的资格等级,但一般情况下职业院校的教师至少具备相当于我国专科以上层次的学历。第二是获得职教教师资格证书,即澳大利亚资格框架体系中的"培训与鉴定",即 TAA 培训包中的四级资格证书要求。四级资格证书包括了对教师授课能力和对学生成绩评价能力的具体要求。为确保职业教育"能力本位教育"(competency-based education,简称 BE)的教学和考评质量,具备任何学历、任何经验甚至高水平的技术认证资历的人员,甚至是博士学位获得者,要进入职业院校工作,都必须具备"培训与鉴定"培训包所规定的能力要求。四级证书是最低要求,专科文凭是较高要求,担任骨干教师一般需要具备"培训与鉴定"培训包专科文凭要求的能力。[1]第三个条件是必须具备至少 3 至 5 年的行业工作经历。

(二) 澳大利亚职教教师资格标准——"培训与鉴定"培训包的能力框架体系

"培训与鉴定"培训包共由 8 个能力模块、55 个能力单元组成。[2]该能力框架体系的核心理念是使职教教师牢固树立"以学习者为中心"的教学思想,关注学生的学习和技能训练过程,并以学生的知识建构、能力培养、素质养成为核心,给学生的学习以最大的支持。

1. "培训与鉴定"培训包的能力模块

"培训与鉴定"培训包的 8 个能力模块分别是:[3]

(1) 教学环境协调能力模块

教学环境的协调能力模块具体包括:在职业教育与培训的环境中有效地工作、营造包容性的学习氛围、确保安全健康的学习和实训环境等能力单元。[4]其中在职业教育与培训的环境中有效地工作要求职教教师作为从事职业教育与培训的专业工作者,从宏观上深刻领会国家、地方职业教育的相关政策和法规、了解职业教育办学机构的总体情况以及职业教育的利益相关者,明确自身责任和义务。中观上坚持以提高教学质量为本做好教学、实训、校企合作等工作,微观上要求能具备计划、组织、协调与合作能力,提高个人工作效率和服务意识。营造包容性的学习氛围要求教师在教学过程中充分体现以人为本、以学生的学习需要为本的思想,尊重学生的背景和经历,公平、合理地对待每一个学生,将学生间的差异性转化为有利的学习资源等。确保安全健康的学习和实训环境是非常重要的能力单元之一,是体现职教教师对一个安全健康的学习环境的管理和协调能力,要求职教教师要具备把握教学和实习实训环境的安全职责,能够敏锐地观察、判断这些环境中的安全隐患,并及时报告、处理和协助处理相关的安全问题。在选修能力单元中提出职教教师应当具备一定的创造力,对获得"培训与鉴定"专科文凭的教师还需要掌握积极主动参与专业发展和提高等能力单元要求的内容,其中包括制定个人中长期发展目标和计划,主动参与教育教学能力提高的各类活动,使教学能力与素质得到持续提高。

(2) 教学设计能力模块

教学设计能力模块由两个主要相关能力单元构成:一是解读并使用培训包的能力;二是制定课堂授课计划的能力。[5]解读并使用培训包是在充分了解学习者学习需求的基础上,根据培训包中规定的能力标准,按照资格课程或认证课程的要求从事教学或教学管理工作。制定授课计划是根据能力标准要求和学习者的特点设计课堂授课的方案,该方案包括基于能力标准的教学目的、教学内容、教学方法和教学过程的组织。

获得"培训与鉴定"专科文凭的职教教师还需要具备制定专业教学计划即人才培养方案的能力,具体包括专业培养目标、入学条件、教学内容、教学方式、教学资源、鉴定要求以及职业资格的获得途径介绍等内容。此外,他们还应该具备一定的教学资源开发能力,包括实训条件、各种媒体的教学材料等。

(3) 课堂授课与促进学习能力模块

课堂授课与促进学习能力模块主要由计划和组织班级授课、组织工作本位的教学和组织个性化的教学等能力单元构成。[6]计划和组织班级授课是要求教师能够根据专业培养方案、授课计划,结合所授课班级的特点准备授课内容并实施教学,特别强调要设计符合所授课班级需要的授课目的、教学方法、确认所需要的教学资源和教学条件,并确定相应的考核要求等。制定专业教学计划是最大的概念,是针对一个资格体系所界定的所谓的"专业"进行的教学规划,授课计划则是整个专业中的某一个或某一部分能力单元教学所设计的方案,这里提到的课堂授课的准备则是设计最小意义的课堂授课方案,即我们所说的"备课"。这三个概念的英语表达分别是:Learning Strategy, Learning Program, Lesson Plan。工作本位的教学是将工作过程涉及的知识、技能和素质要求作为教学内容,并把工作过程和工作环境作为教学过程和教学环境。这就要求教师要了解并协调工业界、制定工作本位教学的实施方案、组织工作本位的教学过程并评价教学效果。个性化的教学是一对一的授课和辅导方式,是班级集体授课的补充,可以是面对面的、在线的或远程的方式。要具备这个能力,教师需要充分了解学习者的个性、学习基础、学习风格等,给予学习者最大的学习支持、建议和引导。获得"培训与鉴定"专科文凭的职教教师还需要具备较高的教学理论水平和网络教学、项目教学等能力。

（4）考评（或鉴定）能力模块

能力本位的技能考评（或鉴定）不同于传统的纯知识性考核，而是注重对能力掌握的检验。通常，考评的方法非常灵活，有现场观测、角色扮演、工件制作、口头提问、第三者评价、书面测试、录音录像等，还可以提交学习"档案袋"、案例分析报告、项目课程作业，等等。考评情况的信息采集工具可以是试卷、任务清单，也可以是总结性材料。技能考评（或鉴定）能力模块是对职教教师考评工作整体组织能力的要求，并强化专业教学团队的协作。具体能力单元包括确认考评标准、计划与组织考评、设计考评的工具、收集整理考评材料和数据等。[7]整个过程中，要求做到与本专业教学团队的教师一起沟通、协调，确保考评工作的信度、效度、公平性和灵活性，并集体认定考评计划、考评过程和考评结果的有效性。通常持有"培训与鉴定"四级证书的教师需要积极主动参与到鉴定工作的组织中，而获得"培训与鉴定"专科文凭的教师，对考评的计划和组织具备更强的理性思维、具体策划和综合分析能力。

（5）培训咨询服务能力模块

培训咨询服务是指为学习者准确、及时地传达教学信息并记录、呈报学习者考评的结果。[8]职教教师需要向学习者告知的内容包括专业人才培养方案、授课计划、教学运行安排、学籍管理规定以及可索取或利用教学资源等。其他能力单元，如招生生源需求的分析能力、营利性培训项目投标的组织能力、对外技术服务的管理和协调能力等则属于选修内容。

（6）管理与质量服务能力模块

管理与质量服务能力模块是对获得"培训与鉴定"专科文凭教师的较高要求，共有五个能力单元：一是要求能够制定并遵循教学管理的相关制度、工作流程，这个能力单元不仅仅针对一线教师，还包括教学管理人员和教师培养与培训管理部门的工作人员；二是要求能够计划、协调和组织学徒制工作本位的教学和技能鉴定工作；三是能够领导和组织专业教学评估工作，包括教学质量、教学团队建设、用人单位对毕业生的满意度等；四是参与调研、决定专业的开设范围并根据市场需要做动态调整；最后是要求具备教学改革和教学资源开发的领导和组织能力。[9]

(7) 语言和数理表达能力模块

这个模块是要求职教教师在从事教学及其相关工作中能够充分考虑学习者的水平与特点，[10]无论是书面还是口头方面对语言、文字、数据信息等做到表达准确、科学、易懂，包括教学计划、授课方案的制定，从事教学与实训、教学材料开发、考题内容的编制和答试与实作要求的措词等。

(8) 其他通用能力模块

每一个培训包都要从其他培训包中引进一部分能力模块，这类模块是对专业核心能力单元的补充。"培训与鉴定"培训包对四级证书的要求中就引进了 5 个能力单元，对专科文凭增加了 11 个能力单元，学员可以根据资格证书的要求和自身需要选修其中若干个单元。[11]四级证书的 5 个选修单元分别是：建立良好的客户服务关系；发展团队和个人的潜力；提出建设性意见；推销产品和服务；参与质量评估等。对需要获取专科文凭的职教教师则提出了更高的管理能力要求，因此专科文凭的 11 个选修单元分别是：评估市场机会；建立网络虚拟社区；制定预算和经费开支计划；管理预算和经费开支；选聘并培训新员工；落实内部制度的执行；保证业务工作的完整纪录；加强团队凝聚力；提高团队工作效率；为客户提供职业指导；分析并研究相关信息等。

2. "培训与鉴定"培训包的功能及其资格等级的内容

"培训与鉴定"培训包规定了从事职业教育教学活动和技能鉴定的工作要求，是职教教师上岗资格的准入标准和在职人员的进修指南。"培训与鉴定"培训包中规定的能力框架体系非常严密，既是一种职教教师培训课程的全面要求，也可以基于能力标准单元进行灵活组合，满足职业院校制定教师聘用标准以及培训教师、教学管理人员和考评人员的不同需要。

"培训与鉴定"培训包四级证书是进入职业院校任教的最低要求，其中核心单元 12 个，为必修，选修单元 10 个，需选择其中 2 个单元即可（见表1）；专科文凭是对职教教师的较高要求，通常是学术带头人或相当于我国的"学科带头人"或专业教学团队的负责人这类教师需要具备的，一般在获得四级证书的基础上，再增加 5 个必修核心单元，26 个选修单元（往往需选择其中 7 个单元，见表2）。

（三）对澳大利亚职教教师资格与标准的评价

通过分析，我们认为澳大利亚职教教师资格与标准具有如下特征（表1）：

表1 "培训与鉴定"四级证书的能力构成

单元类别		12个核心单元＋2个选修单元
必修单元	教学环境	1. 在职业教育环境中有效地工作
		2. 营造包容性的学习文化
		3. 确保实习和实训场所的安全
	教学设计	1. 利用培训包资源设计课程实施方案
		2. 利用培训包资源设计授课方案
	课堂授课	1. 设计和组织小组/班级授课
		2. 组织工作现场的学习
		3. 促进个人学习
	技能鉴定	1. 设计和组织鉴定
		2. 评价学生技能
		3. 设计鉴定工具
		4. 参与鉴定效度的确认
选修单元	课堂授课	1. 演示实际动手能力
		2. 协调并组织远程教学
	学习环境	1. 培养工作中的创新能力
	培训咨询服务	2. 提供学习建议
	语言和数理表达	1. 在教学和技能鉴定运用准确、科学、易懂的语言和数理表达
	从其他培训包中引入的能力单元	1. 建立良好的客户服务(师生)关系
		2. 发展团队和个人的潜力
		3. 提出建设性意见
		4. 推销(教学)产品与服务

1. 注重职教教师教学能力与考评能力的协调发展

澳大利亚职教教师资格与标准体系在对教师教学能力的要求上突出了学校本位和工作本位教学的综合能力,也特别注重教师系统化技能考评(鉴定)的培养。这种体系使申请获得该资格的人员既可以单独获得职教教师任教资格或考评资格,也可以获得任教与考评的双重资格,使职教教师队伍整体的教学能力和考评能力得到协调发展。这一特性是澳大利亚职教教师资格与标准体系的本质

163

特征,也是"培训与鉴定"培训包内容的精髓。

2. 注重职教教师教学设计能力与教学管理能力的共同发展

澳大利亚职教教师资格与标准体系突出了对职教教师教学整体设计、教学单元设计,甚至专业方案设计能力的综合培养,且集教学协调能力与课堂管理能力于一体,使教师的教学思想不仅仅展现在狭义的课堂上,而且贯穿在人才培养的系统设计和实施全过程中,这既是对教师的较高要求,也是教师自身价值的最大化实现(表 2)。

表 2 "培训与鉴定"专科文凭的能力构成

单元类别		5 个核心单元＋7 个选修单元
必修单元	教学环境	参与专业发展与提高
	教学设计	利用培训包资源设计专业人才培养方案
	课堂授课	提供高级的学习支持
	技能鉴定	组织和协调技能鉴定工作
	管理和质量服务	组织并实施教学评估
选修单元	教学设计	1. 设计并开发教学资源　2. 设计网络教学资源　3. 开发并评价网络教学资源　4. 调研能力标准的开
	课堂授课	1. 组织网络教学　2. 组织项目教学　3. 协调教学安排
	培训咨询服务	1. 组织培训需求分析　2. 组织营利性培训项目的投标　3. 管理营利性培训项目　4. 组织学术讨论活动
	管理和质量服务	1. 制定教学质量管理制度　2. 协调并管理学徒制的培训安排　3. 确定专业的开设　4. 组织教学改革
	从其他培训包中引入的能力单元	1. 评估市场机会　2. 建立网络虚拟社区　3. 制定预算和经费开支计划　4. 管理预算和经费开支　5. 选聘并培训新员工　6. 落实内部制度的执行　7. 保证业务工作的完整记录　8. 加强团队凝聚力　9. 提高团队工作效率　10. 为客户提供职业指导　11. 分析并研究相关信息

3. 重视职教教师的关键能力

澳大利亚职教教师资格与标准体系重视职教教师关键能力,这是澳大利亚培训包制度的共同特征。对职教教师的关键能力要求明显体现了学生是教师的服务对象,即"客户",教师与学生之间需要建立一种良好的客户关系;同时教师有招生宣传的义务,向社会推介学校的优秀教育产品;强化教师间的合作和教师专业化发展。这是对教师为主体传统意义的极大突破,也是学校市场化办学、职教教师增强服务社会意识的具体体现。

澳大利亚教师资格标准是一个高起点的要求,该资格标准体系也是职业院校聘用新教师、教师提高培训与专业职务晋升的标准,在全国达到了统一,这对规范职教教师的准入制度和专业发展制度无疑起到了积极的作用。由于标准起点较高,职业院校往往需要花费很大的人力和物力对新上岗教师,包括行业兼职教师和转岗教师进行培训,使其逐步达到作为职教教师的基本要求。这些培训一般时间都比较长,对职教教师的专业成熟和发展周期要求也比较高,这既是一个艰巨的工作,也是职教教师价值的体现。

(四) 我国首个职教教师标准在重庆的出台与试点

自 2005 年开始,经过近两年时间,重庆在"中国—澳大利亚(重庆)职业教育与培训项目"的成功经验基础上,结合地方实际,开发出《重庆市中等职业学校专业教师能力标准(试行)》,以下简称《标准》,并决定自 2007 年 6 月开始,在重庆市旅游学校、重庆市龙门浩职业中学、重庆工商学校等 10 所中等职业学校试点,在专业课教师中实行职教教师资格制度。

试点工作从 2007 年 6 月开始到 2009 年 12 月。《标准》在教师应具备的职业道德、行业联系、课程设计、教学组织和实施、学生鉴定、交流与合作、职场安全能力、学生管理和专业发展等 9 项能力领域(即能力模块)及其 30 个能力单元(如下图所示),通过"能力领域、能力单元、能力要素、能力表现指标"4 个层面,对职业教育的教师能力提出具体要求(见下图)。

重庆市中等职业学校专业教师能力标准框架图

1.职业道德	2.行业联系	3.课程设计	4.教学实施	5.学生鉴定	6.交流合作	7.职场安全	8.学生管理	9.专业发展
2个能力单元	4个能力单元	5个能力单元	3个能力单元	3个能力单元	3个能力单元	3个能力单元	3个能力单元	4个能力单元

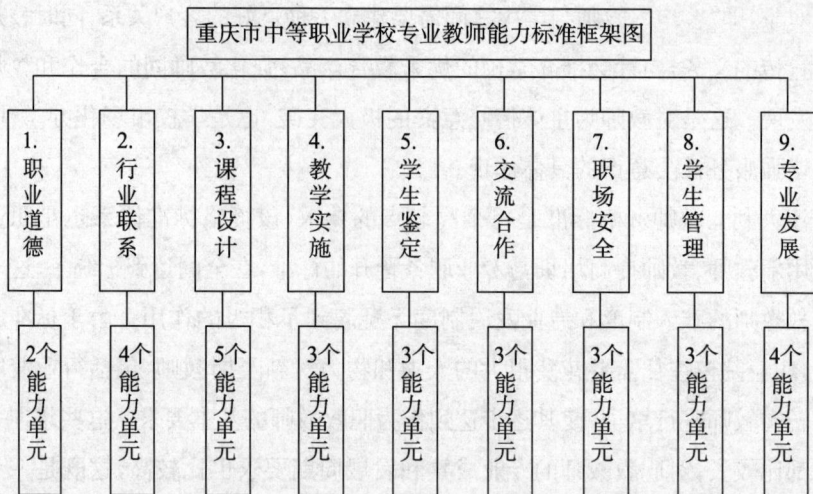

《标准》将中等职业学校专业教师分为初级、中级和高级,能力要求依次递进,高级别涵盖低级别。[12]该《标准》将在上述 10 所中职学校试点后逐步在全市推广。在能力标准中,"教师行业联系"排在比"教学"更重要的位置。也就是说,今后的执教教师必须走出校园,了解行业动态和社会需求,成为学生的第一个职业领路人。按照要求,中等职业学校专业课教师、实习指导教师每两年必须有两个月以上时间到企业或生产服务一线实践,重点了解企业的生产组织方式、工艺流程、产业发展趋势等基本情况;熟悉企业相关岗位职责、操作规范、用人标准及管理制度等具体内容,以此改进教学方案和教学方法。[13]同时,中职学校将建立教师到企业实践的考核和登记制度,并将企业实践的情况作为教师职务聘任、考核和晋级的重要指标。

参考文献

[1]澳大利亚培训信息服务中心网[EB/OL]. www. ntis. gov. au. [2008—03—24].

[2][3][4][5][6] [7][8] [9] [10][11] Department of Education. Science & Training[Z]. Australian Government:TAA 04 Training and Assessment Training Package, Canberra, 2007. 104—105. 520—563. 436—519. 317—427. 186—272. 563—607. 273—310,428—435. 608—702.

[12] 重庆市教委:重庆市在中等职业学校中试行《专业教师能力标准》[EB/OL]. www. cq. gov. cn [2007—05—18].

[13] 中职教师能力标准:学分考评不及格者下课[EB/OL]. www. cqnews. net. [2008—01—29].

（本文发表于《比较教育研究》2009 年第 6 期。作者吕红、朱德全,时属单位为西南大学教育学院）

十、特殊教育教师资格制度的比较研究

特殊教育教师是教育队伍中不可或缺的组成部分。由于特殊教育工作的特殊性和艰巨性,从某种意义上讲,对特殊教育教师应具有的素质要求要比对同等级普通教育教师的要求更高,因此,世界许多国家和地区对特殊教育教师任职资格普遍采取"教师资格证书＋特殊教育专业资格证书"的双证书资格制度。我国已经提出要建立特殊教育教师资格标准的目标和任务,在建构这一标准的进程中,需要借鉴不同国家和地区的经验。

(一) 特殊教育教师的类型划分

顾名思义,特殊教育教师是从事特殊教育工作的专业人员。由于特殊教育发展的水平不同,各国各地区对特殊教育对象的界定存在广狭、详略之分,所以特殊教育教师的类型也存在差异。

中国大陆目前特殊教育的对象主要指有身心发展缺陷的残疾人,以及有轻微违法和犯罪行为问题的工读学生。按照 1990 年颁布的《中华人民共和国残疾人保障法》规定的视力残疾、听力残疾、言语残疾、肢体残疾、智力残疾、精神残疾、多重残疾和其他残疾的残疾人种类,从理论上讲,凡是从事这些种类残疾人教育工作的专业人员就是特殊教育教师;从现实上讲,中国现在只有聋教育、盲教育、智力落后教育、孤独症教育、工读教育五种类型的特殊教育教师。

日本 1947 年颁布的《学校教育法》规定的特殊教育学校(班)的教育对象是:盲人(包括严重视力衰弱者)、聋人(包括严重听力衰弱者)、精神薄弱者(即智力落后)、肢体不自由者(即肢体残疾)或病弱者(包括身体虚弱者)。[1] 韩国 1987 年颁布修订的《特殊教育振兴法》将特殊教育学校(班)的教育对象界定为:视觉障碍、听觉障碍、智能不足、肢体障碍、情绪障碍、语言障碍、其他身心障碍。[2]因此,日本和韩国特殊教育教师指的也是狭义的对身心障碍学生进行教育的教师。

美国1997年修订的《残障人教育法》(Individuals with Disabilities Education Act,IDEA)规定了13种特殊教育对象:聋(deaf)、听觉缺陷(hearing impairment)、智力落后(mentally retarded)、畸形缺陷(orthopedic impairment)、其他健康缺陷(other health impairment)、严重情绪紊乱(seriously emotional disorder)、特殊学习障碍(specific learning disability)、言语和语言缺陷(speech and language impairment)、视觉缺陷(visual impairment)、聋盲(deaf-blind)、多重障碍(multihandicapped)、自闭症(autism)、外伤性脑损伤(traumatic brain injury)。[3]

虽然法律上界定的特殊教育对象都是身心有障碍者,但是美国特殊儿童委员会提出的特殊教育教师是广义的,有8类,既包括从事聋和重听、缺陷儿童早期教育、情感和行为障碍、学习障碍、智力落后和发展障碍、肢体和健康缺陷、视觉缺陷等身心障碍儿童教育的教师,也包括对超常和资优儿童教育的教师。

我国台湾地区使用广义的特殊教育对象的概念,2001年修订的《特殊教育法》将"身心障碍及资赋优异"者界定为特殊教育对象。身心障碍包括智能障碍、视觉障碍、听觉障碍、语言障碍、肢体障碍、身体病弱、严重情绪障碍、学习障碍、多重障碍、自闭症、发展迟缓、其他显著障碍12种,资赋优异包括一般智能优异、学术性向优异、艺术才能优异、创造才能优异、领导能力优异、其他特殊才能6种。因此,台湾特殊教育教师也是广义的。[4]

(二) 特殊教育教师的资格标准

1. 资格准入式的特殊教育教师资格制度

美国实行的是资格准入式的特殊教育教师资格制度。我国上海市于1997年率先实行的也是资格准入式的"特殊教育资格证书"制度。

美国特殊教育教师任职资格标准是1992年4月由全美最大的特殊教育民间学术性团体——美国特殊儿童委员会(The Council for Exceptional Children,简称CEC)提出的。1995年,CEC将其制定的特殊教育教师任职资格标准正式出版,定名为《每个特殊教师必须知道什么——有关特殊教育教师培养和资格证书的国际标准(What Every Special Educator Must Know：The International Standards for the Preparation and Certification of Special Education Teachers)。这个标准亦被美国全国师范教育鉴定委员会(National Council for Accreditation of Teacher Education)采用。美国特殊教育教师任职资格标准有三个部分：第一部分是对所有特殊教育教师提出的学历等基础条件,包括：(1) 至少具有大学学士学位；(2) 修满师范教育鉴定合格的教师课程取得大学院系必要的学分和评价；(3) 获得教师资格证书；(4) 至少当一年的辅导教师；(5) 具备美国特殊儿童委员会(CEC)规定的特殊教育教师应掌握的共同核心性知识和技能；(6) 具备 CEC 规定的在特定领域或年龄组从事特殊教学工作应掌握的专门知识和技能；(7)每年最少参加 25 小时的专业继续教育,对知识进行定期更新。第二部分是所有特殊教育教师提出的共同核心性知识与技能的要求,共 107 条。第三部分分别对 8 种不同类型的特殊教育教师提出专门性知识和技能方面的要求,这部分要求有 428 项。共同要求和专门要求都从八个方面提出,请详见表 1。[5]

我国上海市实行的"特殊教育资格证书"制度涉及盲校、聋校、弱智学校、工读学校四类教师,从必须具备师德修养,熟悉特殊教育法规、具有依法执教的自觉性,掌握特殊教育学、特殊心理学的基本理论知识,具有基本教育教学技能四个方面提出知识与技能的要求。[6]

2. 资格准入与资格等级结合式的特殊教育教师资格制度

我国台湾地区、日本、韩国等实行的是资格准入与资格等级结合式的特殊教育教师资格制度。这种制度体现出学历要求与特殊教育专业要求相结合,既可面向职前培养的学生,也可面向在职培训的教师。

台湾地区 1987 年发布的《特殊教育教师登记及专业人员选用办法》对从学前教育阶段至高中教育阶段的普通学科教师、专业学科教师、技艺训练科目技术教师分别做出资格限定。[7]

日本 1989 年修订的《教师执照法》和次年修订的《教师执照法实行细则》均有对特殊教师任职资格的规定。日本将教师资格分为专攻证书、一级证书、二级证书三级。[8]

韩国 1981 年修订的《教育法》第七十九条规定,包括特殊学校教师在内的各类教师都要符合教师资格标准,获得文教部授予的资格证。该国对特殊学校的教师、校长和校监的资格分别做了规定。[9]

表1 美国特殊教育教师任职资格标准结构

	专门性知识与技能要求								
	共同核心性知识与技能要求	幼儿早期特教教师	聋或重听特教教师	情绪和行为障碍特教教师	学习障碍特教教师	智力落后和发展性障碍特教教师	视觉障碍特教教师	肢体和健康障碍特教教师	超常或高天资特教教师
特教的哲学、历史和法律基础	7	4	9	8	8	7	4	5	5
学习者的特征	8	5	10	3	5	6	11	4	5
评估、诊断和评价	20	12	7	8	4	7	14	7	6
教学内容和实践	24	14	18	15	21	12	21	8	6
教与学环境的设计和管理	11	7	6	3	—	3	8	14	3
学生行为和社会交往技能的管理	14	2	3	8	1	3	4	1	—
交往与伙伴合作关系	12	23	7	6	1	2	7	5	2
职业特征与道德规范	11	5	6	2	3	2	2	8	2
合计	107	72	66	53	43	42	71	52	29

注:表中数字表示应该掌握的知识点或技能的数量。

（三）特殊教育教师任职资格的获得

从上述国家和地区特殊教育教师资格标准可以看出，特殊教育教师任职资格的获得有两种途径：一是通过职前培养，修满相关科目课程学分；二是通过在职进修，修满相关科目课程学分。同时，发达国家和地区普遍要求申请特殊教育教师的人员必须要有一定年限的工作经历和工作业绩。

1. 特殊教育教师职前培养的主要方式

通过师范院校的特殊教育学院（系）或者通过综合性大学，以及综合性大学＋教育学院的方式培养特殊教育教师，是特殊教育教师职前培养的两种主要方式。

我国大陆和台湾、俄罗斯主要采用第一种方式。例如，我国从20世纪80年代起陆续建立一批专门培养特殊教育师资的中等特殊师范学校和高等师范院校的特殊教育专业，最近几年进行结构调整，形成专科、本科两个层次的培养体系。在大专层次一般按照盲教育、聋教育、弱智教育和应用性学科如计算机、实用设计等设置专业。本科层次的特殊教育院系则更偏向课程的综合性，某个方向的课程以选修方式供学生选择。台湾特教师资同样采取分级培养方式。台湾在13所师范院校中设立了特殊教育系，其中9所师范学院负责培养初等教育阶段与学前阶段特殊教育师资，但幼儿园与学前阶段特教师资的培养并没有专门的学前特殊教育系和课程，而是在普通的幼儿教育系中加特殊教育的学分或学生选修特殊教育的课程；4所师范大学负责培养中学阶段的特殊教育师资。苏联至现在的俄罗斯，高等特殊师范教育已有近90年的历史。1918年，彼得格勒学前教育学院设立了俄罗斯第一个儿童缺陷教育学系，即现在的圣彼得堡师范大学特殊教育系。苏联在20世纪50年代只有莫斯科、列宁格勒和基辅三个城市有4个特殊教育系（含一个函授的系），到20世纪80年代发展到10多个系。现在俄罗斯高等特殊师范教育基本保持前苏联的格局。

欧美国家多采用第二种方式。例如，英国没有专门的师范院校，由普通院校来培养各类师资。英国特殊教育教师一方面来自大学教育学院的毕业生，他们在获得学位并考取教师任职资格证书后进入特教岗位；另一来源是综合性大学的毕业生，这类学生先在普通大学学习三年获得某类学科学位，再到教育学院学习一年的教育课程,获得教育证书,然后考取教师证书。不论通过何种形式,都要在获得教育证书、教师证书的基础上再通过考试取得特殊教育证书。为了保证普通院校具有培养特教师资的能力,英国有关教育法规作了一系列规定,如学生要获得教育证书,必须学习一定的特殊教育课程,大学的教育学院应具有提供最基础的特殊教育课程的能力。所有教师的职前培养课程均应包括特殊教育的内容,并且,英国教师资格委员会只承认开设特殊教育课程的师资培训机构。美国通过大学院校培养特教师资是在二次大战以后,特别是 1975 年美国国会通过的《所有残疾儿童受教育法》规定高等教育机构或其他机构培养特教师资可获得补助款或拨款之后,高等特殊师范教育有了长足的发展。现在,全美国有几百所大学培养各种类型的特殊教育师资,形成了从学士学位到博士后教育的完整体系。[10]

2. 教师在职进修特殊教育课程的主要方式

对于已经在或者准备由其他机构转到特殊学校工作的非特教专业背景的师资,不同国家、地区普遍采取进修指定特教课程,以使他们获得特殊教育教师资格。在职进修有三个特点值得注意:一是专业指向性明显;例如,我国台湾地区《特殊教育教师登记及专业人员选用办法》具体列出不同类型的教师必须修习的特殊教育科目和学分。二是将学科学习与教学能力考核结合起来;上海评定特殊教育教师资格时还要考核教案的目标性、科学性、层次性、格式要求、突出重点、突出难点、个别化教学的体现,考核课堂教学的教学思想、教学内容、教学方法、教学基本功、教学效果和教学特点,并将进修特殊教育课程纳入岗位培训。三是强调了继续教育终身学习;如美国要求在职特殊教育教师每年最少参加 25 小时的专业继续教育,对知识进行定期更新。

(四) 建立中国特色的特殊教育教师资格制度

建立和实行具有中国特色的特殊教育专业资格证书制度是完善我国教师资格制度的一项内容,是对特殊教育工作者的一种特殊尊重。1994 年 8 月 23 日,国务院发布的《残疾人教育条例》第 37 条规定:"国家实行残疾人教育教师资格证书制度,具体办法由国务院教育行政部门会同国务院其他行政部门制定。"1996年 4 月 26 日,国务院残疾人工作协调委员会秘书处印发的与《中国残疾人事业"九五"计划纲要》(1996 年—2000 年)相配套的"残疾儿童少年义务教育'九五'实施方案"中进一步明确提出："制定特殊教育学校(班)教师资格标准,实行教师任职资格制度。"2001 年 11 月 27 日,国务院办公厅转发的教育部、人事部等九部门《关于"十五"期间进一步推进特殊教育改革和发展的意见》中再次提出"制定特殊教育教师资格条件有关规定"。可见,制定特殊教育教师资格规定已列入日程。

　　根据我国特殊教育师资队伍的实际情况,制定特殊教育任职资格标准,笔者认为需要研究处理以下四个关系。

　　一是特殊教育中的义务教育与非义务教育的关系。我国《教师法》和《教师资格条例》所规定要获得教师资格的人员范围涵盖幼儿园、小学、初中和初级职业学校、高中和中专、技工、职业高中、高等学校、成人教育等各级各类教师。而已实行的上海市"特殊教育教师资格证书"制度显然只涉及义务教育阶段的特殊教育教师。作为地方性规章,隐性存在的问题还不突出。但值得注意的是,《残疾人教育条例》提出的"国家实行残疾人教育教师资格证书制度"与"九五"期间要制定的"特殊教育学校(班)教师资格标准",在概念的外延上并非等同。前者包括的范围广,可以将各级各类特殊教育机构的教师都包括进去;后者则包括的范围窄,主要只包括义务教育阶段的特殊教育学校(班)的教师。这就从指导思想到操作层面都存在一个问题:作为国家级规章,是一步到位,制定一个完整的特殊教育教师资格标准;还是分步进行,先制定义务教育段的特殊教育教师资格标准,以后再制定非义务教育段的特殊教育教师资格标准呢? 笔者认为,作为《教师资格条例》的一个子条例,"特殊教育任职资格标准"理应与《教师资格条例》规定的范围保持一致。我国现实的特殊教育体系也是全方位的。特殊儿童的学前教育,残疾人高中和残疾人中专、技工学校、职业高中在各类特殊教育学校比较普遍地开展,专门的残疾人高校(部、系)在北京、天津、长春、山东滨州等地也已出现多年,所有在这些非义务教育阶段的特殊教育机构工作的教师和专业技术人员也有一个任职资格认定的问题。因此,通盘考虑我国特殊教育教师资格标准的内容,一次性制定出来有助于资格标准的结构完整和具体实施,也符合我国特殊教育教师队伍的实际情况。

　　二是特教师范毕业生与非特教师范毕业生的关系。按照《残疾人教育条例》的规定,不论是特教师范生,还是非特教师范生,到特殊教育学校任教经政府教育部门认定才能获得特殊教育教师资格。在具有同等学历,同样首先获得教师资格证书的前提下,从特殊师范学校和高师特教专业毕业的学生是否能同时申请认定特殊教育资格证书? 而在特殊学校工作的普通院校的毕业生是否还需学习一定学分的特教课程才能申请获得特殊教育资格证书呢? 对此,在制定特殊教育教师资格标准时要考虑到这一点,对学科背景不同的申请者的申请条件做出相应的规定,同时应当明确非特殊教育学科毕业生需要进修的特殊教育课程科目、学分数。

三是特殊教育学校文化课、专业课教师与其他专业人员的关系。过去我们对特殊教育学校的功能认识比较简单,以为特殊学校只搞教育教学活动,所以我国特殊学校只配备了教师和工勤人员。随着对特殊教育工作特点的认识不断深入,现在已认识到,特殊学生不仅需要学习文化科学知识,而且需要通过专门的康复训练矫正身心缺陷。特殊教育学校不但要有学科课程专任教师,还需要配备专职心理咨询、听力检测和听力仪器维护、言语矫正、定向行走训练、物理治疗、职业治疗等专业人员。发达国家和地区的特殊学校早已实行这种人员配备结构。因此,特殊学校工作人员的多样化是我国特殊教育发展的必然趋势。10 年前国务院发布的《残疾人教育条例》第 18 条就已经规定:"残疾人特殊教育学校举办单位,应当依据残疾人特殊教育学校编制标准,为学校配备承担教学、康复等工作的教师。"这里说的"康复等工作"自然是指教学之外的康复训练及其他学科的工作,"康复等工作的教师"自然也就是指从事教学之外工作的专业人员。制定我国特殊教育教师资格标准时要考虑从事康复等其他学科工作的专业人员的定位及其资格条件等问题。

四是特殊学校(班)的教师与普通学校的随班就读教师的关系。残疾学生在普通学校随班就读是我国普及特殊义务教育的一项重要措施。《残疾人保障法》规定:"普通教育机构对具有接受普通教育能力的残疾人实施教育。"《残疾人教育条例》第 17 条规定:"适龄残疾儿童、少年可以根据条件,通过下列形式接受义务教育:(一)在普通学校随班就读;……"1996 年 4 月国务院批转的《中国残疾人事业"九五"计划纲要》一改过去的表述,把"随班就读"摆到"特教班"和"特殊教育学校"之前,要求"普遍推行随班就读"。根据教育部公报,2003 年,全国共有特殊教育学校 1 551 所,招收残疾儿童 4.88 万人,在校残疾儿童 36.47 万人。其中在盲人学校就读的学生 3.83 万人,在聋人学校就读的学生 10.98 万人,在弱智学校及辅读班就读的学生 21.66 万人。在普通学校随班就读和附设特教班就读的残疾儿童招生数和在校生数分别占特殊教育招生总数和在校生总数的 63.64％ 和 66.23％。[11] 所以，还有大量从事特殊儿童随班就读特殊教育工作的普通学校教师。当今国际对全民教育、全纳教育的倡导越来越普遍，普通教育与特殊教育相互沟通，普通学校为特殊教育服务，普通教育教师有必要学习和掌握特殊教育的基本知识和技能，也要教特殊学生成为教育发展的必然。

教随班就读特殊学生的普通学校教师还要不要具有特殊教育的资格证书？事实上难以要求一位普通学校教师参加多种类型的特殊教育的业务培训。不过，随班就读是符合中国国情的普及特殊教育的一种途径。中国的特殊教育教师资格标准应当体现自己的特色，将从事随班就读工作的普校教师包括进去，发给这类教师的特殊教育资格证书可以和发给特殊教育学校、特教班教师的证书不同。这样做，既体现出国家对随班就读教师的资格要求，保证随班就读的质量；又体现出将普通学校中指导随班就读特殊学生的教师与不参与指导的教师区别开，以示对随班就读指导教师的承认和尊重，并能使之享受相关特殊待遇。同时也要考虑到随班就读工作的特点，随班就读指导教师接受培训的内容、方法、学分等方面有别于对特殊教育学校、特教班教师的要求。

参考文献

[1] 国务院教育工作研讨小组办公室.外国教育基本法选编[M]北京：中共中央党校出版社，1989.150.

[2] 林宝贵.世界各国特殊教育法规汇编[M]台湾：台湾师范大学特殊教育研究所，1992.280.

[3] Mitchill L. Yell. The Law and Special Education [M]. Prentice Hall, 1998.73.

[4] 特殊教育法规选集[M].台湾"教育部"编印.2002.1—2.

[5] 顾定倩、钱丽霞.美国特殊教育教师的任职资格及其对我们的启示[J].外国教育研究，1999，(4)：39—43.

[6] 上海市中小学、幼儿园干部、教师培训工作文件汇编(六)(特殊教育教师培训工作专辑)[M].上海：上海市教育委员会师资处，1999.14—34.

[7] 何华国著.特殊儿童心理与教育[M].台北:五南图书出版公司,1986.453—454.

[8] 朴永馨著.特殊教育[M].长春:吉林教育出版社,2000.199.

[9] 国务院教育工作研讨小组办公室.外国教育基本法选编[M].北京:中共中央党校出版社,1989.315—316,320.

[10] 王雁、顾定倩.特殊教育师资培养模式的比较[J].教师教育研究,2004,(4):55—60.

[11] 教育部.2003年全国教育事业发展统计公报[Z].www.moe.edu.cn,2004—5—27.

（本文发表于《比较教育研究》2005年第9期。作者顾定倩,时属单位为北京师范大学教育学院）

师资配置与聘任

一、国际中小学教师队伍指标建设的新趋势

（一）中小学教师队伍指标建设的国际背景

教育指标作为分析国家和地区教育政策的重要信息基础，越来越受到国际组织和各国教育部门的重视。从世界范围来看，教师队伍的指标尚未形成一个比较完善的独立指标体系，仅仅作为整个教育指标体系的一部分，但对教师队伍指标的研究日益得到关注。这在经济合作与发展组织（以下简称 OECD）具有广泛影响力的国际教育指标体系中可以看出。纵观 OECD 自 1991 年至今20 年的《教育概览》（Education at a Glance）中的教育指标体系，教师指标从最初 1991 年仅有两个：教师和非教师教育工作者在总劳动人口中的百分比、不同级别教育的生师比，到 2001 年开始比较细致地描述教师队伍的结构特征及其变化，[1] 再到 2002 年教师队伍指标开始作为教育过程中"学习环境和学校组织"的一个重要组成部分，教师队伍测量指标日益丰富。[2] 2007 年，OECD 开始进行专门的教师教学与专业发展的国际调查（TALIS），指标涉及教师工作环境、教师教育信念及教学实践的多个主题，到 2009 年教师队伍的指标趋于稳定。[3]

从 OECD 国际教育指标体系内容的主要演变与发展过程可以看出，保障高质量的教师队伍日益成为各国教育政策关注的重点。正如 OECD 教育部长所呼吁的，所有成员国要确保更好地实现"为所有学生而教"的目标，而这一宏伟目标的实现必须建立在高质量教师队伍的基础上。[4] 一系列的实证研究表

181

明,教师队伍质量是影响学生成绩的第二大要素,仅次于学生个人特质及家庭背景。如果学生能够得到教学质量在前 15％ 的教师授课的话,一个学年的成绩排名则会提前 4％,这相当于班额减少 10 个同学可以达到的功效。[5][6]同时,教师是促进教育公平和平等的重要保证。研究表明:如果学生一直都能够得到高质量教师的教学,则能够缩小家庭收入差距带给学生成绩的影响,而且低收入家庭孩子能够从高质量教师那里获益更多。[7]教师作为教育质量改进的核心要素,日益成为国际范围内教师政策的关注点。

"数据是正确决策的前提,是论证一个教育政策是否切实有效且富有责任感的条件"。[8]教师队伍测量指标的研究与开发,对于客观分析、评价和监测教师队伍的发展变化,保障高质量的教师队伍具有重要的政策意义。正是在一些有广泛影响力的国际组织的提倡与一系列有关教师质量重要性的实证研究的推动下,很多国际组织及国家教育部门开始把教师队伍指标作为考察教育时一个不可或缺的部分,追踪收集数据,建立国家教育数据库,为国家及时调整教师政策服务。

(二) 国际中小学教师队伍指标的内容框架

不同价值取向、目标和功能定位的数据库,决定了整个教育指标体系中指标选择的不同。例如,OECD 关注从社会、经济的宏观背景中描绘与评价教育,重视教育与社会、经济发展的关系与变化,建立起了一个包括教育背景、成本、资源与学校过程、教育结果的指标体系。[9]联合国教科文组织(以下简称UNESCO)同样以教育与政治、经济、社会、文化、人口的关系为前提,但更强调在教育资源供给与需求的均衡过程中考虑教育质量与公平的关系。[10]对国际中小学教师队伍指标的不同内容构建,同样体现了各个国际组织与政府对教师队伍问题关注点的不同。

1. OECD 教育指标体系中的教师队伍指标

OECD 作为世界范围内有重要影响的经济组织,在教育领域的主要目标为促进研究、政策改革与实践之间的更好融合,丰富关于国际教育发展趋势的理解,积极参与和促进教育研究者、实践工作者和政府官员间的跨国讨论。OECD 的教育指标体系主要以人力资本理论作为理论基础,将市场经济的供需模型运用于教育,以背景(Context)—投入(Input)—过程(Process)—产出(Product)的 CIPP 分析模式为概念框架,成为目前国际上对教育从投入到产出进行描述和评价最为系统和深入的一种教育发展指标体系。[11]OECD 相信,教学质量是学生学习的关键,而教学质量又取决于教师的质量、师范教育和在职教师培训的质量以及工作环境和实践的质量。[12]所以,教师的工作和职业发展得到广泛讨论,涉及到教师议题的指标包括:教师数量及教龄、生师比、如何吸引新教师、如何激励教师与提高绩效、如何保留与发展更有效的教师以及怎样吸引教师到艰苦的地区工作。本部分对 OECD 教师队伍指标的分析主要以各年度的《教育概览》为依据。

1991 年,《教育概览》最初提出的教育指标中涉及教师的指标只有两个,即P9(教师和非教师教育工作者在总劳动人口中的百分比)和P10(不同级别教育的学生与教职工的比例)。[13]1993 年的《教育概览》基本沿用了 1991 年的指标框架,教师指标部分未做调整。[14]1995 年教育指标体系中在"人力资源"中新增"教学时间"、"教师教育"、"教师补偿"和"教师个性"四个指标。[15]1997 年的教育指标体系中,为了继续对第三次国际数学和科学调查的结果进行深入分析,在 D 类中新增了"8 年级数学教师的年龄、性别和教学经验""8 年级数学教师在正式学校教育之外与学校教育相关的活动""8 年级和 4 年级数学教师的平均数学课堂规模""8 年级数学教师的课堂组织""8 年级教师的工作外生活",同时删减了教学时间的指标。[16]1998 年的教育指标体系中,增加了"教育教学时间"和"教师的年龄及性别分布"两个指标,这有助于计算教师的工作量,也可以分析教师群体的结构特征。[17]在 2000 年的教育指标体系中,受终身学习思想的影响,增加了"新教师的职前培训",用以了解随着时代的发展,教师是否还能够胜任教学工作,数据为未来的教师培训提出可行性建议。[18]2001 年的教育指标体系中,将教学时间细化为"教学时间和教师工作时间",以便更加精确地计算教师的工作量,从而为教师工资的核定提供信息基础;增加了"教师的年龄与性别分布及教育中的教职工数量",[19]可以对教师数量和教师队伍结构特征及其变化有一个细致的理解。2002 年 OECD 教育指标有了比较大的调整,由原来的六类指标调整为四类,教师队伍指标列入"学习环境和学校组织",[20]一直到 2009 年教师队伍部分指标基本保持稳定。下面以 2009 年指标为例,来说明

OECD 教师队伍的测量指标(表 1)。[21] 从 2009 年《教育概览》中教师队伍指标来看,指标内容更加丰富,更加关注教师在教学过程中的感受,如 D6 指标涉及到教育专业发展途径,D5 考察教师对教师评价的看法,以及学校评价对教师教学的影响等,这样能够更加清晰、全面地了解中小学教师的工作环境与职业特征。

表 1　2009 年 OECD《教育概览》教师队伍的指标

指标类别	指标名称	指标项
学校组织 D 类	生师比及班额(D2)	中小学生师比(D2.2)
		分学科生师比(D2.3)
		中小学校教学与非教学人员的数量(D2.4a)
		第三级教育机构教学与非教学人员的数量(D2.4b)
	教师工资(D3)	教师的工资(D3.1)
		教师工资在 1996 年到 2007 年之间的变化(D3.2)
		影响公立学校教师工资的因素(D3.3a)
	教师用于教学的时间(D4)	教师工作时间的安排(D4.1)
		1996 年和 2007 年公立中小学教师每年的工作时间(D4.2)
	教师得到的评价和反馈影响(D5)	学校评价教师的频率及方式(D5.1)
		教师评价及反馈的成果(D5.2)
		教师对最近两年教师评价的感知(D5.3)
		教师如何看待评价对个人职业发展的影响(D5.4)
	教师的教学实践、教学信念及态度的构成(D6)	教学时间与课题教学纪律之间的关系(D6.1)

资料来源:摘自 OECD. Education at a Glance 2009. Paris：OECD, 2009.

　　OECD 教师队伍指标具有如下特点:一是指标的连续性与系统性。虽然每年的指标内容都在不断更新与完善,但各项统计和测量的实施周期固定,系统性较强,有助于各国在国际横向比较的同时,还可以就不同时期本国的教师队伍发展状况进行纵向追踪,适时监测本国教师队伍发展的变化趋势,及时调整相关教育政策;二是注重不同指标数据的连接性,将教师队伍的相关指标放在整个教育指标体系中进行深度数据分析,揭示教师因素与宏观教育背景、投入、教育过程与产出的关系。如教师指标与学生测试成绩的关系；三是直接服务于教师政策的制定。OECD 的教育指标体系与国家的教育政策紧密相关，每一个指标都有相应的政策含义。如基于对教师的工资、工作时间、教师评价等指标的分析，OECD 专门出版教师政策报告《教师至关重要：吸引、录用、保留与发展高效能教师》，针对各项教师指标的数据分析，为各国制定切实有效的教师政策提供实证支持，以保证真正能够招聘、保留和发展高质量的教师。

2. 联合国教师指标体系中的教师队伍指标

作为联合国指定的全民教育监测机构，UNESCO 从 1991 年开始，每两年出版一次《世界教育报告》（World Education Report），在广泛的信息与经验基础上，向国际社会提供有关全球教育发展的主要趋势和对重要问题的简明和最新分析。[22] UNESCO 以系统论为方法论基础，建立了用于收集数据和反映问题的教育指标，将整个教育系统分为输入、过程和输出三个相互连贯和承接的亚系统。[23] 自 1991 年起，《世界教育报告》已出版五本，报告中涉及到教师队伍的指标有：各学段教育中的生师比；各学段女性教师的比例；每千个非农业劳动力中的教师人数；教师工资占经常经费总额的百分比；持各级文凭的教师百分比等。与 OECD 教育指标相比，UNESCO 世界教育指标数据是按国家统计的，数据分析不涉及价值判断，主要提供一些数量方面的信息，《世界教育报告》编写人员则认为这是为了能够获得大多数国家或地区的数据。[24]

2000 年之后，《世界教育报告》停止出版，取而代之的是 UNESCO 统计所（简称 UIS）出版的《全球教育摘要》（Global Education Digest），该报告不仅提供数据和指标，而且与决策者和研究者合作分析数据信息，扩大信息在决策过程中的适用面。因此，《全球教育摘要》被国际公认为进行国际教育数据比较的权威参考。初等教育师资的考察指标主要包括：师资数量（教师总人数与女性教师数及比例）、受培训教师比例（总比例、男性和女性教师各自比例）及生师比。[25]

UNESCO 收集的教师队伍指标比较简单，指标设立时已充分考虑到数据信息收集的有效性，非常重视女性教师和发展中地区数据的采集，这与 UNESCO 注重公平和平等发展的理念也是一致的。值得一提的是受教师专业发展思想的影响，UNESCO 非常重视教育培训信息的收集，在《全球教育摘要》中专门设计了一项指标，在报告中，受过培训的教师是指接受过正规的职前教育,且职后参加了所在国家组织的培训。各国的教师培训形式、内容和时间可能会存在差异,但此处 UNESCO 更为关注各国是否为教师开展了培训。在指标收集过程中,UNESCO 也更为关注发展中国家的师资队伍情况,这也是与UNESCO 的定位相一致的。

3. 政府教育主管部门的教师队伍指标——以美国为例

为了掌握国内教师队伍发展状况,多数国家的教育主管部门会定期出版教育年鉴性质的报告,通过国家的具体统计数据了解教育的发展状况与变化趋势,以便及时作出政策调整,并监控教育质量。美国教育部开展此项活动最早,且指标也最为详尽。

教育统计中心(National Center for Education Statistics)是美国联邦教育部主管教育统计信息的职能机构,该机构的建立对于美国联邦教育部收集、传输和利用各类教育信息起到了组织上的保障作用。[26]教育统计中心和联邦教育部的其他部门经常性合作出版《美国教育统计摘要》《美国教育状况》《教育统计季刊》等。国家教育统计中心从 1985 年开始组织 SASS 调查(Schools and Staffing Survey),至今已形成了非常完备的调查问卷和数据收集标准,并不定期出版报告,SASS2007～2008 年度报告中涉及教师队伍的指标(表 2)。[27]

表 2　美国 SASS 调查中的教师统计指标概览

指标类别	指标项
教师队伍供需变化	公立学校教师数量
	在前一年中,公立学校解雇的教师数量
	学校中新教师的数量及百分比
教师专业发展	学校是否为新教师提供免费专业发展机会
	学校是否为紧缺教师提供免费专业发展机会
教师工作条件	教师平均工资,教师最高工资,教师最低工资
	教师福利的类型及多少
	教师激励的类型及多少
	学校是否采取努力去吸引新教师,采取了哪些措施?

资料来源:U. S. Department of Education. Results From the 2007～2008 Schools and Staffing Survey. Washington DC: NCES,2009.

从美国 SASS 调查的指标看,这些指标的设立与不同时期美国对教育及其教师队伍的关注点密切相关。如 2002 年美国教育统计中心的一项调查显示,美国大量的中小学教师来自教育学专业或是"非专业领域教师",无法保证其在所教科目上的能力;教育学院无法吸引好的学生;教师流动性过大等。[28] SASS调查中非常注重考察教师工作条件,学校是否采取了吸引优秀教师的激励评价措施,是否为教师提供专业发展机会,这实际都是在监测美国教师队伍的发展状况与变化趋势,为中小学教育质量提供师资保障。

综上所述,不管 OECD、UNESCO 等重要国际组织,还是各国政府教育部门都越来越重视教师队伍指标与相关教育数据库的建设,并直接为其教育政策服务。从指标内容看,具体的指标体系与分析框架有所不同,但都体现了不同时期各组织与国家对教师关注点的变化,以及对数据指标的不断调整与完善。如从对教师队伍结构的一般描述到关注教师专业发展的内容与实质,将教师质量的提高放在社会、经济、人口发展的宏观背景中进行细致分析,深入揭示教师职业的特征、发展规律及在社会经济中的角色,这些都成为教师队伍指标与数据库建设的发展趋势。

(三) 对我国构建教师队伍指标体系的启示

本文对未来我国教师队伍指标建设提出如下建议:

第一,针对指标的单一与零散,缺乏系统性,我国教师队伍指标的构建应将教师因素放在社会经济及教育发展的宏观背景中统筹考虑,建立日趋完善的教师队伍分析模式与指标体系。

第二,限于各个数据指标的简单统计,缺乏多个数据指标间的链接,我国教师队伍的指标分析应立足对不同指标之间的相关性、因果性与预测性深度分析,在宏观与微观指标的相互关系中揭示教师队伍发展的基本规律。

第三,鉴于目前数据指标缺乏国际之间与国内地区间的可比性以及数据收集的非连续性,我国教师队伍指标框架应力图实现国际、国内省区的横向与跨时间的纵向多个层面关键数据的比较,建立日益完善的国家教师队伍信息数据库。

参考文献

[1][19] OECD. Education at a Glance 2001[R]. Paris：OECD，2001.

[2][20] OECD. Education at a Glance 2002[R]. Paris：OECD，2002.

[3] OECD. Education at a Glance 2009[R]. Paris：OECD，2009.

[4][12] McKenzie, P. , Santiago, P. , Sliwka, P. & Hiroyuki, H. Teachers Matter：Attracting, Developing and Retaining Effective Teachers [R]. Paris：OECD，2005.

[5] Santiago, P. Teacher Demand and Supply：Improving Teaching Quality and Addressing Teacher Shortages, OECD Education Working Paper, No. 1[R]. Paris：OECD，2002.

[6] Eide, E. , Goldhaber, D. The Teacher Labour Market and Teacher Quality[J]. Oxford Review of Economic Policy, 2004, 20(2)：230～244.

[7] Rivers, J. C. , & Sanders, W. L. Teacher Quality and Equity in Educational Opportunity：Findings and Policy Implications. In L. T. Izumi & W. M. Evers(Eds.), Teacher Quality(pp. 13～23)[M]. Stanford, CA：Hoover Press，2002.

[8] OECD/CERI. Making Education Count：Developing and Using International Indicators[R]. Paris：OECD，1994：25.

[9] OECD. Education at a Glance 2005[R]. Paris：OECD，2005.

[10] UNESCO. Global Education Digest [R]. Montreal：UNESCO，2009.

[11] 张国强. OECD 教育发展指标体系分析及启示—以《教育概览：OECD 指标(2003)为例》[J]. 外国教育研究,2006,(11)：24～28.

[13] OECD. Education at a Glance 1991[R]. Paris：OECD,1991.

[14] OECD. Education at a Glance 1993[R]. Paris：OECD,1993.

[15] OECD. Education at a Glance 1995[R]. Paris：OECD,1995.

[16] OECD. Education at a Glance 1997[R]. Paris：OECD,1997.

[17] OECD. Education at a Glance 1998[R]. Paris：OECD,1998.

［18］OECD. Education at a Glance 2000［R］. Paris：OECD,2000.

［21］OECD. Education at a Glance 2009［R］. Paris：OECD,2009.

［22］张民选.国际组织与教育发展［M］.上海：上海教育出版社,2010.

［23］UNESCO. World Education Report［R］. Paris：UNESCO, 1998.

［24］UNESCO. World Education Report［R］. Paris：UNESCO, 1995.

［25］UNESCO. Global Education Digest［R］. Montreal：UNESCO, 2009.

［26］NCES, Who Is Necs.［EB/OL］. 2011－05－01. http：//nces. ed. gov/about/.

［27］U. S. Department of Education. Results From the 2007－08 Schools and Staffing Survey［M］. Washington DC：NCES，2009.

［28］U. S. Department of Education. The Condition of Education 2002［M］. Washington DC：NCES,2002.

（本文发表于《比较教育研究》2012 年第 4 期。作者李琼,时属单位为北京师范大学教师教育研究中心;作者丁梅娟,时属单位为沈阳市教育研究院教育评价与质量监测中心)

二、从日本教育人力资源配置看教师编制管理的特点

(一) 日本义务教育阶段教职员的配置

日本现行的公立义务教育系统教职员的配置始于《学校教育法》(1947年),成形于《关于公立义务教育诸学校的班级编制和教职员定员标准的法律》(1958年),随后又经过五次修正案而得以不断完善。义务教育阶段(包括高级中学)教职员编制的法定权在中央政府,而具体操作权在各都道府县。每个年度,都道府县教育主管部门都将以学校班级数量和法定系数为基本变量来核定诸学校教职员的编制,由此而确定每个市、町、村所应配置的基本教职员的数额。教职员的配置主要涉及学校内设机构、班额标准、教职员定员标准以及针对特殊教育需求而专门配置的特殊编制。具体分述如下:

1. 关于内设机构

根据校务分担体制原则,日本法律规定:公立小学须设置教导主任、年级主任、事务主任、保健主任等职,公立初级中学在以上职位之外,可增设生活指导主事和前途指导主事。与这些管理职务相对应的,学校应设立教务部、事务管理部、年级部、保健部、学生指导部和进路指导部(负责毕业生升学和就业指导)等。通常,上述管理部门的主任或主事都由教师兼任,规模较大的学校和农村偏远地区学校的教务或事务管理部门可配置专门的事务职员。

2. 关于班额标准

班额标准,即每班应容纳的学生总数;实际操作,指的是每班学生数的最高

限额。班额标准在日本分常规班级和复式班级处理。常规班级班额标准为 40 人,而复式班级又被细分成两种情形,小学复式班为 16 人(包括一年级学生的复式班不得超过 8 人),初级中学复式班为 8 人。对于由残疾儿童随班就读的班级,法律也做了特别的规定。

3. 关于教职员的编制

日本法律规定:小学和初级中学须设校长、教头(副校长)、教谕(教师)、养护教谕(保健教师)和事务职员等职。实际情况会由于学校规模和类型的不同而做适当调整。具体说来,每所学校设校长和教头各 1 名,教头可根据学校规模作出调整,调整的公式为:教头数[①]=(9 个班级以上的小学校数+6 个班级以上的中学校数)×1+(6—8 个班级的小学校数×3/4+3—5 个班级的中学校数)×1。

除了校长和教头以外,编制的核心在于教师的编制。在日本,教师包括"教谕"、"助教谕"和"讲师"。教师编制数等于学校编制总数和校长、教头编制数的差。教师的编制一般以班级为依据,一定数目的班级乘以一定的系数即可得出一所学校教师的编制数。由于小学和中学在教学性质上有所不同,因而编制系数也有区别。小学的系数为 1 至 1.292,也就是说,一所小学如果有 18 个班级,那么其教师最低编制数为 18 人,最大编制数为 23~24 人。初级中学的编制系数为 1.483 至 4,一所拥有 18 个班级的初级中学,其编制数在 27 至 72 人之间。初级中学教师编制数相差规定:公立小学须设置教导主任、年级主任、事务主任、保健主任等职;公立初级中学在以上职位之外,可增设生活指导主事和前途指导主事。规模大的学校编制系数小,规模小的学校所需的实际教师要多一些,班级比是随着学校规模的增大而递减的。

4. 关于特别教员的编制

特别教员,主要指保健师、营养师和办事员等。保健教师的配置依据是班级数,30 个班级以下的学校配保健师 1 名,超过 30 个班级的学校增配 1 名保健师;对于那些位于医疗机构缺乏的市町村和远离陆地的海岛学校,即便只有一两个班级的学校,也可酌情配保健师 1 名。营养师配置的依据则以学生数为

---

① 参见梁忠义主编:《战后日本教谕研究》第 301 页。

准。单独供餐的学校,学生数在 1 000 人以上可配 1 名营养师;数所学校共用的供餐中心,就餐学生达 2 500 人,配营养师 1 名;就餐学生在 2 501 至 7 000 人之间的,配营养师 2 名;就餐学生超过 7 000 人,可配 3 名营养师。事务职员配置主要以班级数为依据,具体标准为 27 个班级以上的小学校及 21 个班级以上的初级中学配事务职员 2 名,低于这个数据的只配 1 名事务职员。当一所学校有数名学习障碍儿童时,可增配事务职员 1 名。

5. 关于特殊编制

特殊编制,指的是对于那些有着特殊需求的学校给予特别增加的编制。日本中小学校特殊编制可以大致归纳为:① 规模较大的学校(30 个班级以上的小学校,18 个班级以上的初级中学)以及小学和初级中学一贯制的学校,可另配 1 个教师编制;② 寄宿制学校可随寄宿学生的多少而适当增加编制数,具体说来,每 40 名寄宿生增配 1 个编制;③ 为推动和支持教育教学改革而特别增加的编制;④ 文部大臣可授权为特殊地区(诸如煤矿地区、简易旅馆业集中地区等)的学校增设 1 至 2 个教师编制;⑤ 为满足少数学生(诸如逃学者、残疾儿童和归侨子女)的特殊教育需求,学校也可申请增加教员编制数。

(二) 高级中学教职员的配置

到了高级中学阶段,教育教学形式表现出了极其丰富的多样化,有定时制高级中学、全日制高级中学,也有职业高级中学、普通高级中学,由于各自教育目标追求的相异,因而实际所需的教职员数也因校而异。高级中学教职员配置的法律依据是《关于公立高级中学的设置、适当配置和教职员定员标准的法律》(1961 年)和随后几次的修改案。由法律条文可见,高中教职员的配置虽没有高中前教育阶段所具有的高度统一性,但也不乏详尽,具体如下:

1. 关于班额标准

高级中学班额标准为 40 人,有特殊需求时,可适当扩大班额。可见,日本在班级学生规模上,未曾就小学、初级中学和高级中学等不同教育阶段做出区别。

2. 关于校长编制

高级中学校长编制基本与初级中学和小学的校长编制相同。规定配置校长 1 名、副校长 1～2 名。

3. 关于教师编制

高级中学教员包括教谕、助教谕和讲师。编制确定的依据是学校的班级总数乘以一定的系数。全日制高级中学的编制系数为 5 至 1.5;定时制高级中学的编制系数为 5 至 1.143。一般情况下,教员编制总数随学校规模的增大而减少。

4. 关于教辅人员的编制

这里的教辅人员,指的是保健师、营养师和事务职员等。保健师的配备如下:在全日制高中,班级数在 3 至 29 个之间的学校配 1 名保健师,超过 30 个班级的设 2 名保健师;在定时制高中,保健师的配备与全日制高级中学基本相同,区别是全日制高中设置保健师的最低班级数为 3 个,而定时制高中为 4 个。实习助手的配备如下:6 至 24 个班级的学校配备 1 名实习助手,超过 25 个班级的配实习助手 2 名。提供特别专业学科的高中(如职业中学)可适当增加实习助手的编制,例如农科、水产科、工科高级中学,如果班级数在 18 个以内可增配实习助手 2 名,超过 18 个班级的可增配 3 名实习助手。在商科、家政科等高级中学,配备实习助手数最低标准虽然是 2 名,但超过 15 个班级,即可配 3 名实习助手。事务职员的配备如下:6 个班级以内的学校配 1 名事务职员,6 至 11 个班级的学校配 2 名,12 至 15 个班级的学校配 3 名,16 至 23 个班级的配 4 名,24 个班级以上的配 5 名事务职员。

5. 关于特殊编制

为满足寄宿制学校、班级规模异常(即过小或者过大)、特长生教育(天才儿童或者特殊儿童)等特殊教育需求,高级中学也依据法律特设部分编制,基本类似于初中和小学。不同的是,高级中学课程和教育更加多样化,职业科的大量设置对于教师编制的需求存在着较大的差异。鉴于此,法律允许专业教育各学科的教员编制在比照普通教育学科教员编制的基础上,增配若干名教员。除教员编制要求的相对弹性化以外,实习助手和事务职员的编制也有所特殊。例如,在通讯科,学校将根据"学生数/400"的公式来确定事务职员的编制数。如果学生数为 900,那么计算结果为 2.25,再将小数点后的余数化零为整,事务职员的编制数便可确定为 3 个。

（三）日本中小学校教职员编制管理的特点

综上所述，日本中小学校教职员编制管理有以下 4 个特点：

1. "以法为本"，体现了编制管理的严肃性

在日本，有关教职员编制方面的法律是由国会以法律形式颁布。当法律对学校班额、机构设置、班师比、学校领导编制、教职员编制以及编制核定办法等都做出明确规定以后，还要出台完整而又系统的政令、省令和地方法规予以具体实施。立法的系统性又为执法的严肃性奠定了基础。例如，法律规定班额最大不超过 40 人，在执行时就不可有丝毫的折扣。在笔者参观的木津町立相乐台小学，三年级共有学生 41 人，由于"超标"而不得不分成两个班级上课。

2. "以层级定责"，编制管理井然有序

在"治事与用人相统一"的原则指导下，日本的教职员编制管理由教育行政部门独立行使。编制管理以都道府县教委为主体，都道府县之上，文部省给予宏观控制和审批监督；都道府县之下，由市町村教委组织实施，管理层次十分明晰。由此而形成一个完整的管理"回路"，即都道府县教委每学年以市町村为单位核定教职员的编制数额，然后将辖区内的班级总数送交文部省对其进行审批，并辅之以监督，从而反映出日本教职员编制分级管理、各负其责、上下沟通的良好程序。

3. "以编制为拨款依据"，体现编制计划的经济属性

日本实行的是人员经费单列，编制经费与财政拨款直接挂钩。法律之所以要规定各级各类学校教职员的定员标准，目的之一就是要确保举办者（包括政府）依法支付学校教职员的人员经费。通常情况下，教育拨款分成人员经费、生均公用经费（办公费）、基建维修费等子项目。由于人员经费在日本接近 75%，因此完善人员经费拨款，中小学教育经费分配的大问题也就解决了。对于公立义务教育诸学校，国库每年按文部大臣认可的教师定员数所需的人员经费的一半下拨给都道府县，都道府县要负担另一半人员经费。因此，严肃编制管理不仅仅是个管理问题，而且带有一定的经济属性。市町村只负责非正常教职员（诸如勤杂工、临时代课教师等）人员经费，而国库不予负担，因而在编制要求上也相对宽松一点。

4. **"以刚性为本",适当体现教职员配置的弹性**

在教职员配置上,日本偏向于强调"刚性",但也不失一定的灵活性和自由度。这种"刚性"和"弹性"的相对平衡具体表现在三个方面:① 就立法而言,国会的法律条文极富刚性;② 就不同学校而言,公立义务教育阶段诸学校的编制标准弹性相对较大;③ 就教职工工资负担而言,国库负担50%经费的做法又给地方政府在确定本地区实际编制数时留有余地,只要学校确有特殊需求,市町村政府或都道府县财力许可,编制是否扩大完全可以自行掌握。

(四) 几点思考

我们有着世界上最大的教育系统,拥有的教师队伍居世界之首,如何搞好我国教职工的配置,提高教育人力资源利用的效率,也应是一项大的课题。对照日本的做法和经验,笔者有以下几点思考。

首先,必须加强教职工编制的研究,为决策部门提供较为丰富的依据。在编制确定和管理上,日本是比较规范的,有些编制尽管不属"通例",但也可以从法律中找出依据。教职员的编制应该是动态发展的,不同的发展阶段,可能有特殊的要求,因而不可能有长久不变的编制及标准。例如,日本教职员的编制标准自1958年制定以来,截至1995年,已修改了13次,平均每3年一次。因此,我们不仅要提高对教职工编制问题的认识,提高编制确定的规范性,而且还要在标准确定以后不断予以完善。

其次,日本现行的班额标准为40人,虽然与我国(45至50人)的标准差距不大,但我国严重的超标现象却是既成的事实。日本的标准目前在世界处于"中位",虽然比发展中国家要低一些,但比其他发达国家高得多。多数发达国家都已把班级规模控制在30人以内,诸如美国24.5人、英国26.8人、德国27.4人和法国22.5人。[①] 可以说,逐步降低班额标准也是一种国际趋势。相比之下,我国的现行班额标准本来就比较高,而随着"普九"目标的临近又可能有所加量。尽管这是不可避免的阶段,也是我国的国情,但我们必须看到,随着"普九"目标的基本实现,"质的提高"必然要取代"量的发展",而班额标准过高也自然会成为"质的提高"的重要制约因素之一。

---

① "主要国家中小学班额及师生比",《世界教育信息》1995年第1期。

再次，如果说日本的保健师、实习助手可以等同于我国的"校医"和"实验员"，那么日本学校的内设职位与我国基本相同，营养师和进路指导教师等职位在我们的学校中却不多见。学校面临很多学习障碍、情绪障碍和阅读不良儿童，对此，西方部分发达国家的做法是专门配置心理医生、阅读专家等。在我们的教师编制中也应顾及这些特殊因素，而不应只要"智力教师"。①

（本文发表于《比较教育研究》1999 年第 1 期。作者戴家干，时属单位为北京师范大学教育管理学院）

---

① 文中资料除特别注明外，均为笔者赴日考察期间所搜集。

三、西方国家中小学教师流动
的经验与启示

"提高教育质量"是《国家中长期教育改革与发展规划纲要(2010—2020年)》中特别强调的教育改革与发展的核心任务,而提高学校教育质量的关键在于确保学校有足够的优秀师资。由于我国区域经济发展不平衡,区域间和城乡间在教育领域也存在显著的差距,这导致我国中小学教师的流动呈单向上位的形态。这种不合理的教师流动加剧了农村与欠发达地区优质教师资源的稀缺,使城乡教育陷入了师资条件差距拉大、教育不公和失衡发展的恶性循环。因此,改善教师资源的配置现状,建立、健全良性合理的义务教育学校教师流动机制,推动教师流动制度化、规范化,成为缩小区域和城乡之间师资条件差距、加强师资队伍建设、提升整体教育质量的重要手段。本文旨在综合分析西方学者对中小学教师流动问题的研究,以探索有益于推进我国中小学教师流动机制建设的宝贵经验与启示。

(一)西方国家关于教师流动的理论探索

国外学者往往将教师流动视为人力资本市场中人事流动在教育行业内的一种具体体现,是根据人力资本市场中供求关系、受金钱或非金钱利益驱动而自主进行的教师资源调配行为。[1]也有学者认为,教师流动现象是在社会、心理、经济,甚至纯偶然非理性因素作用下产生的一种复杂现象,需要政策制定者、教育机构、社会力量、学区与学校、教育研究者等多方角色共同影响和干预。[2]有学者用统计学的方法将教师流动看作一个变量,将其定义为个体教师在特定时间段内离开其所从教的学校的概率。[3]

将教师流动进行分类,按属性可分为教师聘任、留任、辞职、调动、晋升等;按流动形态分,教师流动可分为教师资源从社会经济条件或教学质量薄弱的学校或学区流入优质学校或学区和优质教师在各种激励措施下向师资极度短缺地区的输送;按流动向度分,可分为单向的输入型或输出型流动和双向的流动;按流动范围分,可分为在一国区域内学区间、学区内各学校间的流动和在国际联盟成员国之间的国际流动。总之,教师资源调配与优化的过程是教师流动的基本内涵,而这一过程由于受到文化与意识形态的影响,在相应的市场、政策、个人与外界因素作用下会形成不同的运行态势。

教师作为一种社会职业与其他社会职业类型在本质属性上具有共同点,因而教师流动从本质上也具有社会人力资本流动的基本特性。基于此,西方学者较为普遍地将经济学领域的人力市场供求关系理论、内部人力市场理论和人力资本理论作为教师流动的理论根基。

用人力市场供求理论来看教师流动,教师"需求"即为能够提供一定补偿与回报(包括薪酬、工作条件、个人成就感等)的教师岗位的空缺;教师"供给"即为具备资格并且有意愿接受特定补偿与回报去从事教学工作的人群,所提供的补偿与回报的吸引程度既决定了需求方提供教师岗位的数量与质量,也决定了能够招来教师的数量与质量。这一观点成为西方学者研究教师流动问题的基本逻辑起点。[4]

卡拉克·克尔(Clark Kerr)是首位提出"内部人力市场"(Internal Labor Market)概念的经济学家。内部人力市场指某一特定行业内部的人力市场,分为三种类型:"开放型市场"(open)—由外部行业转入该行业内的、无序的、竞争性强的自由市场;"庄园型市场"(manorial)—由基层向上晋升的垂直型市场;"行会型市场"(guild)—通过准入标准而可自由平级流动的市场。教师市场最接近于第三种市场类型,一旦取得了教师资格证书,便取得了自由横向流动的权利与机会。从聘任层面看,教师市场也具有开放型市场的特点;从晋升层面看,教师市场也具有庄园型市场的特点。[5]

人力资本论最核心的观点认为,每个个体都是凝结着一定价值的经济资本,并在其一生中以各种形式产生着回报。教师人力资本投入包括职前教育、在职培训、迁移及信息积累(如对教育环境的熟悉)等多种形式。教师流动作为一种教师人力资本价值的投入与损耗,期待在新的岗位中获得的回报与补偿能够超越旧的岗位所提供的回报与补偿,并能够弥补损耗。[6]这一原则成为决定教师选择岗位和选择流动与否、流向何方的最根本依据。

上述人力市场供求关系、内部人力市场和人力资本三种经济学理论有助于我们理解教师流动的种种形态与走向,摸索出教师流动的自然属性与市场规律,但并不能完全解释教师流动的所有现象。事实上,教师的个体特征、自身经验的积累以及培训经历等因素有时会打破教师人力资本市场中的常规。格拉迪斯·克森特(Gladis Kersaint)[7]采用艾斯克·阿齐兹(Icek Ajzen)的"计划行为理论"(Theory of Planned Behavior),着重从教师的情感态度、价值判断、认知能力等角度来解释教师流动的原因。这一理论框架从教师个体及心理角度探测了教师流动行为的模式与规律,弥补了单纯用经济学理论来解释教师流动这一具有很强主观性的复杂行为时所存有的缺陷,为我们全面、综合地探究教师流动提供了新的视角。

(二) 西方国家中小学教师流动的政策环境与主要经验

美国政府和相关机构采取了多种举措,力图通过补充教师资源来解决"教师留住危机"(Teacher Retention Crisis),[8]推动教师的均衡流动与合理调配。美国2001年的《不让一个孩子掉队》法案提出设立"全国教师流动委员会"(National Panel on Teacher Mobility),[9]来专门负责对各州教师流动进行定期调查与评估,并制定相关政策,以促进全国境内优秀教师的有效流动,为优秀教师创造机会,合理调配他们的工作岗位,尤其鼓励教师向师资短缺、难以吸引或留住教师的州流动。加拿大政府也通过政策法规的形式保障教师在全国范围内能够自由流动。加拿大依照《内部贸易协定》(Internal Trade Agreement)的规定,竭力建立一个开放、高效、稳定的境内教师流动市场。其具体规定如下:各地的教师资格认证具有全国通用效力,在一个地区取得认证的教师可持该证在全国各地自由选择从教岗位;各地教育部门建立相应机制,以便教师进行跨省和跨区域认证;各地设立明确的条例和规范对教师资格证进行审查。[10]

此外,在全球化背景下,西方国家越来越倾向于采用教师的跨国流动政策来实现教师的流动和资源配置。这使得师资紧缺这一困境的解决不仅可以在本土区域内实现,而且还可以通过调动更大范围内的人力资本要素,实现全球性的教师资源优化配置。如英联邦成员国(南非、英国等)、欧盟成员国(奥地利、西班牙、芬兰等)之间都通过制定联盟教师流动协议来保障教师资源输出国向师资匮乏国输出教师的合法化和规范化。[11][12]总之,西方国家通过一些宽松自由的教育政策和法规,鼓励和保障了教师资源以境内流动和跨国流动的方式在教师人力市场中实现优化配置。在西方国家发达的经济基础和成熟的教育体系下,这种以市场为主导、以政策法规为保障的教师流动模式在很大程度上促进了教师资源的合理配置与更新。

在这些宽松的政策环境中,西方国家的地方政府、机构组织、基金组织、学校、教师也充分发挥了各自的自主性,自由灵活地发起教师流动实践项目以改善区域性师资匮乏的现状,积极推动教师资源的优化配置。美国"德维特·华莱士读者文摘基金"(Dewitt Wallace-Reader's Digest Fund)从 1989 年起就提供大量资金发起"通向教师之路"项目(Pathways to Teaching Careers Program)来帮助师资短缺的经济欠发达地区和农村地区培养、聘任并留住愿意去那里从教的优质教师。[13]由温迪·科普(Wendy Kopp)于 1990 年创办的美国非政府组织"为美国而教"(Teach For America),多年来通过短期集训、一对一在职培训以及网络培训,使一批有志于改变教育不公现状的人们成长为优秀教师,满足了欠发达和边远地区对师资的大量需求。[14]英国政府也于 2009 年提出"金手铐"(Golden Handcuff)计划,为到薄弱地区任教 3 年的教师提供 1 万英镑奖金,并将其评为"优秀教师"或为其提供"高级技能教师"职称,同时该计划还加强这些教师的教学领导力训练和课堂实践训练,增强其教学和辅导能力。澳大利亚、芬兰、捷克等国开展"夸美纽斯项目"(Cnmenlus PI'Ogrammes)帮助教师习得欧盟成员国语言文化和掌握现代多媒体计算机信息技术,并鼓励贫穷成员国的教师参与定期互换交流等,从而大大促进了教师的跨国流动。[15]

上述的以及在本文中未能全面提及的诸多西方国家教师流动项目,总体上都有效利用了内部人力市场的推动力,促进了教师人力资源的供求平衡与结构优化,激活了教师队伍在一定时期内的更新,推动了知识的转移与传播,同时也促进了教师自身的专业发展。大范围内的国际师资调配更是实现了文化多样性,拓展了师生视野,调动了师生积极性,推动了政治和社会的融合。[16]市场固有的盲目性也必然会带来一些隐患,如经济发达、具有优越教育环境的国家、地区、学校成为吸引弱势地区优质教师资源的磁石,从而导致师资输出国、输出地陷入优质师资紧缺的困境,形成恶性循环。如果这种上位流动的现象无法根除,便只有采取具体措施对影响教师流动的部分诱因进行积极的干预与引导,才能在遵循市场自由竞争的规律下达到最优配置状态。

教师流动作为一种教育资源配置形式,其流动的效果直接影响着以学校为基本教育单位的学区间、学区内部整个教育系统的正常运行。教师流动的效果取决于教师流动环节中各种因素的相互制约和作用,因此,研究影响教师流动的因素是极为必要的。大卫·格林伯格(David Greenherg)和约翰·麦克考(John McCall)[17]认为,影响教师流动的因素包括金钱方面的回报(如工资、奖金、津贴、养老金等)和非金钱方面的回报(如工作环境、工作条件、学生的社会经济地位、个人成就感等)。卡桑德拉·嘉瑞诺(Cassandra Guarino)[18]等学者对美国20世纪90年代以来的有关教师聘任与留任问题的相关实证研究进行文献梳理,在大量统计数据的基础上,从性别、年龄、经验、种族、能力、心理及家庭等变量分析出影响教师选择教师行业、选择离开或留任的因素。澳大利亚政府的一份研究报告[19]通过对太平洋沿岸多个国家的教师流动状况进行分析后认为:优质教师流动的动因并非仅仅是市场上岗位的需求和薪金待遇的诱惑,个人的愿望、梦想、期望与所在岗位能够提供的条件同样也是影响流动的重要因素。克森特[20]通过实证调查研究发现,影响教师留任或离职的重要因素之一是能够与家人相处的时间。此外,行政支持、福利待遇、对教师职业的热爱也是影响教师流动的因素。安奈格雷特·哈尼斯菲戈(Annegret Har-llischfeger unischfeger)[21]采用统计学方法分析了影响教师流动的个人特点和机构特点。他将影响教师流动的因素划分为五大类型:个人特点、学校特点、学区特征、地区/片区特征及总体外界因素,并将这些因素建立在一个模型中,采集了大量数据放入模型进行多重回归,分析各种要素间如何通过相互关联与作用对教师流动产生影响。

（三）启示与借鉴

国外有关教师流动的文献大多采用实证调查与统计分析的方法来考察教师流动政策、项目及其影响因素，为我们提供了科学的理论参考。国外教师流动所取得的经验也为我们提供了一些可资借鉴的启示。

第一，建立系统的理论框架，为教师流动机制的探索提供理论基础。国外学者有关教师流动的理论探究有力地解释了教师流动现象的本质和趋势，也有助于诊断流动中出现的问题与困境。然而从国内大多数文献看来，学者们往往采用思辨的方法来分析教师流动的现状、问题并提出对策，缺乏系统的理论探索。笔者认为，要建立合理的教师流动机制，就必须探索扎实的、本土化的，既符合普遍市场规律和教师个体发展规律，又符合我国教育发展规律的理论基础，使教师流动制度有章可循，有据可依。

第二，确立清晰的指导原则，为教师流动机制的构建指明方向。国外教师流动的经验告诉我们，充分尊重市场的无形力量，营造开放适度的政策环境是教师流动能够实现人力资本要素优化组合的有力外部保障。如果要避免市场盲目性带来的弊端，则需要国家、机构、教师个体间进行多方协商，根据机构的实际需求与教师个体的优势和利益，将政府干预和市场导向结合起来，实现资源的再分配。此外，我国要建立合理有序的良性教师流动机制，需要进行充分的实证调查，科学诊断区域间、城乡间师资的供需失衡问题及其影响因素，并对教师人力内部市场的教师优势、利益与意愿进行充分了解与引导。总之，我国教师流动机制的建立必须遵循以地区需求为本、市场开放为前提、政府引导为保障、教师自主为核心的公正与公平原则。

第三，建立阶段性目标，为教师流动机制的建立与发展找准定位。西方现行教师流动制度是与西方国家发达的经济社会状态及教育的发展水平密切相关的。笔者认为，教师流动根据国家经济与教育发展的自然规律需经历不同的阶段：一为自发的、无序的、以市场为导向、缺失政策法规保障的阶段；二为制约的、以政府干预为主导、调控市场杠杆、遵循教师个体与教育机构发展规律、着力于帮扶与补偿的阶段；三为自主的、以市场为主导、以教师主体为本、以全国师资队伍为系统，以完善的政策法规为宏观保障、开放灵活、国际化发展的阶段。依此划分,西方国家已经步入第三个阶段,而我国尚处于努力脱离第一阶段向第二阶段过渡的转折期,亟需政府建立完善的体制和机制以改善无序失衡的现状,引导教师流动走向规范的阶段。当前,我们应该充分认识教师流动的现状特点,基于政府、教师个体与学校机构三方间的博弈,打破旧有的教师人事机制,将学校机构中的教师个体看作整个国家师资系统下的个体,合理发挥政府职能,按地区需求进行师资的统筹调配,制定科学的帮扶、补偿和激励对策,防止区域性师资差距的进一步加剧。

第四,制定有力的政府干预政策,为规范教师流动机制提供保障。西方国家健全的教师流动政策与法规为我国教师流动制度的建构提供了宝贵的参考与借鉴。也有学者对东方其他国家如日本的完善教师流动制度进行了系统的引介。[22]基于这些经验,笔者认为,我国要建立规范的教师流动机制,需要做到以下几点。首先,政府应自上而下建立功能一体化的组织机构,从中央到地方,从政府到学校成立专门的委员会,对当地乃至全国的教师供求现状、学校教师利益满足度进行定期的实地调查研究,依据采集的数据来诊断问题,提出科学的对策。其次,建立高效的工作机制,由地方到中央形成自下而上、流畅贯通的调查、评估、汇报与决策体系,地区间、地区与上级政府间进行定期监察、评估、交流与总结,以确保教师流动政策与项目的实效。再次,政府提供公平、充足的专项经费保障,为师资紧缺地教师的流失、培养、聘任、调配和激励提供足够资金补偿和支持。

参考文献

[1][5][6][17] David Greenberg & John McCall. Theories of Teacher Mobility. A Report Prepared for the Office of Eduration[M]. Washington, D. C. Report N0. P5098. October 1973:1—13.

[2][4][16][18] Cassandra Guarino and et. al. Teacher Kecrnitment and Retention: A Review of the Recent Empirical Literature[J]. Review of Educational Research, 2006. 76 (2):1,7,32,08.

[3][21] Annegret Harnischfeger. Personal and Institutional Characteristics

Affecting Teacher Mobility. Paper Presented at the Annual Meeting of the American Educational Research Association[Z]. New Orleans, Louisiana, Febmary 1973.

[7][20] Gladis Kersaint and et. al. Why Teachers Leave: Factorn That Influence Retention and Resignation[J]. Teaching and Teacher Education, 2007,(23):775—794.

[8] National Commission on Teaching and America's Future. No Dream Denied: A Pledge of America's Children [M]. Washington, DC: Author. 2003.

[9] US. Department of Education. Public Law Print of PL107—110, the No Child Left Behind Act of 2001 [EB/OL]. http://www. nochildlefthehind. com. [2009—01—03].

[10] The Council of Ministers of Education,Canada [EB/OL]. http://www. cmec. ca/Programs/mobility/teachermobilitylPages/default. aspx. [2009— 01 —03].

[11] W. John Morgan, Amanda Sives&Simon. Aypleton. Teacher Mobility, 'Brain Drain', labour Markets and Educational Resource in the Common Wealth [N]. Educational Paper Issued by the Central Research Department of the Department for International Development, 2006:1}5, 143—163.

[12] Directorate General for Internal Polices of the Union. Mobility of School Teachers in the European L'nion[R]. Report No. IPB/CULT/IC/2008 _ 008. 2008—OS—12: 1—65.

[13] DeWitt Wallace—Reader's Digest Fund. Recruiting, Preparing and Retaining Teachers for America's Schools[R]. Progress Report: Pathways to Teaching Careers. August 1997: 4—6.

[14] Teach For America [EB/OL]. http://www. teachforamerica. org/. [2009—01—03]

[15] Anthea Lipsett Golden Handcuffs Deal for Teachers in Stnr ggling

Areas ［EB/OL］. http//www. guardian. co. uk/education/2009/jan/13/ golden－handcuffs－teaching－bonus. ［2009—01—13］.

［19］ Carmen Voigt-Graf，Robyn Iredale&·Siew-Ean Khoo Teacher Mobility in the Pacific Region［R］. Final Report of the Australian Research Council，2009：11—20.

［22］汪丞. 中日中小学教育流动之比较及启示[J]. 比较教育研究，2005，(11)：65—69.

（本文发表于《比较教育研究》2011 年第 11 期。作者李玲、韩玉梅，时属单位为西南大学教育学院国际与比较教育研究所）

四、以教师流动促进教育均衡

——法国中小学师资分配制度探析

（一）法国中小学教师入职及流动概况

在法国，资格证书是法国教师入职的必要条件。幼儿园及小学教师需要通过考试获得小学教师资格（CRPE）方能上岗。中学教师资格分为不同种类，包括中等教师资格（CAPES，持证者可以在初中或高中教授文科或理科）、技术教师资格（CAPET，持证者可以在初中或高中教授技术类课程）、中等私立学校教师资格（CAFEP，持证者可以在教育部认可的所有私立中学任教）、体育教师资格（CAPEPS）、高职 1 年级教师资格（CAPLP2）。除以上之外还有中等教师最高资格（Agrégation），取得该资格后除了可以在一般的初高中授课之外，还可以在"大学校"预备班（CPGE）或高级技术学员班（BTS）等高等教育机构任教。法国教师的身份为国家公务员，其工资、退休金及主要补贴均由政府发放。对不少法国年轻人来讲，教师这一职业相对较高的社会地位及稳定的收入具有相当的吸引力，每年都有不少人报名参加各类教师资格考试，竞争激烈。2011年，全法共有 73 924 人报名参加教师资格考试，37 520 人出席，合格人数为 7 029人，录取比例约为 18.7％。[1]

法国教育属于典型的中央集权体制，其最为明显的特征之一就是教师的计划分配和流动。1963 年,法国建立了义务教育的"学区制度"(Carte Scolaire),[①] 中小学生一律按照指定区域"就近入学",中小学教师的分配流动也按照学区由教育部统一筹划。1984 年法国教育法规定,新入职教师、借调回岗的教师、休产假等原因长期离岗又回岗的教师必须参加教师岗位流动分配,其他教师可自愿申请,所有教师的意愿都将得到受理与考察,政府有责任每年公示评分标准并保证过程本着公平、透明、合理的原则进行,师资配置的结果应保证国家教育的连续性、有效性、公平性,并对学生和家长负责。[2] 因此,计划分配既指新教师的岗位分配,也包含老教师的流动调整,可以一次性实现全国的教师流动配岗。其程序首先是由教育部公布下一学年的岗位编制,然后由教师填写工作意愿并提交岗位申请表格,国家根据统一标准对教师打分,并根据分数调配师资。

这种计划分配的弊端亦显而易见,首先,中央集权的师资调配往往过程不够透明,特别是年轻教师的意愿常常得不到重视,大部分新入职教师都被分配到了"问题学区"。其次,中央部门公布岗位编制的时间过早,许多学区不得不设立额外的临时岗位以应对学期中新出现的教学需求。另外,大部分教师都只会申请在学区内部调岗,每年大约只有 30% 左右的教师在第一志愿中申请调换学区,这就意味着教育部人事司每年处理十几万份岗位申请表,而这一工作的很大一部分仅涉及学区内部流动。21 世纪初,法国政府开始对教师分配体制进行改革,新教师的岗位意愿得到了更好的关照,大部分教师,特别是幼小教师都被分配到原籍所在学区,因此再次申请学区调动的教师人数明显减少。同时教育部逐渐实行权力下放,将教师配岗分成两个阶段,首先是学区/省间流动(mutation interacadémique),其次是学区/省内流动(mutation intraacadémique)。教育部首先汇总各学区/省上一年的入学率、师生比等信息,然后根据教学大纲将教师岗位编制分配到各学区/省(一般情况政府会考虑适当提高贫困地区或社会问题较为严重地区的学校师生比),此后教师就可以在规定时间内登录网站建立个人档案并递交换学区/省的申请。在学区间配岗

---

① 法国教育行政单位有大区、省和市镇。学区的划分以省或城市为界限,全法共有 35 个学区(académie),其中 26 个位于法国本土,9 个位于海外领地。学区总部(rectorat)通常位于有关地区的最大城市,最高长官为学区区长。学区的主要职责是管理人事和国家财政预算,确保教育部的政策法规在地方的执行。中学教师的流动由学区负责,幼儿园及小学教师的流动则由省级单位负责。

完成后,各学区区长与学监再根据本学区的教学需求和预算进行学区内的教师岗位分配。总之,教师分配、流动的宗旨是实现全国范围内合理的师资配置,同时尽可能满足教师本人的工作意愿,从而调动其积极性。

(二) 幼儿园及小学教师的分配及流动细则

法国教育法(1972 年法修订法第 4 条、1984 年法修订法第 60 条)[3]对幼儿园及小学教师的配岗做出了具体的规定。分配分为省际间流动(mutation départementale)和省内流动(mutation intradépartementale)两个阶段。省际间流动又包括一般流动(mutation)和补充流动(mutation complémentaire)。一般情况下,第 1 学期 11 月到 12 月为第一阶段,第 2 学期 3 月到 4 月为第二阶段。教师要在教育部规定时间内登陆网站填写岗位志愿(最多填 6 个志愿),打印签字后递送至所属学区的检察署(inspection académique),后者负责核对信息并呈递教育部统一处理,教师可以在网上随时了解个人申请的处理进度,并通过电子信箱、手机等方式获知最终结果(大约每年 6 月)。在省际间流动分配结果公布之后,配偶工作地点出现变动或家人出现伤残、大病等情况的教师,在出具所在省有关部门出省工作许可及其他证明文件后,可以接受一次补充流动分配。

幼儿园及小学教师的配岗打分标准主要有三项内容:首先是法定特权,包括工作地点靠近配偶①、个人身体残疾、现所在学校存在严重的社会问题或安全隐患,基于上述三种情况提出换岗申请的教师可以获得法律规定的优先特权;其次是个人职业情况,如工龄、岗龄;再次,孩子的住所、提出相同调动申请的次数等也被计入打分标准。下页表节选了法国教育部公布的教师换岗流动评分标准的部分内容。[4](表1)

据法国官方统计数字,2010 年,法国幼儿园及小学教师中有 16 904 人(不含新入职教师的分配)参加了省际间流动,6 268 人的申请得到批准,其中 5 354 人申请调动的主要原因是希望与配偶的工作地点靠近(约 65.3% 获准调动),

---

① 在法国,配偶的概念适用于结婚的人以及同居的人,对于同居的情况,当事人需要出具相关证明。

290 人由于身体伤残提出申请(95.52%获准调动),1 366 人由于现供职的学校存在严重的社会问题或安全隐患(27.16%获准调动)。[5]

表 1 法国教师换岗流动评分标准表

标准	条件及分数	条件及补充说明
靠近配偶	与配偶工作地点接近+150 分	第一志愿在配偶工作所在省(不包括仍实习期内的工作)
	有未满 20 周岁(截至每年 9 月 1 日)的孩子需要照顾+15 分	
	从第 4 个孩子开始每个孩子多+5 分;由于工作原因与配偶分开 1 年的教师可以+50 分,2 年的可以+275 分,3 年以上的可以+400 分	如配偶的工作地址与家庭地址临近,教师也可选择配偶家庭住址所在的省
工龄	截至每年 8 月 31 日工龄①段递增+7 分	1、2、3 工龄段均+21 分
岗龄	在岗时间每 1 年+10 分 在岗时间超过 4 年的,每 4 年多+25 分②	通过职称考试后岗位得到晋升的教师,即使转变学科仍可计算连续岗龄 借调时间(包括借调到其他部委工作)可计入岗龄
在加权岗位③供职	在提出调动申请时,已在当前学校和岗位连续供职 5 年以上(含 5 年)+300 分	该评分标准只适用于省际间教师流动,省内教师流动评分标准则由各省负责人制定;另外,长期病假、参加教师培训、服兵役和休产假的时间不计入工作时间
完成实习的教师	完成实习后第一次提出流动申请时+50 分	第一次申请应在实习结束 3 年内提出,该加分只能使用一次

---

① 法国国家规定基础教育阶段教师工龄共分为 11 段:工作 3 个月之内为第 1 工龄段,满 3 个月为第 2 工龄段,满 9 个月为第 3 工龄段,满 1 年为第 4 工龄段,满 2 年为第 5 工龄段,其他参看:unsen. cgt. fr/index2. php? option=com_content &do _pdf=1&id=37

② 也就是说岗龄为 3 年的教师可以得到 30 分,岗龄为 10 年的教师可以得到 $10 \times 10 + 25 \times 2 = 150$ 分

③ 法国政府为了鼓励教师到一些社会问题严重的学校或岗位工作,设立了有加权分的岗位。国家对教育优先区、反校园暴力特别区域和敏感区域中的部分学校与岗位列入加权的学校或岗位,在这些学校或岗位工作的教师在计算岗龄和工龄时会得到额外的加权分数。

（续表）

申请到海外省①	＋1 000 分	
一级运动员	＋50 分	申请的职位与其从事的体育项目相关

省内教师配岗与省际间教师配岗的程序基本相同，只是其评分标准由各省参照国家标准自行制定。法国规定下列情况中，幼小教师必须参加省内教师流动：还没有被正式聘用的实习教师；离职一段时间重新回到工作岗位的教师；通过省际间流动进入本省的教师；刚刚通过某一新专业的培训和实习，并想在新专业谋取教职的教师；国家学区政策的特殊要求。

岗位确定后，法国教育部会给每位换岗的教师（包括第一次参加分配的新入职教师）提供一份无息贷款，以方便他们在新的省份安家。无息贷款的最高额度为 3 万欧元，除此之外，银行还会为这些教师提供其他的优惠服务。

（三）中学教师的流动分配细则

法国中学教师的流动配岗分为学区间流动和学区内流动两个阶段。具有中等教育资格的中学教师都可以提出调换学区的申请，但下属情况中，中学教师必须参加每年一次的学区间流动：

——刚刚获得教师资格证书的待分配教师；

——在高等教育机构完成实习的教师（如果在高等教育机构谋得教职则分配结果可以取消）；

——被临时聘用的教师；

——在新喀里多尼亚、马约特岛、瓦利斯群岛和富图纳群岛、法属波利尼西亚供职的教师；

——在学年结束时，完成借调工作的教师；

——目前就职于私立学校或安多尔、欧洲学校等机构且想要回到法国工作的教师。

---

① 法国有 4 个海外省，分别是：瓜德鲁普、圭亚那、马尔蒂尼和留尼旺。

针对中学教师的流动,教育部也有专门的评分标准。标准同样涵盖法定特权和教师本人职业情况两方面内容,另外各个学区根据本学区个别学科的特殊师资需求还会有不同的加分项目。

这里还需要说明新教师的入职问题。如前所述,刚刚取得资格的新教师必须参加分配,而现实中,有些教师会被分配到问题学校。每年都有约 27% 的新教师被分配到克雷泰伊和凡尔赛地区接替那些流动离岗的教师(他们一般在这些地区供职 4 年以上)。考虑到家庭的因素,没结婚的年轻人更容易被分配到那些不好的学区。2009 年,新教师中能按照第一志愿被分配的比例约为 59%,老教师则为 82%。[6]与幼小教师相比,中学教师在职业前期的岗位流动明显更为频繁(工龄不满 5 年的教师中大约有 3/4 会提出换岗申请),而随着年龄的增长,大多 40 岁左右的教师在经过 2~3 次岗位流动后都会稳定下来。另一方面,今天相当一部分年轻人表示愿意到"问题学区"工作,特别是如果政府能够给予他们某些优惠政策。2010 年,法国中学教师中共有 77 991 人提出了换岗申请(约占教师总数的 22.7%),其中 59 066 人参加了学区内流动,18 925 人参加了学区间流动。除了对新入职教师的分配之外,41% 的教师完成了换岗。出现最多的申请理由是生活便利(42.38%)和靠近配偶(29%)。波尔多、雷恩、巴黎、图卢兹、蒙彼利埃、埃克斯—马赛、南特等地区是最受中学教师欢迎的学区。[7]

(四) 出国任教及特殊岗位的流动

除了法国国内的岗位流动外,工作满 3 年的教师还可以申请出国任教。每年法国外交部的国际文化和科技合作项目都会提供不少教师岗位编制。另外,教师也可能被借调到某些国际组织或以国际志愿者的身份出国任教。法国外交与欧洲事务部下设专门机构——出国任教办公室(AEFE)负责这一事项。每年第 1 学期教育部都会对外公布海外岗位信息供满足条件的教师申请,在通过出国任教办公室的面试后,相关海外机构会向教育部提出借调请求。海外岗位的合同期限最长为 6 年,因此岗位对申请人的年龄有所限制(自签约起 6 年后不超过退休年龄),同时教师不能连续申请海外岗位,两次申请应至少间隔 3 年。为保证欧洲各类机构工作人员子女受教育的问题,1953 年,第一所欧洲学校在卢森堡成立。欧洲学校提供自幼儿园到中学的全程教育,目前已在荷兰、比利时、意大利等国建立了 14 所学校。具有教师资格证的法国教师都可以通过本学区(幼小教师向学区学监提出申请,中学教师向学区区长提出申请)提出到欧洲学校授课的申请。这类教师流动属于岗位调动而非借调,其合同期限最长为 9 年(试用期 2 年+第一次合同期限最长为 3 年+可以续约一次,最长 4年)。另外,随着欧洲一体化进程的发展,越来越多的欧洲国家开始在幼儿园、小学和中学设立多语种、多文化的课程,教师在欧洲境内的流动亦愈加频繁。欧盟委员会在 2007 年建立了"夸美纽斯奖学金",每年提供大约 1 600 万欧元用于促进教育机构的合作,法国中小学教师可以通过该项目到欧洲其他国家交流或参加培训。

法国的中学教师还可以申请到法国属国(法属波利尼西亚、新喀里多尼亚、马约特岛、瓦利斯群岛和富图纳群岛)工作,小学教师提出该申请则须具备附属中学和实验班授课资质(CAEAA)、师范教育资格证(CAFIMF)、特殊教育任教资格证(CAEI/CAPSAIS)或教育心理学学位。教育部每年会对外公布申请的程序和时间,一般情况下,任教合同期限为 2 年,且只能续约一次。

中学教师还可以参加特殊岗位的流动分配。特殊岗位主要是指"大学校"预备班(CPGE)、高中会计和管理专业(DCG)、国际班、高级技术学员班的部分专业、应用艺术专业、"戏剧表演、视听电影"等专业,其中"大学校"预备班的编制在特殊岗中占得比例最大(2009 年占 52%)。这些岗位的教师录用需要经过面试而不是评分。全国范围内的特殊岗位流动分配由教育部直接负责,与中学学区间教师流动的时间一致;学区内特殊岗位的流动分配则由学区区长负责,与学区内教师流动分配的时间一致。特殊岗位的申请同样需在网上完成,每名教师最多可以填写 15 个志愿。申请特殊岗位并不影响教师提出其他的调动申请,但一旦前者结果确定,后者就自动取消。

如前文所述,取得中等教育最高资格的教师可以申请在某些高等教育机构工作。每年高等教育机构针对中学教师的招聘时间是 11 月中旬到 1 月下旬,教师的相关资料、简历及求职信都会直接递送到相关的高等教育机构。被录用的教师每年要在高等教育机构完成 384 小时的指导课(TD)或实验课(TP),但其工资待遇仍参照国家规定的中学教师工资标准,如教师承担了额外的课时或行政工作,高等教育机构应做出相应补偿。

1988 年法国教育法(88—654 款)规定中学教师还可以申请大学助教(ATER)的岗位。助教每年需完成 128 小时的大课(CM)或 192 小时的指导课或 288 小时的实验课。助教编制通常为合同制,合同最长为 3 年,可以续签 1年,每年 4 月到 9 月为岗位招聘日,申请人需自行向大学递交材料。自 1999 年起,中学教师可以在中学任教的同时在高等教育机构兼职,这主要是针对师范院校的某些特殊岗位或是高等教育机构在学期中间出现某些空岗的情况,兼职教师的工作量和薪金都相应减半。另外,自 2000 年起,国家规定在高等教育机构任职的中学老师还可以申请攻读所在学校的博士学位。此外,教师流动的方式可能是被借调。比如,每年法国国防部都会对教师提供借调岗位。1995 年 1月,法国教育部与司法部达成协议,在每个区的劳教所中建立一所地区教育单位(UPR)以保证劳教人员受教育的权利,教师可以申请在 UPR 进行全职或兼职工作。每位教师在申请岗位之前都会经过面谈,相关人员会向其解释其工作的环境和对象。

(五) 几点启示

教师的流动是为了实现全国范围内师资的均衡配置,促进社会公平的实现,法国中小学教师的配岗流动已形成一套较为成熟的机制,同时法国政府为了分配更为合理、透明,还积极致力于工作方式的改进。

法国教师流动配岗虽具有明显的计划性,但教师本人意愿仍是分配中首要考虑的因素。每年,政府都花费大量的经费和时间用于处理每位教师的岗位申请,并扩大教师获取信息的渠道。2008 年,教育部开设了专门的热线电话,并派专人负责解答教师提出的各种相关问题。

法国对于贫困地区和社会问题严重的学区也有政策倾斜。比如政府增加了"教育优先区"的教师岗位数量,增加了学生接受个性化辅导的学时,同时给在"教育优先区"工作的教师发放特殊津贴,教师在问题学区工作满一定年限提出转岗申请时还可以获得额外加分。

国际化发展是法国教师流动发展的新趋势。教育的全球化给教师提供了越来越多的海外培训、实习和工作的机会,而教师在国外的经历不仅可以使教师本人学习到国外先进的教学理念和方法、拓宽视野，而且可以促进本民族文化的传播。

当然，法国教师的流动体制绝非完美，比如新教师的学区分配仍存在不少问题，如何改革才能使国家师资实现合理流动、使其成为促进社会公平的积极因素，仍然任重道远。

参考文献

［1］MEN. Repères et références statistiques sur les enseignements, la formation et la recherché［EB/OL］. http://media. education. gouv. fr/file/2011/01/4/DEPP-RERS-2011_190014 . pdf. ［2012—03—26］.

［2］Code de l'éducation ［EB/OL］. http://www. legifrance. gouv. fr/affichCode. do? cidTexte=LEGITEXT000006071191. 2012—03—26.

［3］MEN. Les informations clés sur la carrier d'enseignemeants ［EB/OL］. https://guide-ip rof. adc. éducation. fr/x media/L8416A60. htm. ［2012—03—25］.

［4］BO MEN, Mobilité des personnels enseignements du premier degree-rentrée scolaire 2010 ［EB/OL］. http://www. éducation. gouv. fr/cid 49476/0924146n. html. ［2012—03—25］.

［5］MEN. SIAM ［EB/OL］. http://média. éducation. gouv. fr/file/SIAM/45/1/. ［2012—03—26］.

［6］MEN. Personnels enseignements, d'éducation et d'orientation, promotion, mutations, affections et d étachements ［EB/OL］. http://www. education. gouv. fr/cid22808/enseignements-info-mobilite-810—111—110. html. ［2012—03—26］.

［7］MEN. Guide partique mutations 2011 phase interacadémiqueenseignants du second edegrée［EB/OL］. http://media. education. gouv. fr/file/SIAM/45/1/Enseignements-Guide-mutation-2nd-degre_160451. pdf. ［2012—03—26］.

（本文发表于《比较教育研究》2012 年第 8 期。作者刘敏，时属单位为北京师范大学国际与比较教育研究院）

五、美国中小学教师的职业流动及其原因分析

（一）英国中小学教师的职业流动问题

中小学教师质量下降、数量不足，是长期笼罩美国教育的一片阴云。教师职业缺乏吸引力，直接影响了教师队伍的素质和师范教育的生源，最为严重的是影响了整个美国教育的质量。尽管美国中小学教师队伍陷入如此严重困境，但教师流出教师队伍的现象却很严重，尤为严重的是，从教师队伍中流出的主要是优秀教师。

美国教育部 1986 年发表了题为《教师流入率、分离率和流出率》的报告说明：1982/83 学年，美国中小学教师流出的比率分别为 4.0％和 3.8％；1983/84 学年，流出率分别为 4.6％和 4.0％。美国教育协会 1987 年发表的题为《1985—1986 年美国公立学校教师的地位》的报告指出：1986 年，有 5.9％的教师表示，"只要可能的话一定要离开教师职业"。瑞克曼（Rickman）和帕克尔（Parker）1990 年利用"当前人口调查（CPS）"的数据提出，1979—1985 年期间，大约 3％的中小学教师转入了其他行业。

上述调查表明，从整个中小学教师队伍的总体来看，美国每年中小学教师的流失率为 3％～5％左右。这个数字包括了各年龄段和教龄段的教师。

根据怀特纳（Whitener）和查特斯（Charters）的调查，从事教育工作一年后离开学校的教师比例最高，以后逐年减少，第五年以后继存率趋于稳定，表明职业流动与年龄大小呈反比关系。

从 1969 年到 1975 年,美国路易斯安那州参加工作一年的教师的继存率一直在上升,由 70.5％上升到 83.1％;而从 1975 年到 1981 年,则一直呈现下降的趋势,由 83.1％下降到 59.7％。对于这两组数字应该客观看待:第一组数字反映了教育扩张政策时期教师稳定性的日趋增强,第二组数字则反映出 20 世纪 70 年代石油危机对教师队伍的影响。不过如果抛开这两种极端,或许 70％这个数字更能反映出正常时期的情况。

除了美国中小学教师队伍中教师的直接外流之外,后备教师队伍人员减少而形成的间接外流也非常严重。路易斯安那州在 1969 年进入教师队伍的人数为 2,016 人,而到 1982 年只有 321 人,减少了 84％。

美国中小学教师的流失问题已越来越引起美国政府及有识之士的关注,对这一问题的研究报告出现盛而不衰的势头。

(二) 美国学者对影响教师职业流动因素的研究

影响美国中小学教师流动的因素有多种,美国不同学者的研究有各自的侧重点,综合起来主要有 4 个方面。

1. 人力因素

指教师自身所具有的一些特点,主要包括性别、教育、年龄、种族和经验。

(1) 性别

按照社会传统的观念;教师职业应主要以女性为主。这种就业上的两性角色差异观念,在社会上始终长期存在,而在教育上的重要表现,就是女性在专业上多选择教育、家政、医护等专业。马克(Mark)和安德森(Anderson)的研究说明,男性与女性从教的比例大约为 1∶3。这种观念在一定程度上也影响了男性教师的职业流动。

(2) 教育

教育因素对于教师流动的主要影响不是受教育程度,而是所学专业内容。一些学者的研究指出,教师流出者中,正是所学专业内容具有更广泛就业适应范围的人居多.

(3) 年龄

教师流动的活跃性,是伴随教师年龄的增长而逐渐缓和乃至平息的。前面我们介绍的怀特纳和查特斯等人的研究,已经说明了这一点。

（4）种族

瑞克曼和帕克尔的研究结果表明,白人教师比其他种族教师在职业流动中表现更为活跃。

（5）经验

瑞克曼和帕克尔的研究认为,教师交换职业的概率随着工作经验的丰富而增加。与此不同,查普曼（Chapman）和哈奇森（Hutcheson）的研究说明,那些仍在学校工作的大约 1/3 的教师和那些已经离开教师职业的绝大多数人员,都认为他们的教育经验在现有岗位中没能很好地利用,这说明经验因素不是教师流动的原因。显然,对于经验是否影响教师流动说法不一。

2. 工作特点

教师工作条件随各地经济条件的不同而不同,每位教师对工作的体会也随性格、价值观念等的不同而存在差异。菲斯特里泽尔（Feistritzer）的研究指出,教师与从事其他职业的大学毕业生相比,对自己的工作条件更为满意。影响教师流动较为明显的方面是工作量。哈里斯（Harris）等人的研究说明,教师对自己的工作感到更大程度的压力,中小学教师的工作时间远远超出了每天 8 小时。

3. 价值取向

是否做出变换职业的决定,还取决于教师本人对自我能力的判断以及对成功标准的价值认准。

查普曼和哈奇森的研究指出:继续留在中学任教的教师,对自己有效组织时间的能力、计划或组织活动的能力,以及从事公众事务活动的能力有充分的认可;而对于那些转行的中学教师,他们则更加肯定自己的解释数据资料的能力、与工作小组合作的能力、分析和评价能力,以及有效写作的能力。这种在选择工作上的价值依据,对于教师的工作变换起着十分重要的作用。

查普曼和啥奇森还研究了教师事业成功的不同标准与工作变动的关系。结果表明,转行的小学教师对于工资提高、工作职务和自主性、学习新东西的机会,以及对重要法规提供建议的可能性看得较重;继续在小学任教的教师,则更看重于上级的赏识。对于中学教师而言,流动的教师把工作职务和自主性,以及工资增加作为成功的标准;那些继续从事教育工作的教师,则将事业成功等同于家庭与好友的认同,以及上级的赏识。

4. 工资水平

一项调查表明,1984 年教师年工资在 4 万美元或高于 4 万美元的,只占教师总数的 1%,而五年前离开教师队伍的人中,已有 15% 的人拿到了这么多的工资。由教师职业转而从事新职业的人,对改变职业后享受的医疗保健和退休福利待遇都感到满意。以前当过教师的人中,有 83% 的人说他们大概不会再回到课堂去教书。

1983 年美国教育优化委员会发表的《国家在危险中》的报告指出,教龄达 12 年的教师平均工资每年只有 1.7 万美元。由于美国学校大多实行每年发 9 个月工资的制度,假期不发工资,这使很多教师不得不找兼职工作或在夏季打工以弥补收入的不足。

(三) 对美国中小学教师职业流动原因的进一步思考

影响美国中小学教师流动的因素是多方面的,这些因素既有一般职业流动的共性因素,也有教师流动的特性因素。我们认为,影响美国中小学教师职业流动的最重要原因,是教师工资过低。可以这样说,影响教师流动的人力因素、工作特点和价值取向,都是与工资水平这一因素密切相关。

首先,从人力因素来看,除种族和经验以外,其他都可以找到经济上的原因。教师职业流动的活跃性随年龄增加而逐渐降低,很大程度上是由于考虑到转行后需从头做起,且失去了在教师职业中已取得的与工资水平相关的资历。所学专业内容对教师流动的影响,主要是由于其他行业对该专业人员的需求,且工资要比教师工资高很多。在性别差异对教师流动的影响方面也有工资水平的原因。1985 年美国男教师的平均工资为 25 817 美元,女教师平均工资为 22 813美元,然而,大学男性毕业生的平均收入为 32 122 美元,大学女性毕业生的平均收入为 16 894 美元,这一事实进一步解释了为什么男教师比女教师更倾向于职业流动。

其次,从工作特点来看。教师对工资水平是否满意,与其对所付出的劳动量与所获得的报酬是否等值的评价密切相关。如果教师劳动量付出很高,但所得报酬很低,则教师便倾向于流动。

最后,从价值取向来看。从查普曼和哈奇森研究的介绍中可以看到,无论是转行的中学教师还是转行的小学教师,都将工资增加作为重要的成功标准,这进一步证实了我们所作出的教师工资水平低是影响美国中小学教师流动最主要原因的判断。

美国中小学教师工资水平低,归纳起来有三方面的表现:

其一,教师平均收入水平低。在需要受高等教育才能从事的职业中,教师收入明显低于其他职业的收入。甚至在某种情况下,教师收入低于中学学历即可从事的职业的收入(表1)。

表1 1985 年美国几种职业的平均收入情况

（单位：美元）

律师	51 400	系统分析人员	36 500	教师	23 500
主管会计	50 000	会计师	31 300	管工	22 412
工程师	39 500	采购员	28 900	民航售票员	20 384
药剂师	39 200	邮递员	24 232	秘书	19 534

其二,教师工资增长幅度小、速度慢。默南(Murnane)等人的研究表明,在密执根学区,以 1971 年美元为标准,教师平均起点工资下降了 20%,平均最高工资下降了 15%。美国全国教育协会的一项研究指出,从 1929 年到 1949 年,公立中小学教师、校长、督学的平均年工资增加了 106%;其他行业全时工作人员的平均年工资增加了 102%。这说明教师工资的增长略高于各行业工资平均增长水平。但在 1939 到 1949 这十年,前者的平均年工资增加了 104%,而后者平均年工资增加了 126%。美国中小学教师工资增长速度从四十年代开始呈现相对下降的趋势。

其三,各级教师总体工资水平在降低。美国大学、中学和小学教师的收入存在明显的差别,大学教师收入最高,小学教师收入最低。这体现了在同一行业内部,受教育程度越高,收入越高,受教育程度与收入存在明显的正相关。然而,若拿高文凭的大学教师与其他行业高文凭从业人员相比,就会明显看出教育行业比其他行业的收入要低。1984 年,美国高质量高等教育研究小组提交的题为《投身学习:发挥美国高等教育的潜力》的报告指出,在过去的十年中,高校教师的购买力下降近 20％，这一事实说明，包括大学教师在内的整个教师队伍的工资水平都在降低。

美国是世界高收入国家，经济实力强大，造成中小学教师工资低的原因不在于经济，而更主要是由于美国的政策。美国几乎所有公立学校教师的工资数额都由各地教育领导机关制定的标准工资表所决定，工资标准主要根据经验和学历背景。然而默南等人的研究表明，从 1971～1981 的 10 年间，美国公立学校教师的平均教学经验由 11 年增至 13 年，教师中具有硕士学位的人数由 27％增至 49％，但十年间的这些变化并没有在工资表上反映出来。这种政策显然对大学生决定是否从事教师职业具有重要影响。

美国教师工资政策中另一个不合理的方面，是教师报酬在教师内部没有形成较为合理的分配。蒙克(Monk)和雅各布森(Jacobsen)的研究指出，从 20 世纪 70 年代末到 80 年代初，纽约州很多学区教师工资表的结构发生了变化，最高工资增加的百分比比起点工资增加的百分比大得多。这种工资表上体现出的不合理的工资结构，会使得中小学教师起点工资水平与其他行业差异扩大，显然对教龄短的教师在做出是否脱离学校工作决定时形成了影响。

对教师工资水平影响最大的政策，莫过于美国政府的教育投资政策。教育投资水平是影响教师工资水平的最为根本的原因。20 世纪 70 年代，美国公共教育经费占国民生产总值的比重逐年减少，1975～1979 的 5 年间，公共教育经费占国民生产总值的比重逐年为 6.7％、6.4％、6.2％、5.9％和 5.8％。20 世纪 80 年代，里根政府执政以来，情况开始好转，但积重难返，教师工资水平低的问题并没有解决。

教师收入偏低，使多种科目教师严重缺乏。数学教师、科学教师、外语教师、特教教师以及少数民族地区能讲本民族语言的教师都相当缺少，其中，数学和科学教师的短缺尤为严重，而有一半新招聘的数学和科学教师不能胜任这些科目的教学工作，以往多愿意从事教师职业的妇女和少数民族，现都在寻找收入更多、社会地位和威望更高的职业。《国家为培养二十一世纪的教师作准备》报告中有这样一句话："多年来的教师供过于求的情况结束了，1985 年大体趋于平衡。而至少在未来的十年时间里，教师工作的空缺将多于申请当教师的人数。"该报告提供的数字表明，从 1972 年开始，教师供给一直在下降，到 1982

年,教师供给已由 1972 年的 31 万人下降到 14 万人。该报告预测,1986～1992 年仍为下降期。1992 年的教师供给约为 13 万人。然而,从 1981～1992 年,教师的需求却一直为上升趋势,由 10.5 万人上升到 20.5 万人。按照目前的需求,每年需要有近 1/4 的毕业生补充中小学师资队伍,而目前美国师范院校的招生数每年仅以 0.5% 的速度增加,远远满足不了需要。在这样的背景下,中小学教师的流动,无异于火上浇油。

稳定师资队伍与扩大师资队伍面对着相同的一个问题,即如何使教师队伍更加具有吸引力。美国教育将向何处去,教育财政问题如何解决,我们将拭目以待。

参考文献

[1] Chapman,D,W. & Hutcheson, S. M. (1982) Attrition From Teaching Careers: A Discriminant Analysis[J]. American Education Research Journal, VoL. 19, No.

[2] Goodwin, L. (1991) Problems, Process, and Promise: Reflections on a Collaborative Approach to the Solution of the Minority Teacher Shortage [J]. Journal of Teacher Education, VoL. 42. No 1

[3] Mark, J. H. & Anderson, B. D. (1985) Teacher Survival Rates in St. Louis, 1969—1982[J]. American Educational Research Journal Vol. 22, NO. 3

(本文发表于《比较教育研究》1992 年第 5 期。作者迟为国,时属单位为北京师范大学教育系)

六、西方中小学教师聘任模式的比较分析

教师的法律地位,是教师作为专业人员的法定条件、权利与义务,是教师管理法制化和规范化的关键所在。可以说,教师的法律地位直接影响着教师聘任过程中的标准、方式、程序、规范等许多方面,是教师身份、职业性质、社会地位的具体体现。在许多国家,因中小学教师法律地位以及由此形成的教师身份的不同,对中小学教师的聘任管理各具特色,由此形成了不同的聘任模式。一般来说,中小学教师的法律地位可以分为公务员、公务雇员、雇员三种基本类型,与此相对应,则可将中小学教师聘任模式分为三种基本类型,分别是公务员终身聘任模式、公务雇员合同聘任模式以及雇员雇用模式。

(一) 公务员终身聘任模式

实行公务员终身聘任模式的国家,在公开选拔优秀人才加盟中小学教师队伍的同时,也对中小学教师的责任、义务与权益给予了法律上的确认:适用公务员法,享有公务员权益并履行公务员义务;职业具有很强的稳定性,具有终身制特点。由于教师具有公务员的法律地位和身份,具有代表国家从事社会公共事务管理的性质,所以公务员终身聘任模式体现了"政府为主体,公共性质为导向"的价值特征。我们以日本、韩国、法国、德国等为例,对此种聘任模式的内涵与特征进行分析。

1. 政府规定聘任资格,并作为主体聘任教师,体现公务员身份。为保证进入教师队伍中人员的素质符合国家标准和要求,许多国家都实行教师资格制度,将具备教师资格作为最起码的聘任标准,同时,教师资格制度的实施,也相

应地扩大了教师来源渠道,为公开招聘教师打下了基础。日本、德国、法国等国家中小学教师的聘任标准之一是必须持有教师许可证书,韩国则通过《教育法》《教育公务员法》等法律规定在各级学校任职的教师必须获得相应的资格证书。同时,教师的公务员身份,决定了聘任权在国家或地方政府而不在学校,这就使得中小学教师的聘任有了行政任命的性质。法国的中小学教师是国家公务员,所以聘任权在国家;日本公立中小学教师的聘任由都道府县教育委员会负责;在瑞典,以前由国家负责聘任教师,1991年之后,国家把综合学校和高中的教师交给市政府聘任,综合学校和高中教师就由过去的中央政府公务员改为地方政府公务员。

2. 考试聘人,择优录用,体现公务员制度的特点。公务员制度中最重要的标志和主要特征之一是公开考试,择优录用,通过公开组织的竞争考试选聘人才。德国、日本、法国等许多国家的中小学教师在获得正式聘任之前,需要通过政府公开组织的具有选拔性的考试。法国的教师资格证书考试就是淘汰率较高的竞试。法国国民教育部对这种资格考试的名额做出严格限制,每年均根据国家财政能力和对教师的实际需要定额录取。1991年英语专业中等教育教学能力证书(English CAPES)考试中,有3 957个候选人竞争1 317个职位,最后只有871个人被任用。[1]德国中小学教师的师资培养一般分为两个阶段,每个阶段都需要通过国家考试。在日本,获得教师许可证书的候选人要成为正式教师,必须参加竞争激烈的甄选考试。韩国中小学教师的任用则体现了《国家公务员》法规定的"公开竞争"和"特别采用"的原则。

3. 职业稳定,具有终身制特点。实行公务员终身聘任模式的国家,中小学教师一经聘任,非因法定事由,很少被解聘,具有终身就职的特点。同时,对教师的处分、解聘都有法定的程序,并且有明确的申诉、复审等行政救济措施,教师权益得到保障。在日本、法国、德国等国家,教师被政府正式任用后就成为国家公务员,没有特殊原因不得解聘。但同时为了对教师实施有效的聘任管理和监督,各国也采取措施对有失职、渎职等行为的教师进行处分。这些国家对教师的处分一般有两种,即身份处分和惩戒处分,对每种处分各国都有详细标准以及实施的程序规定。作为公务员,教师也享有相应的权益保障,如法国教师本人如果对处分不满,可向公职高等审议会(CSFP)上诉,还可向行政法院提起诉讼。德国中小学教师对惩戒处分不服的,本人可以控告或向惩戒委员会请求裁定。[2]

4. 享有公务员权益,待遇有保障

日本法律规定,中小学教师的工资要比一般公务员高出 10% 以上,以吸引优秀人才从事教师工作,同时,教师除具有就行政事项进行行政诉讼的权利外,还享有特殊的权益保障,如《教育公务员特例法》规定,中小学教师工资依据《一般职务职员工资法》执行,又专门制定法律提高教师待遇,教师可以单独或共同就薪俸、劳动时间等向有关部门申诉,要求予以适当的行政保护措施。法国中小学教师工资全部由中央财政承担,由国家按照全国统一的工资表进行支付,待遇有保障。

从上述分析我们可以看出,中小学教师具有的公务员法律地位和身份,决定了对中小学教师的聘任管理必须体现政府为主体的原则,这既是法律的规定和要求,也是中小学教师职业特殊性质的反映。政府在聘任教师的过程中,通过确定聘任标准、考试竞聘,可以选拔优秀人才,使得进入教师队伍的人符合国家标准和要求;而进行有力的行政管理、保障中小学教师职业稳定性,则又说明了中小学教师职业不可能如同其他一般的职业一样,完全依靠市场竞争来吸引人才,这又体现了对中小学教师的聘任管理要体现公共性质这一特点。

(二)雇员雇佣①模式

实行此类聘任模式的代表国家为俄罗斯,几乎所有国家的私立学校也都采用这模式。根据俄罗斯现行法律规定,教师所在的学校就是他的雇主。教师与学校行政人员的关系由具有一定期限的合同加以调解。[3]总体来说,中小学教师雇员雇佣模式反映了"学校为主体,市场为导向"的特点:教师在劳动力市场上以签定合同的方式雇佣;双方关系主要凭合同加以调节;学校和教师之间的关系是雇佣关系,学校在其权限内可以决定教师的聘任和解聘,合同中约定明确的聘期;教师的身份为雇员,法律关系由一般劳动法调节,不受公务员法律的

---

① 此处"雇佣",基本涵义等同于"聘任",但"雇佣"更强调教师与中小学法人代表之间属于私法上的契约关系,而无"公"的意义。

制约。

雇员雇佣模式中,中小学教师作为劳动力在人才市场上自由流动;学校作为聘任主体,对中小学教师进行自由选择,以签定合同的方式雇佣教师;双方处于平等地位。在这种模式下,能够使得教师与学校充分进行双向选择、达到学校岗位与教师之间最大限度的匹配。但双方的供求主要依靠市场因素来调节,在法制不完善的情况下,双方权益都得不到有效保障;在中小学教师待遇不高、社会地位不高的情况下,无法吸引优秀人才加盟;会导致优秀教师集中在有限的学校里,从而不利于中小学教育公共性质的体现,所以此种聘任模式目前主要在私立中小学实行。

(三)公务雇员合同聘任模式

对中小学教师实行公务雇员(Public Employee)合同聘任模式的国家,以美国、英国为代表,其聘任管理体现了公务员制度和雇员雇佣制度相结合的独特内涵:一方面,中小学教师由地方政府聘任,教师享有公务员权益,适用公务员法律,教师与政府之间具有一种行政上的隶属关系;另一方面,教师在劳动力市场上被聘任,双方签定聘任合同,约定聘任期限以及双方的权利、义务,两者之间又形成合同雇佣关系。[4]

具体来说,公务雇员合同聘任模式的核心特征是"政府为主体,市场为导向,基于劳动力市场,公开聘任具有资格的教师;基于雇佣契约关系,实施合同聘任制,合同中明确双方的权利、义务和责任,约定聘任期限;基于公务雇员这一特殊身份,聘任权在地方教育主管部门而不在中小学;可以签定终身聘约。"这些特征在美英两国实施聘任的过程中得到了具体的体现。

1. 为保证中小学教师的基本素质,美英两国都有严格的聘任标准

在美国,要想成为中小学教师,首先要获得教师资格证书。英国政府规定只有具有合格教师(Qualified Teacher)身份的人才能从事中小学教师职业。

2. 政府是聘任教师的主体,并在解聘等环节中发挥重要作用

无论是美国还是英国,签约的主体都是地方政府教育主管部门与教师本人。在美国,教师与地方教育委员会签定合同;在英国,教师与地方教育当局签定合同。为防止教师被学校随意解聘,美英两国都通过法律对解聘教师的程序

进行了严格规定。在英国,学校要解聘不胜任本职工作的教师时,需要提供详尽、全部的被解聘教师的材料,其中包括教师全部的工作记录、教师不称职的证据、关键事件的证人、日期等。即使如此,解聘不合格的教师仍是很难得到学校听证会的支持。[5]在解聘教师的过程中,虽然学校是直接实施者,但地方政府教育主管部门作为雇主,仍对解聘教师具有最终决定权。

3. 强调学校与教师之间的双向选择,面试是聘任过程中的重要环节

在美英两国,当岗位出现空缺后,学校就会将所缺岗位的信息上报地方教育主管部门,然后统一向社会公布岗位信息与待聘教师的聘任标准。对候选人的申请资料进行筛选后,教师聘任就进入了面试环节。在这两个国家,能否顺利通过面试是候选人能否被聘用的重要阶段。面试时,学校与地方学区代表要组成面试委员会(或称为遴选小组),对候选人进行询问、考核,从而最终确定聘任人店。

4. 签约聘任,教师成为雇员

聘任的最后一个阶段是通过面试的候选人签定聘任合同,相互确认权利、义务,从而产生雇佣关系。两国中小学教师的聘任合同总体上可以分为定期与终身聘任合同两种:定期聘任合同以一年或者数年为期,期满后可以续签;终身聘任合同则不受年限限制。美国地方教育委员会可以与拥有永久性教师资格证书的骨干教师签定终身聘任合同,英国则可以签定定期教师聘任合同(Contract of established teaching staff),签定这类合同的教师在未受到解聘通知前一直是地方教育当局的雇员。

公务雇员合同聘任模式,有规范、明确的聘任标准与聘任程序,实现了市场、学校、政府三者在聘任教师过程中的良好组合,将市场竞争、双向选择、人员流动与教师权益保障体系、优秀人才特殊保障体系等方面融为一体,从而构成了较为完善的教师任用机制。但这一聘任模式如若运用不好,也会直接给教师队伍建设带来不好影响。如美国由于教师职业地位低、工作待遇低。从而不能有效吸引人才,而劳动力市场的竞争则又导致了人才外流。当然,政府作为聘任主体,也可以充分利用这个灵活的机制,吸引优秀人才并解聘不合格的教师,从而加强教师队伍建设。如 1997 年,美国政府决定大量追加教育经费、奖励优秀教师,并提出要解雇不合格教师。英国为促进教育改革,加强中小学师资队

伍建设、提高教师地位,自 1996 年起提高教师工资,保证教师职业的吸引力,鼓励优秀人才从事教育工作,并且在 1997 年,英国政府授权地方教育当局可以解雇不合格的教师。

(四) 结语

上述三种聘任模式,各国在具体实施过程中也不尽相同,但无所谓好坏、优劣之分,各自适应并体现了本国政治、经济、文化传统以及教育改革与发展的需要。以中小学教师的法律地位为分类标准,三类聘任模式都体现出了特色的价值内涵与特征,同时也具有一些共性,如都有规范的聘任标准与聘任程序,都遵循公开、公平、择优聘任的原则,并重视对教师的权益保障。这些是与中小学教师职业的专业属性以及中小学教育的公共性质、教师劳动特点等分不开的。

自 1966 年国际劳工组织、联合国教科文组织发表联合建议《关于教师的地位》后,中小学教师职业的专业属性已经逐渐得到认可。但实际上中小学教师职业在各国都尚未获得社会普遍认可的专业地位。究其原因,主要在于中小学教师在专门知识与技能方面尚未得到充分开发、在专业领域内的独立自主性较低、职业意识不高、专业知识能力差的教师大量存在等方面。中小学教育是国家兴办的公共事务,中小学教师受国家委托提升国民的基本素质,为国家培养下一代,职业具有公共性质以及“国家与公共事务”的内涵。这些固有的性质和内涵就对各国中小学教师的任用管理提出了一些共同的要求:

(1) 要提高教师队伍质量,就必须建立一个顺畅的选择优秀人才、辞退不合格教师的任用机制,聘任管理则较好的适应了这个需求;

(2) 中小学教育的公共性质,要求政府促进中小学教育尤其是义务教育公平性的实现,政府为主体聘任教师并采取措施进行统一管理,是这种努力的一种表现;

(3) 教师职业的专业性,要求实行严格的聘任标准,提升教师队伍整体的专业能力与水平,而教师劳动的累积性等特点则在一定程度上要求保持教师职业的稳定性。

我国自颁布《教师法》和《教育法》以来,全国各地都在进行中小学教师聘任制改革,并取得了一定成果。但由于中小学教师的法律地位及其身份不明确,相应的法律法规不健全,所以在实施过程中仍存在许多误区。借鉴国外中小学教师聘任模式,在此基础上构建适合我国国情的聘任模式,已成为当务之急。

参考文献

[1] Beattie. Nicholas. teachers —Selection & Appointment—European Union Countries [J]. Assessment in Education: Principles, Policy & Practice, 1996,3(1): 9—20.

[2][3] 陈永明. 国际师范教育改革比较研究[M]. 北京:人民教育出版社, 1998. 406—407、195。

[4] 劳凯声、郑新蓉. 规矩方圆——教育管理与法律 [M] 北京:中国铁道出版社, 1997. 254—255.

[5] Ellis, Thomas I. Dismissing Incompetent Teachers [J]. ERIC Clearinghouse on Educational Management:ERIC Digest, Number Five. January 1,1984.

（本文发表于《比较教育研究》2004 年第 5 期。作者亓俊国,时属单位为北京师范大学网络教育学院）

七、欧盟成员国中小学教师开除与解雇制度研究

针对义务教育阶段教师职业的特殊性,欧盟各成员国普遍建立了较为完善的中小学教师职业保障制度。其中,以法律手段规范用人单位单方终止教师工作的方式、事由与程序,切实维护中小学教师的合法权益,是教师职业保障制度的重要内容。同时,由于对中小学教师职业身份的定位有所不同,因此在终止的方式、事由与程序上,各国的法律制度也存在不同程度的差异。本文探讨的中小学教师,仅指在义务教育阶段公立学校任职的教师。

(一) 开除与解雇——两种不同的终止方式

尽管"开除"与"解雇"在英文中的对应词都为"dismissal",但是两者所适用的对象有所不同。在欧盟各国中小学校任职的教师,其职业身份可以分为三大类型:一是职业公务员(career civil servant),典型国家有德国、法国、西班牙、葡萄牙等国;二是公务人员(public servant,也可理解为广义上的公务员),典型国家有荷兰、芬兰、斯洛文尼亚、斯洛伐克等国;三是雇员(employee),典型国家有英国、意大利、波兰、拉脱维亚等国。[1]需要指出的是,在2000年以前,意大利的中小学教师为公务人员。

在职业公务员模式中,被任命者——教师受中央或具有高度自治地位的地区一级行政系统管辖,其待遇、管理问题由公务员法律来调整。这意味着国家或州、自治区一级的最高教育行政机构负责选拔和任用教师,而地方教育行政

部门并无此项权力,并且教师一旦获得任命,将享受终身职位的待遇。[2]同时,教师作为任命制下的职业公务员,具有一种强烈的国家官员的身份。

在公务人员模式中,教师直接受雇于中央、地区或地方一级的政府机构。通过与政府签订聘任合同,教师与政府机构建立具有聘任性质的合同关系。同时,合同的内容一般由劳资双方集体协商来决定。具有公务人员地位的教师,其待遇、管理问题既不适用于职业公务员法律,也不适用于规定一般劳动合同关系的法律,而是由一套特殊的规章制度来调整。[3]例如在荷兰,教师的管理适用于《中央和地方政府职员法》(Central and local Government Personnel Act)。

在雇员模式中,依据劳工法的一般规定,教师基于与用人单位建立劳动合同关系而被雇用。由一般性的劳工法来规定教师的职业地位,是这一模式的特殊之处。作为在公共部门中服务的雇员,其"雇主"也有可能是政府机构(通常为地方一级的政府机构,如英国的地方教育当局),但在多数情况下,作为雇员的教师一般直接受雇于学校本身。[4]

在职业公务员模式下,教师因担任国家公职、执行国家公务而与用人单位建立公职关系(职务关系)。在某种意义上,由于教师担任公职、执行公务也是一种"劳动",因此这种公职关系也可视为一种特殊的劳动关系。[5]但是,这种公职关系的产生、变更和消灭又与普通劳动关系有所区别。例如,用人单位只能以开除或辞退的方式来单方终止这种法律关系。在公务人员和雇员模式下,教师分别与用人单位建立具有聘任性质的劳动关系和普通劳动关系,并且用人单位只能以解雇的方式来单方终止这种法律关系。可见,开除与解雇是两种目标相似但适用对象不同的终止方式。

由于义务教育是国家兴办的公共事业,中小学教师执行的是国家公务,因此为了吸引优秀的人才并保证教师工作的稳定性,欧盟各国普遍比较重视教师的职业保障问题。受普通劳工法所保护的教师,其工作也具有强烈的公共性。尽管在公共部门中所处的位置不同,但在教师职业保障以及劳动关系解除的法定事由和程序上,作为雇员的教师与作为公务人员的教师并没有太大的差别。然而,与这两类教师相比,职业公务员教师无疑享有更高的职业保障度。在将教师定位为职业公务员的国家,教师一旦获得任命,就意味着他们进入了公务员队伍,其职业地位与所有公务员都是一样的。此外,公务员法律将给予教师特殊的保护,尤其对开除的条件做出了严格的限制。关于这一点,下文将作详细的论述。但是,作为职业公务员,教师也必须严格遵守一系列的纪律措施。例如在西班牙,如果教师存在羞辱宪法、泄露国家机密、参与法律所禁止的罢工、不履行参加基本公共服务的义务以及阻碍言论自由等行为,都将触犯公务员法律。

(二) 开除与解雇教师的法定事由

在多数欧盟成员国,综合来看,用人单位单方强制终止教师工作的法定事由主要有三种:一是教师存在过错;二是教学岗位重组的需要;三是健康原因。[6]需要指出的是,职业公务员教师很少会因教学岗位重组或健康原因而被直接辞退。但是在将教师定位为公务人员或雇员的国家,教师则有可能因为上述三种原因而被解雇。其中,教师因存在过错而被开除或解雇是最常见的一种事由,但是对于"过错",欧盟各国有着不同的解释。针对单方终止教师工作的法定事由,还有个别国家采用了更为宽泛、一般的方法。例如瑞典和丹麦规定,在充分考虑教师实际情况的前提下,有关解雇教师的具体决定应由法院、仲裁机构或其他纪律委员会最终做出。

1. 教师存在过错具体来说,如果教师存在以下过错行为,将有可能导致被开除或解雇

(1)从事违法犯罪活动。一些国家规定,腐败(爱沙尼亚)、提供虚假信息(荷兰)、盗窃及滥用麻醉剂或有毒物质(拉脱维亚),可以构成解雇教师的合法事由。希腊、西班牙、奥地利和马耳他等国明确规定,犯罪判刑(criminal conviction)是开除职业公务员教师的合法理由。在德国、比利时和荷兰,犯罪判刑也是解聘教师的合法理由。

(2)不胜任。在一些国家,"不胜任"可以构成解雇教师的法定事由,但解释有所不同。在英国(英格兰和威尔士)和拉脱维亚,不胜任表现为能力缺乏;在荷兰,不胜任表现为能力严重不足;在意大利,不胜任表现为工作不合格。然而在具体的实践中,确定不胜任的衡量标准构成了一个难题。在多数国家,教师不会因为教学评估不合格而失去工作。但是在比利时,如果教师连续两次在教学评估中被评为不合格,将有可能被解雇。在波兰,教学评估不合格也可以

构成解雇教师的合法理由。

（3）旷工。在意大利,教师旷工连续超过 15 天将被解雇;在比利时和马耳他,相应的时限为 10 天。法国和卢森堡规定,在被证明确实无法继续维持工作关系的情况下,可在不提前告知的情况下开除职业公务员教师。

（4）存在不道德的或不合适的行为。瑞典、爱沙尼亚和拉脱维亚三国规定,如果存在疏忽大意、行为举止粗俗以及不履行工作责任等行为,教师将有可能被解雇。但是,以不道德的或不合适的行为作为解雇教师的理由,这种做法在欧盟范围内并不十分普遍。

2. 教学岗位重组

在一些国家,用人单位出于教学岗位重组的需要或其他特殊原因而做出的裁员决定,将不可避免地导致部分教师被解雇。需要指出的是,此类裁员与教师的日常表现完全无关。芬兰对出于结构性原因而解雇教师做出了最具有典型意义的规定。在芬兰,工作量或任务急剧减少、长期的或永久性的经济原因以及岗位重组过程都有可能使教师失去工作。然而,该国同时规定,只有在教师无法被调动至另一份任务相似的工作岗位或无法接受再培训的情况下,才可以做出解雇教师的决定。其他的一些国家也有类似的规定。例如立陶宛规定,如果用人单位因教学岗位重组的需要而裁员,那么必须向该教师提供另一份工作。如果拒绝接受新的工作,那么该教师将被解雇。斯洛文尼亚规定,校长或教育行政部门必须努力为被裁员的教师寻求另一份工作。

一些国家还为有可能面临裁员危险的教师建立了保护性措施。在英国,如果学校不得不面临关闭,那么教师有权获得遣散费。捷克规定,在发出裁员通知后的 3 个月里,不管用人单位是否能为教师提供另一份工作,都要全额支付教师的工资。在波兰,如果学校不得不面临关闭,那么用人单位必须向教师支付 1～6 个月的工资,以此作为赔偿。

与上述做法不同,在将教师任命为职业公务员的国家,因结构性原因而直接辞退教师的现象是非常罕见的。但是如果职业公务员教师一旦面临结构性调整的需要,那么他们必须无条件地服从调任至另一所学校工作的决定。

3. 健康原因

因健康原因而无法继续工作,也是导致教师被解雇的法定事由。同时,各国根据社会福利制度,通常都为这样的教师提供伤病残救济金。在拉脱维亚和立陶宛,如果教师连续病休超过 4 个月,则有可能被解雇。在英国(苏格兰)和波兰,对病体时间的规定更长一些,为期 1 年。在比利时、意大利、荷兰、瑞典、捷克、爱沙尼亚和匈牙利,长期病休可以构成责令教师提前退休的合法理由,同时将为教师提供伤残病救济金。在法国、葡萄牙、奥地利和马耳他,长期病休的职业公务员教师也有可能被责令提前退休,但同时会安排相应的保护措施。例如葡萄牙规定,在出于健康原因而责令教师提前退休之前,通常有 2 年的缓冲期。在此期间,教师的教学工作量将被削减,同时根据教师的健康状况为其安排其他的工作任务,以此来弥补法定的工作时间。此外,每隔 6 个月,还将对教师的实际状况进行评估。

值得注意的是,一些国家对长期病休和暂时患病进行了严格的区分。这些国家规定,教师因患病而暂时离岗,不应该被解雇。例如比利时、芬兰和瑞典规定,除非严重地削弱了教师继续工作的能力,否则疾病和伤残不能构成解雇教师的合法事由。

(三) 开除与解雇教师的法定程序

在欧盟各国,如果教师存在过错,将受到不同程度的惩戒,严重者甚至将直接被开除或解雇。用人单位在对教师做出开除或解雇决定之前,必须向教师本人申明处分的理由,同时给予教师陈述和申辩的机会,而且,用人单位应同时向相关的教师组织通报该项决定。如果教师本人对有关开除或解雇的处分决定不服,有权提出上诉。[7]

将教师定位为公务人员或雇员的国家普遍规定,除非因过错事由而解雇教师,否则提前通知必须构成用人单位解雇教师的前提条件。但是根据解雇的事由、教师的服务年限等因素的不同,提前通知的期限也不尽相同。[8]

首先,根据解雇事由的不同,提前通知期限也有所不同。如果出于结构重组的原因而做出解雇教师的决定,那么提前告知的时限往往更长一些。例如捷克规定,如果因学校关闭而解雇教师,必须提前 3 个月告知教师本人;如果因岗位重组而解雇教师,必须提前 2 个月告知教师本人。爱沙尼亚规定,如果因教师不再适合继续工作(出于职业技能或身患疾病的原因)而解雇教师,通知期限为 1 个月；如果因学校关闭而解雇教师，通知期限为 2 个月。然而，对服务年限已经超过 5 年的教师来说，他们有权享受 3 至 4 个月的提前通知期限。一些国家规定，如果发生了上述情况，那么教师有权在提前通知期限内继续领取薪水。

其次，在欧盟范围内，根据教师的资历适当延长解雇通知期限的做法也非常普遍。通常是依据服务年限的长短，设定解雇教师的最短通知期限。服务时间每增加一定的年限，最短通知期限也会相应地延长（通常为 1 个月）；服务年限达到 15 年的教师，将享受最长的提前通知期限。例如丹麦规定，教师的服务年限每增加 3 年，解雇通知期限也相应地延长 1 个月，直到通知期限达到 6 个月的最大值为止。在英国的苏格兰，通知期限以周为单位进行计算，即服务期不少于 4 年的教师，享受 4 周的通知期限。此后，服务期每多 1 年，通知期限也相应地延长 1 周，直到通知期限达到 12 个星期的最大值为止。在英格兰和威尔士，一般情况下最短通知期限为 2 个月。如果在学年的下学期解雇教师，那么通知期限为 3 个月。连续服务超过 8 年的教师，有权享受更长的通知期限。

最后，由于职业公务员教师通常不会因教学岗位重组和健康原因而被直接辞退，因此提前通知期限也就失去了意义。同时，如果教师存在过错，那么可在不提前通知的情况下做出开除公职的决定。

（四）对我国教师管理及教师聘任制的启示

欧盟的实践表明，以法律手段明确中小学教师的职业身份，对建立完善的教师职业保障制度至关重要。无论是职业公务员、公务人员还是雇员，一旦教师的职业身份明确下来，国家都将为之建立不同的职业保障制度。显然，明确教师的职业身份对保障教师的权益非常重要，但从当前我国的实践来看，中小学教师身份不明是一个比较突出的问题。

在我国原有的计划经济体制下，中小学教师具有"国家干部"的职业身份。然而，随着社会主义市场经济体制的建立与人事制度改革的不断深入，教师的职业身份也发生了显著的变化。1993 年的《教师法》第三条规定"教师是履行教育教学职责的专业人员……"第十七条规定"学校和其他教育机构应逐步实行教师聘任制。教师的聘任应当遵循双方地位平等的原则，由学校和教师签订聘任合同，明确规定双方的权利、义务和责任。"2005 年通过的《公务员法》第二条规定"本法所称公务员,是指依法履行公职、纳入国家行政编制、由国家财政负担工资福利的工作人员。"以上法律规定表明:在事业单位人事制度改革的背景下,教师不再属于国家公务员的范畴;传统的教师任用制度正逐步发生变化,学校开始实行教师聘任制。但是,"专业人员"只是对教师的职业特点做出了界定,而公务员也有可能同时是专业人员,因此《教师法》所规定的"专业人员"显然不能够赋予教师一个明确的职业身份。

既然不属于公务员系列,那么教师究竟是公务人员,还是雇员?教师与学校签订的聘任合同具有怎样的法律性质,是具有公务性质的聘任合同,还是普通的劳动合同?教师管理的法律依据适用于《劳动法》,还是《教师法》及其他特殊的法律规范?所有这些问题,不仅在理论界引发了争议,而且也给司法实践带来了困惑。从《教师法》第二十五条和二十九条的规定来看,中小学教师虽不属于公务员系列,却在某些重要权益上比照公务员执行,从而反映了其身份所具有的公务特征。这也表明,中小学教师职业的公益性决定了教师的职业身份比较特殊。从这一点来看,《教师法》的修订工作应加快进行,并在其中明确中小学教师的职业身份。如果将教师定位为公务人员,那么应参照《公务员法》中有关"机关聘任公务员"的规定,在《教师法》中明确规定教师聘任合同的订立、聘任合同的履行和变更、聘任合同的解除和终止等具体事项,或是出台专门的法规并对教师聘任制问题做出专门的规定;如果将教师定位为雇员,那么有关教师劳动合同的问题,都应由新的《劳动合同法》(自 2008 年 1 月 1 日起施行)来规范和调整。

考虑到当前我国的国情以及中小学教师职业的特殊性,作者支持采取第一种制度安排。此外,针对教师解聘的问题,我国《教师法》仅在第三十七条规定,教师有下列情形之一的,由所在学校、其他教育机构或者教育行政部门给予行政处分或者解聘:故意不完成教育教学任务给教育教学工作造成损失的;体罚学生,经教育不改的;品行不良、侮辱学生,影响恶劣的。这样的规定,既没有对解聘的事由进行详细的分类,也没有对事由做出明确而具体的解释,从而造成在实践中难于操作,而且对解聘的前提条件——提前通知期限,也没有做出明确的规定。在这方面,欧盟的实践具有重要的借鉴意义。因此,建议在《教师法》的修订工作中对上述问题做出重要的改进和调整,从而更好地保障中小学教师的合法权益。

参考文献

［1］Eurydice European Unit. Report Ⅱ：Supply and Demand.

［2］［3］［4］Eurydice European Unit. Report Ⅳ：Keeping Teaching Attractive for the 21st Century. The Teaching Profession in Europe：Profile，Trends and Concerns［EB/OL］. http：//www. Eurydice. org. ［2004—06—14］.

［5］姜明安.行政法与行政诉讼法［M］.北京：北京大学出版社，1999. 121.

［6］［7］［8］Eurydice European Unit. Report ⅲ：Working Conditions and Pay. The Teaching Profession in Europe：Profile，Trends and Concerns［EB/OL］. http：//www. eurydice. ［2003—09—02］.

（本文发表于《比较教育研究》2008 年第 6 期。作者李晓强，时属单位为中央教育科学研究所教育发展研究部）

八、美国公立中小学教师终身职及其对我国教师聘任制的启示

由于公立学校受到质量下降批评的压力,美国各州纷纷要求提高公立学校的绩效,随之而来的便是对教师提出了更高的要求,这种要求一方面表现在对教师资格取得的严格设定,另一方面则体现在教师聘任制上。美国教师聘任制一般要求教师与地方学校董事会(Local School Boards)签订书面合同。聘任合同从形式上来看,大致分为两类,一是定期合同(Term Contracts),与之相对的是终身合同(Tenure Contracts)。一旦签订终身合同,教师就获得了终身职(Tenure),本文拟对美国教师终身职作一探讨,以期能对我国教师聘任制和正在修订的《中华人民共和国教师法》有所启示。

(一) 教师终身职的意义及其实施的一般情况

虽然美国各州终身职法律是不同的,但它们的立法宗旨大致是一致的。大多数终身职法律是为了保护优秀教师。签订终身合同主要是为教师提供一种工作上的安全感,稳定教师队伍,同时避免学校权威部门对教师恣意和无常地干预。美国许多法院对终身职法律的立法意图作出了明确的类似上述意思的描述。

由于美国在教育行政上实行地方分权,管理教育的权力保留给了州一级政府,关于终身合同的一些法律条款也由州立法机关具体规定。终身合同要求除非有充足的理由和程序上的正当手续,否则不能随意解聘教师。一旦教师被授予终身职,学校董事会就不能单方面地废止教师合同。如果要解聘教师,至少

要事先通知当事人,并要举行听证会,邀请当事人参加。[1]

终身合同包括了法定权利,各州具体的合同程序和合同保护是不同的,因此,一个州的司法解释对于理解另一个州的法律来说没有任何指导意义。大多数终身职法规(Tenure Statutes)详细说明了获得终身职的要求和程序,同时也明确规定了解聘终身职教师的原因和程序。法院在解释终身职法律时,一方面试图保护教师的权利,同时也力图保持学校人事管理方面的灵活性。

在学校董事会与教师签订终身合同之前,大多数州要求对教师有一个大约三年的试用期。试用期间,一般会签订定期合同,但合同结束之后并不一定能保证教师获聘。另外在试用期间,终身职法规一般要求教师提供正规的和连续的服务。例如,马萨诸塞州终身职法律规定,在教师获得终身职之前必须提供三个连续学年的教学服务。在解释这条规定时,马萨诸塞州上诉法院认为,一位只提供了大约四分之三学期教学服务的教师,他的服务是不能称得上为了获得终身职的,因为它还不到一年。[2]

与教师签订终身合同是地方学校董事会的权力,这种权力不能委托,也不能授予其他机构。尽管学校董事会可以授予终身职,但不能改变由立法机关设立的终身职条款。立法机关确定终身职的根据、资格要求以及获得终身职身份的程序。例如,如果法律条文规定获得终身职必须有一个试用期,那么聘任双方就一定得认真履行这一条款。当教师满足了终身职的法定要求,学校董事会就不能拒绝履行授予终身职的义务,也不能要求新任教师(new teachers)为了获聘而将放弃终身职权利作为一个前提条件。只要教师达到了法定的要求,学校董事会就必须授予其终身职。一般来说,如果法律没有明确的规定,终身职是不能从一个学区转移到另一个学区的,这有助于确保学区官员在教师获得终身职之前有机会评价和考察他们。[3]

终身合同虽然使教师具有一定的工作安全感,但是并非可以保证教师永远就聘,也不能让与在特定学校、年级或学科领域教学的权利。就像解聘一个教师必须在终身职法律有详细具体的原因一样,教师可能被委派到某个已经得到证实且适合他的职位上。[4]由此看来,教师终身职是非常强调专业性的,要求对号入座,不能像商品一样可以随便转移和让与。许多州限制教学职位的终身职授予,但是却愿意将终身职授予给管理职位和人事工作职位。在这些州,只要试用期服务和其他具体的法定条款得到履行,那么就可获得行政管理的终身职。虽然作为教师的终身职并不意味着可以拥有作为行政管理的终身职,但是大多数法院认定,教师终身职是经过了认证的专业雇员,提供一种持续的服务,当它转为一种行政管理人员时,并没有改变他作为教师所拥有的终身职的权利。怀俄明州最高法院解释道:"使人们在行政管理职位拥有广泛的课堂教学经验,这是可取的,甚至是很重要的。如果拥有教学职位终身职的教师在接受行政管理角色时不得不放弃教学职位终身职,那么要使经验丰富的教师充任行政管理职位是很困难的。"与流行的观点不同,新墨西哥州最高法院坚持认为,个人为了自身发展自愿放弃教学职位而转到行政管理职位,就意味着放弃了教学终身职权利。根据这个法院的解释,州终身职权利被赋予一个职位而不是被赋予某个人。[5]

(二)终身职获得的条件及解聘终身职的原因和程序

获得终身职,教师首先应通过教师资格认证,获得教师资格证书。这是最基本的要求,也是认定终身职主体资格合法的一个基本条件。其次,教师在获得终身职之前一般会有一个试用期。在试用期,学校董事会一般会与教师签订一份合同。在合同结束时,学校董事会可能不再续聘教师,无需解释理由。学校董事会也可以在合同没有到期就以充足的理由解聘教师,但是教师的正当程序权利必须得到尊重。既然州法律规定获得终身职必须满足一定的实质性和程序性的要求,那么对于学区来说坚持这些要求是必要的。一般来讲,州法律会确认一个具体的日期,在这一天必须通知试用期教师来年将不再得到聘任机会。不再续聘的通知往往通过挂号信件等形式在这个具体日期或之前送达到大家所熟悉的教师地址。如果学区没有做到这一点,教师就可以获得下一年的聘任。当教师在同一个学区完成三个连续学年的工作,如果没有收到不再续聘的通知,那么这个教师就自动获得了终身职。[6]

试用期后是否续聘也是教师获取终身职往往要迈过的一道关口。获取聘任就其实质来说是一种财产利益。正当程序很少运用到试用期教师身上,主要原因在于,教师试用是一种受到限制的财产利益。之所以说是受到限制的一种财产利益,因为试用期间,比较典型的是教师都会签订一份为期一年的合同,如果学校董事会愿意,合同每年是可续的。试用期教师只拥有一年合同期的财产利益,当合同期每年结束时,教师就失去了固有的财产利益,因为教师和学区都已经实现了合同中规定的对彼此承担的义务,如果要表明一种财产利益继续存在,那么正当程序和合适的理由是必要的。如果学区决定解聘合同期间的试用期教师,那么完成正当程序上的手续是必需的,如解聘之前的通知、解聘理由以及正式的听证,因为合同期间的教师拥有财产利益。[7]

虽然终身职教师有助于保护优秀教师,有利于保持教师队伍的稳定,提升学校绩效,但并不意味着终身职教师就不能解聘。当然解聘教师直接关系到教师的未来生活,也关系到他的切身财产利益,因此解聘教师是一件需要谨慎小心的事情。美国州法律规定,除非基于法定理由,不得解聘终身职教师。在解聘终身职教师时,学区教育委员会负举证责任。根据州法律规定,解聘终身职教师必须符合法律的规定和要求,出示充分的证据,举行正式的听证。总而言之,就是要满足实质上的正当法律手续和程序上的正当法律手续。

解聘终身职教师主要有如下几个方面的原因。[8]

1. 不胜任(incompetency)

不胜任是解聘终身职教师经常提出的理由之一。有一些州将不胜任作为解聘教师的唯一根据与理由。在这种情况下,几乎任何具体的解聘原因都包含其中。从最一般的意义上来说,不胜任往往是指无效率、缺乏技能、学科知识不够、不能或不愿上课、不能跟同事和家长有效开展工作、对己要求不严、班级管理不善、工作态度不好,等等。因为法院将教学资格证书视为似乎能胜任工作的证据,因此控告终身职教师不胜任的举证责任往往由学校董事会来承担。能胜任工作的教师,一般地说,他们被认为是有知识、有技能和具有普通教师或者一般智商的人。

法院对不胜任的认定一般是指知识、技能和智慧的缺乏,在有些情况下是指专业性不够。它不仅使教师无法为学生创造合适的学习环境,也妨碍其教学方法、教学策略和课堂教学的有效性。许多学校都为这种教师设计成长和改进绩效的方案,以使他们能够胜任教学工作。但帮助教师改进绩效需要及时的反馈,而且要对这一过程保持系统的和持续的评估并记录在案,否则控告教师不胜任是十分困难的。

2. 不服从(insubordination)

不服从一般被认为是故意或没有能力服从合适的和有效的行政管理指令。在大多数情况下,教师不服从的行为比较容易辨别。然而,也有这样的情况,一次严重的妨碍也可能会构成控告不服从的依据。大多数不服从是指教师的不合适行为已经受到明确的警告,但仍不在意这种警告。如果是这样,不服从的控告通常会得到支持。

只有对教师违反有效的行政管理命令或指令的不端行为有记录在案的证据,才会成功地控告教师不服从。如果将不服从的行为与教学效果和相关的学术问题联系在一起,控告不服从就更有可能成功。如果有证据显示指令或行政管理的命令对教师有偏见或者不合理,控告不服从往往很难立得住脚。另外,命令或指示不能侵犯教师的基本权利,否则这种控告也是失效的。

3. 不道德行为(immorality)

美国相关州法律规定不道德行为可以作为解聘教师的依据之一。不道德行为是指违反特定共同体伦理的行为。一些州法律称不道德行为不适合教学、给学生树立了不良的样板、破坏了道德的统一性和完整性。法院认为,问题行为不仅在特定共同体标准下是非道德的,而且也对教师的教学能力有损害。特别是不道德行为有损班级教学的有效性,法院基本在这一点上达成了共识。任何实际上妨碍孩子的教育和对教师合适的教学产生直接影响的行为往往会构成控告不道德行为的依据。法院试图表明的一个基本问题是,教师的不道德行为是否影响教学绩效和有效性,对于这一问题的不同回答将直接决定了教师是否应该解聘。美国有 38 个州的学校教育委员有权以不道德行为为理由来解聘教师。[9]这些不道德行为包括:同性恋;非职业行为;犯罪活动;对学生有性要求;体罚学生;使用亵渎性语言;有吸毒的不良行为;有酗酒的不良行为;盗用公款;欺诈;撒谎,等等。

4. 财政危机或职位废除(financial exigency or abolition of positions)

当一个学区在预算开支上大幅减少时,财政吃紧的情况就马上会出现,以致会削减某些聘任职位。当学区碰到入学人数减少,这时某些职位也可能会被裁掉。只要有证据表明合法的财政问题明显存在,学区应该贯彻减员(reduction in force)政策,履行实质上和程序上的正当法律手续,那么法院一般会支持学区裁员的要求。一般地讲,由于解聘是基于一种财政上的考虑,因此对于正当法律手续的期望并没有像因个人或绩效问题被解聘那样迫切。在支持财政紧缩时,法院经常要求学区做出如下解释:① 合法的财政危机存在;② 财政危机的缓和与源自解聘的利益之间存在一种合理的关系;③ 做出解聘决定必须遵循公平和一致的正当程序。学区在减员中往往也试图确立一个比较客观的标准。通常的标准是:① 所讲的主题是否需要;② 教师在学区就教的资历;③ 教师在教学专业方面的经历;④ 获得的最高学位和证书;⑤ 拿到最高学位和证书有多长时间;⑥ 是否拥有所讲主题的资格;⑦ 教学绩效。除此之外,学区也试图通过自愿退休、辞职、休假和调动工作等方式来达成减员计划。

虽然各州规定了解聘终身职教师的各种理由,但解聘终身职教师时必须遵循正当的法律程序,这一点对于保护教师的合法权利是十分重要的。一般而言,美国法院认为,学校在解聘一名教师时,必须适用的程序保护有以下几点:[10] ① 必须正式通知教师;② 必须给教师充分的时间来答辩;③ 必须给教师提供证人和获得证据的机会;④ 必须在做出有损教师利益的决定前,举行听证会;⑤ 教师有权请法律顾问代理事务;⑥ 教师(或法律顾问)可以出示证据及询问控诉方证人;⑦ 校董事会的决定必须以证据和听证会的调查结果为依据;⑧ 必须保留听证会的记录和副本;⑨ 教师有权对不利于自己的决定提起诉讼。

(三) 终身职对我国教师聘任制的启示

首先,在公立中小学设立教师终身职的意义比较明显。目前我国多部法律和政策中明确规定,中小学校实行教师聘任制。但教师聘任制度从合同形式上来看比较单一,主要为定期合同。由于法律对定期合同的期限没有做出具体规定,实践中有的为 3 年,有的为 4 年,也有的为两年,聘期均比较短,造成教师频繁聘任,浪费大量的人力、物力、财力,也不利于教师队伍的成长和稳定。美国教师终身职的实践证明,它有助于确保教师工作的安全感,保持教师工作的积极性,保证始终拥有一支稳定而优秀的教职工队伍。另外设立教师终身职有利于保护中小学教师的权利。由于我国教师聘任制除了教育法律做了几条原则性的规定外没有具体的实施细则和操作办法,造成聘任五花八门,有的甚至借教师聘任制之名对教师打击报复。因此设立教师终身职,并规定学校除非法定理由不能随便解聘教师,对于保护教师,特别是那些工作时间较长、业绩特别突出的优秀教师的权利是具有积极意义的。

其次,教师聘任制一定要坚持正当法律程序。从上述对美国终身职教师的聘任及解聘的分析来看,它们始终强调正当法律程序在其中的作用。对于正当程序,美国宪法第十四修正案规定:"任何州不得制定或实施任何法律,来剥夺合众国公民的优先权与豁免权。各州亦不得不经正当法律程序,即剥夺任何人的生命、自由或财产,或在其管辖区域内对任何人拒绝提供法律的平等保护"。[11]美国相当多的教职工因为学校的聘任决定对自己不利而提起诉讼,这些诉讼有的针对程序保障某一方面问题,有的直接针对正当程序本身。在聘任中,法院确认了在聘任关系结束前,有必要以正当程序保障公立学校教师的财产和自由权。如果涉及受保护的宪法权利,正当程序至少可使教师能得到一份学校董事会的解释通知,或者有机会参加听证会。[12]我国《教师法》第17条、第37条分别规定了实施教师聘任制的原则和解聘教师的条款。但是对聘任教师的程序和要求没有做出规定,解聘教师的原因也过于简单,解聘的程序更是一片空白,如解聘之前应予通知、给教师申辩的机会、举行听证会、告知教师上诉的权利等等程序均无规定。

再次,教师聘任制的实施办法不宜"一刀切"。美国在实施教师终身职时,并没有由联邦制定一部具体的法律,而是把权力交给了各州,许多州都制定了专门的教师终身职法规。虽然在终身职教师聘任条件及程序、解聘的原因及程序等方面的规定大致相同,但是在具体细节上还是存在一定的差别,因为每个州的情况都不一样。虽然如此,并不意味着联邦不管州了,州法律的规定都不得违反联邦宪法和法律,否则无效。由于我国各地教育发展情况差别很大,各地教师的素质也很不相同,因此,国家在制定教师聘任制的实施办法时只宜做一个最基本的要求,如对教师聘任的条件做出一个基本的规定,并强调这些条件虽然可以根据各地的情况调整,但是调整的幅度不能超出一定的范围。再如,解聘教师的原因一旦由国家规定后,各地只可细化,不再增加其他原因。这样的立法既可以照顾到各地的情况,留给了地方发展教育的自主权,同时又有利于保护教师的合法权利免受侵害,调动教师工作的积极性。

参考文献

[1][2][3][4][5] Nelda H. Cambron-Mc Cabe，Martha M. Mc Carthy，Stephen B. Thomas. Public School Law：Teachers' and Students' Rights(Fifth Edition)［M］. Bostom：Allyn and Bacon，2004. 284，285，285—286，286，287.

[6][7][8] Nathan L. Essex. School Law and the Public Schools：A Practical Guide for Educational Leaders(second edition)［M］. Boston：Allyn and Bacon,2002. 226,227—228,230—244.

[9] 吴清山. 美国教育织与行政. 台北：五南图书出版公司,1994. 187.

[10][12] 陈伯礼. 美国公立学校聘任中的法律问题［M］. 哈尔滨：黑龙江人民出版社,2002. 82,73—74.

[11]张千帆. 西方宪政体系［M］. 北京：中国政法大学,2000. 708.

（本文发表于《比较教育研究》2006 年第 5 期。作者郭凯，时属单位为北京师范大学教育学院）

九、美国中小学教师终身教职制度的改革动向

20世纪下半叶以来,美国学生学业成绩持续不前,甚至下降的事实引起了美国政府的忧虑。2002年1月8日,布什总统签署了《不让一个儿童掉队》法案,要求地方学区雇用高质量的中小学教师,即那些至少具有学士学位、具备完全资格和学科教学能力的教师。如何留住高效能教师、解聘不合格教师成为各州教育管理部门、地方学区、学校管理层和立法机构重点考虑的问题。其中,教师终身教职制度被视为保护不合格教师的制度,成为美国各州教育改革和教育立法的焦点。本文试图追溯美国教师终身教职制度立法的历程,剖析关于教师终身教职制度的争论,在此基础上深入分析教师终身教职制度改革动向,以期为我国当前的教师聘任制度改革提供一定的参考。

(一)美国教师终身教职制度的立法历程

19世纪末,美国许多教师在光线黑暗、通风不良、拥挤不堪的教室上课,缺乏应有的福利待遇和工作保障。恶劣的工作条件和教师被随意解聘的情况引起了全国教师组织——全国教育联合会(National Education Association)的关注,该组织奋起为教师争取应有的职业保障。1885年,全国教育联合会提出建立教师终身教职制度的建议,要求政府为中小学教师提供与公务员相似的工作待遇和职业保障。1886年,全国教育联合会成立了工资、终身教职和退休金委员会(Committee on Salaries,Tenure,and Pensions),研究教师终身教职制度的相关问题,并直接推动了终身教职制度的立法。1909年,新泽西州通过了美国第一个教师终身教职法。支持终身教职立法的人认为,教师终身教职制度具

有一定的优越性:第一,能够吸引更多优秀人员从教;第二,能够增加学区运作的效率;第三,能够提高教师职业的吸引力;第四,能够减少聘任教师和解聘教师过程中的政治偏好。但是,反对终身教职立法的人则认为,教师终身教职制度具有难以避免的负面作用,即不利于解聘不合格的教师。[1]

新泽西州的终身教职立法在保护教师权利问题上迈出了极为重要的一步,然而,教师终身教职制度被广泛接受却主要得益于伊利诺伊州在立法上的努力。19 世纪 90 年代晚期,伊利诺伊州最大的城市芝加哥成立了第一个教师工会组织,即著名的芝加哥教师联盟,其宗旨在于为教师争取工作待遇和职业保障。芝加哥教育管理部门与教师联盟之间的摩擦不断增加,引发了一场政治与立法的斗争。当大量教师被地方教育管理部门和学校董事会恣意解聘之后,伊利诺伊州最终出台了 1917 年《奥蒂斯法案》(Otis Bill)。该法案规定,芝加哥公立学校教师任教满 3 年之后可以获得终身教职。20 世纪 30 年代,受经济大萧条的影响,许多工人遭遇失业或者降薪,教师被恣意解聘的比率也逐步上升,学校董事会终止教师聘任合同,代之以自己的亲戚、朋友或者支持者的情形并不少见。在伊利诺伊州,将教师终身教职制度扩大至全州范围的观点获得了广泛支持。全国教育联合会下属的伊利诺伊州教育联合会将扩大教师终身教职制度适用范围列为优先解决的问题,并迫切地要求提高教师职业保障力度,以应对教师被恣意解聘的问题。1941 年,伊利诺伊州通过了适用于全州的第一个教师终身教职法——《建立和保持自由学校系统法》(The Act To Establish And Maintain A System Of Free Schools)。支持该法的人认为,为教师提供终身教职能够有效减少恣意解聘教师的行为,有利于保护教师的财产权和言论自由,有利于提高教育质量和教育系统的效率。但是,与新泽西州反对教师终身教职立法的人一样,反对该法的人也担心造成教师职位终身制,导致学区无法解聘不合格教师。

随后,美国其他州也陆续颁布了教师终身教职法或者其他形式的教师职业保护法。从实施范围来看,截至 1950 年,全国 21 个州出台了教师终身教职法,另有 21 个州通过了类似于教师终身教职法的法律。从教师人数来看,截至 20 世纪 50 年代中期,全国大约 80% 的教师受到终身教职制度的保护。但是,有的研究者认为,直到 20 世纪 60 年代全美教师联盟成功地组织了纽约教师运动,教师工会维权活动逐渐增加,终身教职制度才成为公立学校系统的重要组成部分。[2]

(二) 教师终身教职制度改革的缘由

近年来,减少不合格教师的数量成为教育管理制度改革的重要目标之一。这一目标的确立主要基于以下两个方面的原因:第一,教育领域内部改革的要求。20世纪80年代以来,美国基础教育学校办学效率和学生学业成绩普遍下降的现实,引发了基础教育领域内新一轮的改革。公众普遍认为,学生学业成绩与教师教学存在极为密切的关系,要提高学业成绩必须解聘不合格教师;第二,公共管理领域改革的影响。随着公众对公共服务需求的增加,美国政府承受着相当大的财政压力,提高公共管理部门的效率成为公共管理领域改革的目标。在人事管理上,公共管理部门开始尝试将用人权下放到下级机构,强化责任和绩效。下级机构与工作人员签订包含绩效目标在内的雇佣合同,取消原来的终身雇佣制度。另外,原来由公务员承担的部分工作改由持私法合同的工作人员完成,减少了公务员数量。公共管理部门的改革,不仅减少了政府的财政支出,也提高了工作效率和效能。例如,1996年乔治亚州不再为新进入公务员队伍的人员提供终身职位保障,此项改革大力提高了低效能雇员的退出比例。据此推理,为提高学校的办学效率,必须解聘不合格教师。

但是,正如当初反对终身教职制度立法的人士所担忧的那样,教师终身教职制度在一定程度上阻碍了学区和学校解聘不合格教师。根据各州教师终身教职法的规定,解聘终身教职教师必须基于法律规定的正当理由,通常包括不称职、不道德、不服从、玩忽职守等。同时,解聘教师必须遵循宪法规定的正当程序,包括给予教师听证等权利。例如,依据乔治亚州《1975年公平解聘法令》(The Fair Dismissal Act Of 1975)的规定,面临解聘的终身教职教师享有以下权利:获得关于解聘的书面说明和听证的权利、向学校董事会和州教育委员会申诉的权利、向州最高法院提起诉讼的权利。因此,解聘一位不合格的终身教职教师,往往需要耗费大量的时间和经费。在时间方面,例如,密歇根州迪尔伯恩市某学区取消体育教师弗莱斯坎终身教职一案就持续了4年。2000年,该教师与担任其教学助手的学生发生了性关系,该学生家长向校长投诉并呈交了相关证据。学区教育委员会投票取消了该教师的终身教职,但她以自己的隐私权和个人交友权受到侵犯为由向地方法院提起诉讼,最后于 2004 年 10 月上诉至美国第六巡回法院。该法院 3 人陪审团一致驳回了她的上诉,支持学校解聘该教师的合理理由。[3]虽然学校最终达到了解聘不合格教师的目的,但为此耗费的时间却相当长。在经费方面,据调查,解聘一名教师所需要的律师费用一般预计为 10 万元,但实际花费可能更高。例如,2000 年,伊利诺伊州某农村学区试图解聘一名教师,截至 2005 年时仍然悬而未决,但律师费已经超过了 40 万元。[4]由此可见,即使是解聘不合格的终身教职教师,学区和学校也往往承受时间和经费的双重负担,这是导致教师解聘率低的关键之所在。2005 年,伊利诺伊州的一项全州性调查显示,自 1985 年教师终身教职法修订以来,在 95 500 名获得终身教职的教师中,每年只有 7 名教师被解聘,其中只有 2 名教师是由于教学成绩差而被解聘;在将近 900 个学区中,83% 的学区从未给予任何终身教职教师以"不合格"的评价。[5]2006 年,对新泽西州伯根县的调查显示,10 年来在该县将近 10 000 个具有终身教职的教师中,几乎无人被解聘。[6]

基于以上情形,美国地方学区和学校的管理者将矛头指向终身教职制度。2006 年的一项调查数据显示,91% 的学校董事会主席认为终身教职法降低了他们解聘不合格教师的能力,他们希望能够更为自主地聘用高素质教师,解聘不合格教师。[7]在乔治亚州,学校管理者认为,由于解聘教师的程序过于繁复,实际上很少有教师被解聘,这是导致学生学业成绩不能提高的重要原因。[8]

与教育管理者观点不同的是,维护中小学校教师利益的全国教育联合会、全美教师联盟和它们在各州的分支机构则认为,教师解聘率低的原因不在于教师终身教职制度本身,而是由于低效的教育评价制度所致。伊利诺伊州教师联盟的主席认为,无法解聘终身教职教师的说法非常可笑,只有少量教师被解聘的原因在于学区和学校只需要解聘少量教师。他进一步指出,被解聘人数的数据正在误导公众,因为这些数据并不包含那些自认为不胜任工作而辞职的教师。[9]即使教师工会组织的观点具有相当的合理性,但由于解聘不合格教师的比例低于实际需要,教师终身教职制度仍然备受指责,成为教育改革的对象。

(三) 教师终身教职制度改革的动向

美国在改革教师终身教职制度的过程中形成了两种不同的观点,由此构成了两种不同的改革动向。

1. 取消教师终身教职制度

以教育管理部门和学校管理者为代表,他们质疑教师终身教职制度的必要性,将教师终身教职制度视为解聘不合格教师的障碍。2006 年,研究者的调查数据显示,学校董事会主席否认了教师终身教职制度的必要性。他们认为,高效能教师的职业稳定性超乎想象,即使没有教师终身教职制度,这部分教师也能得到学校董事会所制定程序的保护。也有部分学校董事会主席自信地表示,不给予教师终身教职,教师也会为提高教学质量和学生学业成绩而努力工作。[10]乔治亚州教育改革就践行了这一观点。20 世纪 90 年代末,在全国教育评估中,乔治亚州因辍学率高和标准化考试成绩低在东南部各州和全国排名接近最后名次。在那一年的州长竞选中,民主党候选人罗伊·巴恩斯提出,教育改革应当被列为优先考虑的事项,并承诺在执政期间致力于推进教育改革。当选之后,罗伊·巴恩斯努力推动教育立法进程,通过了《2000 年优质教育改革法令》(The A+ Education Reform Act of 2000),取消 1975 年公平解聘法以及保护教师职业的相关条款。2000 年 7 月 1 日之后,乔治亚州正式取消教师终身教职制度。替代教师终身教职制度的做法是,教师经过试用期之后可以续签包含绩效条款的聘任合同,允许学校解聘教学效能低的教师。但是,从乔治亚州教育改革法的成效来看,并未实质性地提高学校解聘不合格教师的比例。

2. 完善教师终身教职制度

乔治亚州取消教师终身教职制度并未达到解聘不合格教师的目标,其他州的管理者、立法者和研究者转向关注如何完善教师终身教职制度,使之既能为教师职业提供良好的保障,又能够确保学校解聘不合格的教师。

(1) 避免不合格教师取得终身教职

为了避免不合格教师获得终身教职,从源头上杜绝不合格教师的产生,各州实际上已经采取了多项措施,主要包括两个方面的内容:第一,修订教师的从教标准。在师资培训上,各州的师资预备项目负责为各州培养胜任教师职业的候选人。从理论上来说,所有候选人都达到从教标准是不可能的,只有极少数候选人因为不合格而被取消候选人资格。因此,这种培训并不充分,无法避免公众对教师产生"不合格,不合适"的印象。在学历方面,20 世纪中期只有小部分州要求教师具有大学学历,但当前,几乎所有的州都要求教师具有大学学历,部分州要求教师具有硕士学历,甚至更高。虽然对教师的学历要求在提高,但却很难说明教师所接受的教育能够完全满足教学的实际需要。因此,教师的从教标准由追求形式标准逐步转向实质性标准,即真正能够反映教师能否胜任教学工作的标准。第二,延长新教师的试用期。根据法律规定,在试用期内,学校可以因为任何原因或者不需要原因就终止新教师的聘任合同。经过试用期,可以将不符合资格的、达不到教学要求的教师排除在教师职业之外。新教师的试用期一般为 2 年到 3 年,从理论上来说这段时间已经足够判断新教师能否胜任教学。但是,为了更慎重地甄别教师是否合格,许多州逐步延长教师获得终身教职的服务期限。1997 年,伊利诺伊州修订教师终身教职法,将获得终身教职的年限由 2 年提高至 4 年。2005 年,加利福尼亚州州长阿诺·施瓦辛格在第 74 项提案中提议修改教师终身教职法,将教师获得终身教职之前的服务年限由 2 年延长至 5 年,并允许学区可以解聘连续两次被评估为不合格的终身教职教师。[11]这些变化为教育管理部门提供了更多时间评估试用期教师的教学,避免了不合格教师获得终身教职。

(2) 简化和完善解聘教师的程序

时间是影响地方学区和学校解聘不合格教师的重要因素。[12]因而,简化解聘教师的程序,让不合格教师迅速离开教师岗位,成为教育立法和教育政策制定的重要内容。对于那些危险的教师,例如体罚学生、玩忽职守、性侵犯学生或者与学生保持性关系的教师,需要建立一定的处理程序,让学校能够采取迅速有力的行动解聘他们,保护学生的安全。但是,简化解聘教学效能低的教师的程序则更为复杂。教学效能低的教师包括教龄较长的教师,他们可能不愿意接受课程改革和教学改革,缺乏课堂管理技能和与家长沟通交流的技能。由于教师评估体系不完善,学区和学校难以解聘这部分教学效能低的教师。因而,简化解聘程序还需要建立合理的教师评估体系作为支撑。有研究者主张改革教师评估制度,既为解聘教学效能低的教师提供可操作的方法,同时也为教学效能低但努力向上的教师提供补救机会。[13]有研究者提出了一个综合性教师评估模式,为教师提供传统评估之外的信息。例如评估机构的结构、明确的评估目的以及可以提供的支持等,在解聘之前为教学效能低的教师提供补救策略。[14]

（3）为续聘教师提供多年合同

为教师提供多年合同（multi-year contract），这是解决教师终身教职制度改革争议的重要措施也是教师终身教职制度支持者和反对者都愿意接受的让步性措施。部分学区已经在聘任合同中增加了教师教学技能责任的条款，并且规定只有高效能的教师才能被学区和学校续聘，签订多年合同。由于教学效能低的教师不能获得续聘资格，他们将逐步退出教师岗位。

（4）为无过错的低效能教师提供离职补偿

为无过错的、教学效能低的教师提供离职补偿为改革终身教职制度提供了重要的保障。研究者认为，对于学区而言，为离职教师提供补偿所需的费用，低于解聘教师所需要的听证费用或者诉讼费用，对伊利诺伊州的调查就印证了这一观点。该州某学区为离职教师提供的离职补偿数额为 30 万元，但解聘一名教师的花费却高达 40 万元。[15]然而，这种为离职教师提供补偿的观点，其产生的经济效益可能对部分学区具有吸引力，但是，也可能导致更多的公众批评，引起在职教师更多的不满。[16]

（四）结语

教师终身教职制度能够保护教师不被教育管理部门所控制，能够保障教师获得较好的职业待遇，但教师终身教职制度也沦为保护不合格教师的制度，损害了学生接受优质教育的权利。由此可见，教师、学生以及教育管理部门作为教师终身教职制度所涉及的相关利益者，有着各自不同的利益考虑：教师要求获得正当程序保护，教育管理者要求迅速满足他们要求的制度，学生需要反应迅速、精力充沛并能胜任工作的教师。因此，在改革教师终身教职制度时，必须考虑和平衡所有相关主体的利益以达到平等和公正的结果。值得注意的是，美国教师短缺的现状也给解聘不合格教师带来了阻力，许多州选择了改革教师终身教职制度，而非取消教师终身教职制度。在美国不断强调学生学业成绩和教师教学质量的背景下，教师终身教职制度的发展趋势尚难以完全预见，但可以肯定的是，单一的改革措施无法解决这个复杂的问题。目前，完善现有的教师评估制度是亟需解决的问题，只有教师得到公正的评价，并受到正当程序的保护,改革教师终身教职制度的措施才能获得更多的支持。

参考文献

［1］Huvare, D. J. Tenure for Illinois Teachers: An Analysis of the Philosophical Arguments Surrounding the Adoption of the 1941 Tenure Law for Public School Teachers in the State of Illinois［M］. Chicago: Loyola University, Doctoral dissertation, 1997.

［2］Hess, F. , Maranto, R. A.. Reinventing Tenure［J］. The American School Board Journal, 1999, 186(5):28—31.

［3］Anonymous. Court Upholds Tenure Denial Over Student Relationship［J］. Education Week, 2004, 24(3):16.

［4］［15］Reeder S.. Teacher Failures［J］. The IRE Journal, 2006, 29(2):18—19.

［5］Reeder S.. Uncovering'the Hidden Costs of Tenure'［M］. Quill: 2006, 94(7):21—24.

［6］Kremen, M. Tenure Helps Good Teachers and Shelters the Bad Ones［Z］. The Record(Bergen County, NJ), 2006—07—19.

［7］［9］［10］Kersten, A. T. Teacher Tenure: Illinois School Board Presidents'Perspective and Suggestions for Improvement. Planning and Changing［Z］. 2006, 37(3 & 4):234—257.

［8］Grubbs, G. A Georgia Case Study: The Elimination of Teacher Tenure in Georgia as Viewed Through the Policy Formulation Process Model［EB/OL］. http://coefaculty. valdosta. e－du/lschmert/gera/vol3no1/Tenuress-grubbs. pdf. ［2009—01—15］.

［11］Anonymous. Proposition 74: Teacher Tenure［EB/OL］. http://igs. berkeley. edu/library/htTeacher Tenure. html. ［2009—03—05］.

［12］Painter, S. R. Principals'Perceptions of Barriers to Tea Dismissal［J］. Journal of Personnel Evaluation in Education, 2000, 14(3):253—264.

[13] Julianne C., Stephen T. S., Lisa M., Mark G.. Tenure: An Important Due Process Right or a Hindrance to Change in the Schools? [J] Journal of Personnel Evaluation in Education, 2005, 18(3):219—231.

[14] Tucker, P. D.. Helping Struggling Teachers [J]. Educational Leadership, 2001, 58(5):52—55.

[16] Anton, T. Modifying Teacher Tenure to Regain Public Confidence [J]. Thrust for Educational Leadership 1996, 25(5):34—37.

（本文发表于《比较教育研究》2010 年第 4 期。作者蔡金花，时属单位为北京师范大学基础教育研究院）

教师评价与待遇

一、国外发展性教师评价的发展趋势

近十年来,在国际上教师评价发生了广泛深刻的变化,发展性的教师评价正在形成和完善。[1]这种评价以促进教师发展为主要目的,制定明确合理的评价内容和评价标准,突出教师在评价中的主体地位,促进教师积极参与到评价中并体现教师的个体差异。发展性教师评价重新审视教师的地位和作用,体现了时代对教师的要求,适应了教师角色的转变,其发展趋势主要表现在以下几个方面。

(一)突出教师在评价中的主体地位

发展性教师评价包含了一个十分重要的观念,就是让广大教师认同评价、支持评价并积极参与评价。[2]泰勒(Taylor)和琳道(Lyndal)认为,教师在教学中占据了主导地位,在评价中也同样应该占据主导地位。决定评价价值的是教师,决定理会还是不理会评价信息的也是教师。教师是其教学效果的最后仲裁人,也是通过评价期望发生改变的执行者。以上这些都说明,如果忽略教师在评价中的地位和作用,那么评价的价值和效果会大打折扣。

教师评价不可避免地要受到管理观念的影响。[3]有两种对立的管理理论——X理论和Y理论是两种有代表性的理论模式。X理论认为,被管理的人员不喜欢工作,没有抱负,他们需要被强迫、被控制和被威胁。相反,Y理论认为,员工在条件适当时愿意承担责任,在实现业绩目标时有能力自我管理,对于达到目标的奖励有所回报。

X理论导向的教师评价往往造成教师在评价中处于被动地位。这种评价倾向于既定目标,统一标准,相互比较,明确结论。教师会因为自己的命运掌握在别人手中而感到不安和消极,抵触或逢迎是他们普遍的和无奈的选择。在评价中运用奖惩是 X 型管理的重要特征和必要手段。在教师评价中,将评价结果与精神或物质奖惩挂钩可能是教师在评价中处于被动或感到畏惧、抵触的最重要的原因。[4]教师在高利害的评价中往往会感到压力、焦虑和窘迫。一项研究表明:当教师处于高利害的评价中,教师会被动地为了迎合评价而改变教学策略,即使他们认为这样做是没有价值的,导致教师丧失了创造性和思考能力,变成"机械的、没有技能的简单操作者。"[5]

近年来,提倡教师自我评价是突出教师主体地位的典型表现。[6]教师自我评价与教师的自我反省、自我监控和自我促进有密切的联系。在自我评价的过程中,教师收集有关自己的教学数据,对其进行判断和反思并考虑提高和改进的途径。教师自我评价克服了同事评价、领导评价、学生评价和学生成绩等评价方式的一个共同缺陷,就是在教师评价中将教师排斥在外。采用教师自我评价有不可替代的优势。谁最了解教师,教师的工作背景是怎样的,教师工作中的优势和困难是什么,教师想从评价中得到什么,只有教师本人对此了解得最清楚。

不可否认,人们对教师自我评价存在顾虑,那就是教师是否会不顾实际地提高对自我的评价。研究表明,教师自我评价和学生评价的一致性与对什么是一个"好老师"的理解有关。同时,可以通过对学生的"训练",使他们能够对什么是好的教学有更恰当的理解,从而提高双方评价的一致性。

需要指出的是,教师自我评价也只是一种评价形式,并不排斥其他评价形式。自我评价也不是教师在评价中独断专行。听取学生、同事、领导及专家的意见和建议,在评价中提供基本的分析框架和客观、明确的评价标准仍然是必要的。[7]

(二) 恰当处理业绩评价和发展性评价的关系

教师评价主要有两种目的:业绩评价和教师发展评价。[8]业绩评价关注于可达到的、相对短期的目标,倾向于在某个时间段内给教师的业绩和能力下一个结论,对于教学质量的监控有重要作用。一般说来,业绩评价和教师的名誉及利益是相关的。教师发展评价的目的是对教师的工作给予反馈,改进或完善教师的教学,明确个人的发展需求和相应的培训,提高教师的能力以促进其完成目前的任务或达到将来的目标。教师的日常工作中所经历的评价大多应是发展性评价,它应该给教师提供进步的空间和动力,允许教师存在不足和缺陷,它所关注的不是给教师当前的能力和水平下一个结论,而在于诊断问题并帮助教师改进。

近年来,教师评价发生的一个重要转变就是过去的教师评价只用于对教师进行测量和评估,现在还期望通过评价促进教师的成长和发展。[9]每个教师都有各自的需求和目标,希望得到多方面的满足,如寻求责任、自主、成就感、兴趣、自我挑战、自我成长和发展的机会以及展示自己的才能等。教师的个人发展与业绩目标的实现紧密相关,在评价中往往要二者兼顾。如果说业绩目标的实现要依靠教师素质的提高,而教师自身发展本身就是值得追求的,那么没有理由将二者分离。不可否认,个体发展和业绩目标之间可能存在着矛盾和冲突,但教师评价恰恰是将个体发展与业绩目标的实现进行整合的一种手段,使教师在完成业绩目标的过程的同时成为实现个体发展的过程。[10]一个好的评价应该向教师提出职业和个人发展的建议,帮助教师将个体发展和业绩目标协调起来,明确教师的潜能,提高他们的自尊和自信。

两种评价目标的整合体现在通过评价向教师提供必要的、有关他们是否达到业绩目标的信息,包括对他们的期望是什么;他们需要努力达到的目标是什么;他们的责任、权力和决定权是什么;他们是否正在接近目标以及是否表现出要求的成就;他们怎样缩短目标和已有成就间的差距等等。此外,当评价显示教师没有达到业绩目标时,不应该只考虑教师出了什么问题,因为评价的目的不是将这些原因找出来然后对教师加以指责,而是要通过评价揭示教师为何会存在不足,反省提供给教师的条件是否恰当和适宜,所设立的业绩目标是否恰当以及怎样通过培训和改变环境促进教师发展。

(三)将明确的评价标准和个体化评价相结合

对于"什么样的老师是一个好老师"、"怎样的教学是高质量的教学"没有一致的、明确的评价标准,这是教师对评价感到困惑和不满的重要原因。[11]一项研究发现,在对教师的评价中,同事评价、领导评价和学生成绩评价之间的相关性非常低,[12]这样的评价往往会使教师感到无所适从。因此,在教师评价中必须要有明确的标准,这些标准不但对于提高评价的准确性和客观性是必要的,更重要的是,它为教师提供了努力的方向和目标。

值得注意的是,以往的评价在追求明确的评价标准时走入了误区,评价标准被固化、程序化和测量化。[13]这样的评价在追求所谓"科学"、"客观"、"一致"的过程中忽视了教师的个体差异和教学背景,用统一的、唯一的标准来衡量所有的教师。这样的标准往往都是通过测量用数据表达的,那些更多要凭主观判断,无法用工具测量而又很有价值的评价内容就会被排除在外,从评价开始就将教师限制在所谓的标准范围内,这会严重损害教师的教学创新和自身潜能的发挥。此外,这种评价方法还有可能在评价过程中限制教师的参与,标准成为高于一切的、指令性的、不容申辩的东西,教师只有默默服从和参照。

麦克斯威尔(Maxwell)认为,评价应是"合理的"评价而不是"正确的"评价。如果评价标准不符合教学的实际情况,即使在他人看来是正确的,却是不合理的。发展性教师评价强调关注教师个体差异,鼓励教师发挥自己的特长,形成个性化评价。

教学背景和学生的差异是非常大的,这对于任何评价都构成了挑战。评价标准必须适应多种评价背景,要考虑到学科、年级、教学风格、学生特点和教学背景等。凯兹(Katz)和瑞斯(Raths)提出"金发(Goldilocks)原则",[14]即如果标准太模糊或笼统,则在标准的施行、操作和保证公平性方面就会有困难,评价者在评价过程中就难以进行一致的判断。但是,如果标准的特异性太强,评价者在判断时容易形成很高的一致性,这样往往会丧失良好教学的"精华",并有可能造成支离破碎的或"食谱"式的教学。所以,教师评价不能将教师整齐化一,相反,要根据教师、学生和教学环境的特点,通过评价突出教师在教学中的差异。在实践中,好的评价标准应该通过许多不断的尝试确定标准的特异性水平,并在多样的教学背景中检验其适用性,在明确的评价标准和个性化评价之间应取得平衡。

(四) 加强评价中与教师的沟通,促进教师对评价的积极参与

在评价中倾听教师的声音,与教师进行充分的沟通并促进教师的积极参与

是实现上述目标最直接和最具体的手段。[15]迈克雷尔（McGreal）的研究发现，教师参与度非常低是被动的教师评价的一个明显特征。教师评价不应该是单向的，也不应该满足于得到一个评价结论。与教师没有交流的评价对评价的结果及其作用是完全没有把握的，有时甚至可能产生事与愿违的结果。评价中没有交流不但意味着侵害了教师的知情权，也是造成教师在评价中感到不安的一个重要原因。这样的评价使教师丧失了了解自己的机会，并剥夺了他们发表看法和意见、进行反思和申辩的权利。

研究发现，[16]个体通常主动地从其他人那里（同伴、下级或上级等）去寻求而不是消极地坐等反馈信息。通过寻求反馈，个体能够获得信息进行改进以增进他们的绩效，减少工作中的不确定性。对 230 名教师的调查发现，[17] 80％的教师认为对其他教师的观察有助于自己的专业成长；有 77％的教师欢迎其他教师观察自己的教学；60％的教师说他们会考虑外部的客观观察和反馈。所以，如果评价中的交流充分而恰当，不但可以收集到许多评价信息，及时纠正评价中的偏差，还可以通过反馈过程将评价中的有关信息告诉教师，听取他们的意见。通过评价中的交流，评价双方还可以探讨评价中反映出的问题并展望未来的发展，在此过程中还能够有效地促进教师的自我反思。所以，评价中的交流本身就是促进教师转变、达到评价目的的重要手段，是一项应该被充分利用的资源。

促进教师积极参与到评价中，评价者的角色转变非常重要。评审者必须从高高在上的审视者转变为与教师平等的倾听者和对话者，这样才能创设良好的交流氛围，使教师能够畅所欲言。评价者与教师的交流应该贯穿于评价的全过程。通过与教师的充分交流，形成个性化评价，在此过程中加强评价的针对性和准确性。在作评价时，让教师充分地发表意见，并给教师创造机会使教师能够听到他人对自己的评价，这些都有助于教师对自己的优势与不足形成深刻的认识，并且在宽松的气氛中思考如何改进自己的教学。

参考文献

[1][4] 王斌华.发展性教师评价制度[M].上海：华东师范大学出版社.

1998. 113—136. 29. 32.

[2] 李家成. 论教育活动中他人评价与自我评价的结合[J]. 教育评论，1999,(1):36—38.

[3] [8] Cyril and Doreen. Poster with Maurice Benington, Teacher Appraisal[M]. London:Routledge. 1990，3—4,7—9.

[5] Jones. M. Gail. , Jones. Brett D. Hardin. Belinda. The Impact of High-stakes Testing on Teachers and Tudents in North Carolina[J]. Phi Delta Kappan . 1999. 81(3): 199—203.

[6][11] Taylor. Lyndal. Reflecting On Teaching:The Benefits Of Self-Evaluation[J]. Assessment &. Evaluation in Higher Education. August,1994. 109—121.

[7] 刘学惠. 教学自我评价与教师专业发展[J]. 江苏教育学院学报(社科版) . 1999. (4) :34—37.

[9] Mayo. Renate Weidner. Trends In Teacher Evaluation[M]. Clearing House. May/Jun97. 70(5) :269—271.

[10] Curry. Stacie. Portrolto —Based Teacher Assessment[J]. Thrust for Educational Leadership. Jan/Feh2000. 29 (3) :34—37.

[12] 张煜等主编. 学校教师工作评估实用手册 [Z]. 北京:中央民族大学出版社 . 1997. 802—803.

[13] Worthen. BlaineR. Educational Evaluation[M]. Longman. 1987. 62—70.

[14] Dwyer. Carol Anne. Teaching and Diversity:Meeting The Challenges For Innovative Teacher Assessment[J]. Journal of Teacher Education. Mar/Apr93. 44(2) :119—130.

[15] Jonson. Kathleen F. • Jones. Ellen M.. Promoting Teaching Execllence:A Comparison Of Two Performance. —Based Teacher Assessment Frameworks[J]. Education. Summer98. 118(4) :499—515.

[16] 冯明. 组织中个体寻求反馈行为的研究[J]. 心理学动态 . 1999. (4) :44—49.

[17] Rothberg. Robert A. • Fenner. Marilyn. Teacher Perceptions Of Teacher Assessment[M]. Clearing House. Mar/Apr91, 64(4): 272—275.

（本文发表于《比较教育研究》2003年第1期。作者赵希斌，时属单位为北京师范大学心理学院）

二、英国教师评价制度的新进展
——兼 PRP 体系计划述评

现代教育评价的理论发端于美国教育史上泰勒教授(R. W. Tyler)等人在1933—1940 年所倡导的著名的"八年研究"。他们所提出的相对系统和完整的评价方法体系与原则证明了教育评价的可行性与必要性。至此,教育评价才正式成为一门科学。"教育评价的界定应为,根据一定的标准,运用科学可行的方法,对教育的要素、过程和效果进行价值评判的活动。"[1]教育评价的种类很多,如依范围可分为宏观评价和微观评价;依对象可分为学生评价、教师评价或校长评价,等等。近现代英国在定性结合定量评价方面的研究与实践尤为引人注目,值得深入思考与借鉴。长期以来围绕着教育评价的一个重要分支——教师评价理论与方法争论的两个焦点问题是:奖惩(绩效)与发展(事业或职业)。这也是一个评价要建立一个以谁为目的的教师评价体系的问题:奖惩性评价还是发展性评价。其实这也正是各国教育当局所面临的共同课题。

(一)教师评价的基本目标

几乎所有的组织机构都想为其"顾客"提供满意的服务或产品,学校也不例外。企业或公司要对其员工进行定期或不定期的评价,并以此作为奖惩的参照系,激励员工的自我发展,最终推动组织的整体发展。因而,以教学为工作中心的学校必然要对教学工作的组织及实施者——教师进行某种技能、水平的评估或评价,因为只要有了高素质的教师,也就有了高质量的学校教育。早在 20 世纪80年代林达·达林汉姆德(Linda Darling-Hammond)等人就已经提出了教师评价发展的四个基本目标,即个人职业发展、个人人事判断、学校发展、学校地位判断。[2]英国这些年来的教师评价也正是围绕着这四个目的,或"厚此薄彼",或有所兼顾,由此生发出许多问题与争议。

(二) 英国教师评价——历史回顾

1. 早期阶段:有控制评价体系的引介

20世纪70年代以前,为了体现公正、公平的原则和阻止个人权力的无限膨胀,教师联合会已先于政府,自行制定了评价教师的各种措施与奖惩标准。[3]但那只是一种零星的、自发的和无序的评价。1973年,英国爆发了长达三年的经济危机,政府公共事业经费开支紧缩,加之受威廉·泰德(William Tyndale)事件及"黑皮书"等一系列因素影响,教师在公众心目中的地位开始削弱了。政府及纳税人(公众)出于自身利益的考虑都认为教育的开支,尤其是教师的开支太巨大了,因而有必要对教师工作进行详细核查与评鉴;当时的首相詹姆斯·卡拉汉(James Callaghan)在拉斯金学院(Ruskin)的演讲可以被视为英国正式引介"有控制"教师评价的第一步。他在演讲中号召教师应该对课程和公众负起责任。[4]此后,许多地方教育当局和学校都在发展自己的评价体系或框架。

2. 中期阶段:评价计划实施前的论证

20世纪80年代早期,政府接连发布了一系列白皮书,如著名的1983年的《教学质量》和1985年的《把学校办得更好》等,都强调有必要管理教师的"表现或效绩"(Performance)以提高学校教育的水准,并提出要准备通过评价来解聘一些"不达标"的教师。效绩的评价被看作一个将薪金、责任和效绩三者恰当地融为一体的"良策"。此后英国教育与科学部(DES)委托萨福克(Suffolk)等其他六个地方教育当局(LEA)进行一系列的实施评价的论证实验与试点研究。1986年,颁布教育法案又从法律理论的角度结束了评价的自然状态,这意味着中央权力开始参与教育评价。1990年,当时的教育部长约翰·迈克格雷格(John MacGregor)和他的继任者凯民斯·克拉克(Kenneth Clarke)宣布将建立一个国家评价体系,评价引入所需的第一笔资金由政府投入,而后评价就必须自开自支,因为评价将带来"高效率"的"节省资金"教学。

3. 评价的实施阶段与 PRP 的明确

1991 年 8 月,议会通过了学校教师评价的教育规定。第一轮评价在 1992 年 9 月开始生效,由于保守党在整个 80 年代和 90 年代早期连续执政,因而保证了教师评价制度的顺利建立。然而,评价的实施并未得到预期的数据类型,评价几乎到了崩溃的边缘。进入 90 年代后期,工党重获政权,为了赢得支持与认可,他们对评价政策做了调整,转向了评价标准的提高,并试图结合效绩评价,推动对教育的管理。因此,1998 年 12 月工党政府提出了将效绩与薪金挂钩(Performance Related Pay)的教师评价国家体系,[5]一改温和的发展性教师评价。然而他们的做法并没有得到广泛的支持,而是激起了众多的反对意见。新世纪英国工党政府的 PRP 评价体系到底能走多远,它所带给英国教育改革的是双赢还是只有控制权力的进一步加强? 这些问题的回答都必须回到对 PRP 的研究与剖析中来。

(三) 教师评价的 PRP 体系——背景与内涵

1. PRP 产生的原因

两种评价体系奖惩性教师评价就是通过对教师表现(效绩)进行评价,得出结果,然后依据这一结果做出加薪、增加津贴、解聘、晋级和降级等的决定。20 世纪 80 年代早期保守党政府所采用托利(Tory)的具有威胁性、攻击性的评价方法即属于奖惩性教师评价。[6]这种评价方法的弊端在于其"终结性"和方式上的自上而下,很难调动大多数教师的积极性,并且也极其容易挫伤部分教师的感情,由于经费的原由无法做到面面俱到。相反,发展性教师评价则是以促进未来发展为目的的一种形成性评价制度。在没有奖惩的条件下,促进教师的专业发展,从而实现学校的发展目标。这种评价体系在大多数教师中间产生了共鸣,甚至在希尔兹(Shields)主持的一项调查中,许多教师认为"参加发展性教师评价是一种享受"。[7]但具体实施则需要一定的投资力度,评价者和评价对象需要接受一定的专门培训。

这两种评价体系是否能够合二为一呢? 现在许多人倾向于认为不能结合,而只提倡发展性教师评价体系。1985 年英国公布的白皮书《把学校办得更好》之后的评价发展模式便是向着这一方向发展的,并且得到了广泛的支持。但实际情形却如前文所述,由于其标准的模糊性、目的性差和"温和性",也同样陷入了绝境。由此可见,两种教师评价体系都存在或大或小的问题,一方面大多数人所支持的发展性体系难以带来预期效果,而另一方面大多数人又都反对引介"弊端重重"的奖惩性体系,这样的矛盾与冲突其实也正是近十多年来英国教师评价发展的现状。现在人们将希望寄托于执政的工党政府,而工党政府拿出的"改革方案"便是略显"折中"的 PRP 体系,但给人的感觉总有点回归 80 年代时保守党的初衷。

2. PRP 概念溯源

PRP 即将绩效薪金挂钩的教师评价国家体系。1998 年 12 月,工党政府出版了英国教师职业现代化的绿皮书,该报告的最重大成果就是将教师和校长或称主任教员的薪金与表现或效绩相挂钩。

教育中的 PRP 并不是一个什么新概念。早在 1861 年,纽卡瑟尔(Newcastle)委员会的报告中就已经建议在基础教育阶段实施一个教师评价 PRP 框架体系了。1862 年的修正案中又规定,生均费与升学率及其读写算考试结果相联系。该体系于 19 世纪 90 年代被取消。直到 1992 年,关于教师评价的 PRP 体系才得以恢复,当时的做法是政府每年都要听取一次学校教师评议组织(STRB)所作的有关教师工资水平与效绩之间联系程度的建议报告。STRB 研究"采取怎样的措施以确保薪金体系可以被用作将个人效绩与工资报酬紧密地联系起来"。[8] 然后依据此研究确定 PRP 的具体实施程度与进程。工党政府声称评价体系具有"双重"功能:一个功能是按照量化指标决定教师的薪水;另一个功能是促进教师个人职业的发展。

3. PRP 体系的基本内容与目的

工党所建议的教师评价 PRP 体系包括四种类型:校长(主任教员)体系、两种有区别的教师体系、学校奖励体系。其中(1) 校长评价是由政府任命的一个经过良好训练的外部监督员在评估了他们的绩效与薪金后实施;对于校长的评价,主要是考察他们对学生进步和学校管理所做贡献的程度大小;(2) 从事在教学一线的教师的年度评价(或称绩效评议),主要是评估他们教学的效度,该效度来源于学校的发展计划及团队的计划,而这一评价目标反过来又确认了应该重点考虑学生进步与发展的各项指标,包括教师以何种方式对团队的进步做出贡献和教师自己职业发展的状况等；年度评价的重点是教师工作的整体质量对于学生的影响。评价与发展理论框架的难点将由新的有效教学理论研究来解决。通过良好的"表现"，教师将成功地跨越低一级的发展指标，达到绩效指标的"分水岭"——9 分——这也是薪金的分水岭。要想跨越这个薪金的分水岭，教师就必须接受国家标准的评价，这个标准要求教师必须得有可信的"证据"（有关的指标数据）来证实自己的教学的确是"有效教学"；（3）政府向学校奖励体系资助 600 万英镑。奖励学校"优秀"的标准有两个：第一是基于考试/测验的结果，包括以享受学校免费午餐的学生比例为标准；第二是对测验/考试结果的再评价。奖励发给两类人：教师和为学校做出贡献的校长或管理阶层。学校在分配奖金时一定要公正公平。评价的每一轮都由教学检查、评价会议（对评价目标要有陈述报告）、评价评议会等内容构成。地方教育当局还建议应该强调职业的发展，因而 PRP 的具体操作就成为自我评价以及其他形式的资料搜集活动。

工党在其建议书中明确宣称，教育 PRP 体系的目的是：适当奖励那些为学校成功做出重要贡献的校长；保持教师职业对有才华青年有足够的吸引力，奖励优秀者，推动职业发展；重奖表现优秀的教师；PRP 的最终目标是提高教育水平。[9]

工党绿皮书的建议体系具有不同于保守党以前评价的更加广泛综合的特点，而现在保守党似乎也非常赞同此项体系，并在积极地为其实践计划时间表。但是问题的关键似乎也同样被两党忽略了，即理论上的融合并不意味着具体实施步骤中就不会发生发展与奖惩的冲突。

（四）英国教师评价 PRP 体系——"功能"评析

评价体系计划的技术基础是"现代人际关系"原理，这一原理认为评价是人们了解自己和协同工作、帮助自我及组织发展的途径。评价个人效绩的同时也在鼓励教师发展自己的职业；常规的评价活动又将为教师提供一个与校方管理者"专业地"讨论他们工作与职业发展的恰当机遇；要求全体教师的参评无形中又促进了教育整体水平的提高；强调教师的参与性又说明评价员并不是处于决定地位的"上帝"；要创造参与性的氛围，21 世纪教育理念的核心是"学校与教师对自身负责,并与学生共同努力挑战更高标准";使用定性与定量相结合的方法也克服了纯粹量化指标所固有的弊端,因为所有的教师都会有明确的压力去不断提高自己教学的效度,这样也提高了学校及教育当局的管理效力,教师个人的效绩与学校发展联为一体,同时评价也为下一年制定具体发展目标提供了参考。另外,这些事业与职业发展的记录数据也成为就职、升迁申请的凭据,同样也确认了教师需要努力的方向和领域。教师评价变成了质量保证体系的一个重要组成部分。正如工党 1997 年发表的白皮书《卓越的学校》中所言:"职业的标志就是要有一个准确、活力的效绩评价体系,因为该体系能够辨认成功与失败,也能制定奖励的标准"。[10]

组织目标与个人发展目标的共同追求、参评者的参与性、学校自我管理的理念和目的构成了 PRP 教师聘任计划中最吸引人的部分,它将不断地吸引有才华的青年加入教师队伍,并保持现有教师队伍的活力和稳定。具体地说就是用量化的效绩指标促进发展,但同时又强调人际合作。从理论上讲,PRP 是一个理想化状态。

(五) 英国教师评价 PRP 体系——"两难"现状

教师评价的问题出现于 1985 年夏天皇家督学团发表的《学校质量:评价与评估》报告,该报告提出了教师评价制度应与奖惩制度分离,与 1983 年的《教学质量》及 1985 年的《把学校办得更好》这两个白皮书的论调正好相反,但这一理论的实践又不尽如人意。这种情形到了 1998 年的绿皮书又发生了变化——PRP 的重提。

1. 商业中量与质的"两难"

英国财政部于 1998 年 12 月发布的《未来公共服务》中有关量与质的关系权重比例的表述,也存在相同的"两难"。[11]报告中使用了"可测量性、可获得性和时效指标"等语言,明确强调量化指标应优先于模糊的职业发展指标,因为"越难得也就越重要"这一做法引用到教育中显然就成为直接追求获得"GCSE"证书的人数。这样也就产生了一个难以调和的矛盾:短期量化指标(商业性)与长期职业发展目标两者之间的冲突。例如最近对私营公司(市场销售、电讯、银行)的调查中就发现,虽然雇主一方都强调契约及与雇员合作的重要性,但大多数公司雇员都认为实际的雇佣关系是缺乏合作与承诺的"交易",这归结于"短期量化的压力"和"过分强调薪金与绩效或表现挂钩"。

2. 教育中量与质的"两难"

虽然新的体系也采用了合作、友好的方式,但由于奖励并不是给予所有人或大多数教师,而是有区别地发给部分教师,并且工资待遇与年度评价指标相挂钩,因此大多数人感到了孤立与伤害。对指标的关注意味着对最终产品的和"生产方法"的一致看法或对教学的"技术层面"的特别关注,而忽视了教育的思想本质和教育性,因为这个体系支持技术型的理想教师模式。职业教师如果可以忍耐长期的约束与不定期的检查评价,那么他们一般是可以通过甚至是超越评价指标的规定的。这样就带来了一个"恶果":大多数教师为了达到 PRP 的量化指标,将主要的精力及注意力集中于在评价前"制造"达标标准,这样一个不真实的量化结果极有可能掩盖该教师以前的拙劣表现,与此同时却埋没了真正表现优秀的教师,也不可避免的产生了众多教师以牺牲非量化的质的目标(包括组织目标)为代价而达标的现象。定量与定性的矛盾就是 PRP 最为明显的两难。

3. 现实实践中的"两难"

PRP 体系实践中的两难首先表现在时间方面。据估算,在一个拥有 45 名教工、850 名学生的中学里,假设有 32% 的教师参与评价,那么这就意味着校长要在评价中花费 100 多个小时,因此学校管理层普遍都存在负担过重的问题,全国校长联合会反应尤为激烈。首次申请参评的教师约有 20 万人,加上校长及学校内其他管理者,人数更多。这样势必会影响到学校教师的正常教学,进而影响到学生的学习。

其次是经费预算问题。凡成功通过评价的教师都将获得可观的奖励,平均每人每年大约 3 万英磅,加上独立的管理津贴,总数可大于 3.5 万英镑,其中某些教师还有可能获得另外一笔奖金——学校表现奖。这样在理论上,一所学校内每个教师均可获得一笔增加的薪水收入。然而这样一大笔薪金(包括巨额的培训费用)从何而来,增加纳税人的税收显然行不通,那么,真会发生如他们所预言的那样,高效率的教学会带来"一笔可观的节约资金"?

最后一点表现在 PRP 没有得到充分的公众支持。全国校长联合会的调查中约有 50.6％的校长以及 54％的中学（主任教员）校长认为给予校长和优秀教师以奖励会削弱学校团队精神。反对意见主要集中于"教师与校长机会的不均等"以及"通过 PRP 辨别个人贡献是很难令人信服的"。这一调查还显示，约 52.9％的全国校长和 52.6％的中学校长（主任教员）不同意"个人绩效指标的奖励基础"。[12] 目前教育的 PRP 倡议在英国学校中普遍被认为是"直线式（管理）发展与直接的刺激"。理性主义的 PRP 提议要变为实践，而同时又要支持学校的"自我管理"，这的确是一个两难的选择。

（六）结语

由以上分析述评中不难发现，英国教师评价引入 PRP 的两难实质其实就在于如何处理组织（管理）与个人（发展）的关系，及如何恰当地利用绩效指标的合理之处，尽量避免客观存在的缺陷。在保证高效的教学管理的同时，促进个人和组织的发展，结合定量与定性的测量方法，在评价的过程中不断调整和再评估评价体系。英国 PRP 的"反复"和"两难"现象从另一个侧面说明英国教师评价体系正在走向一个发展的新阶段，它的缺陷也正是需要努力的方向，尽管困难重重。一个通过中介（外部评价员）实施的多元化综合评价体系正在形成：它既结合了政府的宏观调控，又照顾了具体组织及个人发展目标的实现；实行自上而下和自下而上相结合、标准与非标准相结合、形成性评价和终结性评价相结合的方法。本文开头所提到的林达·达林汉姆德等人在 20 世纪 80 年代所提出的教师评价发展的四个基本目标是否可以代表当代英国教育界和众多纳税人的要求、PRP 体系计划能否完成这一厚望呢？它能否解决自己的两难？这些问题将留待新世纪的英国教育解决。

参考文献

[1] 侯光文.教育评价概论[M].石家庄：河北教育出版社,1996,55.

[2] Ernest R. House：New Directions in Educational Evaluation, London[M]. The Falmer Press 1986，P. 224.

[3] BARTLETT,S. (1998)Teacher Perceptions of the Purposes of Staff

Appraisal：A Response to Kyriacou［J］．TeacherDevelopment，2（3），479—490.

［4］EVANS，A. and TOMLINSON，J.（1989）Teacher Appraisal：A Nationwide Approach［M］．London，Jessica Kinsley Publishers.

［5］CUTLER，T and WAINE，B.（1999）Rewarding Better Teachers? Performance Related Pay in Schools［J］．Educational Management and Administration，27（1），55—70.

［6］BARTLETT，S：The Development of Teacher Appraisal：A Recent History［J］．British Journal of Educational Studies，（1）24—37. London，Blackwell Publishers Ltd.，Mar. 2000.

［7］王斌华.发展性教师评价制度［M］.上海：华东师范大学出版社,1998. 115—116.

［8］［9］［11］Tony Cutler and Barbara Walne：Mutual Benefits or Managerial Control? The Role of Appraisal in Performance Related Pay for Teachers ［J］．British Journal of Educational Studies，（2）P. 170. London，Blackwell Publishers Ltd.，Jun. 2000.

［10］Bartlett，S：The Development of Teacher Appraisal：a Recent History［J］．British Journal of Educational Studies，（1）P33. London，Blackwell Publishers Ltd.，Mar. 2000.

［12］Marsden，D. and French，S. ：What a Performance：Performance Related Pay in the Public Services［Z］．London，Center for Economic Performance，London School of Economics. 1998.

（本文发表于《比较教育研究》2002 年第 3 期。作者王小飞,时属单位为浙江大学教育系）

三、韩国中小学教师评价政策的调整

韩国政府于 2005 年 11 月 4 日推出了中小学教师评价的新方案,①从目标、具体措施等方面对原有方案进行了大幅度调整。新方案顺应了当今教师评价的国际趋势,以开发教师的能力为中心,赋予学校更大的自主权,扩大了评价对象的范围,有利于教师的专业发展,对教育教学工作具有实质性推动作用。本文将对韩国政府进行中小学教师评价政策调整的起因、过程以及结果进行详细的分析。

(一) 教师评价政策调整的背景

韩国现行教师的工作成绩评价(以下简称"工评")始于 1964 年。根据《教育公务员法》和《教育公务员晋升法》的规定,以全国统一的评价指标对教师和副校长(不包括校长)进行的评价通常被称为"工评"。

"工评"的内容包括:师资水平、工作成果以及工作实行能力;作为教育者的品德、作为公职者的素养、学习指导、生活指导、教育研究和担任的工作;学生的学习成绩。校长对副校长进行评价,本地教育厅对正副校长进行评价,校长和副校长对一般教师进行评价,评价结果分为优秀、良好、一般、差四种水平。评价时间为每年的 12 月 31 日,评价结果运用于晋升、调动、奖励等人事管理方面。评价内容不对外公开。

---

① 韩国教育人力资源部将教员评价界定为以提高教员的专业性和能力为目的而进行的教员之间的互评,同时确认学生及其家长的满意度。通过评价自身的能力和优缺点,建立发展方案。这种评价是教师自律的一种体现。

但是,这项评价制度存在一定的问题,首先,该评价体系对教师的指导能力和专业性没有要求,[1]"工评"忽略了教师能力提高的问题,使评价流于形式。其次,由于评价结果直接影响到教师的晋升,因而"工评"也沦为晋升的工具。以晋升为目的的评价造成了教师之间的恶性竞争和不信任,[2]无法达到评价原有的目的。再次,现行评价制度缺少对校长的评价,因而难以对学校实施有效的问责。教师在公众心目中的地位逐步削弱,教师知识权威的象征性也被打破了。为恢复公众对教师的信任感,对教师工作进行详细核查和评价是必然之势。

2004 年 11 月,教育人力资源部委托韩国教育开发研究院围绕"工评"制度的相关问题进行问卷调查。调查结果说明中小学教师评价政策的调整迫在眉睫。教育界内外,无论是教师还是家长,都普遍认为现有的政策需要做出调整,这就迫使政府必须加快新政策的制定步伐。教育界内外要求进行教师评价改革的呼声如此之高,也得到了政府的响应,改革的必要性已然形成共识。

针对现行教师评价中存在的弊端,新教师评价政策改革的基本方向为:将评价的目的定位于开发教师的能力,即提高教师进行教学活动的能力和指导能力,同时向教师提供专业发展机会;将校长纳入评价对象,并为校长的管理工作提供有效的信息;实施多元评价,保证评价的客观性和公正性,在评价制度的基本方针范围内,学校可以依据自身实际情况进行一定的修正,给予学校充分的自主权。[3]新的教员评价政策的最终目的是引导教师的自我发展,提高整个学校的质量,从而提高学生的学习能力和素质。新旧政策之间的差别如图 1 所示。

	旧政策	新政策
目的:	用于晋升	→开发能力
对象:	教师、副校长(不包括校长)	→教师、副校长、校长
评价者:	管理者评价(校长、副校长)	→多元评价主体(管理者、同事、学生、家长)
运营:	全国统一的制度	→自律决定(反映学校自身的特性)

图 1　政策调整的基本方向

（二）政策调整的过程

1. 政府议程

新教师评价政策由韩国教育人力资源部主持。从 2000 年开始到 2005 年 5 月，是教师评价新方案的酝酿和开发阶段。2005 年 5 月到 6 月，韩国政府公布了政策试行方案，引起了教职团体①的强烈反对。他们认为，该政策是教师结构调整的信号弹，学生、家长和校长都参与教师的评价，将会使大量教师惨遭淘汰。经过反复的讨论，政府于 2005 年 6 月成立了"提高学校教育力特别协议会"进行协调。② 但是，讨论各方仍未达成一致。"全教组"主张废止现行"工评"，将试行时间延期到 2006 年 2 月。但在政府看来，这样的讨论白白拖延了时间，无助于达成共识。更重要的是，这样争论将使政府无法兑现当初向国民的承诺（2005 年第二学期中实施新教师评价试行）。于是，2005 年 11 月 4 日政府不顾众多反对之声，公布了《提高专业性的教师评价制度》，③接着 11 月 17 日政府又发表了试行学校（48 所）的名单。此过程可以被认为是"自上而下"的政府议程。

2. 系统议程

"自下而上"的系统议程也在旧政策调整和新政策制定的过程中显现出来。教育政策相关利益集团对新教师评价政策持有不同的主张，教师、家长、政府各个利益团体之间展开了激烈的争论。该政策是为建立新的教师评价制度而制定的试行方案，并未在全国范围内广泛实施。为得到教师团体的理解和支持，保证学校实行此政策，韩国教育人力资源部与教师团体曾进行了 13 次讨论，并举办全国规模的听证会及进行地区的讨论，但由于各方提出的要求不同，最终

---

① 主要指两个组织，它们的成员略有不同。一为韩国教员团体总联合会（以下简称"教总"）：按《初中等教育法》第 21 条和《高等教育法》第 16 条规定的教员、教育机关、教育行政机关、教育研究机关的奖学职、研究职；二为全国教师劳动组合（以下简称"全教组"）：按《初中等教育法》第 21 条规定的教员（但不包括校长、副校长），作为组会员的退休的会员、未来的师范大学生。

② 包括学生家长的代表团体。其讨论包括教员评价试行方案、减少教员授课时间、增补教员、改善教员的工作环境等。尤其由于"全教组"不能接受废止"工评"制度、授课的问题，教员评价试行时期延期到 2006 年 2 月等条件，并没有得出结论。

③ 主要内容是：新教员评价在全国 48 所初中学校中试行；逐渐减少授课时间，同时增加教师数量；减轻教员的工作量等。

并未就此方案达成圆满的协议。政府决定从 11 月至次年 9 月开始实验。试行结果出来后,韩国教育开发院等对其进行分析,经过公众的讨论和听证会后,政府将制定新的教师评价制度。

在这个过程中,政府积极引导舆论和各种利益团体的支持和关注。政府号召广大教师为了韩国教育的发展,积极参与这项政策的制定,同时还通过各种媒体的渠道,宣传其政策的必要性,争取得到国民的支持。

新教师评价政策由于牵涉到众多教师、学生和家长的多方利益,他们站在各自的立场之上对此政策进行了激烈的讨论。

(1) 教育政策相关利益团体的基本态度

事实上,自 2000 年开始,利益相关集团便围绕教师评价的问题展开了激烈的争论。不同的利益主体对此问题持不同的意见和看法。对于政府而言,"工评"制度主要运用于教师晋升方面,在提高教师的专业性方面并未起到太大作用,所以亟需引入新的教师评价制度,以开发教师的能力。

教师团体,如"全教组"和"教总"认为,影响教育质量提高的因素除了教师本身的因素之外,还有学生数量、授课负担、杂务等因素。他们提出政府的教师评价是"教师结构调整和淘汰教师的信号弹",很可能会侵害教师对学生指导的自主性。[4]因而主张,如果要提高教育的质量,那么,改善教师的工作条件,扩充教师的数量应是当务之急,实施教师评价反而会侵害教师的自主性,导致教师之间的矛盾冲突。同时,"好教师运动"团体主张,"不应把教师评价制度当成屠杀教师的工具,而应使之成为教育改革的杠杆",他们提议由教育人力资源部制定合理的评价方案,并以"保障教育消费者参与"的口号接受新的教师评价制度。[5]

学生家长基本上支持政府提出的教师评价制度,他们希望通过提高教师的专业性从而提高学校教育的质量。教师淘汰问题是家长们最为关注的问题,例如有学生家长团体代表声称,"现在的学生家长和国民有强烈意愿纳入教师评价制度",主要理由在于通过教师评价能够解决有关教师淘汰的问题。[6]

新闻媒体是一种对政策进行监督的强大社会力量。在社会舆论方面,各种媒体基本上对教师评价持赞成态度。在政策制定的整个过程中,媒体一直较为客观地告诉广大民众各个利益团体的政策立场,它不回避问题,而是广泛吸纳广大民众的意见,同时促使他们思考和分析这些问题,积极地参与政策的制定过程。另外媒体还介绍了国外的教师评价制度作为参照。

(2) 政策相关利益集团之间争论的问题

第一,教师的淘汰问题。很多学生的家长主张把教师评价结果运用于教师的淘汰,这一点也得到了教师团体的认同,但他们在淘汰标准的定义问题上却存在分歧。教育人力资源部主张的淘汰标准包括成绩操作、性犯罪、"收受红包"等道德和伦理方面的问题。而教师团体则主张减少其范围,即仅将操作标准定义为"重大的犯法者"等。学生家长团体则主张"扩大其标准",包括"严重的身体伤害、语言暴力等"。

第二,是否实施新教师评价政策。"全教组"主张废止现行的"工评"制度,纳入新的"学校教育综合评价"。为此,它提议改善现行校长的任命制度,将教师和学生工会、学生的家长团体参与学校活动的权利法制化。"教总"主张,首先保持"工评",然后逐渐进行继续补充。他们主张评价对象不包括校长,而是建立首席教师制度,让多层次的教师参与评价。[7]

第三,学生及其家长是否参与评价。教育人力资源部的基本立场是同事、学生及其家长都参与新教师评价,利用这个机会,各方可以对教师的教育活动充分地表达各自的意见,以帮助他们提高专业性。学生家长认为,通过参与学校教育活动可以保障自己的权利,同时对学校教育活动提供一些很好的意见;另外,参与学校教育活动还可以提高公众对学校教育的理解和信赖度,从而强化家庭和学校之间的纽带。从学生的角度看,参与新教师评价可以反映他们的要求,形成相互尊重的师生关系,并提高学生的权利,这种方式可以成为学生向学校申诉的一种途径。学生和家长具体的参与方法和范围是由学校决定的,但教师团体对此方案持怀疑的态度。因为学生家长并不能完全掌握教师的有效信息,对尚未成熟的学生来说,如何有效地对教师进行评价也是一个问题。有些教师担心,根据学生的想法对教师进行评价可能会带来负面影响。这种评价很可能会侵害教师的权威,从而容易引起教师的抵触情绪。

第四,教师结构的调整。新教师评价制度对教师团体的影响在于教师结构的调整导致部分教师下岗,因而引起教师的强烈反响。他们认为,虽然目前不涉及结构调整,但是政策的潜在影响将在很大程度上决定或改变教师结构。即用新的教师评价制度对教师进行排名,教师可能会被自动淘汰。有些学生家长团体则指出,根据目前的情况来看,"淘汰的教师很难离开学校,如果他们认为铲除淘汰教师也包括在结构调整的范围内,这是令人难以理解的事情。"[8]在教育人力资源部看来,《教育法》规定了韩国教师的数量、报酬、工作条件等,通过教师评价进行教师结构调整,实际上是不可能的事情。而通过同事之间进行的多层次评价,可以帮助教师更清楚地认识到自身的优点和缺点。[9]新教师评价实际上是对提高教师专业性的一种制度保障。

由此可见,各方利益主体因不同的立场和利益而很难达成共识。例如,教师为保护自身的利益,曾经想通过示威等极端的方式表明自己的立场,但在社会和舆论媒体的影响下未能付诸行动。毋庸讳言,教师团体自身也存在狭隘观念。教师的权威是一种非个人的权威。这种权威完全出自他对自己职能的尊重,教师应当考虑到学生和家长的意愿。就政府而言,它若要将政策付诸实践,也不能一意孤行,需要得到实践主体的支持和帮助。因此在制定政策之前,必须广泛吸纳各方的意见,并需要经过反复的讨论逐步推行政策。由于相关利益团体所发挥的作用日益增加,而且他们参与的范围也越来越广泛,这就意味着今后有关教育政策制定的难度将会不断加大,这一过程也会变得更加复杂。

(三)评价政策的调整及其实施

新教员评价最大的变化是让学生和家长参与到教师的评价中。在评价的过程中,教师之间进行互评,学生将填写一份对教师满意度的问卷(家长也会参与其中)。这种方法遭到教师团体的强烈反对。于是,人们寄希望于通过谈判达成一致,但教师团体之间在此方面仍存在不同意见。可是经过上述的过程,各方"博弈"的结果就诞生了新的评价政策。为了改善教师的工作环境,政府提出了"减少教员授课时间和减轻工作压力方案"。根据教育的报道内容(2005.11.17):教员人均周平均授课时间减少为小学 20 小时,初中 18 小时,高中 16 小时;为减轻教员的工作量而安排行政人力 1~2 名;改善教员培训、晋升制度等;学生及其家长参与评价的形式为对他们进行满意度调查,调查内容和方法由各学校组成的教员评价委员会决定。教师团体认为,"家长参与课堂教学的次数不多,无法对每个教师进行专门评价",因而他们只能对整个学校教学情况作出评价。同事间对授课实施多面评价,但小学和中学应有所不同,小学为同年级教师相互评价,中学为同一门课程的任课教师互评。校长和副校长对学校运营进行评价;对教师进行评价时参与范围分为 A、B 方案,由学校决定选用哪个,具体的方案由教员评价管理委员会来决定。

1. 新评价方案的具体内容

(1)评价内容和基准

评价内容涉及 5 个领域,每个领域内又有细化具体的评价项目。同时针对评价内容建立了评价基准,并区分为五个层级。具体内容如表 1、表 2 所示。

(2)评价者、评价领域以及评价机构

① 评价者与评价领域。评价对象是班主任和任课教师,学期中变动的老师是由教员评价管理委员会来决定的。评价者与评价者的评价领域如表 3、表 4 所示。

表 1 评价领域和评价项目

评价领域	评价项目
授课计划	提示授课目标授课设计理解学生的特性
实行授课	营造授课环境引发学习的动机传达授课内容授课态度反馈
评价活动	评价内容和方法评价计划评价结果运用
学生满意度	教师的授课
家长满意度	学生的学校生活

资料来源:教育人力资源内部资料。教师评价试行手册(试行)。2005—11.

注:评价要素可以参照教育人力资源部的模型,但由该教员评价管理委员会来决定。

表 2 评价基准

区分	判断基准
非常优秀	对评价内容具备非常出色的能力和专业性知识
优秀	对评价内容有信心,授课水平高
一般	对评价内容、知识,授课水平都很一般
差	缺乏对评价内容的信心,授课水平都不高
非常差	缺乏对评价内容的信心,授课水平都低

资料来源:教育人力资源内部资料. 教师评价试行手册(试行). 2005—11.

注:评价时,根据学校的实际情况在相应的选项上划"√"并进行论述。

表 3 评价者和参与范围

评价者	参与范围	方式
教师	教师本人	
学校管理者	校长和副校长	运用 B 方案时,校长和副校长不参与
同事	小学:同年级教师 中学:同教课教师	根据学校实际情况灵活运用参与范围同事的具体参与范围由教师评价管理委员会来决定
学生满意度调查	全体学生(不包括小学 1—3 年级)	班主任的评价是由该学生来进行评价,其他教师由教师评价管理委员会来决定
家长(学生在学校生活满意度调查)	具体的情况由教师评价管理委员会来决定	原则是学级单位调查,调查方式由教师评价管理委员会来决定

资料来源:教育人力资源内部资料.教师评价试行手册(试行).2005—11.

注:各个学校选择备案 A,B,其中,B 方案最明显的地方是校长和副校长都不参加教师的评价,评价结果直接通知教师本人。

表 4 评价者的评价领域

评价领域评价者	授课计划	实行授课	评价活动	学生的满意度	家长的满意度
教师本身	○	○	○	○	
同事教师	○	○	○		
校长、副校长	○	○			
学生			○	○	
家长					○

资料来源:教育人力资源内部资料.教师评价试行手册(试行).2005—11.

注:教师本身就是教师自评,它的评价方法是实行其他的评价之后进行评价,教师自评和其他评价者的意见对比,填写综合意见,包括将来改善的方向。

② 评价机构。按照学校的实际情况和地方教育厅的方针,设立学校教员评价管理委员会,由各个学校教员评价管理委员会设立评价机构进行运作。委员会会长根据教员评价管理委员会的推荐由校长决定。委员会的组成比率根据学校的实际情况由学校决定。该委员会由教师和家长组成,其主要功能是:

介绍和宣传评价概况、制作宣传等;听取评价者和评价对象的各种意见,并进行调整;整理评价结果并向评价对象通报评价结果;填写教师评价综合报告书。通常委员会的任期为1年。

（3）评价程序和方法

通常分为三个阶段:评价准备阶段;评价实施阶段;处理和运用评价结果阶段。评价准备程序由评价管理委员会组成→任命评价管理者→设计评价计划→制作评价便览和培训资料→培训和宣传→同年级教师协议会这样几个步骤组成。评价实施程序为:同事教师评价→校长和副校长评价→调查学生及其家长满意度(不对各个教师进行调查,以学生在学校生活中满意度为中心调查问卷)→教师自评。处理和运用评价结果程序包括整理评价结果→向各个教师通报其评价结果,并填写评价报告书→运用评价结果和制定支援计划三个步骤。

（4）评价结果运用

评价管理者在调查结果基础上,对每一位教师的评价结果和满意度调查结果进行详细总结,之后将其告知评价对象。评价管理者不能公布各教师的评价结果。

2. 新评价方案的预期效应

虽然评价的试行结果并未得到多少反馈,但我们可以展望新教师评价可能发挥的效用,主要表现在以下几个方面:[10]

第一,从教育厅来看,新教员评价政策可以帮助学校建立符合教育需求者多样要求的支援活动计划;有助于公众对教师信任度的增加;而且还可以在一定程度上提高教师的教学水平。

第二,从学校角度来看,以学校为单位建立评价体制,可以奠定自律责任管理制的基础,可以改进学校教育的质量,并提高教育需求者的满意度;通过教师之间的合作,有助于形成教育共同体;新评价政策可以改善整个学校教育活动的环境,尤其可以为校长提供更确凿和丰富的管理资料。

第三,从教师角度来看,新教师评价政策可以为教师的教学活动提供一些客观资料,如教师本人的长短处等;通过同事互相交流教学方法,可以改善教师本身的教学和学习能力,提高专业性和教学能力;新评价政策还有助于形成良好的竞争和惩罚机制,对优秀教师奖励,对落后教师鞭策;另外,还可以增加教师与评价者之间的彼此了解。

第四,从学生及其家长的角度来看,新评价政策有助于建立互相尊重的师生关系,扩大教育需求者的权利;建立有关学校教育活动的有效的交流渠道。

参考文献

[1]教育人力资源部内部资料. 教师评价制度改善方案(试行). 2005-04.

[2]전제상.〔시론〕교원평가제시급하다. 중앙일보. 2005-02-27(1).

[3]박기남. 교원평가 시범 운영 목적 달성을 위한제언. 2005. (11):13-14.

[4]한만길. 교원평가제도 도입을 위한 제언. 2005-5-4.

[5]내일신문. 좋은교사운동 "교원평가제 지지 온라인서명". 2005-05-25(18);
　　중앙일보. "교육소비자 참여보장 2005-11-09(19)

[6]내일신문. 교원평가 놓고 정부-교원단체충돌위기. 2005-05-24(19).

[7]내일신문. 교원단체간 이견 무엇인가.2005-05-24(19) 문화일보. 교총 "유지" 교장자격증 전교조 "폐지".

[8]한국교육개발원. 교육정책정보센터(http://edpolicy.kedi. re.kr/Assay/Edpolicy/ EdpolicyViw.php?Cary=LstB00804&id=30-24).2005-06-30.2005-05-25(18).

[9]내일신문. 교육부 "교원평가, 구조조정 목적 아니다". 2005-05-25(18).

[10]教育人力资源部内部资料.提高学校教育力的试行学校运营(2005-11).

(本文发表于《比较教育研究》2006 年第 11 期。作者柳京淑,时属单位为北京师范大学教育管理学院)

四、美国教师评价的发展历程与评价模型研究述评

（一）美国教师评价的发展历程

美国的教师评价可以追溯到殖民地时期，当时就有社会团体定期到学校听取学生的诵读情况，确认教师的课堂管理是否适当。[1]在19世纪，管理当局开始重视公众的这种需求，对评价也更为关心，在学校系统里任命专门的领导或全职管理人员对教师进行刑。但当时的评价并没有书面的程序而是以非正式的形式出现。[2]到1925年，全美主要大城市中的学校系统都开始进行"各种各样的教师效能评估"。到20世纪70年代，几乎所有的公立学校都有书面形式的教师评价程序。[3]

20世纪70年代以前的教师评价非常简单。[4]校长直接对教师的绩效做出判断，并且决定教师的去留问题，在这个过程中并不会向教师提供改善教学实践的任何反馈。"很显然，这种方式是教师不满的一个主要原因"。[5]在20世纪70年代初，有研究者[6]就提出一种对教师成长更有意义的评价方式，这种评价方式旨在引导教师提升素质，而教师可以作为评价实施者与被评价者这样的双重身份出现。这些要求改革的倡导性建议成为一种新的教师评价观点的基础性假设，即"教师对评价的卷入程度越深，就越有可能对教师评价有积极的看法，就更少感到评价固有的威胁性"。[7]一般认为，教师参与评价的方式可以更好地促进教师发展与提升自身的教学技能。[8]当时全国教育协会(National Education Association,NEA)进行了一项调查发现,绝大多数教师(93％)都欢迎以提升教师绩效为目的的教师评价。

自此,"许多学区都努力把影响教师成长的评价元素融入到整个评价过程中"。[9]20 世纪 90 年代中期,一项对 1 000 名教师进行调查的结果发现,大多数学校系统已经开始重视影响教师成长的教师评价方式。教师也认为,当时盛行的教师绩效评价更有利于自己成长目标的实现。这项调查的主要结果表明,有91％的教师认为评价可以引导教师技能的提升,有 81％的教师认为评价可以增强教学专长,有 79％的教师认为评价可以帮助教师更好地关注学生学习的结果,有 67％的教师认为评价有助于安排教师在职的培训活动。尽管从整体上看,当时的教师评价受到大多数教师的欢迎.但也有近一半左右的教师认为在某种程度上学校采用的教师评价过程还是过于简单。有 78％的教师指出,解雇仍是当时学校系统进行教师评价的一个重要目标。

进入 21 世纪以来,讨论教师评价的核心内容主要体现在两个方面:一方面是公众对教师的问责(accountability);另一方面是来自教师对提高职业水平的发展需求。前者倡导教师评价的绩效标准,并对学生的学业成就进行具体量化的测验;而后者则强调教师评价为提高教师的教学决策质量提供支持,强调具体的情境因素而往往否定具体的标准。为了强调标准与职业主义的双重需要,全国职业教学标准委员会(National Board of Professional Teaching Standards,NBPTS)尝试努力调和这两个对立的目标。委员会认识到"教学是教育的核心,国家能够促进学校发展的最重要行动是增强教学"。[10]这样,委员会在国家、州与学区等各个层别上都采取了一系列增强教学、促进学校发展的策略,从而开发了全国(NBPTS)与地方(州与地方学区)多种水平的教师评价系统。

(二)美国教师评价模型

美国各类学校所采用的教师评价模型各种各样,[11]然而在这些差异迥然的教师评价模型中,也可以归纳出一些评价模型的共同特征。下面列举的是几种主要的教师评价模型,在实践中,教师评价系统往往会以多种方式将它们结合起来混合使用。

1. 教师特质模型(Teacher Trait Model)

教师特质模型的主要特征是它通过一系列理想化的教师特质来评价教师，例如热诚、公平和创造性等。根据美国 1988 年教育研究机构[12]公布的一项调查显示，尽管学校意识到这种评价方式所强调的人格特质也许在教师入职前已经存在，而且也难以通过努力发生改变，但美国还是有 32%的学校使用了这种评价模型。

教师特质模型具有明显的优点，它简单明了，便于应用，同时也经过了长期的实践检验。管理者可以根据教师特质模型自由地进行判断，并不需要较高的专业技能。然而，这个模型强调的是教师业已形成的人格特质，也存在以下缺点。首先，在评价教师是否具有某一特质或存在多少特质上存在较强的主观性。有些特质如创造性本身的定义就模棱两可，有创造性的表现更是多种多样，不同评价者可能对创造性有自己的理解，难以保证评价的客观性。其次，教师特质模型并不是教学表现的直接反映。通过这些特质终究只是间接的反映教学表现，有可能高估特质和教学表现之间的联系，造成评价偏差；再次，难以对专业成长提供帮助。评价的一个重要目标是提升教师素质，但是教师的特质相对稳定而难以改变，基于教师特质的评价结果难以被教师用来作为提高自身专业成长的参照。

2. 过程取向模型(Process—Oriented Model)

过程取向模型主要关注在课堂情境中评价者或管理者能很容易观察到的教学过程。观察数据经常对那些被研究证明与学生学业成就有高度正相关的教学行为进行收集和组织。

过程取向模型的明显优势主要表现在以下几个方面：

第一，评价所需要的指标是特定的行为，便于操作；

第二，对于课堂中的要素来说是教师最为熟悉，而描述课堂的要素对校长或其他评估者来说也并不陌生；

第三，有助于促进基于研究的教学行为。但过程取向模型的缺点也显而易见。首先，带有较强的指示性。过程取向模型告诉教师哪些行为需要促进或评价，实际上是在引导教师往一个方向发展，客观上可能扼杀教师的教学个性和创造性。其次，可能会导致强调教学风格而忽视工作责任感。过程取向模型着重过程,而教学过程恰恰反映了教师的教学风格,在这种评价模型的引导下,教师可能非常重视风格变量,而忽视教师职业最珍贵的工作责任心。再次,限制了有经验的教师。经验丰富的教师往往在教学中有一套个人化的有效方法,并不一定拘泥特定的教学行为。过程取向模型容易忽略这些教师的优势,甚至将他们引向相反的方向。

3. 基于职责的评价(Duties-Based Evaluation)

基于职责的评价建立在工作的特定任务和要求基础之上,比如,教师的某种职责是要经常评估学生的学习情况。然而,这种模型的评价标准并不包括教师对学生评估所需要的特定而精确的策略。

该模型有效地将教师评价与教师职业特点联系起来,最大的优势是可以满足教师教学工作过程中的合理要求,同时也避免了有关教学风格的问题。然而它仍存在以下问题。首先,在哪些职责需要评价上难以达成一致。教师作为教书育人的工作者,所承担的职责众多,社会各界、家长、学生对教师的要求又各不相同,这使得用职责来评价教师难以真正实现。其次,教师各种职责的权衡问题。教师的各种职责也必然存在轻重程度之分,评价的时候也必然考虑各种职责在评价系统中的权重,而如何确定权重又会带来新的问题。

4. 问责模型(Accountability Model)

问责模型也被称为"绩效责任制模型",它是将教师的表现和教学目标下学生的学业成绩和其他成绩相结合评价的模型。1988 年,美国教育研究机构[13]公布的一项调查显示,全美有 35% 的学校采用了这种评价方式,但有研究[14]认为这个调查可能低估了全国各类学校采用这种评价方式的比例。

问责模型强调教育的结果,明确地以提高学生学习成绩为目标。所以,这种方式深受公众和行政管理人员的欢迎,被广泛接受。但是,问责模型也不可避免地存在一些缺点。首先,假设的可靠性问题。问责模型假设教师的表现直接影响了学生的学习成绩和行为,两者之间是因果关系。然而这种假设未必可靠,学生的学习成绩不一定完全反映教师的教学表现。其次,评价测验的可靠性问题。以学生的学习成绩和行为来评估教师表现,会受限于学习成就测验的信效度。

5. 基于目标的评价(Goals-Based Evaluation)

基于目标的评价模型是指教师为自己设定专业成长的目标,并根据这些目标评价教师是否达到目标。这种评价模型类似于企业中的目标管理(NBO)模型,而学校系统往往在教师评价时结合了其他的评价模型。

这种模型往往适用于经验丰富的教师,它能有效促进教师的参与积极性,提高自我反省能力,同时该模型使用多种数据来源,使评价更客观和全面。但是,它的不足之处在于以下方面。首先,更多的时间投入。每个教师都有独特的成长目标,对目标各异的教师进行评价就会花费更多的时间和精力。其次,目标的特异性问题。根据教师个人的目标来评价的方式尊重了教师个人的发展,但这些个人目标未必与组织(学校)目标有紧密的联系,所以可能得不到学校教育的认同。再次,开放性与合法性问题。个人目标既有独特性又有发展性,会随着时间的改变而发生变化,这种开放性导致评价难度提高。而且,个人目标不仅可能与学校目标相悖,还可能存在不合理的因素。

6. 专业成长模型(Professional Growth Model)

专业成长模型将重点转移到教师个体和他们的专业发展上来。评价者及时将信息反馈给教师以提高教师想要提高或必须提高的教学技能。该模型特别关注教师的兴趣与需求。

该模型能有效地促进教师专业化和专业成长,使教师个体真正得到选择自身发展的权力,而且这种模型对教师的影响具有长远性。但是,这种模型突出的问题是对学校无问责,难以满足公众了解学校教育状况的需要。而且,在这种模型中,教师个人专业成长的目标与组织目标或组织绩效也没有特定联系,可能导致教师对学校的责任失控。

7. 混合模型(Hybrid Model)

混合模型在评价实践中往往被使用的最为普遍。因为学校系统不可能仅使用以上6种模型中的任何一种,而是将多个目的和方法采用某种独特的方式整合起来。通常来讲,指标明确的模型更多用于新手教师或经验较少的教师,而开放性的模型多用于有丰富经验的教师。

将多种评价策略结合起来的混合模型很适合教师评价的多重目标和学校的具体情境,并且能够满足学校中不同个体的各种需求。然而,该模型非常庞大、笨重,难以在实践中真正建立起来,并且难以平衡不同目标间的关系,如个人发展和学业问责间的关系就难以真正协调。

(三) 启示

1. 加强教师管理与促进教师专业发展:教师评价改革的动力

美国教师评价的产生是缘于公众想要了解学生的学习情况以及教师在校表现的需求。随后,由于管理当局对教育质量的重视,出现了全职的教师评价人员,通过主观的评定决定教师的去留问题。但是,这种过于简单、主观、非标准化、没有反馈、教师被动无参与的评价方式,不仅导致教师的不满,而且也难以真正解决提高教育质量的关键问题。20 世纪 70 年代,强调提高教师教学能力、增加教师参与评价过程的各种教师评价模型不断兴起和发展。这些评价强调教师以评价者与被评价者的双重身份出现,从而减少了教师对教师评价可能存在威胁的担心。

到目前为止,美国公众对教师能力与教育质量的问责也从未停止。[15]问责就意味着通过对学生学习结果的检验来判断教师的教学效果,强调教师教学与学生的学业成就之间的关系,强调评价内容指标化、标准化,强调评价过程的可观察性与可操作性,以具体量化的结果来说明教师对提高教育质量的作用。而同时,倡导教师专业发展的教师评价则更强调评价对提高教师教学技能的意义,否定标准化。美国教育政策制定者试图调和两种评价方式之间的对立,融合两种评价方式的优势,促使评价数据来源多元化、评价标准国家、地方多层化,建立多重目的的教师评价体系。总之,从美国教师评价产生与发展的历程来看,加强教师管理与促进教师专业发展始终是推动教师评价不断向前发展的根本动力。

2. 教师评价的模型:有目的、有步骤的选择或整合评价模型

由于美国教师评价既有全国标准也有地方标准,在各类学校中采用的教师评价模型类型众多、差异迥然。理论上,各种模型有各自的优势与不足,所以在实践中,教师评价系统往往会根据特定的目的将各种模型结合起来综合使用。如果教师评价的目的是加强教师管理,就更可能采用标准化、可观察化的教师评价方式,如过程取向的模型、问责取向的模型;如果教师评价的目的是促进教

师专业发展，就更可能采用提供反馈、提高教学能力的教师评价方式，如基于目标的模型、专业成长的模型。由于教师特质模型与基于职责的模型针对的是教师的个人素质与工作特点，具有评价的普遍性，往往是两种评价目的导向都需要考虑的评价方式。除了考虑评价目的以外，由于理论取向或评价技术的改进，各种教师评价模型本身也会发生改变，所以在实践中往往需要综合运用多种教师评价模型。

在实践中如何选择并确定教师评价模型呢？斯通（Stonge）和塔克（Tucker）提出两阶段6步骤的过程，[16] 为我们选择或整合评价模型提供了有益的借鉴。所谓两阶段是指教师评价过程分为开发阶段与实施阶段。开发阶段包括3个步骤：认同组织目标、开发工作绩效标准和设定绩效指标。实施阶段也包括3个步骤：陈述绩效、评估绩效和提升绩效。教师评价是个动态的过程，选择或整合就师评价模型是进行教师评价的理论前提。教师评价需要根据不同的要求与目的，有步骤地选择并确定教师评价的模型，为实施教师评价提供实践基础，从而真正实现加强教师管理、促进教师专业发展的目标。只有如此，通过教师评价提高教育质量的最终目标才有可能达到。

参考文献

［1］Tracy，S. J. ，& MacNaughton，R. Assisting and Assessing Educational Personnel：The Impact of Clinical Supervision［M］. Boston：Allyn and Bacon. 1993. 17.

［2］Blumberg，A. ，& Greenfield，W. The Effective Principal：Perspectiveson School Leadership［M］. Boston：AUyn and Bacon. 1980. 11.

［3］［5］［8］［9］Shinkfield，A. J. ，& Stufflebeam，D. Teacher Evaluation：Guide to Effective Practice［M］. Boston：Kluwer Academic. 1995.13.22.

［4］［6］［7］［11］［14］［15］［16］Stonge，J. H. ，&Tucker，P. D. Handhook on Teacher Evaluation－Assessing and Improving Performance［M］. NY：Larchmont. 2 3. 13. 29. 2003. 13. 16－18. 26－29.

［10］National Board for Professional Teaching Standards. Toward High and Rigorous Standards for the Teaching Profession[M]. Detroit. MI: Authur. 1990. 5.

[12][13] Educational Research Service. Teacher Evaluation: Practices and Procedures[M]. Arlington, VA: Authur. 1988. 11, 45.

（本文发表于《比较教育研究》2009 年第 5 期。作者孙炳海、申继亮，时属单位为北京师范大学发展心理研究所）

五、加拿大安大略省教师绩效评估制度述评

《国家中长期教育改革和发展规划纲要（2010～2020）》要求"健全教师管理制度"，强调严格教师资质，提升教师素质，努力造就一支师德高尚、业务精湛、结构合理、充满活力的高素质专业化教师队伍。要真正实现这一目标，除了严格实施教师准入制度（入口关）和完善教师退出机制（出口关）以外，还应该加强教师专业发展的过程管理与评估。加拿大安大略省的教师绩效评估制度（Teacher Performance Appraisal System），分别针对新任教师（New Teachers）和经验型教师（Experienced Teachers）进行周期性评估，是比较全面、高效、细化的教师评估制度，可为我国加强教师队伍建设、统筹和推进区域内教师专业发展提供借鉴。

（一）加拿大安大略省教师绩效评估制度的基本框架

1999 年，加拿大安大略省小学教师联合会（The Elementary Teachers' Federation of Ontario，简称 ETFO）出于促进教师专业发展的考虑，曾向安大略省政府提交过一份建议书，其中提出了建立省级教师评价模式的构想。[1] 2001 年，以多伦多学区为代表的安大略省部分学区，针对经验型教师的评价提出了一个评估标准，并付诸实践。次年，安大略省政府首次推出了省级教师绩效评估程序。2006 年 1 月 1 日，安大略省政府通过了《学生绩效法案》（Student Perforrnance Act），其中规定了新入职教师的绩效评估流程。[2] 2007 年 3 月 15 日，在《安大略省教育法》（Ontario Education Act）的框架之下，政府出台了 96/

07 号法规和 97/07 号法规,进一步将教师绩效评估制度定位为省级教师评估制度,并对评估内容与要求进行了修订。从内容上看,上述两个法规主要对经验型教师的评估标准与流程进行了调整,重要的变化包括:① 将原来每 3 年评估一次改为每 5 年评估一次;② 把原来的 4 个评价等级(典范、良好、满意和不满意)[3]简化为两个评价等级(满意和不满意);③ 要求校长参与教师制定年度学习计划(Annual Learning Plan,简称 ALP)的工作。[4]之后每逢评估年,各学区的学校理事会(School Boards)就按照 2007 年的修订要求组织开展评估工作,安大略省辖区所有学区的全部学校每年都参加新任教师评估,至今针对经验型教师的绩效评估已进行了两轮。

通常情况下,完整意义的制度应该是一个包含规则制度的内容,对象是制度的指向与范围,理念是制度规则所体现出来的价值判断与目标定位,载体是制度的形式。[5]① 从规则层面看,教师绩效评估制度是一个法定制度,其具体的内容和要求都体现在加拿大《安大略省教育法》(Ontario Education Act)、安大略省 96/07 号、98/02 号和 99/02 号法规的文本中。根据上述法规内容,安大略省每个学区的学校理事会有责任确保在其辖区内的学校遵守教师绩效评估的法定要求。各学区也可以建立更细化的政策和程序,只要与省里的要求不冲突。② 从对象范畴看,教师绩效评估制度对就职于安大略省政府资助的学校的所有新任教师和经验型教师都适用。③ 从理念层面看,高质量的教学对于提高学生成绩、缩小学生之间的学业表现差距十分重要。实施教师绩效评估就是希望通过评估,促进教师的专业发展,从而使学生受益。同时,教师绩效评估制度也将每一位教师视为终身学习者,强调持续的学习和发展。[6]④ 从载体层面看,教师绩效评估的主体和标准是确定的,对评估周期和多种情况的处理方案也做出了明晰的规定。

根据制度框架(图 1),安大略省教育局通过制定政策、整合资源、帮助学区和学校等方式来支持教师绩效评估制度的发展。

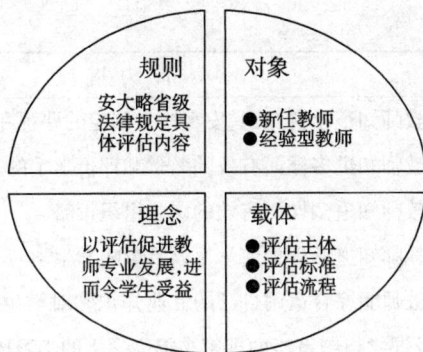

图1　教师绩效评估的制度框架

（二）加拿大安大略省教师绩效评估制度的核心内容

加拿大安大略省教师绩效评估制度的初衷是，希望提高学生的学业表现，而政府认为这与教师的教学质量密切相关。因此，教师绩效评估制度主要是针对新任教师和经验型教师，几乎是为他们的专业发展而量身设计的评估制度。

1. 绩效评估的目标与基本标准

加拿大安大略省教师绩效评估制度包含以下几项具体目标，即通过促进教师专业发展，提高学生的学业表现；提供有意义的教师绩效评估，鼓励教师的专业学习和成长；为需要额外支持的地方予以机会倾斜；向公众提供一个问责途径。[7]

教师绩效评估的能力指标，是整个评估标准的核心（表1），以安大略教师学院（Ontario Teacher College，简称"OTC"）开发的"教学专业实践标准"（Standards of Practice for the Teaching Profession）要求为基础，旨在综合评估教师的知识、技能和态度。

表1　教师绩效评估的 16 项能力指标一览表[8]

评估维度	能 力 指 标
对学生的承诺 与对学生学习 的贡献	1. 教师履行对所有学生健康与发股的承诺 2. 教师致力于为学生的学习与成就提供教学服务和帮助 3. 教师公平而尊重地对待所有学生 4. 教师所提供的学习环境有利于鼓励学生在不断变革的社会中发展成为问题解决者、决策者、终身学习者和有贡献的人

（续表）

评估维度	能 力 指 标
专业知识	5. 教师知道学科知识、安大略省制定的课程和教育相关法律 6. 教师知道多样而有效的教学和评价学生的方法 7. 教师知道多样而有效的课堂组织策略 8. 教师知道学生如何学习以及影响学生学习与成绩的因素 9. 教师能综合运用自己的专业知识和对学生、课程、法律、教学方法以及课堂组织策略的理解来提高学生的学习成绩
教学实践	10. 教师能与学生、家长以及同事进行有效的沟通 11. 教师为学生的成长与成绩构建了一个持续的评价机制，并经常将评估报告的结果告知学生及其家长 12. 教师会使用原始材料和资源来改变和完善其教学方法 13. 教师在其教学实践以及相关专业职责中使用了适当的技术手段
领导力和交流能力	14. 教师在自己的教室与学校中与其他教师以及学校的同事合作创建并支撑一个学习共同体 15. 教师与专家们、家长们以及第 14 条中提及的共同体成员们共同提升学生的学识与成绩，推进学校项目
持续的专业学习	16. 教师投入持续的专业学习中，并应用学习成果来改善其教学方法

2. 绩效评估的对象与基本流程

根据法律规定，教师绩效评估制度对就职于安大略省政府资助学校的所有新任教师和经验型教师都适用。但是，在安大略省的政府资助教育系统中，教师绩效评估的要求并不适用于临时教师、继续教育教师、副校长、校长、督导人员及教育理事，也不适用于获得教师资格认证但受聘于私立学校的教师、工作于教育学院以及其他教师教育机构的教师。

教师绩效评估制度规定，学校的校长主要负责评估所在学校所有教师的绩效。在校长不能承担这项责任的情况下，法律规定，校长可以把教师绩效评估的责任委托给受聘于同一所学校的副校长。这样做有助于减轻校长的工作量，同时让副校长有机会获得这方面的经验。在特殊情况下，这一责任也可以委托给来自另一个学校理事会的监督人员。不过，即使是副校长或受委托人承担实际的评估工作，学校层面的问责终点仍然指向校长。

　　因为新任教师与经验型教师的发展特点不同,教师绩效评估项目相应地包含两大评估项目:新教师入职项目(new teacher lnduction program,简称 NT-IP)(见图 2);针对经验型教师的评估项目(Performance Appraisal of Experienced Teachers)(图 3)。从基本流程上看,两个项目同样包括几个步骤:① 召开课堂观察前会议。根据教师绩效评估制度的规定,在评估工作开始之前须召开一个课堂观察前会议。[9]该会议主要是讨论评估要求、细化评估过程、表达评估期望、检查教师的年度学习计划和形成评估过程的 16 项能力等,让校长和教师在评估过程中平等地参加专业对话。此外,该会议还对预先创设合作氛围、预先建立观察程序给予特别的关注。[10]② 进行课堂观察。课堂观察是评估过程中重要的组成部分。第 15 项、16 项等难以在课堂中表现出来的能力指标,则以其他方式进行评估。除了教学任务的完成情况和教学过程外,关于课堂观察的评估还涉及到校长对教师课堂的参观。理事会可能会随机选择学校的课程顾问等人士,按照 16 项能力指标为教师的绩效评估建立评估记录。③ 召开课堂观察后会议。课堂观察后,接受评估的教师一定要与校长第一时间碰面,反馈课堂观察的结果,校长要当面表达对教师绩效的基本评价,内容主要是围绕 16 项能力指标。[11][12]如果接受评估的教师是经验型教师,那必须谈及其年度学习计划的制定与更新、专业发展目标及策略,校长在这个会议上提出的建议和评价都被视为总结性报告的基础材料。④ 形成总结性报告。教师绩效评估的总结性报告作为评估过程的重要证明材料,必须依照政府规定的格式撰写,内容要涵盖关于教师能力的描述、对教师绩效的评定等级、教师专业发展的目标与策略建议。[13]⑤ 开展补充性评估(Additional Performance Appraisals)。如果新任教师在评估后获评"需要发展"或"不满意"等级,或者经验型教师在评估后获评"不满意"等级,校长必须实施补充性的绩效评估。当然,校长也可以在教师要求的前提下,或校长本人出于对教师绩效相关情况的考虑,实施必要的补充性评估。[14]

```
┌─────────────────────────────────────────────┐
│            第一次评估的流程                    │
│ ● 课堂观察前会议                              │
│ ● 课堂观察                                    │
│ ● 在课堂观察结束后尽快召开课堂观察后会议       │
│ ● 在课堂观察结束后的20个工作日内              │
│      形成评价的总结报告，评定等级              │
└─────────────────────────────────────────────┘
```

┌──────────────┐   ┌──────────────────────┐
│ 第一次获评满意 │   │   需要发展   │
│   │   │ Development Needed   │
└──────────────┘   └──────────────────────┘

┌──────────────────────────────┐
│ 教师根据报告中指出的不足   │
│ 在获评等级后的15个工作日   │
│ 内丰富个人发展计划并践行   │
└──────────────────────────────┘

┌──────────────────────┐   ┌──────────────────────┐
│ 第二次评估   │   │ 第二次评估   │
│ 在新教师开始第一年   │   │ 在新教师开始第一年   │
│ 教学期间进行，并重   │   │ 教学期间进行，并重   │
│ 复第一次评估的基本   │   │ 复第一次评估的基本   │
│ 流程   │   │ 流程   │
└──────────────────────┘   └──────────────────────┘

┌──────────┐ ┌──────────┐ ┌──────────────┐ ┌──────────────┐
│第二次获评满意│ │ 需要发展 │ │第一次获评满意 │ │第一次获评不满意│
└──────────┘ └──────────┘ └──────────────┘ └──────────────┘

┌──────────────┐ ┌──────────────┐ ┌──────────────────┐
│成功通过NTIP   │ │教师根据报告指中出│ │教师进入审查状态，并│
│评估结束的60日内，│ │的不足,在获评等级后│ │根据报告中指出的不 │
│由学校理事会告知 │ │的15个工作日内丰富 │ │足，在获评等级后的15│
│OCT   │ │个人计划激活并践行 │ │个工作日内丰富个人发 │
│   │ │   │ │展计划并践行   │
└──────────────┘ └──────────────┘ └──────────────────┘

┌──────────────┐   ╭──────────────╮   ╭──────────────────╮
│成功通过NTIP者 │   │参加次年的NTIP │   │在新教师被告知   │
│将由OCT在评估   │   ╰──────────────╯   │进入审查状态后   │
│结束后的60日内 │   │的120个工作日内   │
│登记归入档案并   │   │进行第三次评估   │
│告知教师本人   │   ╰──────────────────╯
└──────────────┘

────────────── 第一年的评估结果 ──────────────

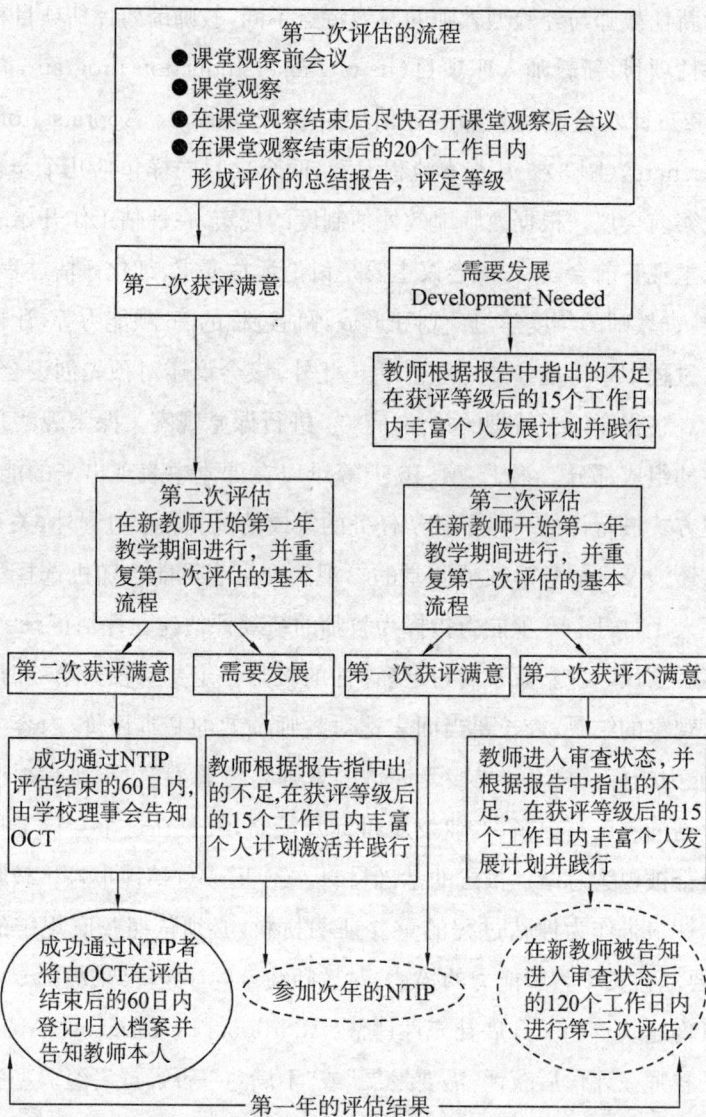

图 2　新任教师评估流程(1)

296

第三次评估

如果新教师在前一年的NTIP中处于审查状态，
在教师被告知的120个工作日内进行第三次评估，
并重复第一次评后的流程
教师继续丰富个人发展计划并践行，进入第二年的NTIP

| 第一次获评满意 | 第一次获评不满意 |

教师进入审查状态，并
根据报告中指出的不足，
在获评等级后的15个工
作日内丰富个人发展计
划并践行

第二次获评
满意

第二次获评
不满意

第四次评估
自结束第三次评估后的120
个工作日内进行第四次评估，
但不得超过教师开始执教的
头两年，并重复第一次评估的
流程

| 第二次获评满意 | 第二次获评不满意 |

成功通过NTIP
评估结束的60日内，由学校理事
会告知安大略教师学院（OCT）

成功通过NTIP者将
由OCT在评估结束
后的60日内登记归
入档案并告知教师
本人

对学校是否聘用该教师
给出建议学校如果决定
解雇该教师要告知OCT

第二年的评估结果

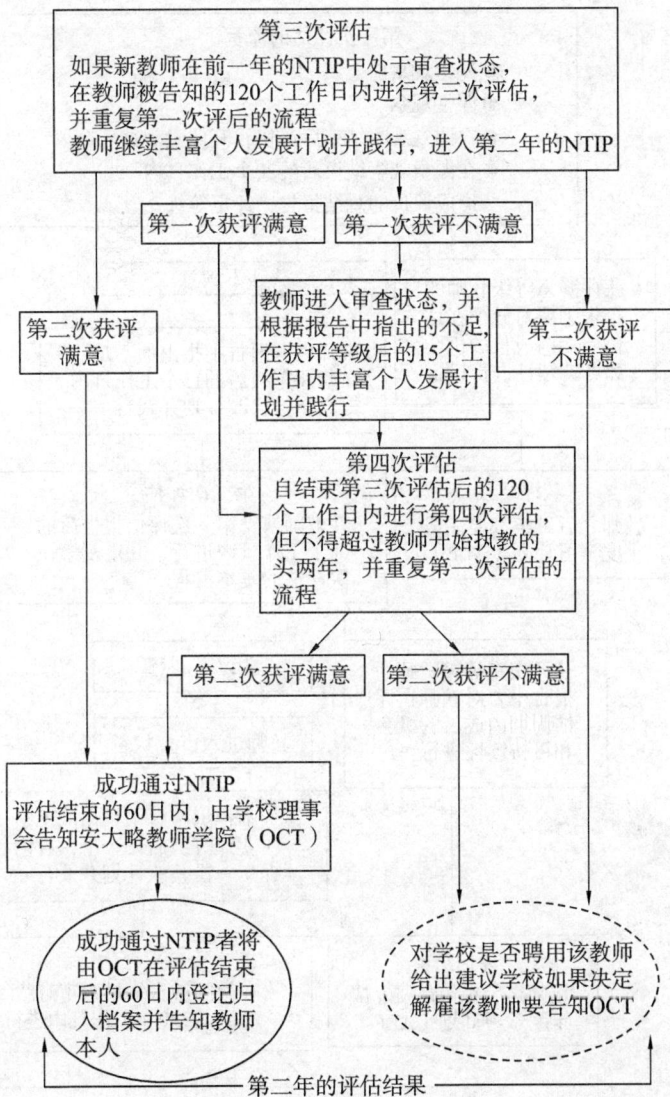

新任教师的评估流程(2)[15]

第一次评估的流程
- ●课堂观察前会议
- ●课堂观察
- ●在课堂观察结束后尽快召开课堂观察后会议
- ●在课堂观察结束后的20个工作日内
  形成评价的总结报告，评定等级

获评满意等级教师的报告中要对教师在评估周期内成长的机会和可持续性进行讨论

获评不满意

教师根据报告中指出的不足，在获评等级后的15个工作日内提交一份整改计划并践行

获评结束
教师之后每年都要完成年度学习计划（ALP）

第二次评估
在教师获得第一次评估报告后的60个工作日内进行，并重复第一次评估的基本流程

获评满意等级教师的报告中要对教师在评估周期内成长的机会和可持续性进行讨论

获评不满意

教师进入审查状态

教师根据报告中指出的不足在获评等级后15个工作日内提交一份整改计划并践行

评估结束
教师之后每年都要完成年度学习计划（ALP）

第三次评估
在教师被告知进入审查状态后的120个工作日内进行

获评满意等级教师的报告中要对教师在评估周期内成长的机会和可持续性进行讨论

获评不满意

获评结束
教师之后每年都要完成年度学习计划（ALP）

建议学校解雇该教师

告知安大略教师学院

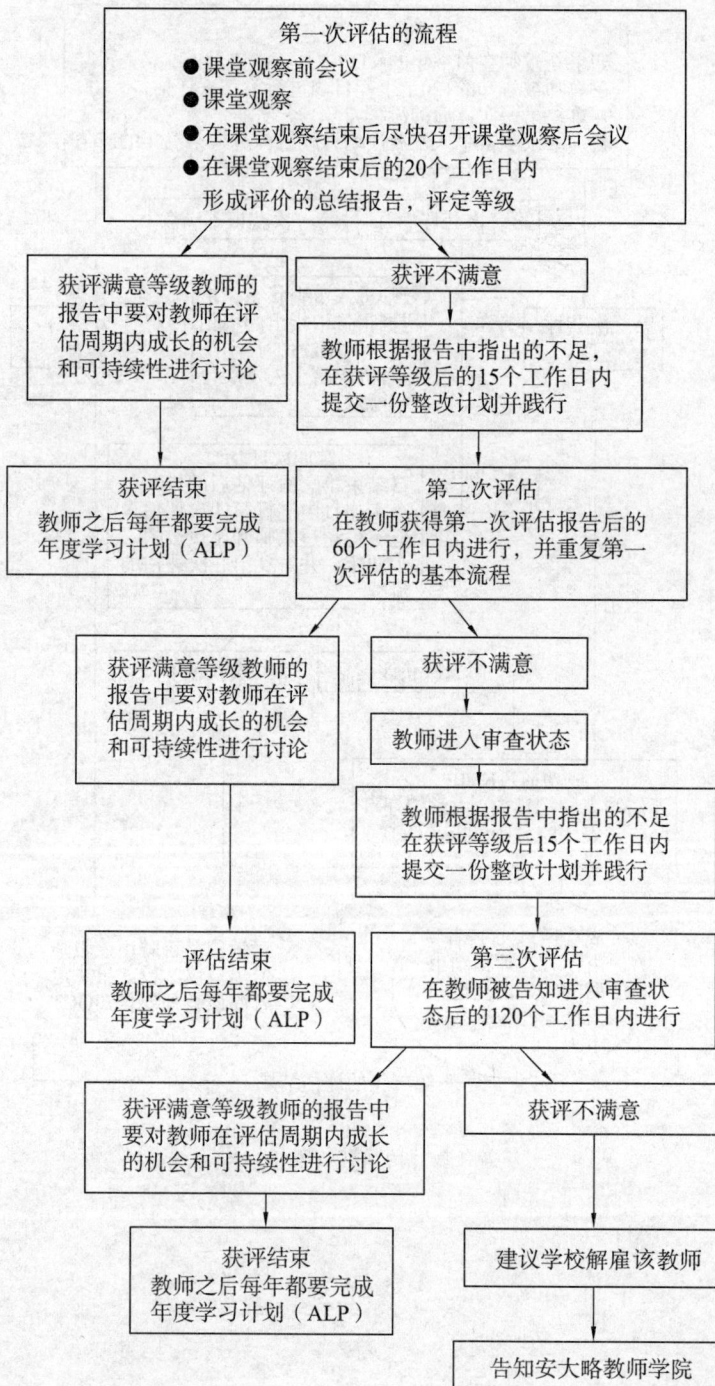

图 3　经验型教师的评估流程[16]

由图 2 和图 3 看出,教师绩效评估制度对每一项流程的工作日数量都做出了明确的规定,十分强调时间限制,注重效率。但有些特殊时期被排除在对指定教师的评估周期之外,包括教师不被理事会管理的学校教学、教师因非教学任务被调离学校、教师被借调到安大略省政府资助的教育系统以外的机构承担教学任务、教师处于理事会批准的延长休假状态。[17]

(三) 加拿大安大略省教师绩效评估制度的基本特点

哲学视野中的制度评价需要确立三个标准:合理性标准,合法性标准,现实性标准。合理性标准,是指制度是否具有逻辑的一致性,制度的内容是否符合制度的内在规律,着眼于制度效率;合法性标准,是指制度是否具有存在的法理基础,制度的价值选择与目标定位是否与社会发展要求相适应,着眼于制度公正;现实性标准,是指制度是否具有可操作性,着眼于制度实施。[18]总体上,安大略省教师绩效评估制度的合理性、合法性与现实性都比较凸显,并成为该制度的主要特点。

1. 实施分类评估,促进不同阶段的教师专业发展

将教师分为新任教师和经验型教师两类,并分别进行评估,既有互通,又各有侧重,这一点可谓安大略省教师绩效评估制度的最大亮点。一方面,这种评估方式尊重了教师专业发展的阶段性。例如,教师绩效评估制度对新任教师和经验型教师的能力要求是不同的,前者需要达到的能力指标只有后者的一半,而且新任教师拥有 4 次参与评估的机会,而经验型教师则只有 3 次。另一方面,这种评估方式合理地区别对待新任教师和经验型教师,使评估流程更加具有针对性,从而保证了其有效性。

新任教师,其教师生涯开始的第一年内须接受两次评估,重点依据 16 项能力描述的 1～5 项和 9～11 项,共 8 项进行评估。第一次评估分为"满意"或"需要发展"两个等级;第二次评估分为"满意""需要发展"和"不满意"三个等级;第三次评估分为"满意"和"不满意"两个等级(根据实际情况确定是否开展第三次评估)。在开始教学的第一年内共获得两次"满意"的新任教师可获准在安大略教师学院颁发的教师资格证书上印上相应的记录。对经验型教师来说,每五年必须接受一次评估,对经验型教师需要依据所有 16 项能力描述进行评估,评估

等级分为"满意"和"不满意"两种。经验型教师需要每年和校长协商后修订、更新个人的年度学习计划,而对新任教师在年度学习计划方面不作要求。[19]

2. 强化立法保障以便评估制度有序运转

如前文所述,安大略省教师绩效评估制度是由安大略省政府通过立法行为确定下来的,具有合法性、强制性与规范性的特点。① 合法性。安大略省政府在关于教师绩效评估制度的系列法令中规定了教师绩效评估的目标、定位、功能和评估主体,指明了教师绩效评估制度的基本内容,并对评估结果的公开性、透明性做出了明确规定;② 强制性。在教师绩效评估制度的萌芽期,学区参与教师绩效评估纯属自愿行为,但相关法令出台之后,各学区就必须参加教师绩效评估,并且被要求承担具体的责任。[20]例如,安大略省政府于 2007 年 3 月 26日颁布的 99/02 号法令明确了保证教师绩效评估制度运转的责任方,要求安大略教师学院、学区、学校理事会等机构必须投入到教师绩效评估工作中。其中,教师学院负责认证并发布最终评估结果;学区负责组织辖区内所有学校在评估周期内完成评估工作;学校理事会扮演评估工作中的纽带角色。一方面,理事会必须第一时间将评估结果交给教师学院,另一方面,理事会要监督校长的评估工作是否按时并遵守基本流程开展。[21]这有力地保障教师绩效评估制度的问责落实到机构和个人;③ 规范性。安大略省推出教师绩效评估制度,旨在"提供公平、有效、持续的教师评估"。[22][23]在遵循法定要求的前提下,安大略省教育局细化了评估流程,并且限定了评估的周期,很大程度上避免了时间拖延和责任推诿。

3. 强调评估标准多元化使评估制度切实可行

教师绩效评估的标准涉及教师的知识、技能与态度,其中还包括对教师领导能力和交流能力的评估,为教师发展成为教学典范和教育管理者提供了指导,如此多元的评估标准使教师的专业发展有了多向度的出口。同时,教师绩效评估标准也并非一成不变。毕竟,评估主体以及评估对象对于同一个问题的认识是在不断发展的。相应地,指标内涵应该是动态变化的。从能力指标一览表的内容可以看出,教师绩效评估标准是相对开放的,并没有量化指标,而均采用描述式的评估标准,具有较强的发展性。此外,教师绩效评估的结果最后都会经由各学区的学校理事会提交给加拿大安大略教师学院,因此,可为解雇教师提供公平、公正、公开的依据。近两年,加拿大学者对新人职教师的绩效评估进行了反思,认为评估应该加强对新任教师自信心的培育,不应因为一味地严格要求,将教师的门槛抬得过高,而令很多年轻人由于害怕失败,放弃选择教师这个职业。[24]

(四)加拿大安大略省制度的主要成效

加拿大安大略省教师绩效评估制度自实施以来,对区域内教师专业发展起到了重要的指导和推动作用。教师透过评估结果认识到自己的不足,为更好地制定自己的年度学习计划,会主动向安大略教师学院申请适合自己的教师教育项目(截止到 2013 年 1 月,安大略省的教师教育项目共有 7 类,内容涵盖初级、中级、高级的教学技能、教育技术等,项目设计与实施由多伦多大学、约克大学、温莎大学等 13 所大学分别承担)[25]。2011 年至 2012 年,安大略省共有全职中小学教师 115 028 人。[26]根据安大略教师学院公布的数据,从 2004 年至 2012 年,申请教师教育项目的教师人数共达到 124 197 人,[27]排除退休教师与被解雇教师的人数变化影响,安大略省的全职教师基本实现了对教师教育项目的全员参与。可见,具有强制性的教师绩效评估制度实施后,不仅促进了教师专业发展的主动性,也增强了教师专业发展的针对性与有效性。

加拿大安大略省教师绩效评估制度的设计与执行有许多值得借鉴之处,但研究发现,新人职教师如果第一次评估未获得满意等级,会出现压力感增强、自我怀疑、焦虑等状况;[28]而经验型教师接受评估的时间被大量教学工作挤占、学校开展评估工作缺少资金与培训支持和校长的个人偏见对该制度的长效发展形成了一定的阻碍。[29]我国在引入、移植和完善该制度时,要尽力避免这些问题。

参考文献

[1] Barbara Richter. It's Elementary: A Brief History of Onlario's Puhlic Elemenlary Teachers and Their Federations[R]. Etfo Voice, Octoher, 2006, 1—8.

［2］ Huron-Perth Catholic District School Board Policy：Teacher Performance Appraisal ［EB/OL］. http//www. huronperthcatholic. ca/Portals/O/Policies/3A1O. pdf. 2013—07—21.

［3］陈弘,高惠蓉. 美国与加拿大中小学教师评估政策比较与评析[J]. 外国中小学教育,2007(2):26—32.

［4］ Performance Appraisal of Experienced Teachers：Technical Requirements Manual[Z]. Ontario Ministry of Education,27.

［5］辛鸣. 系统论视野中的制度要素研究[1]. 自然辩证法研究,25(10)：77—79,94.

［6］ Teacher Performance Appraisal System[EB/OL]. http：//www. edu. gov. on. ca/eng/teacher/appraise. html. 2013—05—21.

［7］［9］［15］［16］［17］［19］ Teacher Performance Appraisal Technical Requirements Manual 2010 ［EB/OL］. http：//www. ncdsb. on. ca/ntip/forms/TPA％ 20Technical％ 20Requirements％ 20Manual％ 20201O. pdf. 2013—05—22.

［11］李双飞. 加拿大安大略省实施新教师表现性评价[J]. 上海教育,29(04B):44—45.

［12］柳绪燕. 加拿大教师队伍的培养及启示[J]. 国家教育行政学院学报,2012(7):91—95.

［13］胡林林,蔡敏加拿大安大略省新入职教师的表现性评价及启示[J]. 世界教育信息,2010(7):46—49.

［14］陈时见,等. 中小学初任教师人职教育的国际比较——侧重发达国家的主要经验与发展趋势[M]. 重庆:西南师范大学出版社,2011:283—320.

［18］辛鸣. 制度评价的标准选择及其哲学分析[J]. 中国人民大学学报,25(5):95—102.

［20］李硕,刘永福. 加拿大教师责任结构体系与管理制度分析——以安大略省为例[J]. 教育科学研究,2013(5):25—30.

［21］ Education ACT，Ontario Regulation 99/02. Teacher Performance Appraisal[EB/OL]. http：//www. e—laws. gov. on. ca/html/regs/english/

elaws_regs_020099_e. htm. 2013—06—07.

［22］Ministry of Education. Supporting Teaching Excellence：Teacher Performance Appraisal Manual and Approved Formsand Guideline［M］. Toronlo，ON：Queen's Prinler For Ontario，2002，3.

［23］谨启标.加拿大安大略省教师专业发展政策述评［J］.比较教育研究，2012(4)：72—77.

［24］Pinlo，L. E. ，Portelli，J. P. ，et al. Charismalic，Competent. or Transformative？Ontario School Administrators'Perceptions of"GoodTeachers"［J］. Journal of Teaching and Learning，2012，8(1)：73—90.

［25］［27］Teacher Education Applicalion Statistics January2013［EB/OL］. http：//www. ouac. on. ca/statislics/teacher－educalion－applications/tap－January/. 2013—08—30.

［26］Ontario Ministy of Education. Educalion Facts［EB/OL］. http：//www. edu. gov. on. ca/eng/education Facts. html. 2013—08—30.

［28］Larsen，M. A. Stressful，Heclic，Daunling：A Critical Policy Study of The Ontario Teacher Perfonnance Appraisal System［J］. Canadian Journal of Educational Administration and Policy，2009，95：1—44.

［29］Barnett，J. A. Why Consistency Is Not Possible in Experienced Teacher Evalualions［EB/OL］. http：//www. ejsbs. c－crcs. com/files/file/Volume Ⅱ/l8. pdf, 2013—06—22.

（本文发表于《比较教育研究》2013 年第 12 期。作者廖忠、司瑞琴,时属单位为西南大学教育学部）

六、相对评价、增值评价与课堂观察评价的融合
——美国教师评价的新趋势

在我国,教育评价作为改进教育管理和教学实践的工具,一直被教育行政部门倡导和推行,在广大中小学校也得以普遍使用。然而,目前我国基础教育阶段的教育评价主要以学生的学业成绩为评价目标,教育行政部门和学校仅重视学生的中高考成绩、升学率等。这种评价违背了教育评价监测和诊断学校教育质量,帮助教师改进教学的最初目标,导致了教育不公平现象的产生。[1]为了更加科学、准确地评价学校和教师的效能,教育评价领域迫切需要新的评价方法。本文试图借鉴美国田纳西州的教师评价模式,以期有助于我国教师评价的改革。

(一) 美国教师评价模式的演变

1. 增值评价模式的兴起与争论

自 20 世纪 70 年代以来,以《科尔曼报告》为起点,学校效能的增值评价研究在美英等国逐渐发展起来。[2] 20 世纪 80 年代,困扰美国的基础教育质量危机再一次将公众目光聚焦到学生学业成绩之上。为应对越来越严重的质量危机,美国国会颁布了 6 项国家教育目标。为响应这些目标,美国各州掀起教育改革的浪潮。田纳西州也相应发起了教育立法运动。1992 年,该州政府签署了《教育改进法案》(Education Improvement Act, EIA),将增值评价系统列为该法案中教育问责体系的一部分。[3]田纳西州增值评价系统(Tennessee Value

—Added Assessment System, TVAAS)是由威廉·桑德斯(WilliamL. Sanders)教授及其团队首先创立的,也是目前世界上最为完善、使用最为广泛的增值评价系统之一。该增值评价主要通过追踪学生在一段时间内学业上的变化,考察学校或教师对学生学业成绩影响的净效应,进而实现对学校或教师效能较为科学、客观的评价。[4]与以往基于平均成绩的横截面评价相比,增值评价最突出的优势在于保证了评估学校系统、教师对学生成绩影响的公平性。利用增值评价结果作为对教师年度绩效考评的依据,有助于达成对教师评价的公平性,有利于激发生源质量较差的学校促进学生进步的动力。

但是,增值评价模式也遭到了不少学者的质疑。[5][6]首先,增值分数不能完全反映学生能力,仅是测量学生学业成绩进步的指标。其次,增值评价模型很可能遗漏重要的无法衡量的变量,如学生个人能力。更为重要的是,如果仅以两年的数据来计算增值(gain score),由于学生不是随机分派到教学班所引起的增值评价的误差率会较高,[7]所以,增值分的高低不能作为评价教师教学有效性的唯一依据,增值评价也不能作为解决传统教育评价体系问题的"万能药"。它的出现不是对其他评价方法的彻底否定,而是一种有益的补充。在评价学校和教师的效能时,不能将增值评价的结果作为唯一的依据,而应和其他的评价方法一起使用。[8]

2. 发展性教师评价模式

20 世纪 90 年代以后的美国,各州逐渐推行了以发展性评价为主的教师评价制度。这一评价模式的目的不仅要评估教师的教学水平,更重要的是要诊断教学问题,为改进教学、促进教师的专业成长服务。评价的重心是在教师的参与和主体性上,在评价双方的对话和沟通上,在教学过程的多方面信息收集上。相比以学生成绩为基础的增值性评价,后者更有利于教师的发展,减少评价的风险。

2000 年,田纳西州开始推行发展性教师评价制度。这种以发展为导向的评价模式不仅鼓励教师创新,激励他们共同合作,开展教研活动,而且重视教学策略、学术内容标准和教师课堂教学的责任。教师在计划、教学策略、评定和评价、教学环境、专业发展、交流 6 个领域接受评价,每个领域都有相应的指向教学行为水平的指标体系。[9]

这种评价模式的缺陷与其优点一样突出。第一,由于以定性评价为主,很多程序需要教师本人去做定性评价,撰写大量的文字,过程繁琐,给教师增添了繁重的评价负担。第二,不同群体设立不同的评价标准要求,因而难以对全校教师给出统一的评定等级,更不便于对全学区、全州教师进行比较。因此,也就不能以此评价结果为依据,制定相应的激励教师、学校、学区的政策。同时,也不便于鉴别出高质量的学校、高效能的教师,从而为家长择校提供有价值的信息。第三,这种评价模式虽然能有效地促进教师专业发展,使教师个体真正得到选择自身发展的权利,但该模式突出的问题是没有对学校进行问责,公众无法了解学校教育质量状况。

3. 增值评价与发展性评价的融合——教师教学有效性的全面评价模式

21 世纪以来,美国学界对教师评价核心内容的讨论涉及两个方面:"一方面是公众对教师的问责;另一方面是来自教师对提高职业水平的发展需求。前者倡导教师评价的绩效标准,并对学生的学业成绩进行具体量化的测验;后者则强调教师评价为提高教师的教学质量决策提供支持,强调具体的情境因素而往往否定具体的标准。"[10]美国国家教学专业标准委员会尝试努力调和绩效标准与职业发展需要这两个对立的目标,认为"教学是教育的核心。国家能够促进学校发展的最重要行动是增强教学"。[11]因此,该委员会促使各州采取了一系列增强教学和促进学校发展的策略,并且开发了多种模式的教师评价系统。例如,路易斯安那州建立了第一个以学习者为中心的课堂评价体系——教与学考评体系(The System for Teaching and Learning Assessment and Review,STAR)。教与学考评体系模式将评价重心放在课程评价和教学评价上。因此,与仅仅关注教师教学行为以及教师课堂表现的发展性教师评价相比,教与学考评体系模式在提高教师教学水平和学生学习能力及成绩等方面具有更大的潜力。[12]

随着时间的推移,田纳西州的增殖评价系统发展得越来越完善,并使该州在 2010 年获得了"迈向巅峰"(Race to the Top,RTTT)项目的高达 5 亿多美元的巨额资助。美国教育消费者基金会主席斯通(J. E. Stone)在评价田纳西州"领跑巅峰"(First to the Top,以下简称 FTTT)项目方案时指出,该方案抓住了教育的精髓——提高学生的知识和技能,将学生学业的进步作为教育的首要目标。增殖评价系统作为分析和帮助学生知识技能提高的评价工具,在"领跑巅峰"项目中具有非常重要的地位,并受到了政策制定者的青睐。[13]

"领跑巅峰"项目中提出的新的教师评估模式——教学有效性的全面评价(The Overall Effectiveness Assessment,OEA)是一种将增值评价、发展性评价以及相对评价相融合的评估模式。增值评价延续了增值评价系统评价方法,发展性评价是以前述教师专业发展评价模式为基础,相对评价是指传统的以学生某一时点学业平均成绩为依据的教师教学绩效评价。这种教师评估模式既关注教师课堂教学责任,也关注教师职业发展和学校质量的提升。该模式的运行程序与评估方法介绍如下。

(二)教师教学有效性的全面评价模式

培养卓越教师和学校领导者是美国田纳西州"迈向巅峰"美国教育改革项目的核心任务。在2011~2012学年初,田纳西教育厅(the Tennessee Department of Education,TDOE)开始实施"田纳西教师发展提速项目"(the Tennessee Educator Acceleration Model,TEAM),从此一种新的教师年度绩效考评体系在田纳西州中小学校全面推行。这一教师于发展项目的核心价值体现在以下4个方面:[14]为学校改进教与学提供持续性的建设性意见;支持教师发挥教学特长,从而提高教师教学水平,提高学生学业成绩;通过评估鉴别出最有效的教师、最有效的管理方式,并号召其他学校学习借鉴,从而提升全州各校的教学水平和管理水平;将学生成绩与课堂观察信息相结合,对学生的教学有效性做出全面评估。

这种新的教师评估模式规定教师年度绩效评估得分由三部分评估项目得分加权获得:一是来自两个时点学生成绩进步测评的增值评价得分,该项权重为35%;二是来自某一时点由该州教育委员会认可的考试项目(如 ACT/SAT、AP/IB/NIC 等)学生成绩与给定标准相比较的得分,如平均成绩、年级排名、成绩合格率等,该项权重为15%;三是来自由校长、副校长、教育专家以及部分教师组成的评委给出的课堂观察定性评估得分,该项权重最大,为50%。[15]这种评估结果不仅会影响到已有教师的职称晋升和续聘,而且将直接影响新聘教师能否获得永久职位。

1. 学生成绩进步评估

在教师有效性的定量评估中,以学生成绩进步为基础的增值评价所占比值较大,它是对 1992 年 7 月田纳西州通过的《教育改进法案》中确立的田纳西教师增值评价模式的延续。增值评价模式假设学生逐年测验成绩的变化能够准确反映学生的学业进步,而非单纯地用某个时间点的学业成绩来评判,这一方法克服了使用横截面数据对地区、学校和教师评价的缺陷。

增值评价模式所指的学校增值分数,是 4~12 年级学生的数学、阅读、科学、社会学这 4 门核心课程成绩的平均累积增值占州进步常模的百分比。这个增值分数代表的是近 3 年的平均数值。比如 2010 年的报告卡,最近 3 年指的就是 2008、2009 和 2010 年;平均累积增值是衡量教师和学校是否有效提高学生学业成绩的最主要指标。州进步常模成为评价田纳西州教育者绩效责任的尺度。教师个体的增值分数是利用所教授的学生成绩的增值计算所得的相对等级分数(1~5 个等级)。3~8 年级的教师的增值评价模式分数取决于数学、阅读、科学、社会学这 4 门课程的 TCAP 考试成绩。9~12 年级的高中教师的增值评价模式分数取决于课程期末考试成绩和 ACT 考试成绩。对于没有自己增值评价模式分数的教师,如历史和音乐教师,其增值评价模式分数,2011~2012 学年用的是学校的增值分数。如何公平地衡量这些教师的教学绩效还有待进一步研究。

2. 学生成绩评估

除了利用学生成绩进步来评估教师教学有效性,教师教学有效性的全面评价模式还吸收了传统的学生成绩相对评价的方法,这种评估方法弥补了增值评价不考虑学生学习起点的不足。因为对于不同起点的学生群体来说,起点高的群体获得成绩进步的难度明显高于起点低的群体获得同样的进步程度。州教育委员会(The State board of Education)认定几类考试成绩可以作为此项评估的成绩,如 ACT/SAT 成绩、全国或州统考成绩、TVAAS 成绩、AP\IB\NIC 成绩等。校长、副校长等评估专家与被评教师协商选择哪种考试成绩作为参评成绩,并共同填写成绩评估表(The Achievement Measures Worksheet),评定等级为 1~5。

3. 课堂观察评价

这种新的教师评价模式将教师专业发展评价置于最重要的地位,不仅赋予的权重最大,而且其评估程序也最为复杂。该评价模式要求教师在教学计划、教学环境、教学过程三个方面接受评估专家的课堂观察评价。这三个方面都有相应的指标体系(表1),评价采用专家评价和教师自评相结合的方式,评分等级为1~5。

表 1 TEAM 教师课堂教学观察记录表[16] (5 分量表)

教学计划 (planning)	评分标准 a	观察者评估 (ohserverscore)	教师自评 (selfscore)
教学计划 (instructionalPlans)	基于州课程标准设立教学目标,组织教学内容和活动,教学计划符合所有学生的年龄层、学习基础和兴趣,并提供机会照顾到每个学生的需求		
学生作业 (studentWork)	作业要求学生: 1. 分析信息,而不是复制。 2. 归纳总结并提出论据。 3. 关系学到的知识和自己的实际生活		
教学评价 (assessment)	根据州课程标准设立评价标准,并采用多种测评方法和于段,以确定学生对内容的掌握程度		
教学环境 (environment)	评分标准	观察者评估 (ohserverscore)	教师自评 (selfscore)
教学期望 (expectations)	给每个学生设立适度高的学习期望,鼓励学生从错误中学习,并给多数学生提供获得学习成就感的机会		
学生行为管理 (managingStudent Behaviour)	采取有效策略和方式,规范学生课堂行为,保持课堂秩序		

（续表）

教学计划 （planning）	评分标准 a	观察者评估 （ohserverscore）	教师自评 （selfscore）
学习环境 （environment）	创设令学生感到愉悦的学习环境，各种学习资源便于获取，也有空间展示学生学习作品，教室的布置可以开展个体学习或小组学习		
尊重的文化 （respectful culture）	师生相互尊重，教师也会接受学生的意见和建议		
教学过程 （instruction）	评分标准	观察者评估 （ohserverscore）	教师自评 （selfscore）
教学目的和目标 （standard sand objectives）	确立适当的教学目的和目标，并明确地传递给学生		
激励学生 （motivating Students）	教学内容对于学生来说是有实际意义的，并提供机会让学生主动探究，激发学生的好奇心和学习兴趣，也对学生的突出表现给予奖励		
呈现教学内容 （presenting instructional content）	首先明确教学目的，然后采用示例、说明、分析等方式解释新的概念和原理，结束前有课程总结。教学语言精确，逻辑性强		
教学节奏和进度 （lessonStructure and pacing）	迅速进入新课，结构清晰、合理，并能够根据学生课堂反应情况，及时调整教学节奏和进度		
教学活动和资料的组织 （activities and materials）	高效率地组织教学活动，激发学生思考，使学生的注意力持续集中，合理使用和配置教学资料		
提问 （questioning）	高水平的提问，问题与实现教学目标有关，保证不同性别学生、不同能力的学生回答问题的机会均等		

（续表）

教学计划 （planning）	评分标准 a	观察者评估 （ohserverscore）	教师自评 （selfscore）
教学反馈 （academic feedhack）	对学生发言或活动及时给予专业性的指导和评价，对学生作业给予批改和评价，并根据学生表现和作业情况调整教学计划		
分组学习 （grouping students）	根据教学内容需要，安排分小组学习，使学生明确在小组学习中的角色、责任和任务		
教学知识 （teacher content knowledge）	全面掌握教学所需知识，经常实行各种针对不同学科的教学策略来加强学生对知识的掌握，经常强调重点知识，并以此引导出更深层的想法，教有限的内容给学生发展理解的空间		
对学生的了解 （techer k now ledge of students）	了解学生学习要点、能力		
思维能力 （thinking）	在教学中注重提高学生两种或两种以上能力：分析问题的能力、实践能力、创新能力以及研究能力		
问题解决能力 （prohlem Solving）	在教学中至少培养学生以下能力中的 3 种：做摘要、归类、总结、预测、观察和实验、改进方案、识别相关/不相关的信息、提出观点、创造或设计		

注：a. 表中给出的评分标准是满分（5分）标准，3分、1分标准略少或程度略弱。例如，问题解决能力的 3 分标准，是在教学中培养学生两种此方面的能力即可；1 分标准，是教师没有在教学中开展与这些能力培养相关的活动。

评估专家根据多次课堂观察情况,并在评估会议上与教师一起讨论确定教师的"优势领域"(reinforcement objective)和"需要提升的领域"(refinement objective)。在教学计划、教学环境、教学过程三个方面的任何一个领域如有一个指标没有达到预期,都会导致那个领域被确定为"需要提升的领域",评估专家将会在评估反馈表中给出详细的描述和改进的专业性建议。教师本人也可以在该表"教师反馈"(reflection on observation)一栏针对评估专家的改进建议给予回应,提出不同的看法或给出具体的行动计划。[17]

在整个评价过程中,评价人员通过课堂观察、信息记录、教师反思、与教师面谈等方式搜集关于教师课堂教学水平的信息。被评教师的课堂观察评价得分在年末评估会上评估专家与之讨论协商后最终确定。

基于以上对教师教学有效性的全面评价模式的介绍,可以发现该模式具有以下三个特点。① 以事实数据为基础,评估方法和技术科学、有效。该模式定量评估部分基于大规模的信度、效度高的标准化考试成绩,既重视学业成绩的进步分数,也注重学业成绩的相对等级评定,弥补了增值评价对不同起点学生进步难度不同的不足,而且评价标准客观,评价方法、技术科学,保证了评价结果的公平、公正。该模式定性评估的程序严格,数据采集可靠。教师本人也参与课堂观察评估的全过程,与评估专家协商"优势领域""可提升领域",并在最终评定结论方面达成一致,从而保证了评价结果的公正性。② 评价结果可以为教师专业发展、学生提高学业成绩提供有价值的信息。例如,增值评价系统可以帮助教师了解学生以前的成绩,有助于教师根据学生的学习基础制定更加适合本班学生的教学计划,从而提高教学效能。① 由评估专家主导的课堂观察评价更是聚焦在如何提升教师课堂教学水平,如何帮助教师获得专业发展等方面。③ 评价结果为回复问责和激励教师专业发展提供了可靠依据。至今美国公众对学校教育质量的问责从未停止过。问责,意味着需要利用学生学习结果的数据来评价教师的教学效果,即以标准化的考试成绩结果来说明教师对提高教育质量的作用;而倡导教师专业发展的评价模式则更强调评价对提高教师教

---

① 威廉·桑德斯(William Sanders)在田纳西州增殖评价系统报告中提及,自从 1992 年增值评价系统在田纳西州实施以来,田纳西州是美国少数几个在国家教育进步评估中学生成绩得到增长的州之一。

学技能的意义,否定"标准化"。[18] 如何调和这两种评价模式之间的对立,是美国教育政策制定者面临的难题。田纳西州这种新的教师教学有效性的全面评价模式真正做到了两种评价模式的融合,因而能够为回复问责和激励教师专业发展提供可靠信息和决策参考。

(三) 对我国教师评价改革的启示

我国的实际情况表明,将考试成绩与教师业绩挂钩、以学校的中高考成绩、学校升学率等作为评价教师、学校效能的方法,给从事一线教学的教师施加了巨大的压力,他们要付出大量的时间和精力,也逼迫学生完成不堪重负的学业任务,所带来的直接后果是师生均处于心理的高负荷,甚至是身体处于亚健康状态。这不仅不利于师生身心健康,更是扭曲了课程与教学之间的关系,教师与学生之间的关系,使考试成绩、升学率成为控制教师和学生的手段。借鉴田纳西州新的教师教学有效性的全面评价模式,我们可从以下几个方面推进我国教师评价的改革。

1. 将定量评估与定性评价相结合,注重发挥评价的诊断、改进功能

教师评价应综合定量评估和定性评价,将学生成绩的静态数据与学生成绩进步的动态指标赋予不同权重,作为定量评估教师教学有效性的依据。定量评估注重以大规模统考成绩作为教师教学绩效的评估数据,定性评价则以关注教师课堂教学过程为重心,多次采集课堂观察评价指标数据,并将评估专家评价与教师自评相结合,多维度、多视角地考察教师课堂教学水平及其变化,评价结果由专家与教师协商认定。同时,应注重发挥评价的诊断、改进功能,帮助教师制定改进教学薄弱环节、促进专业发展的具体行动计划。

2. 关注课堂教学过程评价,以提高"教"与"学"为最终目标

我国《基础教育课程改革纲要(试行)》指出:"建立促进教师不断提高的评价体系,强调教师对自己教学行为的分析与反思,建立以教师自评为主,校长、教师、学生、家长共同参与的评价制度,使教师从多种渠道获取信息,不断提高教学水平。"所以,新课改要求教师评价要关注教师课堂教学过程,评价主体多元化,教师课堂教学过程评价既需要同行专家的专业指导性评价,也需要从学生——课堂教学活动直接参与者、受益者的角度评价教学效果和教师的教学责

任。美国田纳西州教学有效性全面评价模式,也是将课堂观察评价置于最重要的地位,并赋予在教师评价指标体系中的最大权重。这种以课堂教学观察评价为重点的教师教学有效性评价,有利于达成提高教师教学水平与学生学能力的双重目标。

3. 开展国家和省层级的学生学业统考,为增值评价提供基础数据,促进教师评价的公平性

田纳西州等增值评价系统中的增值是个学生连续几年的平均增值与相同年级相同学科国家或州进步常模相比所得的结果,这是反映学校和教师促进学生学业进步有效性的指标,国家常模则是评价各州教育绩效责任的基准。因此,要真正实施增值评价,我国需要开展国家和省层级的各年级各学科的学业统考,设立国家或省层级的进步常模,为对教师教学绩效进行客观评价提供基础数据,建立追踪测试的数据库系统,并将各年度的追踪测试分数做等值处理,从而保证对教师绩效评价的公正性。

参考文献

[1][13] 周燕,边玉芳.美国 TVAAS 的解读及其对我国教育评价的启示[J].全球教育展望,2012,(3):54.

[2][4] 辛涛,等.增值性评价的回顾与前瞻[J].中国教育学刊,2009,(4):40,40—41.

[3] Sanders, W. L, Horn, S. P. Research Findings from the TennesseeValue-AddedAssessment System(TVAAS)Datahase:Implication for Educational Evaluation and Research[J]. Journal of Personnel Evaluation in Education,1998,12(3):247—256.

[5] Hanushek, Eric A. and Steven. Rivkin. 2010. Generalizations ahout Using Value-Added Measures of Teacher Quality[J]. American Economic Revie, 100(2):267—71.

[6] Rothstein,Jesse. 2010. Teacher Quality in Educational Pro-duction:Tracking,Decay, and Student Achievement[J]. Quarterly Journal of Economics,

125(1):175—214.

［7］Koedel，Cory and Julian R. Betts（2011）. Does Student Sorting Invalidate Value-Added Models of Teacher Effectiveness? An Extended Analysis of the Rothstein Critique［J］Education Finance and Policy，6（1）：18—42.

［8］徐丹,牛月营.教育增值评价先行者——美国田纳西州教育增值评价模式解析［J］.教育科学,2012,(1):86.

［9］张营.美国田纳西州教师评价和专业发展的框架及借鉴意义［J］.世界教育信息,2008,(8):31.

［10］［11］孙炳海,申继亮.美国教师评价的发展历程与评价模型研究述评［J］.比较教育研究,2009,(5):74.

［12］项聪.美国教师评价的发展历程与最新改革动向［J］.外国教育研究,2006,(9):64.

［14］Quantitative Measures：Measuring Student Learning（TEN-NESSEE TEAM）［EB/OL］. http://team-tn. org/assets/educator-resources/TN _ Evaluation _ Measuring _ StudentLearn-ing _ Septemher _ 2011. pdf. 2013—02—04.

［15］Tennessee Educator Acceleration Model（Team）［EB/OL］. http://team—tn. org/teacher-model. 2013—02—01.

［16］［17］TEAM Educator Ohservation From（TENNESSEE TEAM）［EB/OL］. http://team-tn. org/assets/educator-re-sources/Example_ TEAM _Educator_Ohservation_Form. pdf，2013—02—01.

［18］孙炳海,申继亮.美国教师评价的发展历程与评价模型 研究述评［J］.比较教育研究,2009,(5):76.

（本文发表于《比较教育研究》2014 年第 8 期。作者胡咏梅,时属单位为北京师范大学教育学部;作者施世册,时属单位为美国密苏里大学经济系）

七、OECD 国家中小学教师工资制度
的逻辑基础

随着《国家教育事业改革和发展规划纲要（2010～2020）》（以下简称《纲要》）的正式发布，落实和部署《纲要》所设计的各项改革和发展工作成为当前我国教育界的头等大事。目前，社会各界都已经认识到未来 5 年是中国经济和社会发展的又一个历史新起点。与 30 年前相比，教育事业改革发展的几个关键前提已经发生了微妙而深刻的变化，其中之一是包括人事制度、工资制度、财政投入制度和养老保险制度在内的教师劳动制度改革，这是分析未来教育事业改革和发展的重要观察点。

教师劳动制度改革早在 2000 年就已经启动，但由于牵扯人员广、类型多、利益关系复杂，始终在关键问题上未能有明显的进步。随着事业单位劳动制度改革越来越不适应教育、卫生和科技体制改革的要求，包括教师劳动制度在内的事业单位改革重新踏入"深水区"。[1] 由于教师工资制度已经开始试点，而且工资制度又是人事管理制度、财政投入制度的集中反映，于是，立足各级各类教育和研究的实践活动，研究合适的教师工资制度，就成为谋划未来教育事业改革和发展的迫切需要。

和教育实践的迫切需要相比，教师工资制度的理论研究还非常薄弱。1995年，我国实行结构工资制，其指导思想是基于市场经济的原则，激励微观个体活力；2005 年后，逐步实行的岗位聘任基础上的绩效工资制度显然是向公共利益的回归。在 10 年间的方向调转过程中，教育研究无论从数量还是从质量上，都显然缺乏对两类不同工资制度的基本逻辑深入分析，这和各级各类教师在事业

单位人员中占据半壁江山的地位极不相称。在这种情况下,将教师工资制度放在国际背景下考察,来寻找我国中小学教师工资制度的参照系,分析发达国家中小学教师工资制度的一些基本问题,在此基础上构建我国教师工资制度的基本逻辑是一种现实的选择。

(一) 发达国家教师工资制度的逻辑基础

尽管世界主要发达国家教师"身份"名称不同,但是从教师工作的属性来界定教师工资制度是人类经济活动的基本规则。和中国目前"问题-对策"式的政策制定方式不同,教师工资制度背后有明晰的制度逻辑,不同党派和群体对某项政策的争议,首先要讨论的是制度逻辑的转变,而不是具体的条文和规定,这就使得制度改革基于可讨论的原则,而不是绝对的利益冲突。

1. 教师工资制度的经济学逻辑

由于工作性质不同,世界上存有两类工资形式:计时工资制和计件工资制。前者适用于产出不容易计量或者无法计量的工作,后者则相反。[2]教师的劳动和大多数类型的劳动一样,是集体性劳动,无法计量单个教师的工作产出,因此,年薪制度是 OECD 国家的普遍工资制度。

经济学主要从激励人努力工作的角度考虑制度设计。教师职业的产出不可度量,无法通过对更多的产出给予更多的报酬作为激励的手段。作为对绩效报酬的替代制度,效率工资、晋升(竞争性)都能够起到激励作用,但是,其作用机制却完全不同。效率工资是通过给教师以有吸引力的工资,吸引更优秀的人进入这个队伍,或者使得丢失这个岗位的人感到代价很大,进而产生激励的功能。就晋升而言,教师职业的晋升空间很小,但是,专业技术职务的等级设置了教师晋升的另外一个空间,为教师提供了在专业上不断努力的激励。

然而,和其他行业相比,以上经济激励手段在教师职业中的影响力都打了折扣。由于教师工资水平并不具备吸引力,同时,清退不合格教师的程序又非常复杂,于是,教师的工资既不能吸引优秀毕业生,又无法利用负向激励。于是,效率工资制度在教师职业中是失效的。至于晋升激励,由于教师职业中年轻人和年长者在教学效果和工作职责方面没有根本上的差异,因此,大多数国家虽然有晋升等级,但是高级教师和新手教师之间的工资差异相对于其他职业都小。专业技术职务晋升的激励也受到晋升级差太小的限制。

2. 教师工资制度的政治学逻辑

除经济活动外,教师组织还是组织化程度高、具有政治影响力的社会组织,工会组织在争取教师更好的工作条件、更高的社会地位和更高的工资方面发挥着重要作用。

经过 20 世纪七八十年代的教师工会运动的高潮,发达国家都建立了教师工资的集体协商制度。在美国,全美教育协会(National Education Association,NEA)会员人数达到 270 万人,是全美会员人数最多的公共部门工会。全美教师联盟(American Federation of Teachers, AFT)会员超过 120 万人。AFT 在早期较激进,采取工会化策略,并加入美国劳工联盟(AFL-CIO)。但在 1968 年之后,NEA 为争取会员,也采取激烈的手段,二者差距缩小。虽然 1981 年后,罢工行动逐渐缓和,但是,两大组织仍认为罢工是改善教师薪资及工作环境的最有效战略。[3]迄今,美国已有 34 个州立法赋予学区教师工会集体协商的权利,约 82% 的教师包含在学区集体协商规范之中。[4]

在英国,最具影响力的是全英教师工会(The National Unionof Teachers,NUT)以及英国校长及女教师协会(National Association of Schoolmasters and Union of Women Teachers, NASUWT),二者会员合计接近 45 万人。2008 年 4 月 25 日,全英教师工会罢工,有 20 万名教师参与,是 20 年来首次教师全国罢工,导致了英格兰和威尔士境内至少 8 000 所学校关闭,共有 250 万名中小学生受到影响。罢工的原因是过去 3 年来的加薪幅度都低于通胀,而 2008 年英国政府提出的加薪幅度是 2.45%,2009 年和 2010 年为 2.3%,但教师工会要求政府将加薪幅度由 2.45% 增加至 4.1%。[5]

政治学主要立足资方与劳动者力量的不对等分析工资制度。单个的劳动者和资方相比处于明显劣势,劳动者组织起来才具有谈判能力。但由于教师的雇佣者并不是典型的资方,因此,在 20 世纪七八十年代工会运动高潮之后,就有学者质疑教师工资制度形成机制完全套用产业工人的模式是否合适。[6]

3. 教师工资制度的管制逻辑

正是认识到教师面对的劳资关系和产业工人不同,人们越来越多地认为教师是公共部门雇员,教师的劳动是个高度管制的劳动力市场。[7]经济学让我们理解教师职业中效率工资和晋升制度激励受到限制的原因,但它并未为教师工资制度设计有针对性的激励制度。经济学逻辑为理解教师工资的特殊性提供了"参照系",说明非市场治理结构与市场原则之间的差异。政治学的工会斗争逻辑虽然在 20 世纪六七十年代发挥了重要的作用,但是,工会主义逻辑带来的高代价却是任何一个社会都极力避免的。在工会主义历史较长的 OECD 国家,都在努力用行政管制去代替市场失灵和工会主义的代价。

行政管制的总体方式是,政府出台一个教师工资协议机制,将生活成本、物价等因素考虑在内,提出一个劳资双方(这里的资方是指政府)都能够接受的工资上涨比例。例如,英格兰和威尔士中小学教师的工资水平由 STRB(School Teachers' Review Body)独立确定。该委员会是根据 1944 年教育法建立的英国中小学教师工资仲裁机构。委员会的主要职能是通过委员会中各方代表面对面的谈判,确定一个各方都满意的工资方案,然后报送教育和科学大臣审批。批准后的工资方案就作为政府的正式文件,由地方教育当局负责实施。[8]澳大利亚也设置了一个名叫"公益委员会"的政府机构,专门同教师有组织地协商有关工资制度的问题。在瑞典,由政府直接同教师接触,政府每年拿出协商议案与教师协商已成定制。美国教师的工资也是如此。

如何理解教师工资制度中三个不同的制度逻辑?它们之间并不是取舍的关系,而是互为支撑。在目前的教师工资制度下,行政管制下的协商机制是基本的制度逻辑,经济学逻辑是"参照系",它为协议双方提供基本共识,工会主义是对政府力量的制约。2008 年英国教师的罢工实际上是协商水平低于教师的预期,进而导致工会用罢工抵制政府的决定。

(二) 教师工资制度面临的困境

应该说,政府管制下的工资协商机制,再配以经济原则的参照系作用和工会的纠正,其运行是非常有效的。20 世纪 90 年代以来,教师工会运动的强度和频率都大大低于 20 世纪七八十年代。但是,也正是这个时期,产生了一股对教师和公立教育的怀疑,并且通过一系列的报告,如《谁为 21 世纪培养教师》等,将这种怀疑毫不掩饰地呈现在公众面前。

在工资集体协议的制度框架下,社会中弥漫的怀疑和不满情绪会改变协议双方对权益主张的"底气",从而影响主张教师利益者的正当性程度。按照美国经济学家布坎南的说法,宪法仅仅是一套具体规则之上的规则,它的合法性只需来自利益相关者的"一致同意"行为,而不必遵循任何更高层次的精神或者实体原则。[9]具体到教师工资来说,协商机制使得人们都只关心协议能否达成,不会考虑协议结果对教师职业或者教育事业的长期影响。社会对教师和教育的怀疑大大削弱了教师工会在主张教师利益时的"底气",其长期积累的结果,就是教师工资的涨幅落后于同等水平毕业生的平均收入水平。

1. 处于困境中的教师工资及教师职业

教师工资制度的困境首先表现为发达国家合格教师的严重短缺现象。OECD 作为国际上对发达国家公共政策的"智囊"机构,在 2002 年～2004 年间,发起了对其成员国教师劳动制度的研究,共 25 个成员国参与该项目并提交了自己的研究报告。OECD 根据国家背景报告及专家组的访问结果,于 2005 年提交了项目报告《教师很关键》(Teach-ersMatter)。报告提出,参与国中有一半国家表示对当前维持合格教师的充分供给感到十分焦虑,特别是对某些学科,如科学和技术科教师的供给。从更加长远的角度看,这些国家对教师队伍中低于平均入学考试成绩的大学生和女性越来越多地应聘教师职位感到忧虑。[10]

教师短缺和应聘教师职业者的学术水平越来越差,只是表现在公共生活中的一些现象,背后的原因则是教师不断下降的相对工资。如果以 1996 年为基点,将 2008 年的教师工资用 GDP 通胀指数做调整,绝大多数国家的教师工资只上升了 5～10 个百分点,远远低于这个期间 GDP 的上升幅度。15 年教龄教师工资与人均 GDP 的比例,OECD 国家的平均值已经下降到 1.22。[11]

2. 处于困境中的教师工资制度的逻辑基础

教师工资相对水平下降和教师职业吸引力下降的原因,是不同利益群体在解决教师短缺和职业吸引力下降问题上的主张并不相同,难以找到共同的制度逻辑。这种矛盾使得教师劳动制度改革的方向始终确定不下来,政府应对教师短缺的策略总是临时性的安排。逻辑基础上的矛盾主要表现在两个主要问题上。

OECD 国家 15 年教龄教师的相对工资水平(2008)

	15 年教龄教师工资与人均 GDP 的比			15 年教龄教师工资与其他 25～64 岁受过第三级教育的其他职业工资的比		
	小学	初中	高中	小学	初中	高中
澳大利亚	1.25	1.27	1.27	0.93	0.94	0.94
英格兰	1.26	1.26	1.26	0.82	0.82	0.82
芬兰	1.07	1.15	1.26	0.87	0.93	1.02
法国	0.97	1.05	1.05	0.78	0.85	0.85
德国	1.55	1.69	1.82	0.89	0.97	1.04
美国	0.94	0.94	1.01	0.60	0.60	0.65
OECD 平均	1.16	1.22	1.29	0.77	0.79	0.86

资料来源：根据 OECD：EEducationata Glance(2010)的有关数据编制。

第一，改革朝着更有竞争力，还是更有吸引力的方向走？实际上，目前许多国家的政策制定者都认识到要提高教师职业的吸引力，但是，在具体的路径选择上明显不同。政治上趋于保守者强调先改革教师队伍的竞争力，改革学校的组织和评价机制，让老师表现出自己对教学不可替代的作用，社会自然就会认可教师工作的价值。另一派则认为，只有让教师的工资富有吸引力，才能谈得上提高教师的专业水平和学校领导力。

第二，工会主义，还是专业主义？在提高教师地位的历史中，工会主义是一支重要的力量。随着工会运动的式威，通过教师罢工达到提高工资的途径，受到了越来越多的质疑和反对。2008 年，英格兰教师工会组织的罢工活动就引发了激烈的争论，最主要的是人们发现，罢工并不能扭转整个社会的逻辑，它的作用仅仅是工资上涨 1～2 个百分点。固定而运行多年的协议工资制度已经使得罢工也无法超越既有的体系。

目前，大多数国家的学校体系受到高度管制，难免出现官僚主义和僵化、死板的现象。许多有识之士希望能够打破学校原有制度基础，在中小学内部也建立起专业主义和竞争的新逻辑。目前，OECD 国家教师劳资制度正在经历逻辑起点的变化，没有人能够预测这种变化什么时候完成，或者以什么方式完成。

伴随着我国公共教育体系向公共利益的回归，中小学教师劳动制度改革也势在必行。目前的改革方略是分拆式的改革,将事业单位体制改革分解为人事制度、工资制度、财政投入制度和养老保险制度四大块,分别制定改革方案,分头推进,等四项改革逐步落实完成,整个体制的改革大功基本告成。但是,分拆式的改革更需要有明确的制度逻辑,才能避免多头的改革不会造成新的制度冲突。在经历了多年的市场逻辑之后,回归的过程如果走向另外一个极端,则可能意味着将来再经历 OECD 国家当前经历的艰难转变。

参考文献

［1］鲁宁. 事业单位改革能否减轻纳税人负担［N］. 广州日报,2009—06—13.

［2］Joseph E. Stiglitz. 经济学(上)［M］. 北京:中国人民大学出版社,1997. 451.

［3］林斌. 教师组织的定位与发展:工会主义与专业主义［O/L］. http:jfvs. tpc. edu. tw/jfvs/教学组/研习活动/... 2004—04V2.

［4］Cooper,Bruce S. ,An International Perspective on Teachers Unions. In T. Loveless(Ed.),Conflicting Missions － Teachers Unions and Educational Reform［M］. Washing-ton,D. C. :Brookings Institution Press,2000. 249.

［5］佚名. 学生变筹码最无辜［N］. 香港:文汇报,http://pa-per. wenweipo. com. 2008—04—25.

［6］Sharon Gewirtz,Alan Cribb,Pat Mahony and Ian Hextall.

Changing Teacher Roles,Identities and Professionalism:A Review of Key Themes from the Seminar Papers. Paper for Discussion at Seminar 9 of the Changing Teacher Roles, Identities and Professionalism Seminar Series［Z］. King's College London,26th June 2006.

［7］OECD. Teachers Matter:Attracting, Developing and Retaining Effective Teachers［R］. OECD Publishing,2005. 33.

［8］OECD. Attracting, Retaining, and Developing Effective Teachers:Country Background Report in UK［R］. OECD Publishing,2003. 69.

［9］高程. 布坎南与罗尔斯正义观的同与异［J］. 读书,2010,(9):23.

［10］OECD. Teachers Matter:Attracting, Developing and Retaining Effective Teachers［R］. OECD Publishing,2005.9.

［11］OECD. Education at a Glance(2010)［R］. Paris:OECD Publishing, 2010.404.

（本文发表于《比较教育研究》2011年第2期。作者曲恒昌,时属单位为北京师范大学国际与比较教育研究院;作者曾晓东,时属单位为北京师范大学教育经济研究所)

八、美、英、澳国家教师绩效工资政策的实施：经验与问题

自 20 世纪 80 年代以来，绩效责任制成为西方学校改革的首要议题。在学校绩效改进运动中，主要推动力量是来自教学第一线的教师。如何促使教师有更好的表现，除了加强教师职业伦理和专业化水平外，改革教师薪酬制度以调动教师工作积极性应该是一个最有效的途径。[1]随着绩效管理在学校的渗透，美、英、澳等国相继改革传统上以年资和学历为基础的单一工资制度，推行教师绩效工资改革方案。我国于 2009 年 1 月 1 日起正式实施义务教育学校教师绩效工资制度，目前正进入到实施的关键时期。本文基于文献分析，从比较的角度探讨了国外教师绩效工资政策实施中的主要争议、解决方式、实施成效与限制，希望能为我国教师绩效工资制的顺利推行提供有益的启示。

（一）教师绩效工资制的内涵和实施背景

在教师薪酬体系中，最经常被考虑薪资晋级的因素有合格与升等标准、获得一定学位或者文凭、年资或者经验、表现与绩效。[2]前三个因素历来是基础教育阶段各国教师工资结构的主要参数，表现与绩效是近些年西方公立学校教师薪酬制度改革的新的考量因素。绩效工资制是一种诱因薪给制，英文以 performance—relate dpay、merit pay、appraisal—related pay 等表述，是在教师的薪酬根据年资和学历自动上升之外，增加了工作绩效的参数，基于对教师工作业绩的抽样评估给予额外经济奖励的一种薪资制度。

在西方,教师绩效工资制有悠久的历史。早在1908年,美国马萨诸塞州牛顿市(Newton City)就采用绩效工资;20世纪20年代,教师绩效工资在美、英等国复现,但由于教师群体的强烈反对,其后几十年内停滞下来。到了20世纪80年代,绩效工资制成为西方薪酬领域中最受关注的一个议题。进入21世纪后,学校领域掀起绩效工资改革的浪潮。这既反映了公众对公立教育质量和单一工资制的不满,也蕴含着对教师专业发展的更高期待。20世纪80年代以后,公立教育质量普受诟病,家长认为学校教师对教学不负责任,没有教给学生最简单、最基本的知识和技能。传统的基于年资和学历的单一工资制度是一种"鼓励平庸"的工资体系,教师缺乏动力追求更好的业绩,是基础教育质量平庸的最重要的原因之一。[3]所以,需要重整公共教育财政系统,实施基于业绩的教师薪酬制度,激励教师努力工作。教师绩效管理制度需要依据一定的标准评定教师的工作表现,因此,需要制定一个完善的教师专业标准框架,教师职业的晋升和工资的增加取决于是否达到了这些标准,教师绩效工资制也就成为促进教师个体专业发展的途径。基于上述背景,美、英、澳等国陆续展开教师绩效工资改革行动:美国奥巴马总统公开表达了对教师绩效工资政策的支持,目前美国绝大多数州都在进行绩效工资改革试验;澳大利亚总理陆克文(Kevin Rudd)积极倡导奖励表现优异的校长和教师,从政策上给教师绩效工资制提供了强力支持;英国教育与技能部2001年也提出调整教师工资结构,激励表现卓越的教师。

(二) 教师绩效工资政策实施中的若干关键问题及解决方式

绩效工资制是教育部门的一种激励方案和管理手段,任何一个绩效工资方案都包含3个基本要素:工作目标的界定、绩效评价体系和将业绩转为经济激励的方式。[4]公立教育部门与私立部门不同,不同之处在于:① 任职教师属于国家雇佣的人员;② 受地方教育当局掌控,学校的自主权与教育当局的授权有关;③ 学校经费来自税收,教育产出很难用市场竞争中的量化指标衡量。[5]这些特质增加了绩效工资制在教育部门实施的难度。从美、英、澳各国的经验来看,以下方面是决定教师绩效工资制能否成功的关键因素。

1. 教师绩效薪酬的经费来源

稳定而充足的经费来源对于教师绩效工资制的顺利实施至关重要。缺乏经费来源,奖励教师的承诺就无法兑现,绩效工资就成为一纸空文。美国 20 世纪 80 年代绩效工资制改革成效不显著的原因之一就在于经费来源一直不稳定,州政府以及学区未将奖励计划优先列入预算编列的项目,财政困难导致绩效奖励无法实施,教师也因此失去信心。[6]

就经费来源而言,政府是公立中小学教育的主要财政责任主体,如果要对教师实施绩效补偿计划,额外增加的经费就需要政府提供。在分权制教育管理体制下,美、英、澳政府都是利用财政激励手段,联邦或州政府为参与的学校提供经费资助,吸引学校自愿参与教师绩效工资计划。美国为鼓励学校和学区尝试绩效工资制,联邦教育部曾批了 18 项专项拨款,总金额达到 8 000 万美元,资助了 19 个州的学校和学区的绩效工资计划。各州也为本州的学校教师奖励方案拨款。如德州绩效工资项目“德州教育家卓越项目”(Texas Educator Excellence Grant program,TEEG)是全美最大的政府资助计划,每年大约有 1 000 所学校共得到 1 亿美元的资助,庞大的资助吸引了 90% 符合条件的学校自愿参加 TEEG 项目,TEEG 持续实行 12 年并得到学校的一致好评。澳大利亚联邦政府 2009 年起也将对学校的拨款与是否实行绩效工资制挂钩。

除政府拨款渠道外,另一个经费来源是广纳社会资金、鼓励私人团体捐赠。如美国加州圣莫尼的卡米尔肯家庭基金会(Kamierken Family Foundation)不仅给明尼苏达州改革计划提供帮助,还给 14 个州以及哥伦比亚特区的 130 所学校类似计划提供资金和专家支持。当然,资金的来源并不只限于新资本的注入,也可以实施获利分享制度,该制度鼓励教师在不影响教育质量的前提下厉行节约,并将节约下来的经费员工分享。[7]

2. 教师绩效考核和评价方式

绩效考评是绩效工资制实施的关键环节。绩效补偿要建立在一个科学合理的绩效评价体系基础上,这个体系必须可以提供切实的绩效资料以及其他一些有助于判断绩效情况的信息。20 世纪 80 年代,美国绩效工资计划受阻的主要原因就在于教师业绩评价的主观性和评价技术的模糊性,这导致教师的普遍反对。在教师绩效工资改革中,教师绩效评价体系、教师绩效是否与学生测验成绩挂钩是广泛争议的问题。

如何制定绩效评价体系与对"绩效"的界定有关。目前对于绩效的认识主要有两种观点：一种基于结果，认为绩效是在特定的时间内，在特定工作职能、活动上生产出的结果记录；另一种基于行为，认为绩效是一套与个人所在组织或小组的目标有关的行为。[8]从各国情况看，教师群体和教师工会通常反对基于结果付酬，尤其强烈抵制将工资与学生成绩挂钩的提议，认为"为考试而教学"显示不出教学的高尚，会忽视学生的发展需求，会忽视培养民主社会中个体的思考能力等更重要的教育目标。而且，影响学生学业成绩的因素复杂多样，诸如家庭背景、学生个体学习风格等，很难以学生学习成就鉴定教师的教学绩效。但是，公众认为，好的教师毕竟可以让学生获得更多的知识，尤其是在教育质量普受批评和学生学业成就测验成绩低下的背景下，更需要用清晰的、客观化的指标体现学校教育的成就。因此，公众和政界更欢迎用与学习结果有关的量化指标代表教师的教育成效。

在教师绩效工资改革中，通常采取的奖励模式是将两者组合：既有基于学生表现的奖励，也有基于教师的教学行为、教学知识和技能的奖励。例如，美国佛罗里达州要求：各学区制定的奖励结构中，60%的绩效奖金根据参加全州标准化测验的学生的学习结果核定，40%的奖金根据校长或者督导员的教学评价分配。俄亥俄州教师绩效补偿结构是：50%的教师评价＋30%的地区测试的班级成绩增加值＋20%的州评价的学校增加值。英国每年一度的教师绩效评估也将具体的学生进步的测量与教师专业知识能力的提升结合起来考虑。澳大利亚教师工资改革目标不仅要提高学生学业成绩，更要促进教师专业发展，通过观察教师的课堂教学活动评价教师教学行为，为高成就的教师提供更有吸引力的教师专业发展前景。

因此，教师绩效考核政策的关键在于综合考虑教师的教学行为表现和学生的学业成就，平衡教师工作业绩的量与质的关系。强调教育结果的绩效证据的重点不是以学业测验作为评价教师绩效的指标，而在于如何改革传统的纸笔测验、建立多元化学生学业成就评价方式，收集更丰富的、立体的数据反映教师的教学成就。基于教学行为的绩效证据的关键是如何制定一个完善的教师专业发展标准，可使校长或者督导人员依此标准对教师的教学行为进行客观的、公正的评价,从而为教师提供更具有吸引力的专业发展前景。

3. 教师绩效工资的分配结构

确定教师的绩效等级后,就要根据绩效等级分配绩效薪酬。就美国经验而言,实施中不愿意看到的是多数教师因得到较低的工资而准备罢工,另一些得到高奖励的教师跳槽到更高工资的地方。为避免这种结果,绩效工资分配的区别性和公平性就成为重要考量。

在绩效工资的覆盖面上,学校中应该受到奖励的"优秀教师"的比例到底是多少? 确定这个数量应该有效率和公平的双重考量。一方面要奖励给最需要的学校、学科和教师;另一方面,不能打击其他教师的士气或引起强烈的不公平感。在绩效奖励覆盖面上,美国主要针对"高需求"地区,即在贫困生居多、师资紧缺、处境不利的学校或者学科中,对提高学生学业水平的教师优先、优绩、优酬。

绩效奖励以个人还是团体为基础? 私人部门的报酬通常与个人绩效联系在一起,但在教育领域,通常将个人奖励和团体奖励紧密结合。教师认为,教育结果的改进很难转换为教师个人的努力,学生的进步不应该归功于某一个教师,各学科教学、学校管理,乃至学校学习气氛等都会对学生的学习产生影响。2001 年,英国一项对 25 所中学的校长和教师的采访中,大部分教师认为团队的努力对于学生的影响至关重要,少部分人认为设定教师绩效标准会有个人主义的弊端。[9]美国推行绩效工资的州和学区中,较能接受的奖励计划也是以团体和合作为基础进行奖励,如实践中的进步共享计划(progress-sharing plan)、团体表现奖赏制(group performance awards)、获利分享计划(profit sharing)都体现了团体奖赏精神。

(三) 绩效工资制引入公共教育部门的潜在限制

教师绩效工资制的有效性遵循如下逻辑:如果一个人比另外一个人努力工作,就应该得到更多的报酬;如果更大的业绩带来更多的报酬,那么其他人就会受到激励更加努力地工作。从效率角度讲,基于产出付酬比基于投入付酬能产生更大的教育效益,相比其他激励措施,基于学生学业测验结果的薪酬补偿制度能更直接、更明显地激发教师对学生学习的关注和重视,绩效工资方案对于额外努力且有高动机、高效能、高成就的教师更加公平、公正。因此,美国教育界人士逐渐认为,绩效工资能增加政府和公共部门成员对公共教育的支持,使之确信这项改革将扭转教育部门的低声誉和资源的无效利用。

但对绩效工资制的良好愿望在实践中是另一种情形。美国教育与劳动委员会(Education and Labor Committee)指出:"那些认为绩效工资制是使教师的教学工作内容更加丰富,赋予教师个廉价的、便捷的方法,可以轻松地解决全国教育问题的想法是不切实际的。绩效工资制并非那么简单,在一些州,这项制度可以提高教学质量,吸引并留住大量高素质的教师从事教育;而在另一些州,其结果却完全相反。"[10]新近一项关于教师对绩效工资制态度的大规模问卷调查中,绝大多数教师强烈反对绩效工资计划,认为教师个体的绩效很难单独衡量,而且这样做会伤害学校的合作精神和团队工作,教师对绩效评价技术、评价者的个人偏好、对教师工作士气的负面影响以及强化学校的官僚作风都持质疑态度。[11]无疑,公共教育部门引入绩效工资制面临许多挑战和限制。

第一,"经济人"假设在教育领域的适用性有一定限度。绩效工资制度持"经济人"假设:教师受经济利益驱动,额外的奖励可以有效地促进教师在教学中的优良表现。但经济激励运用到教育领域并不总是有效。一系列研究显示:金钱激励与教师年龄有关,金钱对于年轻教师更重要,而富有经验的教师更看重工作条件和一个适宜的教学环境。[12]正如加州大学沃尔特·加德纳(Walt Gardner)教授指出:"不管绩效工资如何有条理地实施,一个潜在的假设是教师都是无能的或者懒惰的,只有靠经济刺激才能使他们改变自己。但是,绝大多数教师从教的动机实际上是出于和儿童在一起工作内心的自豪感。如果金钱是他们的首要考虑,他们是不会从事教学工作的。由过去经验可以知道,为教师支付绩效工资将无助于整体提高教育质量,来自商业的工资模式对公立学校的适用性将是有限的。"[13]

第二,绩效工资制在短期内可能会提高教师工作业绩,长期可能会降低教师士气。绩效工资制假设:绩效薪酬体系让成绩卓然的教师获得更多的经济报酬,这会激励所有教师努力提高工作业绩。但与这种良好的愿望相反,一旦教师知道另外一些人获得更多的奖励,他们就会与之比较,结果经常是认为自己做了同样多的工作,却没有受到相应的奖励,不公平感就会产生,教师的工作满意度和士气就会降低。威廉 A·费尔斯通(WilliamA. Firestone)曾采用实证方法比较绩效工资制和工作扩大化两项教师工作改革方案,结果发现:工作扩大化使教师的教学工作内容更加丰富,赋予教师更大的内部动力;绩效工资只是一种外在的经济奖励,它使教学工作标准化。[14] 所以,教师绩效工资制只是一个短期的激励和奖赏计划。从长远看,真正激励教师做出最优业绩的是体验到工作的成就感、趣味性、挑战性以及责任感。

第三,教师绩效评价技术模糊,公正性受质疑,且隐含着专业主义与科层制的冲突。教学是一种具有高度个人化特质的工作,对于这样一种极具个体化色彩的教学行为和艺术,无论采取何种方式和多么多元化的数据,都很难计算出"谁做得最好"。不仅教师绩效考核技术非常模糊,而且担任绩效评价的校长或者同行的公正性和客观性也经常会受到质疑。除了技术上的问题尚未解决外,绩效评价还隐含着专业主义与科层制的冲突。教师是反映出合作、知识共享、共同领导、自由、自我效能、专业实务与民主品质的专业人员,这与依赖于竞争、个人主义、阶层化、酬赏与制裁、绩效责任与顺从的科层体制相对立。如果教育改革过多引入鼓励竞争的经济性因素,学校教育将更加科层化,教学角色被窄化为一种技术性的工作,结果对教师与学生都不利。

由于文化传统和教育体制的差异,我国义务教育学校教师绩效工资制的实施背景、操作方式与英美国家有所不同。但作为一种教师管理制度和激励措施,在实施中都会面临着相似的技术问题。充分地讨论西方国家实施教师绩效工资制的动机、经费来源、绩效考评技术、薪酬分配结构等争议性问题以及绩效工资制引入到公共教育机构的限制和教育界人士的忧虑,总结国外实施教师绩效工资政策的经验,应当能为我国义务教育学校教师绩效工资政策有效实施提供有益借鉴。

参考文献

[1][7] 陈丽珠. 美国教育财政改革[M]. 台湾:五南图书出版公司,2000. 197—206.

[2] 林文达. 教育财政学[M]. 台北:三民书局,1986.

[3][4] Frank W. Shaw. A Summary of Legal Implications of Teacher Evaluations for Merit Pay and a Model Plan[J]. Educational Administration

Quarterly,1985. 21;51.

[5][6] Tony Cutler and Barbara Waine . Rewarding Better Teachers? Performance Related Pay in Schools[J]. Educational Management & Administration BEMAS,1999,Vol. 27(1);55—70.

[8] Murphy, K. J, Cleveland, J. N. Performance Appraisal: An Organizational Perspective[M]. Allyn,Bacon Publishers,1991.

[9] R. Chamberlin et al. Performance Related Pay and the Teaching Profession:A Review of the Literature[J]. Research Papers in Education17, No. 1(2002).

[10] Michael Janofsky. Teacher Merit Pay Tied to Education Gains[N]. New York Times,Oct 4,2005.

[11] Catherine Farrell and Jonathan Morris. Resigned Compliance Teacher Attitudes Towards Performance-Related Pay in Schools[J]. Educational Management Administration &Leadership,2004,Vol. 32(1);81—104.

[12] 崔玉平.美国教育财政的理论与实践[M].海口:海南出版社,2004. 176—178.

[13] Allan M. Mohrman, Jr, Susan Albers Mohrman and Allan R. Odden. Aligning Teacher Compensation with Systemic School Reform:Skill-Based Pay and Group-Based Performance Rewards[J]. Educational Evaluation and Policy Analysis,2006,8;51.

[14] William A. Firestone. Merit Pay and Job Enlargement as Reforms: Incentives,Implementation,and Teacher Response[J]. Educational Evaluation and Policy Analysis,1991, 13;269.

（本文发表于《比较教育研究》2011 年第 2 期。作者孟卫青,时属单位为中山大学教育科学研究所）

九、从工资制度看日本的教师优遇政策

　　为吸引优秀人才进入教师队伍,以教师的高质量确保教育的高质量,日本在教育现代化的过程中总体上采取了优遇教师的政策。本文将从"二战"后教师工资政策变迁、教师工资结构、教师工资水平和教师工资改革动向等几方面入手,探讨日本教师优遇政策在教师工资制度中的具体体现。

　　本文基于以下理由将国立和公立学校义务教育阶段的教师(以下简称"义务教育教师")作为考察的重点。第一,义务教育阶段的教师在整个日本教师队伍中占有半壁江山(不计六年一贯制中学的初中部教师,2010 年,义务教育教师占全体教师的 49.47%,占除"专修学校"和"各种学校"之外的正规学校教师的 51.50%),日本的教师工资政策也常直接针对义务教育教师。第二,义务教育教师基本上在国立和公立学校,私立学校教师仅占义务教育教师的 1.49%,国立和公立学校教师的工资由政府发放,其工资制度是整个教师工资制度的重要基石和参照。第三,在文部科学省管辖的正规学校中,义务教育教师的工资处于偏低水平(从 2010 年各级学校教师的平均基本工资看,幼儿园教师为 22.18 万日元,小学教师为 34.99 万日元,初中教师为 35.52 万日元,高中教师为 37.28 万日元,高等专门学校教师为 42.32 万日元,短期大学为 40.20 万日元,大学教师为 45.89 万日元)。[1] 在教师队伍中处于偏低水平的工资与普通公务员和其他职业相比却处于偏高水平,则整个教师队伍的工资优势就不言自明。

(一)"二战"后日本教师工资政策的变迁

　　"二战"后日本教师工资政策的变迁有三个主要的节点。一是 20 世纪 40

年代末,国立和公立学校教师进入公务员队伍,享受有稳定保障的公务员工资;二是 20 世纪 70 年代,《关于国立与公立义务教育学校教育职员工资的特别措施法》(以下简称《教师工资特别法》)和《确保义务教育学校教育职员人才的特别措施法》(以下简称《人才确保法》)确立了教师工资高于普通公务员的制度;三是 21 世纪初,随着公务员工资制度的改革,教师工资进入削减时代。

第二次世界大战结束后,日本建立了新的公务员制度。根据 1947 年制定的《国家公务员法》,公务员的工资主要根据职务与责任确定,月标准工资额根据人事院制定的工资表确定。国立中小学(主要是国立大学的附中和附小)的教师身份被确定为国家公务员,适用于公务员工资表。但临时人事委员会(人事院的前身)对教师工资做了特别调整,即统一加算了加班津贴,同时不再个别支付加班津贴。鉴于这一做法未必符合《劳动基准法》,文部省又同时下令不得要求教师加班。这一特别措施为教师工资后来处于有利地位做了较好的铺垫。[2]

出于对教师职业特殊性的考虑,日本于 1949 年制定了《教育公务员特例法》。1950 年,日本制定《地方公务员法》,各地所设公立学校的教师被确定为地方公务员。为此,《教育公务员特例法》做出相应修改,无论国立学校还是公立学校的教师,都适用于《教育公务员特例法》,该法第 25 条第 5 款规定,公立学校教育公务员的工资种类与数额在目前情况下均以国立学校的教育公务员为基准。1954 年,人事院单独制定了三种教育公务员(即大学教师、高中教师和小学与初中教师)的工资表,这样,教师工资表就从一般的公务员工资表中独立了出来。

20 世纪 60 年代,不向教师支付加班津贴是否违反《劳动基准法》的争论日趋激烈并引发了诉讼。在这种情况下,文部省对教师的加班状况进行了调查,人事院基于调查结果认为,教师加班现象非常普遍,向教师统一支付加班津贴还是较为合理。为此,日本于 1971 年制定了《教师工资特别法》,规定向全体教师支付"教职调整额",这样,统一发放加班津贴的制度被合法化。根据该法,义务教育教师可以获得相当于标准工资 4% 的额外补贴。

随着 20 世纪 60 年代日本经济的高速发展,各行各业的工资水平大幅上涨,教师工资的优势相对丧失,教师职业的吸引力相对下降,加之这一时期教师工会("日教组")与政府的矛盾非常突出,如何稳定教师队伍成为日本政府必须面对的重大课题。[3]1971 年 6 月,中央教育审议会发表的题为《关于今后学校教育综合扩充整备的基本举措》的咨询报告指出，要提高教师工资以有助于优秀人才积极选择教师职业。根据这一报告，日本于 1974 年制定了《人才确保法》，明确规定对义务教育教师工资实行较之普通公务员更为优厚的措施。人事院根据这一法律规定，先后三次出台了提高教师工资的建议，大幅度提高了教师的工资水平。第一次建议（1974 年）提高了教师的起点工资，提高了具有大学学历和经验丰富的教师的工资，提高了教师工资的最高发放数额。第二次建议（1975 年）整体地提高了标准工资额，继续提高了有经验教师的工资，增设了管理岗位级别，并要求对义务教育教师再另行支付"义务教育教师特别津贴"。第三次建议分为前后两个部分，前半部分（1978）进一步改善了工资等级，提高了"义务教育教师特别津贴"的额度，增设了"教育业务联络指导津贴"，扩大了"教师特殊业务津贴"的支付范围。后半部分（1979）再次提高了标准工资额，提高了骨干教师的标准工资，提高了管理岗位津贴额度，进一步扩大了上述津贴的支付范围，新增了津贴种类。通过上述措施，教师工资预算增加了 25％，其中，教师标准工资上调和义务教育教师特别津贴的增设占到 20％。[4] 自此，教师工资开始稳定地高于普通公务员的水平。

20 世纪 90 年代以后，随着日本经济下滑和财政压力增大，民间要求公务员减薪的呼声日益高涨。进入 21 世纪，受公务员工资下调的影响，教师工资也开始进入到一个严峻的历史时期。此外，教师工资的国家统一标准也因 2004 年国立大学法人化等改革而丧失，教师标准工资改由各地政府根据《地方自治法》《地方公务员法》和《地方教育委员会组织运营法》等法律自行规定，教师工资制度也进入到一个更为多元的时代。

（二）日本教师工资的基本结构

近年来，日本教师工资制度改由地方人事委员会负责制定，全国教师工资结构的差异性开始增大，但从目前情况看，各地教师工资结构仍然大同小异。下面通过分析教师工资的基本结构来理解日本教师工资究竟偏高在哪些部分。

日本中小学教师的工资可以分为基本工资和津贴两大部分。

基本工资包括标准工资、教职调整额和工资调整额。标准工资是基本工资中最主要的部分，由工资表规定教师工资表通常分为 4 级（有的地方分为 5

级),每一级中又分为若干号,根据教师的学历和工作年限等加以对应。如前所述,教职调整额是向教师全员发放的加班津贴,相当于标准工资的4%。工资调整额是对艰苦岗位的教师进行的工资补偿,目前主要向特殊教育教师发放。

除基本工资以外,津贴是工资的另一大组成部分。日本教师的津贴种类繁多,下面以石川县为例,对主要的津贴做一概括性说明。[5](表1)

表1 石川县公立学校教师津贴

分　类	津　贴
生活类	抚养津贴、住房津贴、期末津贴、通勤津贴
地域类	地区津贴、偏僻地区津贴、寒冷地区津贴
职务类	管理岗位津贴、义务教育教师特别津贴、定时制通信教育津贴、产业教育津贴
工作表现/工作条件类	特殊勤务津贴、值班津贴、勤勉津贴、单身赴任津贴、管理职员特别勤务津贴
其他类	新任工资调整津贴、儿童津贴、退职津贴

来源:石川县教育委员会.『石川県学校管理必携—学校管理法制の正しい理解のために—』(但去除了原表中仅向事务职员发放的津贴). http://www. pref. ishikawa. lg. jp/ky—oiku/kyousyoku/hikkei. html.

在生活类津贴中,抚养津贴主要是向年收入不足130万日元、但需要抚养不参加社会工作的配偶(或事实婚姻的伴侣)和孩子(15~22岁)的教师发放的津贴,是一种最为典型的生活补贴;住房津贴既向有房户发放,也向无房户发放,对有房户发放的津贴是固定额,对租住房屋者发放的津贴则根据房租的多少加以调整;期末津贴在每年6月和12月发放两次,之所以把期末津贴归为生活津贴是因为每年夏天有日本的盂兰盆节,冬天有西历新年,这两个节日通常要回乡扫墓或省亲,因此给予生活补助,实际上是一种过节费。通勤津贴是给居住在距学校2公里以上的教师的交通补贴,根据实际距离算定。

在地域类津贴中,地区津贴是给生活在民间企业工资较高的地区的公务员的补贴,这种地区要获得认定,如石川县金泽市和内滩町的教师可以获得地区津贴;偏僻地区津贴是根据《偏僻地区教育振兴法》给偏远山区和离岛学校的教师支付的津贴,是否是偏僻地区、属于几级偏僻地区需要得到政府认定;寒冷地区津贴是向在严寒季节积雪深厚地区工作的教师发放的津贴,寒冷地区同样需要得到政府认定,如以前石川县全域都被认定为寒冷地区,但自 2004 年以后仅被限定在江沼郡和石川郡中的鹤来町、河内村、吉野谷村、鸟越村、尾口村和白峰村,寒冷地区津贴从前一年的 11 月发放到次年 3 月。

在职务类津贴中,管理岗位津贴主要发给校长、副校长和教头等,发放时还会根据学校规模的大小决定津贴的数额;义务教育教师特别津贴是根据《人才确保法》发放的津贴,通常根据标准工资的"级"与"号"所确定的数额向全员发放;定时制通信教育津贴是根据《高中定时制教育及通信教育振兴法》向定时制高中和通信制高中的教师支付的津贴;产业教育津贴是根据《产业教育振兴法》向农业、水产、工业、电波、商船等领域的职业高中教师发放的津贴。

在工作表现/工作条件类的津贴中,特殊勤务津贴的种类很多,如担任 3 个年级课程教师可获多学年班级担当津贴;负责紧急灾害或病患处理的教师、负责率领学生修学旅行的教师、节假日负责对学生进行跨校或对外运动竞技指导的教师、节假日负责指导课外活动的教师可获得教师特殊业务津贴;教务主任、学年主任、保健主事、学生指导主事、研究主任可获教育业务联络指导津贴。值班津贴是向工作时间外从事所需要的非本职工作(如文书管理与收发、设备保管、设施巡视等)的教师发放的津贴;勤勉津贴是根据工作表现发放的业绩津贴;单身赴任津贴是向因工作调动导致夫妻居住地相隔 80 公里以上的教师发放的津贴。

在其他类津贴中,新任工资调整津贴向人才较为稀缺的岗位的教师发放,以鼓励更多的人应聘这种岗位;儿童津贴是根据《儿童津贴法》给抚养 0~12 岁儿童的家庭的福利津贴,按抚养儿童的人数发放,孩子小于 3 岁以及第三个孩子(及以上)的津贴将增额;退职津贴是教师退休时对教师所做贡献进行回报的津贴。

普通公务员的工资同样包括基本工资和津贴两大部分。那么教师工资中的哪些部分使得教师工资总额偏高呢?首先,有人认为标准工资偏高是教师工资偏高的重要原因,如东京都认为教师的起点工资就高于普通公务员的 10%,而入职后 10 年间这一差距还持续扩大,而且教师工资往往随工作年限自动上涨,不像普通公务员那样晋级时需要层层考核。[6]标准工资偏高的事实也得到了政府确认。其次,"教职调整额"和"工资调整额"都是普通公务员没有的,特别是教职调整额向全员发放,是教师工资偏高的重要因素。当然,普通公务员通过领取加班费也在相当程度上抵消了教职调整额所高出的部分。再次,在工资结构上,"教职调整额"和"工资调整额"进入了基本工资,导致了部分津贴的水涨船高,因为有些津贴(如退职津贴、期末津贴、勤勉津贴、地区津贴、偏僻地区津贴等)通常是以基本工资为基数乘以相应的系数算定的。最后,全员发放的义务教育教师特殊津贴也是普通公务员没有的,它也是教师工资偏高的重要原因。

(三) 日本教师工资的偏高程度

日本朝野各方政治势力以及普通民众都承认教师工资高于普通公务员,也高于民间企业平均工资,但究竟高出多少,却说法不一。

财务省对教师工资的调查则显示,教师工资明显高于普通公务员。以2003年为例,普通公务员的平均月薪是358 852日元,义务教育教师的平均月薪是399 842日元,高出普通公务员11%。财务省还指出,这一偏高状态在各个年龄层都普遍存在,同时教师的年金高出普通公务员的8.3%,退职津贴则高出普通公务员的11.4%。[7]其他相关调查也在一定程度上为财务省的结论提供了佐证。如2006年的相关数据表明,教育公务员的工资明显高于普通公务员(表2),其中高出10%(含)的县有17个,占到地方自治体的36.2%,其中差距最大的地方(东京、和歌山县)教育公务员工资是普通公务员的1.14倍。如果与民间工资相比较,教师工资的偏高状态更为明显,有29个县(占61.7%)教师工资高于民间企业30%(含)以上,10个县(占21.3%)高于40%(含)以上,青森县教师工资甚至高出民间平均工资的58%。[8]再如学者山中秀幸的研究表明,与企业职工相比,教师工资总体偏高,且越是经济相对落后的地区,落差就越明显。他将义务教育教师与两种规模(100至999人规模和1 000人以上规模)的金融保险业、销售业和制造业的企业职工共7种情况加以比较,发现在47个都道府县中,教师工资在17个县位居第一,在15个县位居第二,在11个县位居第三,在2个县位居第四,在2个县位居第五。[9]

表2　日本各地教师与公务员及民间职业平均工资比较(2006)

单位:万日元

都道府县	教育公务员(A)	普通公务员(B)	民间职业(C)	A/B	A/C	都道府县	教育公务员(A)	普通公务员(B)	民间职业(C)	A/B	A/C
东京	48.9	42.9	42.4	1.14	1.15	石川	43.6	39.7	32.4	1.10	1.35
神奈川	47.1	44.2	38.2	1.07	1.23	山口	42.7	38.3	32.4	1.12	1.32
大阪	45.6	42.1	37.7	1.08	1.21	富山	42.2	37.9	32.2	1.11	1.31
千叶	43.4	41.5	35.8	1.05	1.21	爱媛	39.3	38.2	31.8	1.03	1.24
兵库	46.8	42.9	35.8	1.10	1.31	大分	42.3	39.2	31.7	1.08	1.33
宫城	43.5	39.6	35.5	1.10	1.23	福井	42.3	39.5	31.6	1.08	1.34
京都	46.7	42.9	35.4	1.09	1.32	冈山	41.4	36.7	31.5	1.13	1.30
爱知	47.8	44.3	35.2	1.08	1.36	长崎	42.2	40.1	31.2	1.05	1.35
奈良	44.0	40.8	35.2	1.08	1.25	北海道	37.5	37.3	31.0	1.01	1.21
茨城	43.2	38.6	34.9	1.12	1.24	鹿儿岛	40.5	39.3	31.0	1.03	1.31
群马	42.4	39.0	34.6	1.09	1.23	高知	41.3	36.9	30.7	1.12	1.35
山梨	40.9	39.1	34.5	1.05	1.19	新潟	42.0	38.9	30.7	1.08	1.37
静冈	44.8	40.1	34.0	1.12	1.32	鸟取	38.7	35.9	30.6	1.08	1.26
福冈	43.7	38.9	33.7	1.12	1.30	福岛	42.4	39.3	30.2	1.08	1.40
三重	42.7	38.8	33.6	1.10	1.27	熊本	41.8	38.8	29.8	1.08	1.40
滋贺	43.0	39.7	33.5	1.08	1.28	佐贺	41.2	38.1	29.5	1.08	1.40
香川	40.8	37.0	33.5	1.10	1.22	山形	42.4	39.4	29.2	1.08	1.45
埼玉	45.4	42.4	33.3	1.07	1.36	岩手	42.6	38.3	29.0	1.11	1.46
栃木	41.8	39.8	33.3	1.05	1.26	秋田	42.2	40.2	28.9	1.05	1.46
和歌山	44.2	38.9	33.2	1.14	1.33	宫崎	41.6	38.5	28.1	1.08	1.48
长野	42.6	40.4	33.1	1.05	1.29	岛根	40.2	36.4	27.9	1.10	1.44
岐阜	42.1	37.9	32.9	1.11	1.28	冲绳	40.2	37.3	27.2	1.08	1.48
德岛	42.7	39.6	32.9	1.08	1.30	青森	41.3	39.1	26.1	1.06	1.58
广岛	42.4	37.6	32.6	1.13	1.30						

资料来源:财政制度等审议会财政制度分科会财政构造改革部会配布资料(平成20年10月15日)『3.初等中等教育予算的课题』。

http://www.mof.go.jp/about_mof/councils/fiscal_system_council/sub-of_fiscal_system/proceedings_fs/material/zai-seib201015/01b.pd.

但对于上述一些结论,文部科学省则持审慎甚至反对的态度。如文部科学省对财务省的结论就提出了疑义,理由是,财务省的统计并没有算入普通公务员的加班费,却算入了相当于教师加班费的"教职调整额";统计没有考虑到普通公务员与教师的学历与年龄差异,如果能将这些差异考虑进去,则教师工资仅比普通公务员高出 2%,在 40 岁以上的年龄层,教师工资反而低于公务员工资。文部科学省还指出,在年金方面,相关统计数据尚不充分,目前还无法将教师与普通公务员进行科学的比较;在退职津贴方面,如果考虑教师与公务员在学历等方面存在的差异,则教师的退职津贴仅高于普通公务员的 4%左右。[10]

此外,日本教师工资在国际上是否偏高的问题也存在争论。根据 OECD 对教龄 15 年的小学教师工资进行的调查,日本教师的法定年工资为 45 515 美元(仅低于德国的 46 223 美元,OECD 国家平均仅为 33 336 美元),法定年工资与人均 GDP 之比为 1.6(仅低于德国的 1.71,OECD 国家平均为 1.31),平均每课时的工资为 70 美元(为 OECD 国家中最高的,OECD 国家平均为 42 美元)。从这一比较来看,日本教师工资在国际上也处于偏高状态。文部科学省却认为,日本教师虽然课时偏少,但法定工作时间最长(1 960 小时,OECD 国家平均为 1 675 小时),如果按小时工资看,仅为 23 美元,虽然高于 OECD 国家平均水平(20 美元),但明显低于美国和英国(33 美元)以及德国(27 美元)等国。[11]

造成上述分歧的原因,一方面来自于统计和计算方法上的不同,如有些计算方法未能充分考虑学历、年龄等影响工资水平的重要因素;另一方面也来自于利益集团的立场不同,那些希望削减教师工资的利益团体或政治势力,往往倾向于认为教师工资大大高于普通公务员,而文部科学省、教师工会等教师利益的重要代言人,往往倾向于认为教师工资偏高的程度被社会夸大,甚至要求对下调教师工资的趋势保持警惕。但是,各方均承认教师工资高于普通公务员。目前,日本政府承认的数字是,教师工资比普通公务员高出 2.76%,这一数据基于官方对教师和公务员 2001 年至 2005 年平均工资的调查结果。这项调查表明,以大学本科学历和 42 岁为标准参照,普通公务员的月薪为 399 128 日元,教师为 410 451 日元。教师工资中,基本工资高出普通公务员 30 418 日元,去掉作为加班津贴的"教职调整额"所多出的 14 322 日元,基本工资高于普通公务员 16 096 日元,加上"义务教育教师特别津贴"多出的 13 692 日元,两者相加共多出 29 788 日元。但与普通公务员的若干津贴相抵消,最后高于普通公务员 11 323 日元,即高出 2.76%。[12]

(四) 日本当前教师工资的改革动向

进入 21 世纪以后,随着日本经济滑坡和财政状况的日益严峻,以撤并机构、裁减冗员、压缩开支、优化职能、提升效率等为内容的行政改革在逐步深化。在这一过程中,教师工资的相对高水平遭遇到来自民间和政府内的批评,这导致削减教师工资成为行政改革的重要内容。

2001 年 12 月,日本内阁通过《公务员制度改革大纲》的决议。2003 年,新修改的《教育公务员特例法》废除了地方公立学校教师的工资以国立学校为准的条款。2005 年 5 月,人事院发表《关于工资结构的基本审视(措施案)》,提出包括将公务员工资下调 5% 等内容的若干改革措施。2005 年 8 月,人事院又以建议形式大规模修改了公务员工资制度。2005 年 12 月,日本内阁通过《行政改革重要方针》的决议,明确提出要重新审视《人才确保法》,甚至提出应讨论是否将它废止。2006 年 6 月通过的《行政改革推进法》第 56 条第 3 款又以法律形式再次进行了类似表述。与此同时,财务省与文部科学省在《关于教师(工资)优遇部分的处理意见》中,表示首先要削减前文所述的教师工资高出普通公务员的 2.76%,同时反思是否应将教职调整额计入基本工资等相关内容。2006 年 7 月,日本内阁在题为《关于经济财政运营与结构改革的基本方针(2006)》的决议中明确提出,要使公务员工资向民间看齐,要削减《人才确保法》对教师工资的优遇部分,建立激励性的教师工资体系。这一系列的政府表态,都传达出日本政府坚决削减教师工资的讯号。在这种情况下,日本各地均在不同程度上开始削减教师工资,如东京都从 2005 年开始将脱产进修的教师和能力不足的教师的教职调整额由标准工资的 4% 下调为 2%,并全面下调了产业教育津贴、定时制教育津贴、夜间班级通信教育津贴、期末津贴、勤勉津贴等。[13]

2007 年 3 月中央教育审议会发表的题为《关于今后的教师工资》的咨询报告(以下简称《2007 年报告》)对于修改乃至废除《人才确保法》的观点进行了针

锋相对的驳斥,明确地表达了战后日本教师优遇政策的基本理念:

——学校教育的成败极大地依赖于教师的素质与能力,要保持和提高全国义务教育的水平,确保优秀人才担任教师是必不可少的。

——《人才确保法》起到了不使各都道府县公立学校教师工资低于普通公务员的作用。如果废除《人才确保法》,则在如此严峻的财政状况下,将有教师工资水平低于普通公务员之虞。

——在国际竞争的环境中提高教育质量是一项国家战略。鉴于此,根据《人才确保法》的宗旨确保优秀的教师是极为重要的。英国、韩国等其他国家正在考虑为激励教师提高教育质量增加教师的工资,且正为此采取相关措施。废除《人才确保法》将是逆国际潮流而动。

——近年来,日本开始进入教师大批退休的时代,且这种趋势还将在一定时期内持续。在这种情况下,确保优秀人才担任教师正应成为日本的国策。为此,《人才确保法》的意义愈发重要。[14]

可见,日本教师工资改革出现了两难的局面。一方面,削减教师工资以减轻财政负担成为难以回避的政策选择;另一方面,建立旨在提高教师积极性、鼓励优秀人才进入教师队伍的激励性工资制度也成为当前日本必须面对的重大课题。因此,原本以削减为主轴的教师工资改革就出现了有减有增的复杂局面。如《2007年报告》就提出,可以缩减教师工资高出普通公务员的部分,但要根据教师每天平均加班约2小时的最新调查结果提高“教职调整额”,并根据教师普遍参与指导课外活动的情况而提高相关津贴。[15]2008年的文部科学省预算表明,义务教育教师特别津贴被削减了19亿日元,但新设“主干”教师级别和提高课外活动津贴又使预算增加了24亿日元,教师工资部分实际上增长了5亿日元。[16]从各地情况看,教师工资与公务员工资的基本关系仍未改变。如北海道是从2003年开始持续下调教师工资的,但2010年的数据仍显示,小学和初中教师(平均年龄42.2岁)的平均月工资为390 766日元,而普通公务员(平均年龄44.9岁)的平均月工资为370 024日元。当年中小学教师的平均起始基本工资为186 052日元,而普通公务员的平均起始基本工资为159 285日元。10年工龄的小学与初中教师和普通公务员(大学学历)的平均基本工资分别为290 057日元和241 445日元;15年工龄的相应数据分别为340 945日元和

290 667 日元；20 年工龄的相应数据分别为 367 355 日元和 339 093 日元。[17]

此外，日本教师工资改革的另一个重点是要反映能力状况和贡献大小，这样就不能仅仅考虑削减教师工资。《2007 年报告》就提出，要适当减少那些全员发放的津贴而适当增加对有突出业绩的教师的鼓励，如减少义务教育教师特别津贴，但把它用于奖励先进；要提高校长、副校长和教头等管理岗位的工资，并在教头和普通教师之间增加新的工资级别；要提高那些业务难度大的工作津贴（如带领学生出去修学旅行、灾害后的紧急应对等方面津贴），等等。与此同时，《2007 年报告》还提出了综合改革的思路，主张要压缩教师的工作时间、减轻教师工作压力、减少教师事务性工作、降低生师比等。日本教师工资改革的综合化在一定程度上模糊了"削减"方向或弱化了"削减"力度，在一定程度上继续维持了教师工资的优势。

上述分析表明，日本高度重视教师地位与作用的近代传统在"二战"后通过具有相对优势的工资制度得到了具体体现。虽然在当前日本经济相对困难的情况下，政府维持高水平的教师工资力有不逮，但通过优遇教师提升教师职业吸引力，进而提高教育质量的基本理念难以轻易撼动。

参考文献

[1] 2010 年日本教师的相关数据取自文部科学省学校教员统计调查（平成 22 年度）或根据调查结果计算。[EB/OL]. http://www. e-stat. go. jp/SG1/estat/List. do？bid＝000001017948＆cycode＝0.

[2]（東京都）教員の給与制度検討委員会. これからの教員給与制度について（第一次報告）（2003 年 10 月）. 1 頁. [EB/OL]. http://www. kyoiku. metro. tokyo. jp/buka/jinji/kyuy-o/houkokusho/1shou. pdf.

[3] 丸山和昭『. 人材確保法』の成立過程—政治主導によishikawa. [EB/OL]lg. jp/kyoiku/kyousyoku/hikkei. html.

[6][13]（東京都）教員の給与制度検討委員会. これからの教員給与制度について（.2005 年 8 月）. 7 頁 [EB/OL]. http://www. kyoiku. metro. tokyo. jp/bu—ka/jinji/kyuyo/houkokusho2. pdf.

[7][10] 小川正人. 教員給与改革の課題と教員勤務実態調査の意義—中央教育審議会・教職員給与ワーキンググループの審議に則して—. 教員勤務実態調査(小・中学校)報告書. 12 頁.

[8] 財政制度等審議会財政制度分科会財政構造改革部会配布資料(平成 20 年 10 月 15 日). 3. 初等中等教育予算の課題. [EB/OL]. http://www. mof. go. jp/about_mof/councils/fiscal_system_council/sub-of_fiscal_system/proceedings_fs/material/zaiseib201015/01b. pdf.

[9] 山中秀幸. 教員と民間労働者の給与の比較分析. 東京大学大学院教育学研究科教育行政学論叢. 26 号. 2007 年 3 月. 113—123 頁.

[11] 勤続 15 年の国公立教員給与の国際比較(初等教育)[EB/OL]. http://www. mext. go. jp/b _ menu/shingi/chukyo/chukyo3/031/siryo/06110708/003/007. pdf.

[12] 中央教育審議会. 今後の教員給与の在り方について(答申)参考資料. 一般行政職と教員の給与比較. [EB/OL]. http://www. mext. go. jp/b_ menu/shingi/chuky-o/chukyo0/toushin/07041100. pdf.

[14][15] 中央教育審議会. 今後の教員給与の在り方について(答申) [EB/OL]. http://www. mext. go. jp/b _ menu/shingi/chukyo/chukyo0/toushin/07041100. pdf.

[16] 鈴木友紀. 教員の処遇改善と公教育の質の向上にむけて～平成 20 年度文部科学省予算～. 立法と調査. 277 号. 2008 年 2 月. 53 頁.

[17] 北海道教育委員会. 教職員の給与のあらまし[EB/OL]. http://www. dokyoi. pref. hokkaido. lg. jp/hk/kuy/grp/seidoHP. pdf.

（本文发表于《比较教育研究》2012 年第 8 期。作者高益民，时属单位为北京师范大学国际与比较教育研究院）

十、美国公立中小学教师绩效工资改革

教师绩效工资(performance pay)是指基于对教师工作业绩、工作态度、工作能力等方面进行综合评估而发放工资的一种工资制度,也就是通过对教师的实际工作业绩进行考评,并以此作为计算教师工资水平的基础。这种制度既体现了工资制度的客观公正,又有助于教师之间的竞争,从而推动教师个人和教师团体提升实际工作业绩。近年来,特别是金融危机以来,美国政府和地方教育部门结合新时期的教育需求和社会实际,推进教师绩效工资制度的深入改革。虽然这一改革还处在持续的进程之中,而且诸多问题正在寻求解决的办法,但这一改革及其所取得的经验无疑可以为我国当前义务教育阶段教师绩效工资改革提供一定的借鉴。

(一) 美国深入推进公立中小学教师绩效工资改革的缘由

绩效工资制度的前身是由"科学管理之父"弗雷德里克·泰勒(Frederick W. Taylor)创造的计件工资,它不是简单意义上的工资与产品数量挂钩的工资形式,而是建立在科学的工资标准和管理程序基础上的工资体系。早在 20 世纪 20 年代,美国就开始了公立学校教师绩效工资的改革试验,但由于教师和教师组织的激烈反对以及绩效工资制度本身不够完善,在随后的几十年中,教师绩效工资制度实际上处于停滞状态。直到 20 世纪 80 年代,由于《国家处于危机之中》强烈呼吁改进和提升美国基础教育的教育质量,美国又再次提出和推进公立学校教师的绩效工资制度改革,以此来替代或补充单一工资制度。

美国公立学校教师工资经历了从膳宿工资、等级工资到单一工资的演变。

单一工资制自 20 世纪早期形成以来,已成为美国最为普遍的教师薪酬方式。这种薪金制度存在着平均主义的倾向,难以激励教师的工作热情。自 1983 年以来,美国的基础教育改革注重绩效为本、优质为先,在这一背景下,单一工资制遭受了更为严厉的批评。同时,实施新的工资制度的技术基础也变得较为成熟,于是,美国在公立学校系统中强有力地推行绩效工资改革。

当前,美国深入推进公立中小学教师绩效工资制度改革,这一改革及其实际成效主要受两个方面的影响:一是全球金融危机对美国中小学财政的影响,二是美国中小学教师工资对教师业绩的制约作用。

1. 金融危机给美国公立学校的财政造成一定的负面影响

源自美国本土的世界金融危机对美国经济发展和社会生活带来了严重影响。美国国会在 2009 年 1 月通过的《2009 联邦恢复与稳定法案》中,加大了对教育经费的投入。但是,根据华盛顿公共教育厅的最新报告《基础教育公立学校财政危机》(2009),学校几乎处于财政危机的边缘。学校财政支出大于学校财政收入,因此,即使州政府的财政投入没有减少,学校也会面临解雇教师的压力。2008~2009 年度,华盛顿有 36 个学区出现财政危机,6 个学区甚至出现财政亏空,导致州实施强制财政管理。有 3 个学区正在评估它们能否在 2008~2009 年度实现财政平衡。在 20 世纪 90 年代,学区只使用了 75% 的征税能力,而现在它们却使用了 92% 的征税能力。迫于财政压力,学区采取多种特殊的方式分配员工工资,以补贴州的配额来吸引和留住教师。2009~2010 年度,拥有 27% 学生人口的 16 个学区将会减少 2 500 万美元的预算。《2009 联邦恢复与稳定法案》虽然包括了 3.5 亿美元的教育计划,这笔经费也将在未来 27 个月内到位,但联邦资金不能够完全补偿所削减的教育预算。[1] 随着金融危机的爆发及持续影响,美国公立学校教师工资受到了很大影响。教师工资是地方政府的单项最大支出,而教育的收入来源主要来自于各种税收。虽然公众支持对教育提供更多的资金,但是经济的低迷严重影响了美国教师工资的来源,如何应对这一挑战,是美国联邦政府和地方政府在推行教师绩效工资改革中急需解决的问题。

2. 美国公立中小学的教师工资制度需要新的变革

美国全美教育协会(NEA)2009 年发布的最新调查报告《2008 年州排名和

2009 年学校数据预测》数据表明,2007～2008 年度美国公立学校教师平均工资是 52 308 美元。从 1997～1998 年度到 2007～2008 年度这 10 年间,按不变价格(Constant－Dollar)计算,公立学校平均教师工资下降了 1％。2006～2007 年度到 2007～2008 年度,美国教师平均工资年增长 3.1％,而同期 CPI 增长了 4.3％。如果考虑通货膨胀这一因素,从 1998～1999 年度到 2008～2009 年度这 10 年间(基于 CPI;1999＝100),教职工的年薪下降了 3.2％,即 1 374 美元。[2]美国教师联合会(AFT)(2008)的报告《美国教师联合会 2008 年公务员薪酬调查》表明,2008 年度集体谈判与非集体谈判的平均工资调查中,选择集体谈判的州教师平均年薪为 52 322 美元,比非集体谈判的州教师平均年薪的 47 879美元高 9.3％。[3]美国教师联合会(AFT)(2008)《2007 年教师工资调查和分析》报告指出,从 15 年来教师工资的增长趋势来看,教师工资没有真正意义的增长。在 1991 年度,教师通胀调整后的平均年薪是 50 176 美元,在 2006 年度是 50 199 美元。15 年来,教师购买能力仅仅增长了 23 美元。在 2006 年到 2007 年间,教师通胀调整后的平均年薪增长了 810 美元,达到51 009美元。实际上,2006～2007 年度的增长与教师职业在当今社会中的作用不相匹配。[4]研究表明,富有竞争力的教师工资才能够吸引优秀人才加入教师队伍。维持教师工资的增长速度,对确保有志于加入教师队伍的新教师是非常重要的,他们将替代在人口高峰期出生的、即将在 10 年后退休的老教师。

从美国教师的工资结构来看,公立中小学教师的总体工资水平制约着教师绩效工资的改革与发展状态。教师绩效是教师在从事职业活动过程中所表现出的积极行为和结果。教师绩效评价是对教师的绩效所进行的综合性评定,不仅是对教师教育教学成果的评价,还包括对教师工作过程的评价,是过程评价与结果评价的统一。这项制度体现了对优秀教师的鼓励,是一项得到广泛支持同时也引起很大争议的薪酬策略。从理论上说,教师工资和教师绩效之间的相关性越大,就越能激励教师的努力。

(二) 美国公立中小学教师绩效工资计划的类型与价值诉求

美国联邦政府在教育法规中明确规定了以绩效为主的激励措施。早在布什总统颁发的《不让一个儿童掉队》中就将学生的考试成绩作为衡量教师教学效果的关键依据,并与教师的奖金挂钩。美国总统奥巴马在施政演说中也明确支持教师绩效工资的改革方向,并在 2010 年的联邦财政预算中,为绩效工资计划拨款 5.17 亿美元,同时将教师工资与学生的成绩测试联系起来。[5]美国许多州都推行了公立中小学教师绩效工资的改革计划。

1. 教师绩效工资制度的类型

教师绩效工资是一个评测教师行为或结果的系统过程,它将教师评测与教师工资变化紧密联系。[6]绩效工资改革计划分为个人绩效工资制、学校绩效工资制和混合制三类。个人绩效工资制也称"知识和能力工资制",重在奖励个人的工作绩效,给予差别化的薪酬,从而鼓励教师积极投入工作。个人绩效工资可以起到较好的激励效果,有利于学校吸引和留住业绩优秀的教师,有助于聘请表现优秀的教师,有助于青年教师脱颖而出。个人绩效工资制是以教学效果为基础的激励制度,有利于促进教师个人之间的竞争和工作业绩的提升,但不利于教师集体合作环境的形成。

学校绩效工资制强调,教师和学生必须合作才能提高学生成绩,学生成绩是全校许多教师共同工作的结果,因此应该对实现学校目标的每一个人提供激励,也就是提供集体激励。集体激励明确鼓励教职工的集体合作,因而集体激励重点放在有代表意义的结果上,同时避免个人绩效激励的分化作用。学校绩效奖励提供给学校的所有成员或教师团队,如果学生在核心课程领域的成绩超出预定的提高标准,就向学校提供相应的额外资金。

混合制模式综合了不同类型,认为绩效工资应当是基于对教师业绩评估的工资水平与学校战略目标相联系的一项综合制度,目的是支持学校实现教育使命及其核心价值,并在激烈竞争的就业市场中吸引和留住高水平的教师,激励教师不断学习新知识和新技能。混合制模式的评价主要着眼于学生的成长。

从当前的改革进程来看,绩效工资计划虽然取得了初步的成果,但对教师和学生的实质性影响仍然有限。[7]虽然绩效工资计划的改进取得了成效,但其进程在全球金融危机下仍举步维艰。

2. 教师绩效工资改革的内部论争

美国公立中小学教师绩效工资制度改革虽然只涉及教师的工资改革,却是一项涉及多方面、多部门的系统工程。人们对改革措施和改革成效都提出了不同程度的质疑。

首先,从业绩评测来看,教师绩效的评测比其他专业绩效的评测更为困难,因而难以产生令人信服的有效评测方式。矛盾的焦点在于,学生成绩受多种因素影响,教师的教学价值不能完全测量出来。到目前为止,美国各州和学区正在快速地发展有关精确地评估教师增值贡献的方法,美国教育部也正在设立庞大的计划鼓励各州发展长效的数据系统,用来支撑增值评估。虽然越来越复杂的数据和评估系统有助于评测的信度,但如果忽视了学校的背景和测评的稳定性,仅仅考虑教师个体的贡献和业绩,是难以让人信服的。

其次,从制度假设来看,绩效工资隐含的假设是绩效奖金即激励教师动机的一个关键因素。但目前美国教师的工资比同一层次的其他专业人员要低得多。根据美国教师联合会 AFT(2008)的报告,2008 年教师工资年薪的中数(Median)为 50 100 美元,平均数(Mean)为 50 695 美元。2008 年美国公务员加权平均工资排名中,教师职业在 45 种职业中排名为 32 位。在美国劳动统计局公布的至少需要大学本科学历的 24 个专业工种中,教师年平均工资只有行业年平均工资的不足 3/4。[8]因此,更合理的改革是提高所有教师的基本工资。在现实背景下,即使实行绩效工资也难以招聘和留住优秀教师,对那些已决定成为教师的人来说,提高他们的工作动机不仅靠奖金所带来的满足感,而且更多的是要靠教师的工作环境、工作资源和社会支持。

再次,从工作性质来看,教师工作具有团队合作性质,引入个人绩效性工资制度可能会造成教师之间的合作减少,反而降低了学校绩效。一些学者研究认为,绩效工资会削减教师之间及教师和学校管理者之间的团队合作凝聚力,当委派学校管理者来实施评估时,问题尤为严重。[9]如果绩效奖金是给予整个教师团队的话就可以大大削弱教师之间的矛盾。许多绩效工资研究都提到了团队组建问题。团队的激励会产生"搭便车"现象,为了避免"搭便车"现象,可以在教师中组织相对小的团队。不少研究文章指出,小团队激励可能会非常有效。因为在小团队中,人员之间相互监督、信息分享方便,做决策时往往会顾及所有的团队成员。

3. 教师绩效工资改革的价值诉求

在美国,对教师政策影响最大的教师组织是全美教育协会(NEA)和美国教师联合会(AFT)等利益团体。在它们巨大的影响下,美国教师的工资与福利有了一定的变化。不过,一直以来,NEA与AFT更多地重视"物质利益"的获得,即提高工资、限制班级规模、减轻教师负担等,而不是追求"强化教师专业主义的策略",如绩效报酬、增加教师参与学校决策的机会等,直至20世纪80年代以后,这种状况才有所改变。美国90%以上的公立学校教师都参加了NEA和AFT。如果没有教师协会的资源和支持,教师的各种权益将得不到重视和保护。而教师协会也清楚地认识到,大部分的经费来自于会员所交的会费,吸引更多的教师入会以及维持会员人数是协会的利益所在。目前,在有集体谈判协议的学区中实施绩效工资的比例大约是6%,而在没有正式集体谈判的学区中实施该计划的比例则高达11%,几乎是前者的两倍。[10]教师工会在一定程度上牵制了美国教师绩效工资改革的进程。教师工会往往狭隘地关注教师的工资制度,其原因在于:① 从工会组织本身来说,集体谈判制度能够确立教师工会在教师中的地位和影响。如果实施绩效工资或其他新工资计划就有可能削弱他们作为一个权力组织的力量;② 从教师利益来说,NEA和AFT都是教师的利益代言人,它们对于教师工资改革大相径庭的态度也代表了两类不同的教师观点。

任何一项教育改革的政策,都体现了某种价值的导引和追求。政策执行者是否认同或是否准确理解政策的价值追求,是政策能否获得预期成效的一个重要前提。通常而论,教育政策所反映的价值可以划分为两个层面:① 政策制定时政府所确定的价值追求;② 当政策进入具体执行机构以及成为具体执行制度时的价值追求。这两个层面对价值的理解和价值的追求,并非一致。[11]因为,政策一旦进入执行层面,尤其当它从地方、学区、学校逐步进入到具体的操作层面时,执行者必须应对的艰难处境常常导致其选择不同于政策制定者的价值追求。在美国当前教师绩效工资改革中,明显存在着两种矛盾的专业化取向:监管的取向和民主的取向。监管的取向要求教师达到政府制定的专业标准,并能经得起标准化的专业问责,才能达到绩效的目标预期;民主的取向则强调教师与同伴及其他利益相关者的合作,除金钱利益外,还要改善教学行为,取得良好的教学效果。显然,这两种取向既代表了不同的专业价值旨趣,也代表了不同的专业水平追求。尽管教师专业发展研究者们越来越主张后者,但基层学校的领导和一线的教师首先要应对的还是接踵而至的"标准"与"绩效",在无奈中他们更愿意选择前者。正是教师绩效背后专业发展政策实施中的这种价值追求的偏离,使得基层学校把"标准"与"绩效"之类的手段当成目的来追求,这反而在很大程度上阻挡了全面改进学校教育质量的进程,也偏离了绩效理念的中心。

(三) 美国公立中小学教师绩效工资改革的启示

2008 年 12 月 21 日,我国国务院审议并原则通过《关于义务教育学校实施绩效工资的指导意见》,决定从 2009 年 1 月 1 日起在全国义务教育学校实施绩效工资,它标志着我国正式拉开了实施义务教育教师绩效工资的帷幕。教师工资制度的改革不仅涉及国家教育财政政策,而且直接涉及教师的经济待遇和社会地位,因而同学校教育质量有着直接的关联。借鉴美国教师绩效工资的改革经验,对推动我国基础教育的健康发展具有积极的意义。

1. 高度重视推行教师绩效工资制度的先决条件

推行教师绩效工资需要一些基本的条件保障,关注和重视这些保障条件对于政策措施及其有效实施都有着直接的影响。

首先,保证稳定和充足的资金。稳定和充足的资金是一项新制度的必要条件。如果没有这一条件,绩效工资制度不可能启动,即使启动,也会偏离其中心。资金无需外部的注入,可以通过资源再分配的组合形式获得,如退休的老教师可以由新教师替代,或减少单一工资制的负担。

其次,提供富有竞争力的总体薪酬。教师的薪酬结构包括基本工资、福利和绩效工资。绩效工资占总薪酬的相对较小的部分,所以为了在劳动力市场中吸引和保留充足的、高素质的教师,这一重担将持续落到基本工资和福利之上。所以在启动绩效工资制度之前,就必须保证富有竞争力的总体薪酬。

再次,建立完善的评价系统。绩效工资制度要求有一个绩效评估系统。这一系统必须提供高信度的、可靠的绩效分数来判定和指导教学改进。在某些情况下,评估系统是线性的,例如,记录教师是否完成了专业发展活动或取得某种证书。但是,这一评估系统更会是复杂性的,例如,评估课堂表现或学生学业成就。这一系统的本质功能是要传递有效的绩效数据。

此外,考量教师对绩效工资可能的反应。基于教师的经验和绩效工资的特点,教师群体会有多元的反应。一是要考量区分性(differentiation)。单一工资制主要包括教龄和学历,这两点在教师看来具有客观性和公平性。引入绩效作为区分的其他标准会被视为某种威胁,因为它聚焦于新的标准——实践绩效。所以教育部门必须判断教师群体是否准备接受绩效的区分标准。在理论和实践中,必须要判断教师的视野下绩效工资的适切性。二是要考量教师的动机。绩效工资制是激励教师聚焦并努力于改善教学行为,因此,教师必须珍视奖励;教师必须看到绩效与工资之间的联系;教师必须看到努力与绩效之间的联系。三是考量要公平性。教师对绩效工资的公平感是接受性的基本组成部分。四是考量要可接受性。教师的接受性最终会决定绩效工资的有效性和适切性。

2. 科学规划教师绩效工资改革的制度设计

第一,强调利益人员的全面性。教师绩效工资改革计划不仅涉及教师,而且要涵盖校长和管理者。绩效工资制度如果将校长和教育管理者排除在外,就会隐藏很多负面的信息。其他教师会认为改进教学的重担将会落到他们身上,而校长和管理者会脱离有效绩效管理约束。

绩效工资制度是一种绩效改进计划,应该包括负责改进绩效的所有人。

第二,注重绩效增进策略。教师绩效工资制度应该嵌入广泛的改善学校教育的策略。绩效的结绩效的促进因子等促进因子在实施中不断优化发展,并不断利用新知识和新技能帮助教师取得更好的绩效。

第三,协调人力资源系统与绩效改善的一致性。教师人力资源管理包括教师招聘、教师选择、教师入职、教师指导、教师专业发展、教师薪酬、绩效管理和教学领导多个方面。每一方面都可以对应绩效改进计划,最终使人力资源管理变成改进绩效的重要组成部分。

第四,鼓励教师组织参与绩效工资改革。在美国积极地参与教师组织不仅是法律要求,也富有实践意义。教师组织在促进教师绩效、薪资方案设计、实施、交流和修订中具有重要作用。我国教师组织的发展还不够成熟和健全,没有形成我国教师专业组织特有的声音,这在某种程度上不利于教师绩效工资制度的推行。

当然,绩效工资的制度设计与绩效工资的具体实施不尽一致,精细的绩效工资设计并不能完全保证实施的成功。绩效工资制度的有效实施不仅要求有高水平的计划管理持续推进,而且要求注重细节和过程完善,还要求保持与教师和校长进行持续性的交流。

参考文献

[1] Office of Superintendent of Public Instruction(2009). K-12 Public Schools Financial Crisis[EB/OL]. http：//www. k12. wa. us/Com-munications/StimulusPackage/FactSheet3-30-09. pdf,2009—05—22.

[2] NEA(2009). Rankings of the States 2008 and Estimates of School Statistics 2009[EB/OL]. https：//www. nea. org/assets/docs/09ra-nkings. pdf,2009—04—14.

[3] AFT(2008). AFT Public Employees 2008 Compensation Survey[EB/OL]. http：//www. aft. org/salary/2008/PubEmpsCompSurvey08. pdf, 2009—04—20.

[4] AFT(2008). Survey and Analysis of Teacher Salary Trends 2007 [EB/OL]. http：//www. aft. org/salary/2007/download/AFT2007Sal-arySurvey. pdf,2009—03—24.

[5] Barack Obama, Teachers, Performance Pay, and Account-ability, Education Week[J]. Bethesda：May 20,2009. Vol. 28,Iss. 2；pg. 4,1 pgs.

[6] Herbert G. Heneman Ⅲ, Anthony Milanowski, Steven Kimball (2007). Teacher Performance Pay：Synthesis of Plans, Research, and Guidelines for Practice[J]. CPRE Policy Briefs,February 2007RB—46.

[7] Ballou, D. , ＆ Podgursky, M(. 1997). Teacher Pay and Teacher Quality[J]. Kalamazoo, MI：W. E. Upjohn Institute for Employment Research. P23.

[8] AFT(2005). Survey and Analysis of Teacher Salary Trends 2005 [EB/OL]. http：//www. aft. org/salary/2005/download/AFT2005Sa-larySur-

vey. pdf,2009—04—14.

[9] Adnett, N(. 2003). Reforming Teachers? Incentive Payments, Collegiate Ethos and UK Policy[J]. Cambridge Journal of Econmics. Vol. 27, No. 1. p145—147.

[10] Goldhaber, Dan. , Choi H. (2005), Why Do Few Public School Districts Use Merit Pay[R]. Presented at Appam Fall Research Conference, November 3~5, in Washington D. C.

[11] Kogan, M. Educational Policy Making: A Study on Interest Group and Parliament[M]. London:George Allen and UnwinLtd. ,1975. P53.

（本文发表于《比较教育研究》2009 年第 12 期。作者陈时见、赫栋峰,时属单位为西南大学教育学院国际与比较教育研究所）

十一、俄罗斯中小学教师新工资制度改革：原因、内容及实施保障

教师工资制度是国家工资制度的重要组成部分，也是国家尊师重教的风向标。在经历重大社会转型的俄罗斯，中小学教师的工资制度受制于社会制度和经济发展的大环境。2007 年开始的最新一轮教师工资制度改革，无论在模型设计还是在实施保障方面，较之以往都有很大不同，并一直在尽可能贴近教育工作者切身诉求的过程中不断调整与完善。

（一）俄罗斯中小学教师工资制度改革的回顾

俄罗斯现行的中小学教师工资制度由苏联时期的模式几经改革而来。这期间，国家经历了战争、动荡和社会制度的更迭，教师地位和工资待遇虽在不断调整中一直得到提升，但多有不尽人意之处。

1. 苏联时期教师工资制度的特点

苏联时期，中小学教师的工资主要由基本工资和补充工资构成。基本工资是指教师每月所得的基本工资定额，主要由教师的学历、学位和教龄决定，若具有"苏联人民教师""功勋教师""教师—教学法专家""高级教师"等荣誉称号，工资定额会有相应增加。补充工资是对教师在教学工作之外付出劳动所给予的报酬，主要包括加班费和津贴等。根据规定，中高年级学科教师的周工作定额为 18 学时，超过的部分按比例增加工资，但最多不可超过标准工作量的 1.5 倍。津贴主要包括对班主任工作、批改作业、主持教研组工作、主持学生课外体育活动和指导学生劳动等教学外工作种类的补贴。

"二战"以前，苏联并没有制定明确统一的教师工资制度，各地区调整工资

的法规和文件种类庞杂,各自为政,不但使工资制度本身产生许多矛盾,更影响到师资队伍的建设及国民教育体系的发展。1948 年、1964 年、1972 年、1977年、1984 年苏联分别进行了几次大幅度教师工资制度整改,在以基本工资和补充工资构成基本体系的前提下,不同程度地提高了工资数额,增加了补偿性工资,调整了学历和工龄对工资的影响幅度。应该说,在政府不断的努力下,苏联教师的工资数额水平不断提高,但与其他工业和经济部门工作人员的工资相比,教师工资一直处于相对较低的水平(表 1)。

表 1　20 世纪 40～90 年代教师与其他行业职工的工资对比[1](单位:卢布)

年份		1940	1950	1965	1970	1980	1990
月平均工资额	教师	32.3	66.8	93.6	105.8	137.5
	其他行业职工	31.1	64.2	96.5	122	177.2

通过上表可以看出,尽管教师平均月工资从 20 世纪 40 年代的 32.3 卢布不断提高到 90 年代的 197.5 卢布,绝对工资平均额增加了 5 倍多,但从 1965年开始,与其他行业职工的工资相比始终较低;而且绝对多数的年份中,其他行业职工平均工资的涨幅都要高于教师平均工资的涨幅。

总结苏联时期教师工资制度的特点不难发现,它以教师的资历和教学劳动的数量作为确定教师工资的基本因素,并成正比关系,但补充工资的种类较少、额度涨幅有限。这一工资制度虽经多次调整与改革,仍存在职业界限区分明显、劳动补贴不合理、激励作用不足等一系列问题,这些是俄罗斯中小学工资制度建立及改革所不可回避的问题。

2. 俄罗斯转型初期统一工资制的特点

1991 年末,俄罗斯联邦独立,进入全方位社会转型。根据新的《联邦劳动法》,国家机关工作人员的基本工资制度是统一工资表制度(Единаятарифнаясетка),简称"统一工资制"。它以等级体系为基础划分不同类别的工资额度,以此反映劳动复杂程度和劳动者的技能水平。1992 年 10月,俄罗斯联邦出台《以统一工资制为基础区分预算内劳动工资水平》的决议,正式实施统一工资制。统一工资制以统一工资表为基础,主要指标包括等级工资、职务工资、等级工资标准、等级系数等,所有劳动按照复杂程度与专业技能水平分为 18 个等级,每个等级的等级系数不同,月工资标准也不同。[2] 所有的职业被分为三大类:技术人员、专业人员、管理人员。每个种类的人员分别占据 18 个工资等级中的不同等级范围。教师属于专业人员的范畴,占据其中的从 6~13 级不等的位置。[3]

统一工资制总体上保留了苏联时期的基本成分,但在量化统计方面更为灵活、细致,具有统一性、精确性、等级性等基本特征。它将所有预算内领域工作人员(教师、职员、工人、技术人员等)的工资区分等级体系合为一体,这种"使不同种类的工作复杂性可公约的理念"有其积极意义,但其缺陷是忽略了不同行业、不同部门的劳动特征,并且等级之间、等级系数之间的差异都不明显,容易导致各行业劳动者在工资收入上的平均主义,影响劳动积极性和工作质量。具体到教育行业,随着信息化时代和教师专业化进程的深入,教师的角色和工作性质已发生很大改变,但依旧与其他领域人员无区分地实施统一工资制,这造成了普通教育机构教师工资水平偏低、职业威信下降、工作积极性受挫、队伍建设不完善等问题出现。

新世纪以来,俄罗斯政府推进教育现代化的力度不断增强。2005 年 9 月,普京提出国家优先发展教育、健康、住房和农业四大民生工程,随即出台了《教育优先发展项目》,将提高普通教育质量列为工作重点之一,其中就包括改革教师工资制度、提高教师地位和改善教师待遇。从 2007 年下半年起,伴随全国性的工资改革,中小学教师的工资开始由统一工资制向新教师工资制过渡。

(二) 教师新工资制度的改革内容

2007 年 9 月,俄罗斯联邦出台《关于贯彻实施联邦预算内机构工作人员和军队文职人员的新劳动工资制度》的《605 号决议》,要求所有实施统一工资制的机构用 15 个月的时间完成向新工资制度过渡。同年 10 月,俄罗斯教育科学部批准《教育工作者新劳动工资制度——俄罗斯联邦主体国立及市立普通教育机构工作者激励性工资制度形成的模型化方法》(以下简称《模型化方法》),为各地区和各学校制定具体的教师工资制度提供了依据和示范。2008 年 8 月,俄联邦出台了《关于实施联邦预算内机构和联邦国家机关的工作人员,军事部门、或类似职务的联邦执行机构的文职人员的新劳动工资制度的决议》(简称

《583号决议》)。教师新工资制改革依据这些政策文件旋即展开。从改革内容上看,由统一工资制改为新工资制主要在三方面发生了明显变化。

1. 教师工资构成中引入激励性工资

在由基本工资、补偿性工资以及有限且不确定的奖金构成的统一工资制中,教师工资的可变部分主要由教学时间决定。标准内的教学工作量可得基本工资,超标准的教学工作量就可得到补偿性工资,后者是前者的0.5~1倍。这种模式使得教师单纯追求课时量,备课时间的相对减少不可避免地导致教学质量的降低。同时,教师组织课外活动时间减少、从事教研的精力减少,也不利于学生身心的健康发展和教师专业化水平的提升。

新工资制在保留前两项工资的同时,引入了激励性工资。后者根据教师的工作成果和效率确定,其具体指标既包括学生发展方面的指标,如学生的考试成绩、心理测评成绩、德育状况、培养天才儿童和辅导困难儿童、培养统一考试高分者和奥林匹克竞赛获奖者等,也包括教师自我提高方面的指标,如参加教学法实验,参加创新活动项目等类型。激励性工资的发放标准由学校自主设定。

2. 教师工资额影响因素范围扩大

统一工资制中的基本工资额按照统一工资表确定,所属等级决定工资定额。补偿性工资由荣誉称号、工作环境、超额工作量及某些课外活动等决定,但教师对更多课外活动的付出,如组织学生郊游、参观、节日活动等都不被计入工作量和补充工资。这一规定导致"班主任虽然比科目教师负责了更多的德育与课外活动,但是其工资等级却更低"。[4]

在新教师工资制中,教师的基本工资取决于学生数量、教学课时量和课外活动时间,而且课外活动范围大幅扩展,如准备教学材料、班级管理、教学设施设备管理、与学生家长的交流等工作形式都被列为教师有偿工作量计算范围。这种扩展无疑有利于鼓励教师更多地组织课外活动、与学生交流,对于师生关系的改善、学生的发展性教育都有良好的促进作用。

3. 固定工资核算方式模型化

固定工资是指教师每月获得工资额的固定部分。在新教师工资制下,固定工资等于教师的基本工资,采用每生每课时价值为单位进行核算。"每生每课时价值"是指根据教学计划 1 名学生 1 课时公费教育服务的价格。每生每课时价值的数额由每个教育机构根据教育部颁发的《模型方法》确定的公式,在确定的教师课内工资的范围内自行计算。

教师固定工资计算公式为:固定工资＝每生每课时价值×班级学生数量×每月课时量×课程特征提高系数×职称提高系数＋课外活动津贴(如果教师在不同班级同时教授几门课程,那么他的工资额将是每个班级每门课程的工资额的总和)。这里,课程特征提高系数和职称提高系数是公式中的重要变量。

课程提高系数是指由教育大纲确定的课程的特点、复杂度和优先度所决定的提高系数,其确定包括以下部分:① 终结性测验(包括国家统一考试及其他自主测验等)中包含的课程;② 与备课相关的额外教学任务,包括检查作业、准备教具和教学资料、实验室管理、储存并经常更新课程内容的相关信息等;③ 教师额外教学负担,包括由损害自身健康的情境(如化学、生物、物理)所造成的负担,以及由学生年龄(如小学低年级)特征带来的额外工作量;④ 教师根据学校教育大纲特点所实施具体课程时的投入。

另一个系数,即教师职称等级提高系数的确定规则:具有二级职称教师的提高系数为 1.05;一级职称教师的提高系数为 1.10;高级职称教师的提高系数为 1.15;同时还规定,在俄罗斯联邦主体新教师和校长资格认证考核制度的适应期结束后,各俄罗斯联邦主体可为合格者采用更高的系数(一级教师增至 1.15,高级教师增至 1.4)。

"每生每课时价值"模式的教师工资构成如下图示意,甲、乙两教师的工资大部分为教学工资,此部分由学生数量决定,除此之外主要包括职称提高的部分、课程特征提高部分、课外活动工资等。以"每生每课时价值"为基础的模式是《模型化方法》规定的教师固定工资计算模式,但在改革实施过程中还出现了另两种计算模式:以基本工资和提高系数为基础的模式;以职务工资为基础的模式。

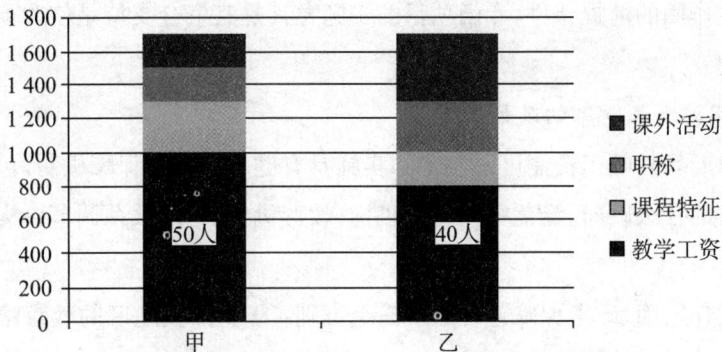

"每生每课时价值模式"下两名教师的工资构成示意图

以基本工资和提高系数为基础的模式下,固定工资计算公式为:固定工资＝基本工资＋基本工资×提高系数 1＋基本工资×提高系数 2＋基本工资×提高系数 3……。在计算固定工资部分时,以每周 18 课时标准工作量下的基本工资定额为基础,如果两位教师从事同一工作,那么他们的基本工资相同,而提高系数由额外工作量、学生数量、职称、工龄等决定。该模式的特点是保留了统一工资制中"同工同酬"的计算方式,相同工作教师的基本工资额相等,其他活动因提高系数不同和工作量不同而得到不同的工资额。

以职务工资为基础的模式下,以每周 36 课时工作量为计算工资的基础,36 课时由教学时间和非教学时间两部分构成,后者包括检查作业、召开家长会等活动时间。教学时间和非教学时间的比例由劳动合同确定,二者的价值可以由学校、市级或地区整体来确定。计算固定工资的公式为:固定工资＝职务工资 1＋职务工资 2＋职务工资 3……。该模式的特点是,教师工资由不同类型活动和职务的累计而生成,教师从事不同的活动和职务,获得不同的报酬。

在教师新工资制的实施过程中,各联邦主体有自主选择不同模式的权利,因此地区间没有划一性,甚至没有可比性,有些地区同时实施其中两种模式,如沃罗涅日州同时实施基本工资模式和每生每课时价值模式;有些地区的实施模式还处于变化之中。

(三) 新教师工资制实施的政策保障与项目支持

教师工资制度的改革与实施需要各方面的保障和支持。其中,政策保障是起基础性作用的前提条件,专门项目的实施尤其是其资金支持是使改革收到实效的关键。

1. 实施新工资制的政策保障

俄罗斯新教师工资制度的制定和实施具有健全的政策保障机制,包括从联邦到地方的各级政府、涵盖行政管理机构、教育机构、劳动关系调节机构等各个部门。

在联邦层面,政策保障包含以下三个类别:① 联邦及地区的教育法规与教改项目。这类政策文本主要是关于教育发展与改革的总体规划和设计,其中涉及到教育领域的工资制度改革。如《俄罗斯联邦教育法》《2010 年前俄罗斯教育现代化构想》和《教育现代化综合项目》等都明确提出了提高教师待遇、改革工资制度的目标。② 联邦关于实施新工资制度的决议、条例。这类文件对各联邦主体制定新工资制度提出总体要求与标准依据。如联邦《605 号决议》和《583 号决议》对教师工资制度改革的时间、工资标准、实施单位、地方的政策及人员保障等都做了明确规定。③ 教育科学部、卫生与社会发展部、全俄教师工会的专项政策法规。这类文件为普通教育机构确定教师工资结构和额度提供了具体的操作性依据。如教育科学部出台的《模型化方法》为各联邦主体提供了教师工资制度制定的直接标准与依据;卫生与社会发展部《关于确定教育工作者职务职业技能等级》的命令,确定了教育领域工作者不同职务所属的职业技能等级。其中,教师分为 1～4 四个等级。高校教师、中小学教师属于第四等级,学前教养员、心理教师、补充教育机构教师属于第三等级,社会教师属于第二等级。职业技能等级是确定基本工资的基础,因此该法规为教师工资额的确定提供了参照依据。

此外,在联邦主体和州市级层面,还有相关的跟进政策,主要是根据上级文件和规定,制定本地区工资制度改革的决议或教师新工资制度示范条例,以及对下级的指导性文件。例如,许多州都颁布了《关于普通教育机构工作者新工资制度的方法建议》。

2. 专门项目的资金支持及效果

教师工资制度改革伴随着《教育现代化综合项目》(2007～2009 年)、《我们的新学校》创议(2009～2011 年)、《区域普通教育体系现代化项目》(2011 年至今)的支持而实施,专门的项目具有专项拨款,为实施新工资制度提供了资金保障。

(1)《教育现代化综合项目》成功推行改革试验

2007 年,《605 号决议》提出工资制度改革后,开始在《教育现代化综合项目》(简称 КПМО)框架下进行试验性改革。该项目是时任总理普京提出的《全国教育优先计划》的最大型项目之一,其主要目的是为保障所有公民不受地域限制、获得高质量教育服务的平等机会,而实施普教机构新工资制和标准化生均拨款方式又是这其中的两个具体目标,二者互为条件、相互促进,尤其是实施标准化生均拨款方式对新工资制度改革具有良好的保障作用。这一项目自 2007 年至 2009 年共实施 3 年,主要是以竞赛方式支持联邦主体促进地方教育体系的现代化,竞赛获胜的地区可以获得来自联邦预算和所属联邦主体的拨款补助。2007 年和 2008 年联邦预算的拨款分别为 40.5 亿卢布和 59 亿卢布;各联邦主体的相应地区预算分别为 77 亿卢布和 153 亿卢布。该项目直接保障了教师新工资制度在 31 个联邦主体的实施,使得各地区教师平均工资水平增加了 1 倍,从 2006 年的 6 215 卢布增加到 2009 年的 12 500 卢布。[5]

(2)《我们的新学校》创议全面推进工资改革

由于 2008 年前后《教育现代化综合项目》的试验取得了初步成效,2008 年末政府出台《583 号决议》,要求所有联邦主体向新工资制度全面过渡。此阶段,几乎各个联邦主体的国立和市立普通教育机构都开始了工资制度改革。2010 年 2 月,俄罗斯国家教育倡议《我们的新学校》在梅德韦杰夫总统签署下生效。该倡议确定了近期俄罗斯普通教育发展的主要目标:向新教育标准过渡,发展天才儿童支持体系,提高教师队伍素质,更新学校的基础设施,保持和加强学生身体健康,扩大学校自治。[6]在保障以上目标达成的机制中包含了建立新的标准化生均经费拨款制度和实施教师新工资制度。《我们的新学校》虽然不是为保障新工资制度实施教师的专门项目,但其主要目标之一提高教师队伍素质的主要实施途径就包括提高教师待遇、实施新教师工资制。因此,该项目在相当程度上保障了各地区教师工资制度改革的实施。

(3)《区域基础教育体系现代化项目》深化工资改革

2011 年 4 月,俄罗斯联邦政府会议通过实施《区域普通教育体系现代化项目》的决议。该项目的核心是为联邦主体促进普通教育体系现代化提供支持，总预算拨款为 1 200 亿卢布，主要用于提高教师工资、保障高质量教学和物质—技术基础、解决农村地区小型学校问题、建立远程教育中心、开展教师和校长培训、图书馆配套设施建设等方面的支持。普京在会议上明确希望通过这个项目的实施，能使教师平均工资水平增加 30％，或者达到经济部门的平均工资水平。

据统计，截止到 2011 年 10 月，在《区域普通教育体系现代化项目》框架下，教师工资水平已得到实质性提高，有 50 个联邦主体的教师平均工资超过了经济部门的平均水平，1 个地区达到了平均水平，31 个地区的教师平均工资水平与第一季度相比增加了 30％以上。[7]

总体而言，俄罗斯中小学新教师工资制度改革从 2007 年末开始至今，已经见到了实效，无论其改革取向与内容、工资结构与新模型设计，还是其政策保障或项目的资金支持，都尽可能围绕着切实提高教师待遇、保障教师工作热情、增加工资数额等核心任务展开。但是，教师新工资制度的实施仍然存在许多问题和困难。例如，许多学者对于新教师工资制取消基本工资的保障、将教师工资与学生数量挂钩表示质疑；一些成绩平平的老教师因新体系降低了工龄、学历等对工资的影响、增加了工作质量和成果的影响程度所导致的工资相对减少而不满；不同背景的教师对激励性工资的计算和分配依据也有不同的看法或争议。这些都表明，新教师工资制改革无论在内容上还是形式上都需要不断磨合、完善。

正如一位俄罗斯学者所评价的，"统一工资制力求给同一职业的所有人以同样的工资，不分地区，不分工作质量，体现的是不公平的平等；新劳动工资制度将工资区别化，按工作的质与量加以区分，是从不平等的方式走向了公平"。[8]新一轮的教师工资制度改革大方向上体现的是公平原则和利益最大化原则，效益不平等的工资有利于教师形成工作质量与工资数量之间的正相关的观念，从而也使教师新工资制的激励机制真正收到了实效。

参考文献

[1] 根据方苹. 苏联普通学校的教师（《国际观察》1989 年第 3 期）和

Тарифная система заработной платы[EB/OL]. http://www. hrmaximum. ru/articles/labor_law/zarabot— naya_plata/631/的数据整理.

[2]维基百科. Единая тарифная сетка [DB/OL]. http://ru. wikipedia. org/wiki/. 2010—11—07.

[3] Правительство российской федерации постановление от 14 Октября 1992 г. N 785[DB/OL]. http://www. mno— gozakonov. ru/catalog/date/1992/10/14/923/. 2010—11—03.

[4] Виктор Русаков. Новое в финансировании системы образования[J]. Народное образование,2008(7):13.

[5] Комплексные проекты модернизации образования（КПМО）[DB/OL]. http://mon. gov. ru/pro/pnpo/reg/. 2010—11—20.

[6]赵伟.我们的新学校—俄罗斯国家教育倡议解析[J]. 外国中小学教育,2011,(4):26.

[7] Нормативная база перехода на НСОТ федеральных образовательных учерждений [EB/OL]. http://www. edu. ru/. 2011—7—18. http://www. edu. ru/2011 —04 —03;http://www. edu. ru. /2011—07—18.

[8] В. Шадрин. Зарплатная реформа：от несправедливогоравенства к неравной справедливости[J]. Человек и труд,2003(1):35.

（本文发表于《比较教育研究》2012 年第 8 期。作者肖甦、刘楠,时属单位为北京师范大学国际与比较教育研究院）

十二、国外实施"艰苦边远地区教师津补贴政策"状况分析

随着宏观教育改革逐步深入,嵌入其内的教师质量问题凸显为影响城乡教育均衡发展的关键问题,吸引和留住更多优秀教师成为农村教育发展的题中应有之义。对农村或城市薄弱地区学校教师实施津补贴政策旨在通过发放津补贴的方式吸引、鼓励和留住更多优秀教师到这类学校任教。本文通过对数据库、美日等国政府及教育部网站查寻,共搜集了 40 多个国家和地区实施农村艰苦边远或城市薄弱地区学校教师津补贴政策的相关信息,在此进行概括分析。

(一) 各国发放"津补贴政策"的主要特征

1. 津补贴范围和对象各异,但内容和方式比较统一

由于各国国情不同,"津补贴政策"的实施范围和对象也略有不同,但均体现出"对弱势群体和薄弱地区所在学校教师给予特别补助"的一致性。如日本在 1954 年出台的《偏僻地方教育振兴法》(以下简称《振兴法》),以谋求偏僻地方教育水平的提高。该法所指的偏僻地方学校是指"位于交通和自然、经济、文化等条件不佳的山区、孤岛及其他地区的公立小学、初级中学以及'共同烹饪场'",[1]并依据详细的指标体系对偏僻地方学校进行等级划分。又如,法国在1981 年提出设立教育优先区,依据学校的地理位置、社会环境、学生家长的社会职业状况、学前教育入学率、小学和初中的留级率、外籍学生比例等具体指标来确定。1982～1983 年共设立了 362 个[2]教育优先区,之后,通过各项改革,目前法国的 558 个优先区主要集中在大中城市的郊区,在其内就学的中小学生

有 112 万,约占全国中小学生总人数的 9%。另外,一些发展中国家还对特殊群体进行补助,例如巴基斯坦对女教师到薄弱学校任教给予住房补助等。

各国物质类津补贴名目多样、体系复杂。例如日本除包括 20 余项津贴补助外,每年 6 月和 12 月还有两次教师奖励评定,并通过《振兴法》规定对偏僻地区教师给予较高比例(最高为工资的 25%)的津贴,使得日本初等和中等教育阶段的教师工资呈现出越是边远贫困的地方津补贴越高,教师收入也越高的样态。同时,日本辅之以教师流动制度,有效地缓解了偏远地区和薄弱学校优秀教师短缺问题。同样,一些国家的非物质性津补贴方式亦值得我国学习和效仿,如哥伦比亚、尼加拉瓜等国对农村教师和薄弱地区教师提供特殊训练,埃及、圭亚那等国通过诸如以减少年限的方式加速农村教师晋升或给予农村教师更长的假期等。

2. 津补贴趋向于与工资挂钩,但相应评定体系不完善

总体来看,各国津补贴内容和方式较多样,但多集中于经济补助,并趋向于与当地教师工资挂钩,即按照教师工资的一定比例发放津补贴,其额度从 8%～100%不等。但根据掌握的资料来看,其相应的等级划分和等级评价体系并不完善。通常等级划分依据的是艰苦、边远或薄弱等因素,同时还辅之以诸如教师资格、教师工作量等因素,但在实施过程中效果并不明显。如莫桑比克的政策虽然看上去很吸引人,但却因以下因素而使政策背离初衷:第一,奖励决定于学校地理位置和教师资格,如果教师资格很低则完全没有奖励,如果教师处在中等水平,那么在省城和在偏远地区教书的教师津贴差距就很小;第二,如果教师是教两个轮流的班级(Twoshift schools)的话,那么他将会获得其工资 60%的奖励,而这样的班级一般都出现在人口密度较高的地方,所以城镇教师经常会比较容易获得这一奖励。[3](表1)

除结合工资比例发放外,一些国家还规定了直接津补贴或奖励金额度。比如法国对教育优先区教师的津贴约为每年 6 900 法郎(1997 年,约等于 8 600元人民币,是其小学教师年工资的 5.6%)。美国薄弱地区教师特殊津补贴和奖金大部分也是直接的奖励金,各州根据实际情况从 1 000～15 000 美元不等(相当于教师年薪的 2%～4%),有的州一次性签约奖金甚至高达 20 000 美元。澳大利亚为鼓励教师到边远和农村地区任教并长期留在当地工作,为这些教师

提供特别奖励和培训机会。如昆士兰州设立的边远地区激励计划,为在边远农村学校工作的教师提供经济资助,即每年 1 000～5 000 澳元不等的补偿金(相当于小学教师最低工资的 2.8%～14%[13])和部分交通补贴;服务期满后仍留在当地工作的教师,每年有另外 2 000～5 000 澳元的奖励金。[14]

表 1　各国教师津补贴额度和等级评定情况统计

国家	额度	等级	等级划分标准及说明
日本[4]	8%～25%	6 级	依据各项指标的综合得分进行评定等级,具体为"准偏僻地区"、偏僻地 1 至偏僻地 5
尼泊尔	20%[5]	—	根据学校所在地区偏僻和艰苦程度,向教师加发工资和边远地区津贴。津贴最高可达 100%,偶尔会超过 100%[6]
菲律宾	25%[7]	—	
冈比亚	30%～40%[8]	6 级	根据距离主干道的距离进行评定,对 3～6 等级地区学校任教的教师给予津补贴
莫桑比克	—	4 级	根据地理位置划分为 4 个区,并参照教师资格高低和教师所教班级数发放津补贴(面向全部教师)[9]
赞比亚	20%	—	
乌干达	15%[10]	—	
委内瑞拉	20%	—	在农村地区工作年满 12 年的农村教师[11]
阿根廷	80%[12]	—	

注:"—"表示无或缺乏证明材料。

经济刺激往往成为各国津补贴政策的主要实施办法,但津补贴额度达到多少才能吸引和留住优秀教师在薄弱学校任教,目前仍没有统一标准。一些经济学家指出,至少要提高 50%才能吸引他们去教师紧缺的学校从教。[15]在莱索托和赞比亚,由于工资基数较低,一些人认为 10%～20%的津补贴额度并不足以吸引优秀教师到偏远农村学校任教。[16]而评价体系的不完备或过于简单化,则可能造成那些最需要帮助的学校的教师反而没有获得相应的补助和其他方面的支持。

3. 长期性和临时性津补贴方案并存

各国津补贴政策总体上呈现长期性、稳定性和临时性、灵活性的两种并存样态。从实施期限来看，一是实施长期工资调整。比如，日本、韩国、智利、巴拉圭、乌拉圭、芬兰、希腊、匈牙利、爱尔兰、新西兰、土耳其及英国的英格兰地区等。有些国家和地区，比如瑞典等对部分农村教师工资进行调整，印尼和泰国主要是对个别贡献突出者提高工资。二是实施短期工资调整。比如，阿根廷、巴西、智利、约旦、秘鲁、澳大利亚、法国、墨西哥等。再如，马来西亚、挪威等对部分农村教师工资进行调整，菲律宾、西班牙主要是对个别贡献突出者提高工资。[17]

长期、稳定的政策对确保农村和薄弱地区拥有充分和高质量的教师供给具有重要意义。制度安排越完善合理的国家，越有利于艰苦偏远地区招聘和留住优秀教师，比如日本、韩国。当然，这会给一国财政带来很大负担。例如，日本在《振兴法》实施后，偏僻地区教育预算呈递增趋势，从 1954 年不超过 1 亿日元，到 1965 年达 25 亿日元，1970 年达 81 亿日元，再到 1982 年达 160 多亿日元。[18]而有的地区，比如美国纽约市针对薄弱学校的"明天教师计划"（Teacher of Tomorrow Program），虽然在一定程度上提高了纽约五大区的教师质量，但并没有解决那些对教师需求度较高的农村学校教师短缺的问题。[19]根据掌握的资料来看，美国各州薄弱学校教师津补贴政策或项目多是短期的，在一定时期内，当薄弱学校招聘到足够数量的教师或者一定的经费拨付结束后，相应的津补贴或奖励计划就被停止。

4. 由于教育财政管理体制不同，经费分担状况也有所不同

经费是农村和薄弱地区学校教师津补贴政策的基本保障。缺乏经费支持，任何法律、计划都是无效的。薄弱地区教师津补贴经费负担主体，总体上可分为三种模式：中央全部承担、地方独立承担、中央与地方按比例分担，大多数国家趋向于最后一种经费分担机制。即便是美国各州独自设立的教师津补贴项目，也会受到联邦政府的支持和补助。日本"振兴法"虽规定偏远地区教师津补贴经费由都道府县承担，但是国家也对都道府县和市町村发放补助以确保政策的落实。像法国这样的中央集权制国家，教师津补贴由中央教育部统一发放。

5. 大多数国家缺乏专门的法律制度保障

农村和城市薄弱地区学校教师紧缺和质量低下的问题，需要长期投入才有可能予以解决，这必须依靠健全的法律制度保障。根据搜集到的资料发现，由

于缺乏法律依据,很多国家并没有形成长期有效的制度安排,甚至有些政策在实行一两年后便无声无息地终止了。目前,只有少数国家出台了专门法律,如日本、韩国等。许多国家是以短期的方案、计划或项目等方式进行的,对农村艰苦偏远和城市薄弱地区学校教师津补贴的发放并没有落到实处。即便像日本从明治时期开始就规定都道府县等地方政府酌情发放偏僻地区教师津贴补助,并拥有专项法律和责任体系,但据1953年的调查显示,当时日本全国大约有8 700所偏僻地区学校出现发放数量和补贴不足的现象,未发放教师津贴补的都道府县多达半数以上。[20]还有一些国家的政策以"倡导式"为主,在落实过程中远未到位。根据尼日利亚全国教师联盟(NUT)一位官员的说法,农村教师有权获得相当于基本工资5％的激励补助、10％的山区补贴和15％的河岸地区补贴,但是这些政策实际上很少兑现。[21]所以,需要制定专门的法律制度,明确规定各级政府相应责任,依法保障艰苦边远农村学校教师津补贴经费来源,建立有效的监督和评价机制,只有这样才能从根本上保障农村偏远地区教师的权利。

6. 通过跟踪调查和效果评定,不断调整和改进津补贴政策

在一些国家和地区,津补贴政策确实有益于农村或者城市薄弱学校的发展。比如1998年美国加利福尼亚州对所有获得国家教师资格认证的教师一次性奖励10 000美元,2001年又为那些在薄弱学校任教超过4年并具有国家教师资格认证的教师发放20 000美元奖金,而这两项方案的实施为加州增加了2 644名合格教师。[22]研究者发现,加州的教师现在更愿意到薄弱学校任教。这说明该计划是有效的。但各国的很多政策并没有取得良好的效果,总体来看存在以下几个方面的问题。

第一,津补贴额度过小,缺乏吸引力。比如在乌干达,偏远地区教师津补贴虽然达到了教师基本工资的20％,但由于教师工资基数(2008年合格新教师每月118美元[23])较低——在劳动力工资标准比较中接近于普通技工最低水平,不到人均GDP的一半——因此起不了多大作用,教师只好寻找第二职业。再比如赞比亚的农村教师特殊津补贴是农村学校教师工资的20％;莱索托每月275美元[24](相当于工资的20％),但仍不能吸引教师;冈比亚的教师(津补贴为工资的30％～40％)认为,补贴并没能补偿其在农村生活所带来的额外花销

和损失。[25]

第二,城乡差距不大,难以起到激励作用。如纽约州关于困难学校的补助政策并没有对偏远农村起到作用。再比如在莫桑比克,山区与城镇中等资格教师的津贴仅相差基本工资的 14%,一些教师认为差距太小不能起到吸引的作用。

第三,发放的范围不够合理。如莫桑比克的津补贴额度是按照学校位置远近和教师职级高低而定的,高职级教师补贴多,低职级教师尤其是无证教师就几乎拿不到津贴。然而,乡村学校本来大多数都是年轻的低职级教师,因此这项政策几乎是形同虚设。[26]

另外,许多研究者认为,薪水和其他财政性鼓励政策是必需的,但仅靠这些就想吸引和留住高质量的教师是远远不够的。在美国一些城市学校,造成极度贫穷学校教师流失的重要原因是校长领导能力不够和决策执行不力。他们认为,良好的工作条件还包括高效率的领导能力和教师参与决策的权利,改善这些条件才是吸引和留住薄弱学校教师的良策。[27]澳大利亚为鼓励教师去偏远的托雷斯海峡工作,对教师发放安置津贴并给予更高的工资待遇,但这并没能解决问题。有的学者指出,人们更应该引起注意的是文化冲突的问题,所以要选择合适的人去当教师。例如,尽量鼓励当地人回去当教师,并支持其专业发展。[28]所以在实施经济补助的同时,还需注重文化环境、管理水平建设以及政策实施对象的特点,只有这样才有可能取得更好的效果。

(二)对我国实施农村教师津补贴政策的启示和借鉴

以上从 6 个方面概述了一些国家和地区津补贴政策的特点,尽管资料并不完备,但仍能从中窥见世界各国关于农村艰苦边远和城市薄弱地区学校教师津补贴及奖励政策的实施情况,从中得到对我国农村教师津补贴政策方面的启示。

1. 突出重点、加大额度

农村艰苦边远地区教师津补贴政策要突出重点、加大额度,只有这样才能解决这些地区吸引和留住优秀教师的问题。虽然对农村教师津补贴额度达到什么程度才能真正起到激励作用,各国的做法和学者的说法并没有一个统一的标准,但津补贴额度的确定需与农村教师基本工资以及农村教师在国家中的基本生活状况相联系。在城乡教育均衡发展和一体化发展的大背景下,城乡教师资源配置问题已成为社会关注的焦点。许多农村地处边远、生活条件差,在市场经济条件下,如果不加大教师津补贴力度,不采取积极差别对待的做法,就无法从根本上改变城乡教育的不均衡状况。然而,我国各项社会事业均需要又好又快地发展,而国家财力又无法在短时间内满足各项事业的发展要求,因此必须突出重点,从社会公平基石、代际身份改变的高度,优先对地处偏远、生活艰苦的农村教师实施高额度的津补贴政策,真正建立起城乡义务教育一体化和均衡化发展的长效机制。

2. 物质性和非物质性激励相融合

在实施物质性激励政策的同时,还要同步加强教师专业发展、学校管理创新、课程教学改革等各种非物质性激励政策。美国在对实施了教师津补贴政策的学校进行跟踪调查发现,物质性激励政策的确能起到吸引和留住优秀教师的作用,但是研究者们也发现,这些教师的长期从教意愿并不仅仅受物质性激励因素的影响,在一定条件下,非物质性荣誉、专业效能感等是教师们长期执教,甚至成为教育家型教师的根本动力。因此,在实施物质性激励政策的同时,要着重提高和增强农村地区学校教师教研活动能力、教学水平和教学思想等,使他们能够在教育教学当中找寻到更多的乐趣与尊严,形成对农村教育和农村学校本身的热爱。需要强调的是,在市场经济条件下,我们要承认物质性激励在当前的优先性,因为给予高额度的物质奖励本身就是对农村教师尊重的体现,在此基础上,还要高度重视非物质性激励的长效机制。

3. 法律建设与政策推进相照应

加强国家专项法律建设,以法律的形式将"艰苦边远地区教师津补贴"政策确定下来,以实现政策的长期化和稳定化。实施艰苦边远地区教师津补贴的确立,政策惠及的对象范围与非物质性长效激励机制的建立,教育经费的来源渠道与责任分担体制,监督与评价,建立企业、团体、个人等通过各种非政府主体资助农村教师发展的激励机制等诸多事项,若想让好事办好,必须加强专项立法,使促进城乡教育公平与城乡教育均衡的政策能具有长期性、稳定性和可持续发展性,切实建立起促进城乡教育一体化发展的长效机制。

4. 政策跟踪与评价反馈机制相结合

加强政策实施跟踪研究,全面采集和分析数据,及时评价和反馈政策实施效果,不断调整和完善农村教师津补贴政策。政策与研究相结合是世界教育政策改革与发展的重要趋势。在国家既定的财政支持约束条件下,津补贴政策可惠及什么范围的农村教师?在既定的津补贴奖励机制前提下,可吸引和留住什么层次师范大学的毕业生?利益相关主体对设定的农村边远艰苦学校教师津补贴政策持什么样的态度和看法?政策的预期目标达成度如何?在实行物质性激励政策的同时还要实施什么样的非物质性激励政策才能调整农村教师长期从教、终身从教的积极性?物质性激励和非物质性激励之间的关系是什么?在什么条件下前者具有优先性,在什么条件下后者具有优先性?在实施过程中要做什么样的政策改进?等等。对所有这些问题的科学回答,都离不开对政策的前期调查和后期跟踪研究。

参考文献

[1][4] 偏僻地方教育振兴法[A]. 中华人民共和国国家教育委员会政策法规司组织. 日本国教育及文化法要览[G]. 长春:吉林教育出版社,1995:197,197—207.

[2] 台湾国立教育资料馆整理,台湾教育部驻外文化组提供. 世界各国教育优先区方案[R]. 1996:59;另有学者指出法国 1982 年设立的教育优先区为363 个. 见王晓辉. 为了社会和谐:法国教育的若干政策取向[J]. 比较教育研究,2008,(4),64—67;范雅惠. 教育优先区计划之分析[EB/OB]. http://www. nhu. edu. tw/~society/e-j/69/69-26. htm, 2012—06—13.

[3][9][16][23][24] Aidan Mulkeen. Teachers for Rural Schools:A challenge for Africa[A]. Biennale on Education in Africa:Effective Schools and Quality Improvement[C]2006:1—33.

[5]张乐天. 发展中国家农村教育补偿政策实施状况及其比较[J]. 比较教育研究,2006,(11):50—54.

[6][11][12]Patrick J. McEwan. Recruitment of Rural Teachers in

Developing Countries：an Economic Analysis［J］. Teaching and Teacher Education,1999,(15):849—859.

[7][8][10][25]Aidan Mulkeen. Teachers in Anglophone Africa[EB/OL]. www. worldbank. org. pdf,[2012—06—13].

[13] 经济合作与发展组织著.教育概览 2011(OECD 指标)[M].中央教育科学研究所译.北京:教育科学出版社,2011:431.

[14][17] 陆璟.鼓励教师到农村和边远地区工作[EB/OL]. http://www. pjky. com/article. asp? articleid=200,[2012—06—14].

[15]Eric A. Hanushek,Joel F. Kain and Steven G. Rivkin. Why Public Schools Lose Teachers［J］. Journal of Human Resources 39,2(Spring 2004)：326—354.

[18][20] 吴晓蓉.日本偏僻地区教育优先发展经验研究— 以《偏僻地区教育振兴法》为鉴[J].当代教育与文化,2009,(4):100—104.

[19] Allan Odden,Carolyn Kelley. Addressing Teacher Quality and Supply through Compensation Policy［Z］. EducationFinance Research Consortium and Symposium on the Teaching Workforce,2000. 11.

[21][26] 徐今雅,王佳.撒哈拉以南非洲农村教师流失:问题与对策[J].外国教育研究,2010,(12):46—51.

[22]许晓云,王建梁.美国薄弱学校吸引挽留教师策略[J].教书育人,2009,(8):58—59.

[27]Barnett Berry, Eric Hirsch. Recruiting and Retaining Teachers for Hard-to-Staff Schools[C]. NGAcenter,2005. 10:1—33.

[28]Sue L. Teacher Preparation,Orientation and Expectations in a State School with Indigen-ous Students:a Human Rights Issue ［J］. Journal of Australian Indigenous Issues, 2002,(2):16—24.

(本文发表于《比较教育研究》2013 年第 3 期。作者任琳、邬志辉,时属单位为东北师范大学农村教育研究所)

十三、英美中小学教师工资制度地区差异实现机制的比较研究

　　随着我国事业单位人事制度改革和收入分配制度改革的深入，工资结构所体现的制度意义越来越被人们所熟悉。例如，工资制度中的等级与绩效部分的不同意义、事业单位身份对工资货币价值的替代等。在事业单位人事制度改革这样一个具有高利害的改革面前，分析工资结构，理解工资制度设计中所体现的复杂关系和取舍，减少利益争论的"声嘶力竭"，增加制度建设中的理性，有利于提高对人事制度改革的社会共识程度。

　　无独有偶，由于 20 世纪 70 年代石油危机引发的"经济滞涨"，在大的政力下，发达国家在 80 年代普遍进行了公共部门的工资制度改革。其中，教育部门是重要的组成部分。[1] 在改革中，英国和美国虽然在文化和基本政治制度上非常相似，但由于国家预算制度不同，英国、美国分别在集权和分权的预算制度基础上设计了教师工资结构。本文以工资结构中的地区差异机制为例，分析不同预算制度下所采用的政策工具。

（一）概念和分析视角

　　从国际上看，教师工资结构大体上有三个组成部分：基础工资、地区差异和工资变动机制。其中，基础工资由教师个人特征和岗位特征所决定。教师的个人特征包括教育背景、工作经验、工作量，学科特征岗位特征包括工作地点、学校特征、岗位工作性质。我国教师工资结构中，这部分设计功能与发达国家大致相同，符合公共部门雇员的工资制度特点。

　　但是，与发达国家相比，我国教师工资结构中没有地区差异和变动机制的

设计。工资的地区差异是教师生活在不同地区而产生的生活成本差异体现；变动机制则是对外部物价变动和经济增长的匹配机制。在经历了多年的物价上涨后，人们对于工资变动机制的接受程度较高，认可随着时间的推移，需要根据物价上涨指数或其他参数调整工资水平。但是，对于地区差异，决策者和教师们既缺乏观念上的准备，也缺乏对相应政策工具的了解，对教师工资的地区差异持非常矛盾的态度。支持的理由主要基于教育公平的理念：大家都做同样的工作，似乎应该获得同样的工资；反对的理由是各地生活成本差距极大，硬性拉平不符合实际情况。公共政策既要实证分析，也要规范讨论。在过于泛化的公平观引导下，对教师工资结构中地区差异体现机制的研究是我国教师工资结构研究中最具有挑战性的部分，迫切需要不断提供客观信息以积累社会共识。

本文从比较研究的角度为教师工资结构中的地区差异机制提供概念框架。教师是公共部门雇员中的重要组成部分，教师工资结构设计作为政府的重要制度安排，体现了其行政制度的核心。其中，国家的统一标准、地方（学校）权力、教师工会是影响教师工资的三种重要力量，国家标准给地方政府留多大的决策空间，教师工会和教师个人的谈判能力以什么方式体现，是我们理解不同国家教师工资结构中地区差异机制的概念框架。

有概念框架的比较研究反映了各学科比较研究改进研究范式的努力，试图超越国别叙述，借助概念框架将知识与国别场景进行结合，同时扩展对象国的范围，为检验某些理论或概念来考察一定数量的案例。[2]OECD 对 23 个国家教师工资制度的扫描就是这种比较研究方法的应用。[3]本文尝试使用"结构-功能"的分析模式，探索英美两个国家教师工资结构中体现地区差异的方式。

（二）美国教师工资制度中地区差异的体现方式

美国是一个分权制的国家，各州拥有独立的基础教育管理权。但是，美国也有全国的教师单一工资标准（The single salary schedule），该标准是 1921 年制定的，反映了进步主义时期美国基本制度建设的成果。该工资制度的原则在 1963 年被联邦法律化为《平等工资法案》，每年联邦政府都会按照全国的生活成本指数（The Costs-of-Living，COLA）对工资标准进行调整。推出该标准的目的并不是中央政府拥有对各州的权威，而是为了解决各个学区在制定教师工资时经常遇到因工资结构的随意而带来的种族歧视、性别歧视和年龄歧视等涉及宪法的问题。[4]该标准的实质是为各个学区确定工资结构提供参照系，通过提供技术支持帮助地方政府解决教师工资中的问题。

1. 美国中小学教师工资结构

美国中小学教师工资结构分为三个部分:① 学年基本工资,基本上按照教师个人特征按照工资一览表(表1),由教师的教育背景和经验所决定,与学校特征和激励无关;② 基本工资之外的津贴,包括以往的教学经验、学校特色体育活动的教练、俱乐部的组织者、难以招聘到教师的学校和学科、获得国家认证(National Board Certification)的教师等(全国大约有 6 000 个通过认证的教师);③ 在基本工资基础上,因完成某项进修、任务和绩效而获得的奖励。这是地方政府对于基本工资的主要修正,它和学校的发展密切相关。教师获得学校需要的技能模块、提高了教育质量等,都可以体现在该工资结构中。

表1　1998—1999 学年美国中小学教师基本工资一览表　单位:美元

服务年限	本科*	本科15*	本科30*	硕士*	硕士15*	硕士30*	博士
0	27 628	28 641	29 061	31 133	32 098	33 193	35 788
1	28 129	28 698	29 148	31 309	32 300	33 429	36 086
2	28 500	28 844	29 328	31 580	32 600	33 756	36 476
3	29 018	29 395	29 906	32 249	33 300	34 486	37 265
4	29 752	30 158	30 699	33 145	34 214	35 429	38 268
5	30 155	30 592	31 162	33 685	34 797	36 042	38 941
6	30 653	31 120	31 721	34 335	35 474	36 750	39 709
7	31 247	31 742	32 372	35 075	36 246	37 532	40 572
8	31 934	32 460	33 119	35 863	37 114	38 452	41 530
9	32 715	33 271	33 961	36 846	38 076	39 444	42 583
10	33 592	34 176	34 897	37 873	39 134	40 530	43 730
11	34 564	35 178	35 930	38 995	40 284	41 712	44 972
12	35 629	36 273	37 055	40 211	41 530	42 988	46 307
13	38 483	40 288	41 636	46 135	47 637	49 137	52 363
17	39 111	40 916	42 265	46 764	48 266	49 765	52 990

注:*是学位和学分,在美国,工资制度鼓励教师进修,进修达到栏目中规定的学分后,可以晋升一个工资档位。资料来源:CPRE,

the Single Salary Schedule[EB/OL]. http://cpre. wceruw. org/tcomp/general/single-salary. php, 08/21/2014.

美国中小学教师单一工资制已经实施了几十年,它的主要出发点是平等原则。随着教育改革的不断推进,该标准的不适应性也受到了许多批评,[5]但由于它的社会接受程度非常高,因此地方政府的改革主要集中在后两项。[6]

2. 分权预算制下的工资地区差异实现机制

分权作为一项政治制度,通过对预算制度的安排,影响教育经费的筹集与分配,进而影响教师的工资制度。众所周知,美国的基础教育管理权在州,具体管理由学区负责,教师是与学区签订聘用合同,地方差异在教师工资结构中的三个组成部分中都有所体现。

州和学区可以修订基本工资标准。美国联邦政府的单一工资制度是一个参考标准,每个州、每个学区都可以根据自己的预算收入、物价指数调整工资标准,也可以根据自己的教师招聘战略确定基本工资的整体水平。因此,各州可以在采纳单一工资制结构的基础上,修订工资标准。修订的内容既可以是调整工资水平,也可以是调整结构。例如,增加或减少对晋升的限制,在各模块中再细分。基本工资部分虽然只和教师特征有关,但它的预算稳定性好,不必为这一部分筹集专门资金,被认为是服务于整体教师质量战略的工资设计。

津贴和奖励部分被称为"基本工资的补偿部分"(teacher compensation),它是和学校特征、岗位特征以及鼓励设计密切相关的部分,它完全由地方政府决定,是美国教师工资研究的重要部分。如何设计补偿工资部分,完全取决于地方教育发展的目标和战略,教师补偿工资的结构设计关键要与地方教育发展战略匹配,没有好坏之分。美国威斯康星大学(麦迪逊)的教育政策研究组(Consortium for Policy Research in Education,CPRE)一直在全国搜集教师补偿工资结构设计的案例。在他们推荐的案例中,丹佛公立学教师补偿工资结构比较全面地反映了地方学区关心的内容。它在基本工资的基础上,设计了 4 个模块,每个模块下还有几个指标,满足一个指标,就在此基础上增加 1~3 个百分点。这 4 个模块是:知识与技能、专业评估、市场因素、学生成绩。[7]

由此可见,美国中小学教师工资制度中,各个组成部分都是可以由地方决定的,单一工资制的功能只是一个参照系,在教师工资结构设计中落实公平原则,它是州范围内实现教育平等的根本尺度。教师工资补偿部分完全由学区制定,但教师工会作为一个重要的力量参与了补偿工资部分的设计。需要注意的是,补偿工资部分中的许多指标是不断变化的,许多成分无法进入常规预算,大部分学区采用"定向税"(earmarked tax)的方式满足这部分资金需要。因此,理论上学区有充分的自由确定教师补偿工资部分的标准,教师工会和稳定的资金来源才是学区实施这种自由的约束力量。

(三)英国教师工资制度中地区差异的体现方式

英国教育制度的典型特征是英格兰、苏格兰和北爱尔兰拥有各自独立的教育体系和管理制度。本文仅以英格兰和威尔士为例(以下简称英国),说明其教师工资制度的地区差异体现方式。

和美国不同,英国许多类别的公共服务是中央集中供给的,如教育、邮政、电力、交通等都是由中央统一管理的。地方教育局(Local Authorities,LA)并不属于各地方政府,而是英国教育部的地区机构。从行政管理的角度讲,英国是纵向分"条"管理,行政学中称为"郡制"管理。[8]

1. 英国的教师工资结构

在郡制管理的模式下,英格兰和威尔士的教师工资都是由教育部来制定的,也是按教师受教育水平和经验确定教师的工资基准。由于英国实行中央集权的教师工资管理制度,制度要覆盖所有的情况,因此它的工资标准要复杂得多。除教师之外,中小学校长和其他属于管理层的人员有单独的工资制度,并且政府对地方教育局如何评估校长以及根据评估结果给予的工资幅度都做了严格的规定,[9]教师工资制度的二维结构如表2所示。

表2　2012—2013学年英格兰和威尔士教师的工资基点和奖励　　　单位:英镑

	英格兰和威尔士(不含伦敦)		边缘地区		伦敦外围地区		伦敦内部地区	
	A＊	B＊＊	A＊	B＊＊	A＊	B＊＊	A＊	B＊＊
不合格教师								
1	15 817	15 976	16 856	17 025	18 789	18 977	19 893	20 092
2	17 657	17 834	18 695	18 882	20 629	20 836	21 731	21 949
3	19 497	19 692	20 534	20 740	22 470	22 695	23 571	23 807
4	21 336	21 550	22 374	22 598	24 311	24 555	25 410	25 665

（续表）

	英格兰和威尔士（不含伦敦）		边缘地区		伦敦外围地区		伦敦内部地区	
	A*	B**	A*	B**	A*	B**	A*	B**
不合格教师								
5	23 177	23 409	24 213	24 456	26 150	26 412	27 249	27 522
6	25 016	25 267	26 052	26 313	27 992	28 272	29 088	29 379
中等教师								
M1	21 588	21 804	22 626	22 853	25 117	25 369	27 000	27 270
M2	23 295	23 528	24 331	24 575	26 674	26 941	28 408	28 693
M3	25 168	25 420	26 203	26 466	28 325	28 609	29 889	30 188
M4	27 104	27 376	28 146	28 428	30 080	30 381	31 446	31 761
M5	29 240	29 533	30 278	30 581	32 630	32 957	33 865	34 204
M6	31 552	31 868	32 588	32 914	35 116	35 468	36 387	36 751
高级教师								
U1	34 181	34 523	35 218	35 571	37 599	37 975	41 497	41 912
U2	35 447	35 802	36 483	36 848	38 991	39 381	43 536	43 972
U3	36 756	37 124	37 795	38 173	40 433	40 838	45 000	45 450

注:A 是 2012 年工资标准,B 栏是 2013 年 9 月后增加了奖励的工资,合并奖励幅度为 1%。

从 2002 年教育改革法颁布以来,英国教师工资制度改革一直指向绩效奖励(merity－pay)的方向。表现在教师管理上,就是每个学年结束后,要对教师进行绩效评估,根据评估的结果,决定教师是否晋升为 B 档工资。除此之外,和美国一样,英国的教师工资也有津、补贴,以补偿优秀、额外责任的教师。

2. 集权预算制下工资地区差异实现机制

英国教师工资二维结构中有一维就是地区,这从基本结构设计上就体现了地方差异的实现机制。同样水平的教师,在伦敦内部地区的学校工作工资最高。而且,等级越低的教师,其工资水平中的地区差异越大。例如,未达标教师第一档,伦敦内部地区学校教师的工资比其他地区高 25.8%,而到了 M6 档,伦敦内部地区学校教师仅比其他地区高 15.3%。这其实说明了地区差异的实

质是地区生活费用的差异。低等级教师具有更高的保障其基本生活(safe-
guard sum)的需要,所以地区差异就以更高的权重体现在工资结构中,到了更
高级别的教师那里,补偿地区生活成本差异的性质弱化了,地区差异在工资结
构中的权重也随之弱化。

不过,即使在集中预算和集中提供公共服务的体制下,地方政府也有发挥
作用的空间。按照1985年地方政府法,英国的地方政府如垃圾清运、优化市民
生活、扶助弱势群体、旅游开发、公墓和火葬场管理等工作,从功能上类似中国
的"居委会",也可以经授权代为履行中央政府的某些职责,如提供住房的租金
返还和地方税返还、支付某些学生助学金等。[10]因此,教师工资结构中的地方
差异机制还包括地方议会,它可以通过决议,将部分地方政府预算用于支持教
育改革,以支付教师工资结构中与改革有关的工资组成部分。

英国在行政事务上具有长期的集权传统,它说明了无论分权还是集权,教
师工资制度作为行政管理的组成部分和政治体制都没有直接的关系,但集权的
行政管理给制度的适应性提出了技术上的挑战。于是,英国教育与技能部提供
了无比复杂的教师评估、晋升和工资表。

(四) 结语

如何在教师工资结构设计中体现地区差异,英美两个国家从不同的路径给
予了不同答案,丰富了我们对教师工资结构中地区差异机制的认识。

第一,工资地区差异的实质是生活成本的地区差异,无关教师的专业水平
和受教育水平。教师的工资是有结构的,每个构成体现不同的功能,应该有"结
构功能"的概念,不能笼统地争论地区差异是否应该存在,应该将讨论深入到工
资结构中。

第二,分权或者集权的教师工资制度和预算制度有关,但和政治体制没有
直接的关系。英美两国政治体制相同,但教师工资制度反映了两国行政管理体
制和预算体制的差异。

第三,在实施过程和提高适应性方面,政策工具远比政策本身重要。在教
师工资结构设计中所使用的政策工具,体现了行政管理的最新发展和趋势。政
策工具可以立足运行机制,采用标准、认证、仲裁、信息公布等技术,影响人们的

行为选择,从而解决许多社会问题,避免事事都要经历社会阶层的分裂和激励的理念辩论。[11]

参考文献

[1] 杨伟国,文彦疏.国外公共部门绩效薪酬改革:背景、模式与效果[J].国家行政学院学报,2011,(1):123—127.

[2] 李路曲.比较政治分析的逻辑[J].政治学研究,2009,(4):109—117.

[3] OECD, Teacher Matters: Attracting, Retaining and Developing Effective Teachers[R]. Paris:OECD puhlishing,2003:2.

[4] Herhert G. Heneman, III and Steve Kimhall, How to Design New Teacher Salary Structures [R]. The Consortium for Pol-icy Research in Education(CPRE) Group at the University of Wisconsin—Madison,2008.

[5] Eric A. Hanushek, The Single Salary Schedule and OtherIssues of Teacher Pay[J]. Peahody Journal of Education, 2007,82(4):574—586.

[6] Odden, A. , & Wallace, M. Rewarding Teacher Excellence [R]. Madison, WI: University of Wisconsin-Madison, School of Education, Consortium for Policy Research in Education, 2007.

[7] Herhert G. Heneman, Ⅲ and Steve Kimhall, How to Design New Teacher Salary Structures [R]. The Consortium for Pol-icy Research in Education(CPRE) Group at the University of Wisconsin—Madison,2008.

[8] 江依妮.英国集权财政下公共服务供给的分析与启示 [J]. 当代财经,2011,(4):37—45.

[9] Department of Education, School Teachers Pay and Condi-tions Documentand Guidance on School Teachers Pay andConditions (2013) [EB/OL]. http://www. gov. uk/government/uploads/system/uploads/attachment_data/file/271275/13080 6_2013_stpcd_master_final. pdf,[08—21—2014].

[10] 樊玉成. 英国地方政府的法律演变[J]. 中山大学法律 评论,2010,(2):119—150.

［11］Anne Schneider，Helen Ingram，Behavioral Assumption of Policy Tools［J］. Journal of Politics，ol. 52，1990，(2)：510—529.

（本文发表于《比较教育研究》2014 年第 12 期。作者曾晓东、周惠，时属单位为北京师范大学教育经济学研究所）

教师权利与义务

一、德国中小学教师对学生的监管义务

在中国学校实践中,教师面对来自家长和学生的压力日增,尤其是基于学生伤害事实引发的有关教师监管责任的讨论,更是让教师感到无所适从。《教育法》规定,学校有义务维护受教育者的合法权益,应保护学生的身心健康,并保证受教育者对学校和教师侵权行为的申诉和诉讼权("监管义务"的德文原文为"aufsichtspflicht"。其中,"aufsicht"一词可翻译为"监督",也有"监管"之意。考虑到学校和学生之间的特殊关系,为与"国家监督"有所区别,故翻译为"监管"。),《教师法》也规定教师有权制止对学生的侵权行为,[1]但中国至今并未在法律上就中小学校和教师对学生的监管作出具体规定。本文将着重探讨德国中小学教师对学生的监管义务,以期获得启发和借鉴。

(一) 教师对学生承担监管而非监护义务

1. 监护与监管的区别

中小学教师对学生的监管责任首先基于学生作为未成年人的事实,但监管(Aufsicht)并不等同于监护(Vormund)。[2]《德国民法典》监管与监护的主要区别有三:一是设立的目的不同。监护制度为处于特定条件下的特定人群而设立。第1773条第1款规定,"未成年人在未处于父母照顾之下或父母既无权在涉及人身的事务上也无权在涉及财产的事务上代理该未成年人的情形,须有一名监护人"。[3]而监管制度则为确保一般的社会秩序而设立,对主体和对象没有特殊规定。既包含国家对教育和学校的监督,也包含指学校和教师对学生的监管。德国一些州的学校法明确规定学校具有监管义务,另一些州则认为学校的监管义务自然存在,不必专门规定。[4]二是内涵不同。监护权以父母照顾权(ElterlicheSorge)为核心,同时特别强调父母对未成年人的代理。第 1626 条第 1 款规定:"父母有义务和有权利照顾未成年子女。父母照顾权包括对子女的人身照顾和对子女的财产照顾。"第 1631 条第 1 款规定:"人身照顾权特别包括对子女的照料(Pflege)、教育(Erziehung)、照看(Beaufsichtigung)和确定其居所的义务和权利。"学校和教师行使对学生的监管责任肯定不包括代理。即使可能涉及监护中的教育和照看义务,但不会涉及其中的照顾义务。三是责任不同。第 1833 条第 1 款:"监护人主要对因自身过错违背义务而产生的损害向被监护人负责。"第 832 条第 1 款:"监管义务人则主要对受监管人非法施加于第三人的损害负有赔偿义务。"

2. 教师对学生实施监管的含义

《德国基本法》第 7 条第 1 款:"国家对全部学校教育事业予以监督。"[5]各州依据宪法和学校法的相关法条,对国家和学校教育应该承担的使命作出具体的规定。由此确立了德国以公立学校为主体的学校教育制度;同时,也明确了公立学校教师作为州公务员的特殊身份以及教师职务的公职特征。在此背景下来讨论德国中小学教师对学生的监管义务,其法源一目了然。一是宪法的规定性。《德国基本法》第 34 条第 1 句明确规定:"公职人员受委托执行公务时违背了其相对于第三人的应尽职务义务,原则上由国家或其供职的公共服务机构承担责任。"教育行政机关、学校领导和教师同时承担监管义务。[6]不同的是,教育行政机关对整个学校活动承担监督义务,学校领导和教师则直接承担对学生的监管义务。其中,学校领导负责制定和实施监管计划,并指导教师完成监管任务,其目的在于尽可能避免各种损害的发生,亦即避免"组织上的过失"(Organisationsverschulden),而教师所行使的则是"职务义务"(Amtspflicht)。[7]因为是职务义务,违规的教师将可能受到其雇主即各州政府基于劳动和纪律法律法规方面的制裁。二是民法的规定性。《德国民法典》第 839 条第 1 款:"公务员故意或者过失违反其对于第三人应尽的职务义务,应当赔偿第三人因此而产生的损害。仅因公务员的过失造成损害的,只有在受害人不能以其他方式得到赔偿时,始得向公务员要求赔偿。"此款强调不得违背职务义务和不得侵权两个要件,并在肯定教师职务公职行为的前提下,强调了教师违背职务义务时应该承担的民事赔偿责任。这从反面肯定了教师有对学生实施监管的义务。

教师对学生的监管义务包含两层含义。[8]其一,教师有义务使被托付的学生免受损害,确保学生的身心健康和财产安全被视为教师职务义务的重要组成部分。其二,教师有义务避免他人或他者受到学生的侵害。例如,教师有义务或有责任避免学生在庆祝活动中损害当地政府放置在大厅中的三角钢琴。[9]当然,不可过分夸大这种监管义务。一方面,不可将学生看作是必须始终保护或看护的存在,更不可将学生作为无助或危险的存在来看待;另一方面,单纯的警告和命令也是绝对不够的,教师必须始终考虑到意外事情的发生。需要强调的是,即使如此,也不可能要求教师的监管毫无空隙。[10]对于一个接受被托付学生的教师来说,做了一个有责任意识的人该做的一切,就是履行或完成了他的义务。只要教师的行为不必然被归因为不负责任或者违法,或者被归因为不作为,《社会法法典》所规定的学生伤害事故保险和《民法典》所规定的公务员职务责任的法律规定均可以帮助教师免责。根据《社会法法典》的规定,所有普通和职业学校,包括批准设立的替代性私立学校的学生,在上学期间以及在参加直接由学校或者由学校参与组织的课前和课后活动期间发生事故,均享受学生事故保险。学生事故的保险机构分别为地方的事故保险联盟、各州事故保险公司或者两者共同建立的事故保险机构。保险的必要资金由学校举办者按照成本会计中的相应分配办法支付,学生本人无须承担费用。[11]

3. 教师对学生实施监管的内容

德国没有任何一项法律针对教师对学生的监管义务作出具体而详细的规定,但并不排除各州可以针对一般的监管义务作出相关规定,如《黑森州学生监管条例》;[12]也不排除各级政府教育行政部门会针对运动、泳池和郊游等校外活动中的行为颁布有关特殊的保护规定。德国立法者在制定相关法律时,首先是将学生视为未成年人,民法所规定的作为未成年人应该享有的被教育和被照看的权利必须在学校中得到保障。其次是将教师的职务行为理解为公职行为,因此,公务员法所规定的公务员义务,以及民法所规定的侵权责任,都会对教师的监管行为发生法律效力。最后是将学校和教师的监管相结合,因此,两者在监管义务方面并无绝对分野。

有关德国中小学教师对学生的监管内容,在此只能做一般性的描述。因为,教师所面临的情况异常复杂。学生的年龄和认知能力、教学(包括课堂教学)的类型、教学活动进行的空间差异以及当前和可能的危险性等因素,都不能完全在教师的掌控之中,因而无时无刻不在影响着教师对学生的监管。从这个意义上来说,任何法律、法规和规章不可能按照所谓"排他性立法"的技术来具体列举教师监管的职责,只能确立教师在上述情况下可以和应该遵循的基本原则。教师必须制订那些对避免损害来说必要的一切措施,采取一切预防性措施,发布相关的行为命令,并同步对其过程和结果进行监督。至于在个别情况下教师应该做什么,或者应该被允许做什么,则必须根据教师的一般生活经验和特殊经验,以及当时的情况来具体决定。当然,要首先考虑学生的数量、年龄和发育程度,要考虑课程的性质,还要考虑局部的相互关系,以及教师本人对干预可能性的估计情况。德国著名教育法学家阿纹纳里尤斯(H. Avenarius)说:"即使发生一起看起来并无特别危险的事故,从保护不幸者和免除自身责任的角度,教师也应该求教于医生。"[13]

(二) 教师监管义务的界限

德国相关法律法规对教师监管的时空进行了比较明确的界定。例如,《下萨克森州学校法》第 62 条第 1 款规定,"教师有义务照看好在学校内、在学校区域内的公共车站,以及在校外举行的学校活动中的学生。教师的监管还要使小学和初中阶段的学生未经允许不可离开学校的属地"。[14]

1. 教师的监管义务以学校的实际生活为界限

其具体规定性表现在三个方面。其一,教师只对发生在学校以内,以及虽然在学校以外、但在学校组织的活动过程中的学生负有照看义务。它始于上课前的某个时刻,止于下课后的某个时刻。作为公务员,教师有义务在公务上做出与其职务相适应的行为。例如,一位教师在假期自愿参加一个郊游小组并作为负责人的活动,应该属于教师的私人事务。其二,由于"照看"的词义有别于"照管"(fuersorge)和"照料",而且其外延显然大于照管和照顾,因此反而使教师的责任相对减轻。只有在可能的情况下,才要求教师履行监管职责。具体而言,在郊游、课间休息以及分组课等场合,教师不可能同时无处不在。只要教师采取了随机原则,不断变换所处的位置,同时还在注意观察事情的整个过程,从而使学生绝无为心所欲和为所欲为的感觉,就算尽到了自己的义务和责任。其三,规定小学和初中生未经允许不得擅自离开学校,可以在事实上确保教师更好地履行监管职责。至于在个别情况下对教师行为的特殊要求,则要视环境和情况而定,也要视教师的任务而定。另外,由于家庭首先负有对子女实施人际关系基本规则教育的义务,如果上述基础缺失,教师不该对不可预见的学生的错误行为承担责任。

2. 教师对成年学生的监管义务受到大幅限制

《德国民法典》第2条规定:"满18周岁为成年。"由此,教师依照《民法典》第832条的规定作为监督义务人而可能对成年学生所实施的监管责任已经不复存在。成年学生必须对自己负责。同时,源自于各州学校法所保护的学生的自我责任意识,也要求教师只需要向成年学生说明可能存在的危险就已经足够。对成年学生而言,教师可以做的事情只有两点:第一,遵守现行保护性法律法规,制订相应的预防保护措施,避免学生本人的损害;第二,遵守学校规章制度,避免成年学生伤害年幼的学生。从这个意义上来讲,教师此时行使的与其说是监管,还不如说是教育和管理。

3. 教师的监管义务可以委托给他人

德国的学校法律并不禁止教师将监管义务委托给他人。根据《下萨克森州学校法》第62条第2款,可以将监管职责托付给合适的学校员工,如学校助工和合适的家长。同样,如果教育权的行使者同意的话,也适用于学生。假如教师必须暂时离开自己的学生,则必须将其委托给可以信赖的人加以监管,如其他教师、房主或合适的学生。他本人则对上述选择承担责任。至于是否能够通过委托他人的办法而减轻自身的监管义务,则要依据具体的个别情况作出回答。例如,为了强化对郊游的支持和管理而让学生家长参加活动,要求年长的学生在休息期间协助承担监管责任,则教师所承担的责任显然会因此有所减轻,但也绝非完全被豁免。

(三) 具体情境中的教师监管义务

20世纪60、70年代以后,德国司法界和法学界开始关注一直被忽视的学校法问题,并出现了大量的相关司法判决和出版物。同时,学校法的立法工作也成为议会和政府管理机构的日常工作。从散见于联邦和州层面的相关判决及其汇编中,可以归纳出如下几种情况。

1. 课堂教学中的监管

绝不允许出现教师在课堂教学过程中的失职或未尽监管之职的现象。虽然教师并不需要始终注视整个班级,也可以在关注某个学生或某几个学生的同时,让其他学生自主活动,但根据《1985 年 12 月 30 日各州文化部长会议有关自然科学课程安全问题基本方针的建议》,[15] 在那些可能有危险的课程,尤其是自然科学课程中,教师要尽到特殊的注意义务。

绝不允许教师在课堂教学过程中因私擅自离开教室。教师只有在突然生病和类似的紧急情况下才可以放弃监管离开班级。至于教师是否可以因紧急的公务原因离开教室,则要特别视学生的行为举止以及班级组成等情况,做出具体的判断和评价。对此,教师自己享有决定权,并由此承担相应的责任。校长不可剥夺教师的责权。如果教师要将班级托付给一个同学监管,则必须首先肯定,他可以很好地对自己的同学履行自己的职责,比较恰当的做法应该是再请求一位同事帮助照管班级。

原则上允许将一位正在捣乱的学生逐出课堂。[16] 在此需要考虑的是,如果让该生继续留在课堂,他是否可能在缺乏监管的情况下造成或酿成更大的危害。更好的做法是将学生直接送回家。[17] 这不仅符合宪法确立的确保个体发展的基本精神,也符合义务教育的特点。根据《基本法》第 2 条第 1 款的规定:"在不损害他人权利,不违背宪法秩序或道德准则的前提下,每个公民都有权自由发展其人格。"义务教育要求亲自在场和参与,谁破坏了教学,也就违反了义务教育的规定,并阻碍了教师完成的正常教育和教学任务,因此,不可能允许学生无视规则,也不可能允许家长以教育权行使者的身份向学校提出让其子女继续留班的请求。当然,如果提前离校会使儿童在回家的路上遇到特别的危险,或者确信该儿童在家也不可能得到监管,则教师不可以随意将一个需要照顾的儿童遣送回家。

假如教师依据家长的申请批准一个未成年学生短期从学校告假,则该教师在该儿童缺席期间被免除监管责任。据《新法学周报》(NJW)1990 年第 913 期报道,施勒斯威希州立高等法院曾就一起刑事性质的事件作决定。某人给学校打电话,冒充一个 8 岁女生的家长,为该女生请假,理由是家里有一个重要人物突然来访。学校教师因此决定准假一至两个小时,并陪同该女生到学校教学楼的出口处。在离校园几米外的地方,该女生遭到劫持。为解救自己的孩子,被勒索的家长付给了高额的赎金。孩子获释后,家长以违反职务义务为由,要求州政府负责赔偿赎金总额的绝大部分。赔偿诉求被法院以毫无根据的理由驳回,因为在上述准假的具体情况下,没有看到学校公职人员有违反职务义务的行为发生。对自主学习中的学生,教师只需实施使之感到自己并非完全失控的适当监管。如果学生在完成上述任务的过程中自己发生事故,或者学生导致了他人的伤害,绝不可以随便指责或怪罪教师。

2. 上学和放学路上、校内以及休息时间的监管

学生上学和放学的路上,原则上不属于学校的监管范围。如果学生搭乘校车,则学校举办者承担监管责任。当然,这是以学校举办者承担了乘运学生之义务为前提。当学生屡次危害安全时,学校举办者有权暂时取消其乘运的资格。

学校的监管责任以学校地产范围为限,始于和结束于课前和课后的某个特定时刻。学生提前进入学校范围,学校的监管责任则随之产生。学生课前进入校园和教室,学校监管责任也随即产生,并由一位主管的教师负责对每层楼实施监管。放学之后,学校必须检查和清理校舍,最后离开教室的教师应该履行锁门的责任。

根据德国的司法实践,校园内和校舍内的休息时间,始终不可有让学生知道其失控的监管漏洞。担负监管责任的教师不可同时还承担阻碍其履行此义务的其他义务。[18]在需要多名教师对课间活动场所实施监管的情况下,却只派了一位监管教师,则校长负有违反职务义务的过错责任。[19]除非特殊情况,不允许单个学生在课间操时滞留教室,学生不可以在课间擅自离开校园。但此禁令并不适用于中等教育第二阶段的学生。[20]成年学生可以不经特殊许可而在休息时间(课间)或者其他非上课时间离开校园。

3. 体育活动、上课途中、郊游和参观活动中的监管

根据司法实践中的相关判例,[21]德国中小学体育课适用于特殊的监管原则。要求体育教师随时检查器材、体操馆和运动场的状况,并针对每一个项目

发出明确的指令。在体操课上有必要采取相应的安全措施,如软垫和辅助动作等;在游泳课中,也应该有相应的行为准则。教师必须事先了解并知晓游泳池的状况以及可能存在或发生的危险。教师必须确定,哪些学生能够或不能够游泳,并避免有心脏病的学生入池游泳。另外,让学生入池和游泳的教师自己必须会游泳和实施救护,必须时刻准备游泳和实施救护。游泳课结束后,教师还必须再次确认,所有学生已经离开泳池。

在学校与体育场馆之间,也需要对学生实施监管。教师原则上必须将整个班级全体领到体育场馆,并且全体带回学校。如果不可能这样,比如,体育教师必须继续留在体育场馆接着上下一个班级的体育课,则年长的学生可以单独走完回程。如果体育课是在运动场馆开始和结束,可以约定学生到体育场馆或游泳场馆,并就地解散。上述规定同样也适用于下午放学以后的附加体育课或游戏课。

参与学校组织的郊游活动以及在校外修养教学基地的活动等均属于教师的职务义务。在此之前,必须对学生进行体检。每位教师要尽可能事前做好准备,包括急救方面的知识。在多天的校外旅行或者校外修养教学基地停留过程中,是否可以允许年龄比较长的学生离队自由活动,则要根据对实际的义务和责任的判断来决定。必须给予成年学生一个自由和没有监管的活动领域,而对于未成年学生而言,则建议在活动开始之前由其家长出具一份书面的同意书。如果在郊游中要游泳,无论如何事前要获得家长的书面同意。比如,根据科隆州立高等法院的判决,凡到湖泊去游玩,均需要家长的书面确认。[22]在通过搭乘公共汽车或火车进行的旅行活动中,教师有义务对学生进行有关搭乘运输方面的规则教育,并监督学生遵守相关规则。

上述有关郊游的种种原则同样适用于参观建筑物、博物馆和企业的活动。被参观机构的领导对自身建筑、机械和设备仪器的正常运转和安全承担责任。[23]凡被允许参观的企业,不可以以与教师和学校校长的协议为由而免责。无论教师还是校长,均无权授权企业做出上述弃责声明。

4. 学校庆典活动中以及举行学生代表大会时的监管

在学校的各种庆典活动中,教师应该以适当的方式使学生处于自己的监管之下。还适用于那些具有群体性特征的庆典活动,如舞会或迪斯科舞会等。校长对监管的组织负责。上述监管义务只针对在校生,不涉及家长和校友。

举行学生代表大会是学校活动,由学校承担责任,应该根据参加学生的年龄和成熟程度对此种活动的类型和范围进行分级。如果上述活动在校外或者上学时间以外举行,学校的监管义务被免除。但上述原则并不适用于那些与学生代表大会并无关系的各种活动,如某个学生团体的集会。据此,应该在学校内免费为学生团体课外活动提供场所,同时应该确保教师的监管。[24]

(四) 余论

在中国,师生人身权法律纠纷日益增长,人们普遍关心如何免责的问题。免责的前提是明确责任,尤其是教师相对于学生的监管责任。德国的做法无疑为我们提供了借鉴。需要说明的是,基于德国教育和学校制度的特点,本文仅讨论了公立中小学教师的监管义务。在德国这样一个虽然以公立学校为主、但非公立学校却不断发展的国家里,如果非公立学校的教师不具备公务员身份,其监管义务的法律依据究竟何在?其性质又将如何改变?这些问题,其实很值得德国同行去研究,也值得我们继续关注。

参考文献

[1]《中华人民共和国教育法》,第 29 条、第 44 条和第 42 条。

[2]《中华人民共和国教师法》,第 9 条。

[3]《德同民法典》(修订本),郑冲、贾红梅译. 法律出版社,2001,417.

[4] http://www. weisser-ring. delbundesgeschaeftsstelle/aktuell/publikationen /broschueren/das_ist_doch_k_ein_kinderspiel/wr_kinderspiel. pdf. 2004—11—01.

[5] Grundgesetz fuer Bundesrepuhlik Deutschland vom 23. Mai 1949 (BGBl. S. 1).

[6] Juergen Staupe. Schulrecht von A-Z. 5. , Auflage, Muenchen: Deutscher Taschenhuch Verlage GmhH &Co. KG, 2001. S. 18.

[7] http//www. wissensschule. de/download/forum/schulshop_forum_

1238_aufsichtspflicht_schulen. pdf. 2002－04－06.

[8][17] H. Avenarius/H. Heckel：Schulrechtskunde. 7. Neuhearbeitete Auflage. Neuwied：Hermann Luchterhand Verlag GmbH, 2000, S. 385, S. 388.

[9] Hamm, SPE n. F. 138 Nr. lO.

[10] Karlsrule, SPE Ⅱ HIS. 301.

[11] 2. Abs. 1 Nr. 8 Buchst. b, 114 Abs. 1 Nr. 6－7, 128 Abs. 1 Nr. l, 3, 116 Abs. 1 Satz 2, 129 Abs. 1 Nr. l, 136 Abs. 3 Nr. 3, 150 Abs. 1, 152, 136 Abs. 3 Nr. 3 SGB Ⅶ.

[12] Hess VO Ueher die Aufsicht ueber Schueler vom 28. 3. 1985, ABL. S. 185.

[13] 同 9, S. 386.

[14] 62 Abs. 1Niedersaechsisches Schulgesetz in der Fassung vom 3. Maerz 1998. (Nds. GVB I. Nr. 9, S. 1 lO).

[15] Die Empfehlung der KMK fuer Richtlinien zur 5icherhpit im naturwissensehaftlichen Unterricht vom 30. 12. 1985 KMK－BeschIS. N r. 616.

[16] OLG Stuttgart SPE VI F 1S. 201.

[18] Die Entscheidungen in der SPE Ⅵ F I S. lff. und in der SPE n. F. 140.

[19] OLG Celle, SPE n. F. 140 Nr. 7.

[20] 62 Abs . l 5atz 2 NSchG, 14 Ahs. 4 Satz 2 saarl ASrhO.

[21] JDie Entseheidungen in der SPE Ⅵ F 1 5. 1ff.

[22] OLG Koeln, SPE n. F. 138 Nr. l 1.

[23] Zur Aufsichtspflicht eines Untemehmenrs hei einem Betriebspraktikum ArhG Hagen, SPE VI FIII S. 11.

[24] 117 Ahs. 2 Satz 1, 36 Ahs. 2 sh SchulG.

（本文发表于《比较教育研究》2006 年第 12 期。作者胡劲松，时属单位为华南师范大学教育科学学院）

二、论美国教师的体罚权及其法律监督

体罚的意义不仅是纠正未成年学生的不良行为、维护校园秩序,还可以达到发展人性、健全人格的目的。这一命题具有超越各种文化的普适性。美国在立法上认定体罚权为学校的管教权力,但将超越合法限度的体罚措施视为严重侵害未成年人权利的违法行为。早在140多年前,新泽西州就立法禁止实施严重影响学生人格发展、未来升学的体罚。20世纪70年代以来,学生权利保障日益受到重视,美国体罚权制度正在经历着重大而深刻的变革。

本文以美国的教育实践为中心,探讨体罚权制度在美国的历史发展,具体考察其内容、功能和问题,力图勾勒出美国关于体罚权及其法律监督的完整图象。

(一) 体罚权的内涵和特征

1. 体罚权的内涵

根据美国宪法第十修正案的意旨,体罚的决定权属于州政府。由于地方立法无法涵盖所有管教事项,所以州政府往往授予地方学区教育机构很大的体罚裁量权。因此实践上,是由州政府和学区来主导体罚权的实施,联邦政府和法院一般予以尊重和承认。[1]体罚权的内涵大致分为如下三种。第一种是"狭义说",是指直接接触学生身体,使之产生暂时性痛苦和伤害的管教措施,如打手心、掌掴、踹踢、鞭笞等。"狭义说"为弗吉尼亚州等一些地方的立法所采取。[2]

第二种是"广义说",是指直接或间接接触学生身体,导致学生身体产生暂时性痛苦、不适的管教措施。间接性身体接触是指对学生人身自由的强制约束,如维持特定姿势、强迫过度激烈运动、强迫过度从事特定行为等。"广义说"是以造成学生的身体性痛苦作为界定标准,居于学界和实务界的通说地位。[3]

第三种是"最广义说",是指引起学生身体上的不适和痛苦,或者心理压力和精神负担的管教措施。其最大的特色在于将造成学生精神痛苦的动作性羞辱也列入体罚,例如用胶布封嘴、迫使学生闻尿味、强迫抽雪茄等。"最广义说"由学者提出,并为少数地方法院所采纳。[4]

2. 体罚权的特征

教师的体罚权在性质上被视为是父母惩戒权的转移。[5]依据英美法系的"代理父母说",学生一旦被送入校园,其父母基于血缘关系所享有的体罚权即被转移给校方。校方接受家长的委托,处于代理家长的地位,负有体罚的权力和职责。这种体罚权具有下述特征:

第一,该体罚权在范围上比父母对子女的体罚权狭小。这是因为,学校的"代理父母权"不得缩减教育行政机关对公民应尽的责任,不得侵害学生的人身权利。1976 年"匹查案"中,[6]佛罗里达州的一名教师对拒绝在早晨向国旗敬礼的中学生施予体罚,并强迫其敬礼。受罚学生不服,诉至地方法院。法院判决认为,父母有权基于血缘关系,通过体罚强制子女向国旗敬礼。但是,学校并不享有等同于父母的管教权力,若通过体罚强制学生向国旗敬礼,就违反了宪法第一修正案的言论、宗教自由权。

第二,该体罚权来源于法律的强制授权,并不需要经过父母的授权或者许可。除加州之外,大多数州的教育法明确授权学校可以在未经父母同意的情况下实施体罚。1975 年"贝克尔案"中,[7]学生家长主张某中学教师不顾家长反对而对其子女实施体罚,侵害了该未成年人的权利。地方法院判决认为,如果学区和学校具有比父母更加重要的管教利益,州政府就有权向学校授予体罚权。1980 年"奥尔案"[8]中,第四巡回法院判决认为,只要州政府授权学校实施体罚,即使父母单方面表示反对,也不影响学校行使对其子女的体罚权。

第三,学校和教师对超越合理限度的体罚不享有免责权。体罚权并非学校的护身符,一旦体罚超出合理范围构成"过当惩罚",学校和相关教师必须承担滥用职权的违法责任。1987 年"加西亚案"中,[9]一名 9 岁的女生被教师多次倒吊并殴打,造成身体多处受伤。医院鉴定认为依据该学生的受伤程度,教师的行为已构成虐待。学生家长诉至法院,第十巡回上诉法院判决原告胜诉。法院认为,一旦查明体罚不属于"合理且必要"的情况,教师和学校就要受到严厉的法律制裁,包括追究"民事故意侵权责任"、"刑事犯罪责任"和"违反教师伦理的责任"。

(二) 体罚对促使学生服从管教的必要性

体罚权作为一种最严厉的惩戒权,校方应尽量避免实施,最好备而不用。只有当体罚确实是维持校园秩序、实现教育目的所必需,而且没有对学生的人格发展、未来升学造成严重的负面影响时,学校才能选择实施体罚。衡量"体罚对促使学生服从管教的必要性"是一项高度困难的任务,需要考虑到社会价值、历史文化、公众心理等社会背景因素,其判断结果会随着时代的发展而不断调整和变化。

20 世纪 70 年代以前,由于受到"勤教严管"传统观念的影响,美国公众普遍认可体罚对父母和教师树立威严、促使学生改错和反省的功能。学校认为确有必要,便可自主决定是否采取体罚来管教学生,立法和法院一般采取尊重而不干涉的态度。

但是,20 世纪 70 年代以后,禁止校园体罚运动的呼声渐高,体罚权存在的必要性遭到越来越多的质疑和否定。[10] 有人指出,中小学班级的学生人数较少,课堂秩序容易控制,教师并不是非得动用体罚才能维持秩序。还有学者指责体罚就像是一种变相的"以暴制暴"的手段,缺乏对违纪学生的人性关怀和道德感化,无法促进其人格的健全发展。20 世纪 80 年代起,体罚率逐年下降。1987 年,全美教育协会、律师协会等数十个社会团体共同发起成立了"全国废除校园体罚联盟"。在 1997、1998 年间,倡导以"修复式正义"的新管教方式替代体罚的潮流在美国兴起,体罚率更是随之陡降。[11]

这样的社会背景下,尽管法律仍然承认体罚权是一项重要的管教手段,但是体罚权的适用不断缩限,关于"体罚对促使学生服从管教的必要性"的判断大致分为两种观点。

1. 否定说

该观点完全否定体罚对促使学生服从管教的必要性,不承认体罚属于合法的管教手段。截至 2006 年,美国北部、中西部 29 个州制定了禁止体罚的法律。另有 8 个州虽未禁止体罚,但是州内超过半数的学区均已自行规定禁止体罚。[12]例如,罗德艾兰州政府虽未禁止体罚,但是州内所有学区都规定禁止体罚。2007 年,全美前 100 个大学区中已有 94 个学区禁止体罚。

学校出于管教学生、维持校园秩序的需要,不可能完全排除使用身体强制措施。因此在采取"否定"说的各州,体罚权事实上还是在一定合理范围内变相地存在。以新泽西州为例,"新泽西永久法令"第 18 条允许学校和教师在"必要的情形"下,对学生采取身体强制手段。"必要的情形"包括:保护教师和其他学生的人身财产安全;制止学生的斗殴;从学生身上夺取武器或者其他危险物品;防止学生伤害自己;教师自我防卫。

2. 肯定说

该观点认可体罚对促使学生服从管教的必要性,将体罚视为一项合法的管教手段,但是严格限制体罚权的适用,仅允许学校在不得已时才可实施体罚。采取肯定说的是美国联邦政府和法院,以及南部、东南部的 23 个州。

例如,联邦政府先后出台 1981 年"教师保护法"、2002 年"联邦中小学教育法",承认教师、校长、教育机构等有权为了维持秩序采取合理的体罚。只要不属于鲁莽行使或者涉及刑事不法,体罚行为就合法、免责。但是,体罚不应是惩戒学生的最初手段,只有在用尽其他方法仍无法达到教育效果之后,才能使用体罚。

(三) 体罚权的合法性标准

法院在审理学生遭受体罚侵害的案件时,一般是从宪法修正案出发,依据宪法第八修正案的"禁止残酷而异常的处罚",对体罚进行实体合法性审查。同时,依据宪法第十四修正案的"正当的法律程序",对体罚进行程序合法性审查。

1. 实体合法性标准

美国宪法第八修正案规定:"不得向公民处以残酷而异常的惩罚。"体罚一旦在实体内容上过于暴力和激烈,就属于宪法第八修正案禁止的"残酷而异常的处罚"。法院设立了两项审查标准,对体罚是否构成"残酷而异常"进行审查,[13]分别为善意原则和合理原则。

（1）"善意原则"是指体罚只能以管教、帮助学生作为唯一目的，不得恶意、无正当理由地实施体罚。"加西亚案"中，法院认为体罚的目的只能是维持良好的学习气氛和校园秩序；动用体罚的教师如果夹杂着个人对学生的敌意、愤怒或恨意的情绪，或者恶意报复和虐待学生的目的，那么体罚都被视为违法。

（2）"合理原则"是指教师体罚学生不能逾越合理和仁慈的范围。法院在审查时，一般是从"体罚手段与管教目的之间的相当性"，"学生受伤害的严重性"两个方面加以考虑。

第一，"体罚手段与管教目的之间的相当性"是指体罚的处罚强度与学生的违纪情节之间应当保持均衡，避免体罚逾越合理界限，为了纠正轻微的违纪行为而造成严重侵害学生权利的后果。2000年"尼尔案"中，[14]乔治亚州某校中学生持链条锁与同学发生互殴，被教师制止。教师和校长随即用链条锁对他进行体罚以示"公平"，结果造成该生左眼受伤。法院判决认定学校的体罚过当，已经构成对学生的身体伤害。法院在判决书中列举出判断体罚是否合理的因素如下：学生的违纪情节，包括犯错行为的严重性、学生违纪的动机、违纪行为对其他学生的影响程度；体罚所使用的工具是否足以造成虐待学生的危险。

第二，"学生受伤害的严重性"是指体罚对学生造成的伤害程度。2003年"科特兰德案"中，[15]一位高中生由于违反校规而被校长用金属条殴打，造成学生头部肿胀和疼痛。学生因而诉至法院。第十一巡回上诉法院判决原告胜诉。法院在判决书中对"学生伤害的严重性"进行阐明，法院以罚站为例，认为学生在教室内、大庭广众之下或寒风刺骨中等不同场所罚站，对于被处罚者的身体伤害效果就会有所不同。因此，确定体罚对学生造成的伤害，需要顾及到个别学生的可承受能力，考虑年龄、体型、性别、受罚场所、肢体残疾情况、身心发展状况等因素。

2. 程序合法性标准

美国宪法第十四修正案规定："政府不得在未经正当程序的情况下，剥夺公民的生命、自由和财产。"该条款隐含对学生"身体免受强制的自由权"的保障，因此学校的体罚权受到"正当的法律程序"条款的规范。[16]法院要求学校制订纪律管理的校规，以及实施体罚时都必须秉持程序公平的原则，给予受罚学生最基本的正当程序保障。一旦体罚的实施未能满足"正当的法律程序"，就会违法。关于体罚程序是否符合最基本的"正当法律程序",有四项判断标准。

（1）"事先告知"。美国教师体罚权及其法律监督的实践背后,学生必须事先清楚地知晓何种违纪行为有可能遭到体罚。例如西弗吉尼亚州教育法规定,学校应当事先规范和公布惩戒规范,将导致体罚的违纪事项明确告知学生及其家长。如果学生在事先不知情的情况下受到体罚,学校在体罚之后才订立罚责溯及既往,那么这种处罚违法无效。不过,法院往往要求学校对学生体罚的违规事项应当明确,不得笼统规定为"不当行为"、"行为有害于学校利益"等事由。如果体罚的规定过于模糊,法院将以"过于空泛"为理由,判决校规违法无效,并撤销体罚。[17]

（2）"说明理由,并听取答辩和陈述意见"。在体罚实施前,学校应向学生说明体罚的事实、规范依据,并应给予学生答辩和陈述意见的机会,如举办非正式的听证会,借此了解学生方面的态度。如俄亥俄州克里夫兰学区的纪律规范指出,学校和教师应当向受罚学生告知理由,并且提供机会让学生说明或者解释自己的行为。如果学生在未被告知处罚理由、也未被听取答辩和陈述意见的情况下受到体罚,那么这种体罚违法无效。[18]

（3）"体罚记录"。为了对学生负责以及保护教师、校长以及行政人员,任何对学生所采取的管教行动都必须记录下来。如得克萨斯州教育法规定,体罚记录应包括学生的姓名、事件发生的日期、不当行为的类型、体罚和管教措施、学生及其家长或监护人的反应。在审理体罚的合法性时,这项纪录就成为法院的唯一事实认定依据。[19]根据"案卷排他原则",如果学校没有制作体罚纪录,或者体罚纪录对一些关键事实记载不清,法院就会认定学生违纪的事实没有达到"清楚和令人确信"标准,因而学校的体罚决定缺乏实质证据的支持。在此情况下,体罚违法无效。

（4）"禁止教师单独实施体罚"。在实施体罚时,应当有体罚者之外的其他教职工在场作为证人。[20]如俄亥俄州教育法规定,必须有至少一位教职员工在场作证的情况下,教师才能实施体罚。如果教师单独实施体罚,那么法院将判决撤销体罚。

美国教师体罚权及其法律监督的实践背后,蕴含着当代教育理念的变革,以及对学生权利与教育行政权力进行再调整的社会背景。当我国思考如何构建更有效地适应教育管理需要的体罚权制度时,美国的成熟做法可提供有益的参考。

参考文献

［1］Friedman,J. S(. 2002). Andy's Right to Privacy in Grading and the Falvo Versus Owasso Puclic Schools Case［M］. Clearing House,76(2). Washington.

［2］See Code of Virginia 22［Z］. 1~279. 1.

［3］Corporal Punishment in Schools:A Position Paper of the Society for Adolescent Medicine［J］. Journal of AdolescentHealth: 1992; 13:240~246.

［4］Hasenfus v. Lajeunesse 175 F. 3d 68(1st Cir. 1999).

［5］Encyclopedia of Everyday Law: Discipline and Punishment. Retrieved March 18,2007［EB/OL］http://law. enotes. com/ev-eryday-law-encyclopedi-a/discipline-and-punishment,［2010—06—02］.

［6］Picha v. Wielgos,410 F. Supp. 1214(1976).

［7］Baker v. Owen,395 F. Supp. 294(M. D. N. C. 1975).

［8］Hall v. Tawney,621 F. 2d 607(4th Cir. 1980).

［9］Garcia v. Miera,817 F. 2nd 650(l0th Cir. 1987).

［10］The Right to Protection from Corporal Punishment and Other Cruel or Degrading Forms of Punishmen(articles 19,28(2)and 37,inter alia)［M］. General Comment No. 8(2006).

［11］World Corporal Punishment Research. Retrieved March 17,2007, ［EB/OL］http://www. corpun. com,［2010—06—02］.

［12］Belinda Hopkins (2004). Just Schools［M］. Jessica Kingsley Publishers, p. 157,pp. 187—189.

［13］Eighth Amendment-Corporal Punishment［J］. The Journal of Criminal Law and Criminology (1973 —), Vol. 68, No. 4 (Dec. , 1977), pp. 634—642.

［14］Neal v. Fulton County Board of Education, 229 F. 3d 1069; U. S. App(. 2000).

［15］Kirkland v. Greene County Board Of Education, No. 03－10583 (11th Cir. 2003).

［16］Goss v. Lopez 419U. S. 565(1975).

［17］Essex, N. L(. 2005). School Law and the Public Schools— A Practical Guide for Educational Leaders(3rd ed.)［M］. Boston: Allyn & Bacon.

［18］Kirkland v. Greene County Board Of Education, No. 03－10583 (11th Cir. 2003).

［19］Jamin, B. R(. 2003). We the Students: Supreme Court Decisions for and about Students(2nd ed.)［M］. Washington, DC: CQ Press.

［20］McCarthy, (1998). Public School Law—Teacher's and Student's Rights［M］. Boston: Allyn and Bacon.

（本文发表于《比较教育研究》2011 年第 3 期。作者吴亮,时属单位为华东理工大学法学院）

三、教师参与课程发展:权与责

课程发展,严格来说是一个舶来词,即英语 Curriculum development。对这一英语概念的理解,可谓仁者见仁,智者见智,如"课程编制"、"课程开发"、"课程研制"、"课程发展"等等不一而足。综观这些概念,本文采用"课程发展"一说,因为"课程编制"、"课程开发"、"课程研制"都只涉及了课程发展的某一环节,而"课程发展"从两个角度全面地概括了课程发展的实质:一是从宏观角度,指课程由远及近、由古到今的历史发展;二是从微观角度,指课程从研究、编制到实施、评价以至反馈、修订、完善,是循环往复的发展。[1]换言之,课程是一个鲜活的动态过程,不是一种已经设计好的细致、周到、可取之即用的实施方案。在这个过程中,教师要全方位地、积极地、主动地参与。教师参与课程发展有权力的享有和权力的行使亦即责任的承担两方面问题。本文即从这两方面作一探析。

(一) 教师参与课程发展:权力享有的必然性

1. 教育改革和课程改革的结果

教育改革者们越来越认识到,如果教师束缚于教条,他们的学生不会变成有创造性和批判性的思考者。卡耐基教学专业工作组 1986 年出版的报告认为教师不是改革的客体,教师应该成为改革的主人。经济合作和发展组织也于1990 年作出这样的结论:教师处于教育过程的中心。教育作为一个整体——或是为了文化传递,为了社会团结和公正;或是为了人类才智的开发——其重要性越大,对教育负责的教师就必须被赋予更重要的地位。[2]

　　20 世纪 70 年代以前,欧美的课程改革一直受"学科结构教条"主导,专家、学者成为课程改革的控制者,课程发展形成由政府、专家、学者主控的"自上而下"的模式。这种模式从本质上来说源于科学主义的课程范式,它把课程发展看成一个工业生产流程式的线性过程:研究开发新产品(即课程)——试验新产品(教师实施新课程)——推广新产品(传播课程材料)。这一过程服务于理性与效率,忽视了课程发展的连续性,尤其是忽视了教育情景的复杂性以及教师理解课程意图的重要性。因此从 20 世纪 70 年代开始大多数经济合作和发展组织的国家开始重新思考学科结构课程运动,在这个反思过程中,改革者们重新审视了教师对课程发展的参与。如美国的课程改革在 20 世纪 60、70 年代总的来说受控于专家、学者。这些专家、学者力求把精确而严密并达到一定智力标准的分科课程融入美国整体课程之中。这些课程改革行动,如"物理科学研究委员会"、"生物科学课程研究"以及很多取名为"新数学"(new maths)的改革行动得到了美国社会各界广泛的认可。然而,这一改革浪潮随后便开始衰退。到了 20 世纪 90 年代,这些课程改革项目只在相应的领域占有很小的比例。这种衰退被大多数人认为与课程改革的"自上而下"的模式有关。"自上而下"的模式使教师没有机会从学术上分担改革带头者的使命,因此教师暗地里拒绝接受课程改革,从而阻碍了这些改革取得进一步发展。[3]英国课程理论专家斯滕豪斯 1983 年在其《权力、教育和解放》一书中指出,教师的自主权力是课程改进和更新的基础。他拒斥泰勒的"目标模式",主张教师参与课程变革的"过程模式",让专业发展和课程发展成为同一事业(即课程改革)的两部分。[4]总之,20 世纪 80 年代中期以来,美国、大多数西欧国家以及澳大利亚等国的教师开始在课程上被赋予更大的自主权。

　　2. 教师角色更新的结果

　　长期以来,教师的角色被定位于"教书工匠"、"教学机器",这种陈见使人们对教师在课程发展中的地位视而不见。教师的角色随着教育改革的推进得到了不断的更新,为教师在课程发展中谋得了一席之地。教师角色的更新主要表现为两个方面:

　　一是教师从非专业人员向专业人员的角色转换。教学是否是专业、教师是否是专业人员是一个争论已久的问题,但教师专业化已逐渐在世界各国展开,教师作为专业人员的角色也逐渐得到认可。1966年,联合国教科文组织《关于教师地位的建议》指出:"应把教学视为专业的职业。"[5]自此,教师专业化逐渐成为人们关注教师教育问题的焦点之一。特别是20世纪80年代中期以来,教师专业化发展受到欧美国家的高度重视。1986年美国霍姆斯小组、卡耐基教学专业工作组提交的两个报告,把教师专业化的增强视为教育质量提高的前提,从而使美国教师教育改革走上一条以专业化促教师发展的道路。至今,美国"几乎所有的教育改革政策都是为了直接或间接地影响教师的专业能力"。[6]在这场以促进教师专业发展、让教师成为专业人员为目的的教师专业化运动中,"赋权予教师"引起了人们的普遍关注。"赋权予教师"的重要内容之一,就是创设专业化的学校环境,并给予教师相当的专业自主权,教师的专业自主权就包括有课程决策的权力。[7]

二是教师从非研究者向研究者的角色转换。以往,只有大学教授、教育领域的专家、学者等专业科研人员被认为是教育研究者。但自20世纪70年代以来,欧美各国兴起了"教师成为研究者"的运动,及至80年代中期,这场国际化运动迎来了发展的辉煌时代。在这场运动中,一些研究者纷纷指出教师作为"反思的实践者"通过实践进行反思和研究的重要意义。如斯滕豪斯指出课程的研究和发展是教师的责任,教师的工作不仅要被研究,而且要由教师自己来研究。[8]教师的教育研究不像专业科研人员那样恪守严格的研究规范和操作程序,而是基于客观现实条件的行动研究。"行动研究"是"为了弄清现场面临问题的实质,引出用以改善事态的行动,由现场人员和研究者协同进行调查研究"。其最直接的目的在于改善实践,其核心是"反思"。[9]教师作为研究者、作为反思的实践者的新的角色要求教师改变以往理论的被动接受者和机械传递者角色,而成为理论的创设者和发展者;而且,正是英国课程改革运动本身使"教师成为研究者"这一理念得到普及。因此,教师的研究者身份也决定了教师有权参与课程发展。

3. 学生学习和发展的需要

课程发展的根本目的是为了使课程达到最优化,从而服务于学生学习、促进学生的发展。课程的最优化仅仅依靠政府、专家、学者主导的"自上而下"的模式显然是办不到的。因为政府官员及专家学者是官方课程的代言人,尽管他们能保证课程决策的严密性、科学性，能保证课程体现社会对公民基本素质的要求以及对学生的最低要求，然而，他们远离教学第一线，缺乏实践的直接经验特别是缺乏对学生的了解。正如所罗门所说，这种"自上而下"的课程改革注定要失败。[10]

作为制约课程的"三大要素"之一，学生与课程的设计、决策及实施、评价有着密切的联系。学生身心发展水平、接受能力、既有知识的基础。学生的兴趣和需要以及学生的学习态度、抱负等是课程发展的重要影响因素，只有充分考虑了这些因素，课程发展才能走上良性循环的道路。教师作为课程发展的直接参与者，是联系课程与学生的纽带。教师主动参与课程发展，而不是受制于课程的条条款款，可以使教师充分关爱学生，从而清楚地了解学生的兴趣、爱好及接受能力等。英国的奈亚斯认为英国国家课程的繁文缛节导致了小学教师很深的失落感和"丧亲之痛"，他们再也没有时间以他们认为重要的方式去关心和考虑孩子们的个人情况。[11]美国的阿普尔也指出，教师必须服从既定的课程所提出的细致入微、按部就班的要求，这种倾向使教师难以分身以他们喜爱的方式去关心不同的孩子。[12]因此，只有让教师主动参与课程发展，从而清楚地了解什么样的课程最适合学生，才能消除学生对课程的排斥心理，使课程的科学性和可行性相统一，从而促成课程的最优化。

(二) 教师参与课程发展：职责的履行

基于上文对教师参与课程发展权力享有的必然性的分析，下面本文拟从课程发展的微观层面，结合我国目前正在进行的基础教育课程改革，对教师行使自己权力，同时也是履行自己职责的途径作一探讨。教师对课程发展的参与主要通过以下三个环节。

1. 课程设计与决策

由于划分依据的不同，课程结构的分类很多。我国目前基础教育课程改革根据制定课程主体的不同，提出了包括国家、地方和学校三种课程类型的课程结构。教师参与这三种课程的设计与决策的途径各不相同。

国家课程是国家最高教育行政机构或其委托代理者制定的各门必修课（或称核心课程），按照学科结构来确定学生所要学习的内容。这些知识内容"反映了人类的集体智慧,代表了人类的文化遗产",[13]是培养学生科学文化素质必备的基础性的知识和技能。国家课程承担着指明整个国家的教育目标和方向的重任,因此对国家课程的设计与决策显然不是一线教师所能胜任的,但这并不意味着教师对国家课程的设计和决策没有丝毫发言权。相反,由于教师具有实实在在的、与教学情景相一致的知识,他们的参与可以让课程内容更容易被其他教师及学生理解并最终接受。因此,对于国家课程设计与决策的参与,教师也可以有积极的表现,如作为读者阅读最初以及随后的课程材料的草案;实施课程材料并让专家、学者观察正在进行的课程材料的教学情况;测评学生的表现;[14]同时教师可以充当专家、学者的参谋,与专家、学者讨论、交流,积极反映自己在第一线教学实践中所遇到的问题,从而使国家课程所确定的学科在内容范围和结构安排上既合乎学科本身的逻辑,又最大限度地与学生的身心发展水平、兴趣、需要相符合,以不断形成新的对课程成熟的理解,进而不断增强国家课程的科学性和权威性。

地方课程是指省级教育行政部门根据国家课程发展总体规划和本地政治、经济、文化等实际情况制定出的各省级行政区实施国家课程的计划和开设的具体课程。地方课程的材料来源于一定地理区域的社会生活,内容的组织没有明确的学科界线,任何材料都可以利用。对于地方课程的设计和决策,教师要尽自己的"地主"之谊,利用天时、地利、人和,与本地区的政府部门、课程专家密切配合,发掘本地区的课程资源,从而促进地方课程资源优化组合,以最终保证地方课程内容的丰富性、实用性和适用性。

学校课程是指广大中小学在执行国家课程、地方课程的同时,根据学校所在地的经济、文化等情况并结合本校的实际、学生的兴趣和需要所开发的适合本校的课程。教师是学校课程设计与决策的主角,在学校课程的设计和决策中,教师要做到:第一,研究学校环境(包括内部和外部环境),分析学生的兴趣、能力、需求等各方面的特点,从而确立学校课程的目标,选择、组织学校课程内容,使课程符合学校实际和学生的需要;第二,与课程专家共同研究,以保证学校课程的科学性;第三,决定需要哪些资源来维持学校课程。

2. 课程实施

教师参与课程实施是传统的教师参与课程发展的重要一环。传统的课程实施中,教师充当的是被动的"传达者",其职责是负责将由"自上而下"的模式所制定的课程照本宣科地传递给学生。新课程改革中,教师在课程实施过程中的主要职责是:

协调学校课程体系。新课程改革中,单一的国家本位的课程模式被打破,学校同时拥有了对国家、地方、学校三级课程的实施权力,但这也给学校和教师提出了挑战。国家、地方、学校三种课程的和谐统一是学生适应新课程、提高自己学习能力的前提。因此教师在实施新课程时,要力求保持学校课程体系的平衡性:既要维护国家课程的权威性,又要维护地方课程、学校课程的丰富性、适用性和实用性。教师的职责就是要让学生同时从这三种不同类型的课程实施中得到发展:既学到国家课程规定的基础知识和基本技能,又能根据自己的兴趣和需要去参与地方课程、学校课程的学习,以开拓视野、锻炼实践能力及探究创新能力,提高综合素质。这就要求教师要能凭借自己的专业判断,大胆、合理地做出课程实施方面"保、改、开、停"的决定,[15]即教师要清楚哪些课程值得继续开展下去、哪些课程应该进一步改善、哪些课程要重新开设以及哪些课程可以取消,并适时作出决断。

转变教师教和学生学的方式。传统课程实施中教师"上情下达"的角色的被动性影响甚至决定了学生学习的性质:教师负责完成上级以知识文本呈现的教学计划和任务,学生则被动地接受固有的知识和结论,学生、教师都缺乏对知识本身及来源联系的探究。这就造成长期一贯的照本宣科以及"填鸭式"的教和学的方式。新课程改革中,首先是教师自己要打破原来"抓纲务本"的传统课程观念,树立起新的课程观念:即课程是动态的、灵活的,是在教师与学生共同研究中不断"创生"[16]和发展的。当然在这个过程中,教师要成为具有主体能动性的课程教学情景中的真正主导者。其次,教师要让学生成为主动的学习者、创造者,教师要鼓励、引导学生与自己一道发挥各自的主动性,根据各自的兴趣、感悟来参与和理解课程。因此,教和学由原来的"教师讲、学生听"、"教师板书、学生抄写"的"自动"形式向师生共同探究、共同发展的"互动"形式转换。

培育实施课程所必备的素养。一是学习的素养。教师提高和发展的重要途径就是学习。新课程改革中,教师首先要学习的是课程理论的知识。我国的中小学教师,没有涉及课程之前所学的教育学是前苏联凯洛夫的教育学,它关心的是教育的应然而不是教育的实然。因此,我国目前在职的大多数中小学教师课程理论知识匮乏。教师要学的课程知识主要包括课程发展过程(即课程研究、设计、实施及评价)的知识和学校里年级内或跨年级课程的知识。其次,教师要拓展自己的学科知识。教师虽然在师范院校进行了学科专业知识的学习,但随着新课程改革的实施,学科理论知识结构重新调整和内容得到更新;同时由于教师处于一个知识更替日新月异的时代,因此教师需要不断汲取所教学科的前沿知识。此外,由于现代各学科之间日趋综合,社会生活变动日趋激烈,因此学校科目与科目之间的沟通和整合加剧,学科知识与现代社会生活的联系增强,这就要求教师在加深自己所教学科知识的前提下,还要注意拓展自己的跨学科知识,以及注重生活中的科学知识。二是合作的素养。长期以来教师在教学实践中都喜好"各自为政",独自处理教学事务,既不愿意介入别人的教学,也不愿意被别人介入,于是形成"个人主义"、"互不干涉"的学校文化。[17]这种文化的形成对学校课程整合以及综合科教学有不可避免的负面影响。新课程改革主张教师在课程实施过程中与其他人员集体协作,共同研究和学习。这就要求教师"学会合作"。教师的合作包括与课程专家、其他教师、校长、学生及学生家长等多方面的合作。例如教师之间的合作要求教师之间共同交流备课经验;互相走进彼此的课堂听课评课,共同探讨教学方法以及育人方式等。

3. 课程评价

课程发展的动态存在决定了课程评价的灵活性和多样性,从而也决定了教师对课程评价参与的灵活性和多样性。传统的课程评价采取的是静止、单一的评价模式,往往是由行政机构制定一套标准,只对课程实施的效果进行评价,教师的参与表现得非常单调、被动、呆板。教师参与新课程评价有如下几个方面表现:

对学生的评价。现在已形成一种共识:评价的性质极大地影响学生学习的方式。如要求表面回应的评价导致粗浅的学习,要求深层次回应的评价则刺激深层次的学习。[18]由于考试制度的存在和主导,课程改革前教师对学生的评价主要重视学生对学科知识和技能的掌握,通过纸和笔测出的学生考试分数成为教师判别学生学习成效和个别差异的主要指标。这种要求学生作出表面回应——重现自己记忆中的知识、重复运用自己已经掌握的技能的评价导致学生死记硬背、"死拼硬打"(即题海战术),缺乏深层次的探索和创新。新课程改革要求教师对学生评价要走出传统的"分数定终身"的单一模式,对学生进行深层次的评价和全方位评价。课程改革的终极目的是促进学生个性的和谐发展,因此教师评价学生要以人为出发点,体现对学生作为人的价值的重视。教师要充分尊重与关爱学生,分析和掌握学生的不同处境和需要,把对学生的评价放在学生的学习甚至生活过程中,除了对知识技能的掌握作出评价外更要从学习方法、情感、态度、价值观等方面对学生作深层次全方位的评价,这样才能真实体现学生的价值。

对课程的评价。改革前教科书在教师眼里就是课程的代名词。教科书历来就是权威的结晶,是不容质疑的,因此教师对课程的评价在课程发展中几乎是一片空白。新课程改革中,教师首先要认识到自己参与课程评价的重要性。课程评价是优质课程产生的前提,也就是说它既是课程发展的终点,也是课程发展的新起点。只有系统、客观的课程评价才会使课程设计更合理、决策更科学、实施更见成效。因此,教师有责任和义务对课程设计、决策以及课程具体实施各环节做出客观、公正、全方位的评价。

教师自我评价。教师的自我评价主要是指教师既要从宏观上对自己的整个教学过程、又要从微观上对自己的具体教学行为进行自我反思,找出自己教学上的优点及不足,并比较自己的评价结果与别人对自己的评价之间的不同,从而扬长避短,更好地实践课程教学。

综上所述,教师参与课程发展是权与责的统一。行政的放权、课程发展的客观结果及课程继续发展的需要,特别是学生学习和发展的需要决定了教师参与课程发展、分享权力的必然性。然而怎样运用权力去达成发展课程、改进自己课程实践行为以及改善学生的学习却又成了教师肩负的重要责任。目前,在我国如火如荼的基础教育课程改革中,教师需要清醒地意识到自己的历史责任,不断提高自身的专业水平及能力,从而推动课程改革不断完善,并最终促进学生的学习和发展。

参考文献

[1]吕达.独木桥 阳关道——未来中小学课程改革画面观[M].北京:中

信出版社,1990.

[2] Organization for Economic Co-opemtion and Development. The Teacher Today: Tasks, Conditions, Policies[R]. Paris:OECD, 1990. 9.

[3] Husen T. , Postlethwaite T N. The Intemational Encyclopedia of Education . 2nd ed[M]. Oxford: Pergamon,1994. 1300.

[4] Stenhouse L. Authority, Education and Emancipation[M]. Portsmouth, New Hampshire: Heinemann,1983.

[5] 联合国教科文组织国际教育发展委员会编著. 华东师范大学比较教育研究所译. 学会生存——教育世界的今天和明天 [M]. 教育科学出版社, 1996. 103.

[6][美]利伯曼、麦克苏克林等 . 美国教师的职业发展:政策与实或 [J]. 教育展望(国际比较教育专刊中文版), 2001(2).

[7]Zeichiner M . Contradictions and Tensions in the Professionalization of Teaching and the Democratization of Schools[R]. Teacher College Record, 1990(92). 363—379 .

[8] Stenhouse L. An Introduction to Curriculum Research and Development [M]. London: Heinemann, 1975.

[9] Cohen L. , Manion L. Research Methods in Education[M]. London: Heinemann, 1980.

[10] Solomn. Meta − Scientific Criticism, Curriculum Innovation and the Propation of Scientific Culture[J] . Journal of Curriculum Studies, 1991, 31(1). 12—13.

[11] NiasJ . Primary Teachers Talking[M]. London: Routledge and Kegan Pall, 1989.

[12] Hargreaves A ., Fullan M. Understanding Teacher Development [M]. London: CaselI,1992.

[13][美]胡森主编,江山野编译. 简明国际教育百科全书 [z]. 北京:教育科学出版社, 1991. 15—18.

[14] Lewy A. the International Encyclopedia of Curriculum[M]. Ox-

411

ford：Pergamon Press，1991.366.

　　[15] 黄豆华等.校本课程发展下课程与教学领导的定义与角色 [J].全球教育展望，2002(7).

　　[16] 张华.论课程实施的涵义与基本取向[J]. 外国教育资料，1999(2) .

　　[17] Feiman-Namser S. ，Floden R E. The Cultures of Teaching：Signs of a Changing Profession. InM. C. Wittrock：Handhook of Research on Teaching[M]. New York：Macmillan，1986.517.

　　[18] Crooks T J. The Impact of Classroom Evaluation Practices on Students[J]. Rivew of EducationResearch，1988(58).438—481.

　　(本文发表于《比较教育研究》2003 年第 2 期。作者谢艺泉,时属单位为西南师范大学教育科学学院)

四、美国公立中小学校教师表达自由及其限度

在美国,教师表达自由的宪法保障最初体现于美国宪法第一修正案"国会不得制定关于下列事项的法律:确立国教或禁止信教自由,剥夺言论自由或出版自由,或剥夺人民和平集会和向政府请愿申冤的权利"及第十四修正案"任何一州,都不得制定或实施限制合众国公民的特权或豁免权的任何法律;不经正当法律程序,不得剥夺任何人的生命、自由或财产;在州管辖范围内,也不得拒绝给予任何人以平等法律保护"。此后,美国司法系统,尤其是联邦最高法院借助于司法审查权,审理了一系列涉及教师表达自由的案件。这些案件既对"表达自由"做出了具体而与时俱进的解释,又发展了一系列有关教师"表达自由"的司法规则。

(一) 表达自由的内涵

西方传统中,表达自由(freedom of expression)一直被等同于言论自由[①](freedom of speech),意指所见所闻所思以某种方式或形式表现于外的自由,表达自由(或言论自由)比"纯言论自由"内涵更丰富。美国在判例中将"言论"做扩大化的解释。"言论"除包含"纯粹言论"之外,还包含象征性言论与附加言论。象征性言论(symbolic expression)是指所有目的在于表达、沟通或传播思想、意见的行为,如焚烧征兵卡、佩戴黑色袖章、焚烧国旗等。附加言论(speech

---

① 本文对这两个词不作区别,只因语境的不同,而选择使用。

plus)是指行为中混杂着言论意图,通常来表达人们强烈抗议的行为,如设置纠察线、游行、示威等。

表达自由既可以是积极的作为自由,也可以是消极的不作为自由。积极作为的表达自由是指公民不受法律干预进行游行、示威、布置纠察线等;消极不作为的表达自由是指沉默自由,即任何人不能被强迫发表自己内心的意见或思想。如不向国旗敬礼不受法律的追究。诚如"宪法第一修正案既保护公民说什么的自由,也保护公民不说什么的自由;强迫表达与强迫沉默在违宪上是没有本质区别的。"[1]

表达自由不同于思想自由。一个人的思想是他人无法干涉的,"禁止思想是绝对不可能的,因为思想有超越一切的力量。监狱、刑罚、苦痛、穷困,乃至杀死,都不能钳制思想,束缚思想,禁止思想"。[2] 表达自由是一个人将思想观念表现于外的行为。它关涉他人的自由和社会的安全与秩序。虽然美国宪法第一修正案是以"绝对权利"的形式来阐述"表达自由"的,但只是反映了美国自由主义权利本位的传统。无论从密尔的"危害论",还是从美国有关"表达自由"的司法判例中援用的"危险倾向测试"、"明显且即刻的危险原则"、"平衡原则"来看,公民的表达自由都是受到限制的。

表达自由与纯粹的行为有很大的不同。虽然表达通常发生在行为之中或与之有着密切的联系,但毕竟不是纯粹的行为。如何从"行为"中区分出"表达",关键是看行为本身是否有"表达"的旨趣。美国在司法实践中,针对言论和行为相互混杂的情况,提出首先要区分"言论旨趣"(speech interest)与"非言论旨趣"(non-speech interest),后者即是附加在言论中的本身不含言论成份的物理性行为。法院的基本观点是:"言论的成份多于行为的成份则所受宪法的保护就多一点;反之,行为的成份多于言论的成份,则所受宪法的保护就少一点。"[3]

表达自由并非绝对自由。对表达自由的限制可以分为事前预防(prior restraint)和事后追惩(subsequent punishment)。事前预防包括许可证制、检查制和报告制度等,依据主要是主观的臆测,一般只适用严格限定的少数的时间、地点与场合。一般事后追惩包括刑事、行政和民事的追惩手段,主要依据是,已产生的或即将产生的现实危害。

（二）美国教师的表达自由及其案例

美国教师具有公民与教育教学专业人员的双重身份。当教师以教育教学专业人员身份，按照学区赋予的职责要求进行言论表达时，其行使的是一种职务表达权；当教师以普通公民身份，按照自身的意志进行言论表达时，其行使的是一种与职务无关的个人表达权。

1. 教师的职务表达及案例

教师的职务表达就是教师在履行教育教学职责时所进行的表达。判断教师的表达是否属于职务表达，一般要考虑表达的时间、地点、目的等因素，课堂教学表达是教师最典型的职务表达。有关教师课堂教学表达的争议主要集中于教师在课堂上所分发的教辅材料、所讨论的内容和所选择的教学方法。

教师有分发教辅材料的权利，但该项权利不能违背公立学校的性质与使命。在威廉姆斯诉威德曼（Williams v. Vidmar）[4]案中，一家长投诉教师威廉姆斯给 5 年级学生分发的教辅材料涉嫌宣扬宗教。校长威德曼为此要求威廉姆斯在每次上课之前两周，把将要在课堂上分发给学生的教辅材料复印件提交给他。威廉姆斯认为校长的要求侵犯了其表达自由而起诉了校长威德曼。法院审理认为：教师不具有课程决定权，而校长事先审查教师提供给学生的教辅材料既有教学法上的依据，也是防止学校教育违反"中立"的宗教立场的合法手段。因此，法院驳回了威廉姆斯的诉讼请求。

教师有组织学生进行课堂讨论的权利，但课堂讨论的话题要与学生的年龄、所教授的科目相符合。例如，在小学低年级讨论堕胎、同性恋等话题显然不适当；而在高中阶段讨论这样的话题，有其合理性。在公民课、历史课、时事课上，教师引导大家讨论有关越战、反犹太人的观点是合适的；而在数学课、物理课上则是不合适的。

教师有选择教学方法的自由，但"所用教法要服务于明确的教育目的""要属于专业认可"。在马萨诸塞州有这样一个案例：[5]一名 11 年级的英语教师在黑板上写了一个忌语作为例子，要求学生用社会可接受的方式来解释这个词。这名教师因此被解聘。该教师向法庭起诉辩称"忌语是其讲授的课程的重要内容，而且 11 年级的男生、女生已到了足够了解这些忌语的年龄"，但法院判决

"如果该教师不能够证明其所使用的教学方法属于专业认可的范畴或被业内绝大多数教师所认可,则该教师可能由于善意地使用了这种方法而被解聘"。

2. 教师的个人表达及其案例

教师的个人表达可分为"公言论"与"私言论"。"公言论"是与自治事务有关的"政治性言论"(political speech),"私言论"是仅涉及私人利益的言论。公言论和私言论的区分标准有人物标准和事务标准。所谓人物标准是指根据言论针对的人物的性质来判断该言论的类型,如言论针对的是国家机关、政府官员或公众人物,则属于公言论;如针对的是普通群众,则属于私言论。所谓事务标准是指根据言论涉及的事务的性质来判断言论的类型,如言论涉及的是公共事务,则属于公言论;如言论涉及的是私人事务,则属于私言论。当然,要想正确地判定公言论抑或私言论,有时需综合这两种标准。

(1) 教师公言论自由及其案例。教师公言论又分为两种情形:一种是与学生利益无涉的教师公言论;一种是与学生利益相冲突的教师公言论。

皮克里诉教育董事会(Pickering v. Board of Education)[6]案体现了与学生利益无涉的教师公言论自由及其司法原则。该案中,伊利诺伊州的一名教师皮克里,因给教育董事会写了一封批评该董事会及学监为学校非法集资、不合理分配所募资金、试图对公众封锁有关信息的信件而被解聘。皮克里为此起诉该教育董事会。法院认为"教师,作为一个群体,是学校共同体的成员,他们最应当享有有关学校资金的筹集及分配的知情权与发言权。因此,给予他们自由谈论此类事情,而不必担心被报复性解聘的权利是必要的"。法院也并不认可公开批评中的不实陈述构成解聘教师的正当理由;而且认为这些批评中的不实陈述并没有干扰教师日常的教学活动,也没有阻碍学校的正常运转。同时,法院申明"学区行政部门在对教师公共言论的限制上并不比其他一般公共部门对其成员的限制有更多的特权"。法院最终判定:该教师不能因对学校系统的公开批评而被解聘。

纽约教师联合会诉当地教育部门案[7]则反映了教师公言论自由与学生利益相冲突的情形。2008 年,美国大选"决赛日"临近时,作为民主党忠实支持者的教师工会为奥巴马的成功当选大造声势。纽约市的教育部门根据"禁令"要求所属学校教职员工在执行公务时必须对政治保持"完全中立"。纽约教师联合会认为当地教育部门的禁令侵犯了教师的表达自由并提起诉讼,曼哈顿联邦地方法院的裁决支持了纽约市禁止公立学校教师在教室里佩戴政治徽章的规定。同时表明,教师可以将竞选材料放在自己的信箱里,也可以在工会的公告板上张贴宣传画但前提是它们不能出现在学生能看到的地方。

(2) 教师私言论自由及其案例。教师私言论也分为两种情形:一种是与学生利益无涉的教师私言论;一种是与学生利益发生冲突的教师私言论。

肖波恩诉司威尼地方学区董事会(Sherbume v. School Board of Suwannee County)[8]案反映了与学生利益无涉的教师私言论自由。肖波恩是佛罗里达州的一名女教师,她因与男朋友同居而遭解聘,法院裁定解聘无效。在此案中,法院认定没有证据证明当事人的行为(象征性言论)影响了本人的教学能力,直到学校将此事公之于众,公众才知道她与男朋友的关系。可见,教师也享有私言论的自由。正如密尔所言"在仅涉及本人的那部分,他的独立性在权利上则是绝对的。对于他本人自身,对于他自己的身和心,个人乃是最高主权者。"[9]

当教师的"私言论"与学生的利益相冲突时,则受到限制。胡佛案[10]就体现了这种原则,塔玛拉·胡佛是在德克萨斯州奥斯汀高中教艺术课程的一名女教师,2006 年 5 月,胡佛的学生在一个网站上看到她的一些照片后,展示给另一名艺术课教师。那名老师与胡佛素有嫌怨,于是把此事向校方告发。那些照片是胡佛的生活伴侣上传到网站上的,包括她冲操、穿衣和其他生活场景,在数百张照片中,当地学校管理部门认为其中 8 张有问题。胡佛辩称这是"艺术",但管理部门认为这些照片"不合适",违背了教师所应具有的"较高道德水准"。事发后,胡佛辞去了教职。

(三) 对教师表达自由的限制原则及其合理性分析

教师职业的特殊性决定了教师的表达自由与普通公民有所不同。对教师言论自由的限制体现了对各种利益的"权衡"原则。

1. 对教师职务表达权的严格限制原则及其合理性分析

美国中小学教师享有教育教学的职务表达权,但由于公立中小学的特殊性质及其教育对象的未成年特征决定了教师职务表达权受到严格的限制。

(1)学生的非自主主体性,决定了教师职务表达应当受到更多限制。通常,在谈论公民的表达自由时,都假定无论表达者还是接受者都是"自主主体"。因此,"一方面,自主的公民不能授权国家去决定某些观点的真伪,以及去阻止公民接触和交流政府判断为虚假的观点,否则,就将剥夺公民自己做出某些观点真实与否的判断;另一方面,公民不能允许政府阻止政府认为是非法的思想的表达行为,因为那样做等于授权政府去剥夺公民就是否遵守法律作出独立判断的权利"。[11]

不仅如此,自主主体的公民也应当是一个道德自决的人。一个道德自决的人具有道德取向的自由选择权他的选择无论是"低级"还是"高尚",都应该得到法律的尊重,而不是专横与武断的干涉。这是实现公民道德自治和思想自由的基本要求,也是公民形成独立人格的必然要素。因此,在公民社会的语境下,不仅严肃的或有价值的思想表达受保护,即便那些没有价值的甚至一些被人视为有害的观念或情感表达也受到保护。

就教师职务表达与我们通常谈论的公民表达在对象上有很大的不同。未成年的学生是教师职务表达的对象,他们缺乏自由选择能力,没有足够的道德自决能力,不具备完全的自控能力,因此,把未成年的学生暴露在"思想与观念的市场"里,具有极大的危害。弥尔顿早就注意到同一出版物对于"成熟的人"与"不成熟的人"的影响是不一样的,进而主张采取不同的措施,"对于所有成熟的人来说,这些书籍并不是引诱或无用之物,而是有用的药剂和炼制特效药的材料,而这些药品又都是人生不可缺少的。至于其余的人,像小孩或幼稚的人,他们没有技术来炼制这种药品的原料,那就应当劝告他们节制。"[12]

(2) 教育的目标使州政府对教师职务表达进行严格限制。在美国,举办和管理义务教育是州政府及其各级代理机构的职责。联邦最高法院也多次在判例中申明了州政府及其各级代理机构对教育、学校及教师的管理权。如在阿德勒诉纽约教育董事会(Adler v. Board of Education of City of New York)[13]案中,美国联邦最高法院就认为"纽约州有权利设立本州学校聘用教师的合理条款"。"学校是一个敏感的工作场所,它对于塑造年轻人的态度,培养社会风气具有重要的作用,州政府自然不能等闲视之。"

教师作为学区的雇员代理学区履行教育教学职责。教师的职务表达教师职务行为的范畴,以学区的名义作出,对学区负责,学区也应为教师的职务表达行为负责。根据权利与义务对等的原则,学区必然享有对教师的职务表达的监督与管理权。这种权利既可以是事前的监督,也可以是事后的追惩。州政府正是通过这种对教师职务表达自由的限制引领着教育的方向。

2. 对教师个人表达限制的原则及其合理性分析

(1)公言论受到最大程度保护的原则。在美国,对于公民言论自由存在着两种立场:绝对主义立场与相对主义立场。绝对主义立场并不像有些人所误解的那样主张言论享有压倒一切的绝对自由,而仅仅是主张公言论的绝对自由。绝对主义在学界并非是一种主流观点,也并未成为处理言论讼案的法律原则,但对有关公益的言论、对公共事务的讨论应当受到更多的保障确实得到了判例的认可。

从皮克里诉教育董事会[14]案中法院的判词"学区行政部门在对教师公共言论的限制上并不比其他一般公共部门对其成员的限制有更多的特权"来看,学区对教师公言论的限制原则与其他行政部门对公民的公言论的限制原则相同,也适用《纽约时报》诉沙利文(New York Times v. Sullivan)[15]案所确立的"实际恶意原则"与申克诉美国(Schenck v. United States)[16]案中所适用的"明显且即刻的危险原则"。"实际恶意原则"意思是禁止公共官员从对其官方行为的诽谤性不实之词中得到损害赔偿,除非其证明该不实之词是出于"实际恶意"(actual realice)。"明显且即刻的危险原则"则意味着一项煽动性言论只有在对国家利益或公共秩序立即造成明显的危害时政府才有权对之进行压制。这两项原则大大保护了教师的公言论自由。

教师的私言论与他人的名誉权、隐私权享有同等的保护,因此,一旦超过了边界,则可能受到侵犯他人名誉权或隐私权的指控。

(2)不伤害学生原则。从纽约教师联合会诉当地教育部门案[17]与胡佛案[18]来看,无论教师的公言论还是私言论,一旦影响到学生的利益,则都要受到限制。如教师只能把支持奥巴马的宣传画贴在学校里学生看不到的地方;教师的"裸照"不能在互联网上让学生看到。

限制的原因主要基于以下两点:第一,中小学校学生被视为一类特殊的弱势群体。对教师的个人言论不加限制,有可能对学生产生不利影响。正如在纽约教师联合会诉当地教育部门案中纽约市教育部门所认为的"如果教师在课堂

419

上佩戴政治徽章,它会给与教师持不同观点的学生带来胁迫和敌意"。第二,教师通常被视为社会大众的榜样和模范,对学生有特殊的影响力。例如,胡佛案中的"裸照",如果不加以限制,很可能会给学生以错误的道德引导。因此,出于对学生利益的保护,对教师的个人言论便有了特殊的要求。

参考文献

[1] Parate v. Izibor,868F. 2d 821, 828(6th Cir. 1989).

[2] 李大钊. 向着新的理想社会——李大钊文选 [M]. 上海:上海远东出版社,1995. 190—192.

[3] 邵志择. 表达自由:言论与行为的两分法—从国旗案看美国最高法院的几个原则[J]. 美国研究 22,(1):82—95.

[4] Stephen J. Williamsv. Patricia Vidmar, et al, USDC, Northern District, San Jose Div. ,Case No. C 04—4946JW(2005).

[5] Joel Spring. American Education:an Introduction to Social and Political Aspects (fifth edition). 1[M]. Ongman Publishing Group,1991. 248.

[6][14] Pickering v. Board of Education,391 U. S. 563 (1968).

[7][17] 奥巴马的像章能否戴在课堂上[EB/OL]. http://www. chinateacher. com. cn/news/2008/1022/6887. asp,2008—10—22.

[8] Sherburne v. School Board of Suwannee County,455 So. 2d. 1057, 1066 (Fla. 1st DCA 1984).

[9] 密尔. 论自由[M]. 程崇华译. 北京:商务印书馆,1959. 9—10.

[10][18] 自由表达权有限,美国女教师因裸照上网辞职[EB/OL]. http://media. people. com. cn/GB/40606/4721145. html,2006—8—20.

[11] 张文显. 二十世纪西方法哲学思潮研究[M]. 北京:法律出版社, 1996. 570.

[12] 弥尔顿. 论出版自由[M]. 吴之椿译. 北京:商务印书馆,1996. 20.

[13] Adler v. Board of Education of City of New York (No. 8) 301 N. Y. 476,95 N. E. 2d 806(1952).

[15] New York Times v. Sullivan，376U. S. 254(1964).

[16] Schenck v. United States,249U. S. 47(1919).

（本文发表于《比较教育研究》2009 年第 9 期。作者张俊友，时属单位为山西大学教育科学学院）

五、从美国的判例看教师的教学自由及其限度

对教师而言,没有什么概念比"教学"更能体现教师职业的内在涵义及其对于教师职业的特殊意义,正因如此,保障教师的教学自由就成为各国一致崇尚的基本原则。在美国,虽然教学自由并没有在联邦宪法中明文宣示,但是透过法院一系列的判例,教学自由最终得以确立。本文尝试以美国法院的相关判例为例来阐明美国教学自由的保障范围及其限度。

(一) 美国判例中教学自由的形成

美国的早期教学是一种藉由当事人之间的契约关系而展开的私人活动。这种活动由于具有私人的性质,除非涉及到契约关系,法院一般不会介入。美国历史上法院介入教学领域的最早案例是 1923 年的"梅耶案"(Meyer v. Neb.)。这是一起与"教什么"有关的案例。在该案中,时任内布拉斯加州某犹太教区学校教师的梅耶,不顾该州"不得向未通过 8 年级升学考试的学生教授除英语以外的其他语种"的法律规定,向一名未通过 8 年级升学考试的 10 岁儿童教授了德语。为此,梅耶遭到州政府的指控。美国联邦最高法院认定:内布拉斯加州法的规定侵犯了教师依宪法第十四条修正案(即正当法律程序条款)所保护的权利。[1]

梅耶案的判决意义重大。在该案中,虽然联邦最高法院并没有明确指出,教师有教学的自由,但是判决中基于正当法律程序条款来保障教学自由的做法,却成为一个先例而被其他判决仿效。1926 年,轰动一时的"斯科普斯案"

(Scopes v. State)的判决,就是梅耶案判决的一个翻版。在该案中,田纳西州一个小镇上的生物教师斯科普斯不顾州法的禁令,向学生讲授了进化论,而遭到指控。最终,田纳西州最高法院也以不符合程序为理由,推翻了对斯科普斯的判罪。[2]

在梅耶案和斯科普斯案的判决中,虽然法院保护了教师的教学自由,但是基于忽视教学自由传统的长期影响,这两个判决的影响力仍然相当有限。在美国,人们对于教学自由的关注与重视,其实还主要始于"二战"之后。"二战"以后,由于冷战以及美国国内反共潮流的影响,教师的权利受到了严重的侵害。其中,发生于 1952 年的"阿德勒案"(Adler v. Board of Education)最终惊动了美国的联邦最高法院。在该案中,身为纽约公立学校教师的阿德勒因参加颠覆性组织而被纽约市教委依据该州《费恩伯格法》(Feinberg Law)解雇。在判决中,虽然阿德勒最终未能挽救被解雇的命运,但是该案的判决书中却首次明确地判示:教师享有宪法所保障的教学自由。布莱克(Hugo L. Black)和道格拉斯(William O. Douglas)两位大法官共同发表的司法意见中特别指出:"宪法保障每一个人的思想自由和表达自由,而没有人比教师更需要这样的权利……如果处在一个充满猜疑氛围的讲堂中,那么就不可能有真正的学术自由。"[3]

在美国,教学自由开始获得法院的广泛保护是在沃伦(Earl Warren)法院时期。沃伦法院时期是美国联邦最高法院历史上最富有创造性的时期。在这个时期,联邦最高法院不再固守"教育是各州保留的权力"这一传统,而是开始积极地介入到教育事务中来。其中,在教学自由方面,沃伦时期的联邦最高法院基本上奠定了现代教学自由的基础。在这个时期,联邦最高法院不仅在 1954 年的"斯威齐案"(Sweezy v. New Hampshire)中,宣示了包括教学自由在内的学术自由属于"不证自明"(self-evident)的自由,[4]而且还在 1967 年的"凯西安案"(Keyishian v. Board of Regents of the University of the State of New York)中,首次把教学自由明确地纳入宪法第一条修正案的保护之下。[5]自此之后,教师的教学自由最终走出了正当程序条款保护的单极体系,在精神自由领域获得了更为广泛的保障。

(二) 教师在"教什么"方面的自由及其限度

教师有"教什么"的自由。这种"教什么"的自由对不同层次的教师而言有一些差别。一般来说,大学教师在教学内容上享有更大的自由,中小学教师的教学内容则相对限定。在美国,教师在"教什么"方面的自由及其限度主要体现在以下三个方面。

1. 教学大纲的编写

美国没有全国统一的教学大纲。教学所需要的大纲由各州、各学校、甚至各教师自己编写。一般来说,编写教学大纲不会有固定的程式。哪些内容需要编入教学大纲,自由度通常很大。

在美国,如果教师编写教学大纲,所表达的内容有违反平等保护或宗教自由等规定,或者所编入的内容过度敏感,那么教师编写教学大纲的自由就可能会受到法院的限制。例如,在"爱德华斯案"(Edwards v. California Univ.)中,法院就很明确指出:加利福尼亚大学教授爱德华斯在设计一个课程大纲时将某些带有宗教内容以及保守派思想的著作列入参考书目之中的做法,不在宪法第一修正案的保护范围之内。[6]

2. 教学材料的选择

(1) 教科书的选择

第一,教科书的选定权归于学校。在美国,公立学校的教师不能自行选定教科书,教科书的选定权归于学校或学区。当然,这只是就理论上的情形而言。实际上,根据 1979 年"凯利案"(Cary v. Board of Education of Adams—Arapa—hoe School District 28—J)判决的要旨,教师也可以通过建议、协商或教师代表等方式来实质性地影响教科书的选定。[7]

应该说,在教科书的选定权方面,法院的立场基本上没有什么变动。在1998 年"波林案"(Boring v. Buncombe County Bd. Of Educ.)中,戏剧老师波林曾经主张,在宪法第一条修正案之下,教师可以通过教科书的选择来参与课程的发展。但是,即使基于如此动听的理由,法院仍然判决校方因波林选择了有争议的剧本而将其解聘的决定符合宪法。[8]

第二,教科书对于教师教学的约束作用。教科书对于教师的教学有约束作用。一般来说,教师的教学不得随意偏离教科书的内容。在 1972 年的"克拉克案"(Clark v. Holmes)中,法院就很明确地指出过这一点。法院认定,虽然教师在课堂上的言论应当受到言论自由的保障,但是生物教师克拉克在健康课教学中过分强调性内容的教学,已经超出了教科书允许的范围。[9]

(2) 教辅材料的选用。第一,教辅材料应当具有关联性。教师在选择教辅材料时,应当选择有利于教学目的达成的材料。在 1969 年的"布鲁贝克案"(Brubaker v. Board of Education)中,法院曾明确地表达了这一见解。布鲁贝克等几位教师因为向 8 年级学生展示和发放一些低俗的阅读材料而遭到校方的解聘。为此,布鲁贝克等人向法院起诉。法院的判决意见认为,布鲁贝克等人在发放这些材料时,并没有明确地告诉学生应该从上述材料中学习什么;并且,这种擅自发放阅读材料的行为也与学校的规定不符。因此,法院最终判决校方胜诉。[10]

第二,教辅材料的内容应当具有适当性。1987 年的"福勒案"(Fowler v. Board of Education)也与教辅材料有关。在该案中,教师福勒因在学期末放映限制级影片而遭校方解职。为此,福勒以校方侵犯其教学自由为理由向法院提起诉讼。最终,法院判定教师在课堂上播放的限制级影片属于不适当的内容,并不在学术自由的保护范围内。[11]

在美国,包括宗教信仰自由、言论自由、学术自由等在内的精神自由领域,一般不允许采取事前干预的手段。不过,针对教辅材料的发放行为,事前的干预也可能被允许。其中,在 2005 年的一则关于教师威廉斯(Stephen J. Williams)涉嫌通过分发教辅材料宣扬宗教的案件中,法院明确地表示:教师不具有课程决定权;并且,校长要求威廉斯在每次上课前两周把将要在课堂上分发给学生的材料复印给他审核的做法,既有教学法上的依据,也是防止学校教育违反宗教中立的手段。[12]

3. 教学内容的表达

在今天的美国,校园的言论自由已经较为宽松。学校虽然仍然要对教学进行管理,但是一般不再严格控制和审查教师的言论,当然,这并不意味着教师的言论就不受限制。法律尤其是宪法中关于言论自由的限制,同样适用于学校。一般来说,在教学中,教师不得表达煽动性的、仇恨性的、淫秽性的、争斗性的以及带有较大争议性的教学内容,否则就有可能遭到法院的禁止。在这方面,2000 年发生的"唐丝案"(Downs v. Los Angeles Unified School District)就是一个典型案例。在该案中,洛杉矶高中教师唐丝因在教学中鼓吹宽容对待女同性恋者而受到校方处分,为此引发争讼。最终,法院判决唐丝败诉。[13]

(三) 教师在"怎么教"方面的自由及其限度

教师的教学自由既包括"教什么"的自由,也包括"怎么教"的自由。在美国,教师的"怎么教"也时常聚讼纷纭。以下,笔者试以教学方法、教学仪态以及成绩评定等方面的判决为例,来说明美国教师在"怎么教"方面的自由及其限度。

1. 教学方法

在教学方法方面,教师一般可以根据教学的需要自行选择。不过,鉴于教学对政府和学校有重大利害关系,教师在选用教学方法时经常受到限制。从美国判例法来看,教师教学方法的限制主要有以下三个方面。

(1) 教学方法的选择应符合有关规定。在美国,州教育法或学区的规定是教师进行教学的依据。教师必须根据这些规定,认真服务于教育的使命。

在美国的法院史上,有关教学方法方面的一个重要的案例是 1973 年的"赫祁克案"(Hetrick v. Martin)。这是一起与聘用合同有关的案例。赫祁克原是肯塔基州某学校的一位非终身制英语教师,他的续聘合同遭到校方的拒签。学校拒绝与他续签合同的原因是,赫祁克没能按照学区规定的传统教学方式教授基础英语。此案后来一直上诉至联邦最高法院。最终,联邦最高法院判决:非终身制教师一旦采用了违反学区规定的教法,就可以被解聘。[14]

根据美国法院的判例,教师在选择教学方法时不仅需要遵守州法或者学区的规定,而且还要服从学校的要求。在 1998 年的"赖克斯案"(Lacks v. Ferguson Reorganized School District R-2)中,佛罗里达州的英文兼新闻学教师赖克斯,因为未禁止学生在作文中使用不当字眼,被学校以违反学校有关反亵渎的规定解雇。法院判定,该校校规对教学的规定非常明确且合乎教育利益,因此校方将该教师解聘的处置并不违宪。[15]

(2) 教学方法应当适当。教师采用的教学方法应当是属于专业认可的适当的方法。在"梅洛克斯案"(Mailloux v. Kiley)中,英语教师梅洛克斯因为在课堂的讲解中采用忌语作为范例而被学校开除。为此,梅洛克斯向法庭起诉,称忌语是其讲授课程的重要内容,而且其所教的 11 年级学生已经达到了足够理解这些忌语的年龄。最终,法院支持了梅洛克斯的请求。法院的判决指出:言论自由虽然并非意味着教师可以在教室里不受拘束地依其想法来说或写,但是有关规则或者制裁的正当性也应考虑学生的年龄和成熟性、所用之特定方法与教育目标之间的密切程度以及表达的内容与方法等因素。[16]

(3) 禁止"过度"体罚。在美国,教师可以体罚学生。依照美国联邦最高法院在 1977 年"英格拉姆诉赖特案"(Ingraham v. Wright)中的判决观点,教师对学生施加合理的体罚,不仅不违反宪法第八条修正案之禁止残酷暴行的规定,而且各州可以自行立法准许体罚。[17]不过,根据美国法院的判例,教师的体罚权利也有一定的限度。在 1980 年的"霍尔诉托尼案"(Hall v. Tawney)的判决中,法院明确地表达了此种见解。法院在该案的判决中指出:"免于体罚的权利是个人隐私权的基本层面,是一种有秩序的自由权,为实质正当法律程序关心的对象,因此过度的体罚违反了宪法修正案第十四条之正当法律程序的规定。"[18]

2. 教学仪态

在美国,教师可以根据自己的性格特征、个人喜好以及内在信仰来决定自己的衣着打扮、言谈举止和行为体态。对此,校方一般不会进行干预。当然,教师所享有的这些仪态自由主要限定于教室之外的个人生活领域。在教室这个特殊的公共区间,教师仪态的自由则可能有所限制。在美国,法院曾经在多个案件中判示,校方对于教室中教师的教学仪态可以进行限制。其中,1977 年的"东哈特福德市教师协会案"(East Hartford Education Association v. Board of Education of Town of East Hartford)中,法院就判决东哈特福德市教育委员会基于提升教师专业形象而要求男性教师在课堂上必须打领带的规定合乎教育的目的,并不违宪;[19]1980 年"多米科案"(Domico v. Rapides Parish School Board)中,法院也认为拉皮德学校委员会禁止教职员工蓄山羊胡的规定虽然限制了教职员工在仪容上的自由权,但是却是校方希望达到"以身作则"即身教效果的合理要求。[20]另外,教师穿戴带有宗教色彩的服饰,在美国也会遭到禁止。在 1986 年"库珀案"(Cooper v. Eugene School Dist.)中,有一位信奉锡克教的女教师,不顾俄勒冈州法中关于禁止教师上课期间穿戴宗教服饰的规定,穿戴锡克教标志性服饰与头巾上课,结果被法院判决败诉。[21]

3. 学习评定

教师有权对学生的学习成绩和日常操守进行评定。一般来说,教师不会因为给一个学生差评而遭致非议。当然,如果教师在对学生进行评定时,没有做到客观公正,那么还是有可能遭到控诉。在美国,1918 年的"道金斯案"(Dawkins v. Billingsley)就是学生成绩评定方面的一个较早案例。在该案中,俄克拉荷马州某学校教师比林斯利在学生道金斯的学业档案中,把从不饮酒并且只偶尔抽烟的道金斯描绘为一个"生活散漫"且"被大烟和威士忌酒荒废"的学生,为此遭到道金斯的起诉。最终,法院认定教师比林斯利对道金斯操行所作的评定构成了诽谤。[22]

(四) 结语

从以上的分析中我们可以看出,在教学自由方面,美国法院已介入较多。在多数的案件中,法院会援引第一条修正案来阐明教师的教学自由。不过,在处理相关案件时,法院并非总是站在教师这一边,而是根据平衡的原则,在考虑教师的教学自由时,同时兼顾州政府、学区和学校的管理权力。从实务上看,教师"教什么"和"怎么教"的自由,虽然均被法院宽泛地纳入到教学自由的保障范围之内,但是在"明显且即刻的危险"基准之下,教师的教学自由也存在着较多的限制。一般来说,在美国,如果教师的教学可能带来歧视性的、宗教宣扬性的、偏激性的、仇恨性的、煽动性的、淫秽性的效果时,这种教学通常会受到禁止。当然,这只是就一般的情形而言。实际上,如同上述案例中所反映出来的,特定个案中教师教学自由的保障范围与界限的确定仍然存在一定的"动感地带",切不可以上述的标准简单地"一言以蔽之"。

参考文献

[1] 262 U. S. 399(1923).

[2] 154 Tenn. 105(1926).

[3] 342 U. S. 508—510 (1952, Douglas and Black, J. , dissenting).

[4] 354 U. S. 234, 250 (1957).

[5] 385 U. S. 603(1967).

[6] 156 F. 3d 493(1998).

[7] 598 F. 2d 535(1979).

[8] 525 U. S. 813(1998).

[9] 474 F. 2d 928 (1972).

[10] 421 U. S. 965(1975).

[11] 819 F. 2d 657(1987).

[12] Case No. C04—4946JW(2005).

[13] 228 F. 3d 1003 (2000).

[14] 414 U. S. 1075(1973).

[15] 147 F. 3d 718 (1998).

[16] 448 F. 2d 1242(1971).

[17] 430 U. S. 651(1977).

[18] 621 F. 2d 607 (1980).

[19] 562 F. 2d 856 (1977).

[20] 675 F. 2d 100, 102 (1982).

[21] 301 Ore. 358 (1985).

[22] 69 Okla. 259(1918).

（本文发表于《比较教育研究》2011 年第 9 期。作者陈运生，时属单位为浙江大学光华法学院）

六、从美国教育法制看公立大学教师学术自由的原则与界限

　　对大学教师来讲,没有什么概念像学术自由那样更能体现教师职业的内在涵义及其对于教师职业的特殊意义。因此,保障学术自由就成为学界和司法界一致崇尚的原则。然而,学术自由抽取于教育和法律两个领域,在各国法律上亦无明确界定。当前,我国教师法正在拟定修订中,教育法制如何体现学术自由原则,教师学术自由的边界为何,都是教师法在规范教师职责时所必须考虑和明确的问题。在美国,法院常常把学术自由作为描述教育教学专业人员的法律权利和义务的专门性术语,从而使学术自由成为融合了宪法原则和学术观念的司法概念。

　　美国最初的学术自由的法律边界是契约法界定的,教师具有契约法授予的学术自由。美国大学教授协会(AAUP)1940 年发布的《学术自由和任职原则陈述》(Statement of Principles on Academic Freedom and Tenure)、1970 年发布的《解释性评论》(Interpretive Comments)和 1976 年发布的《学术自由和任职推荐大学规章》(Recommended Institutional Regulations on Academic Freedom and Tenure)通常被当作解释学术自由的通行政策。对教育管理者而言,决定这些文件及条款是否已经或应当纳入教师合约十分关键。因为法院会参考契约法的原则解释和实施 AAUP 文件及条款,从而使它们成为高等学校教师合约内容的组成部分。即使没有被纳入教师合约,这些文件和条款也是学术习俗和惯例的重要来源,法院在解释模糊合约条款时会加以考虑。作为判例法国家,美国最高法院在 20 世纪 50 年代以来的一系列判例中的观点,是有关学

术自由性质与内容的重要论点。

（一）教师学术自由的原则

根据美国宪法第一修正案的言论和集会自由、第五修正案的自我控告保护以及第十四修正案的正当程序条款，法院通过 20 世纪 50、60 年代的案件，[1] 确立了学术自由的原则，并赋予学术自由以宪法地位。

在 1957 年的判例中，法院推翻了对一个教授的藐视性判决。在该案中，斯威齐（Sweezy）教授拒绝回答有关州立大学讲演的问题。多数法官认为：自由对美国大学的重要性几乎是自明的，没有人能够低估它在指导和培育年轻一代的民主方面所起的重要作用。对大学院校的精神领袖强加束缚会危害国家的未来。没有哪个教育领域已经得到全面了解以至不能再做出新的发现，在社会科学领域尤其如此。学术不会在充斥怀疑和不信任的环境中成长，老师和学生必须自由地研究、学习和评估，以获得新的发展和理解，否则，我们的文明就会停滞和死亡。

在 1960 年的判例中，法院废除了一项州法令，该法令强迫公立大学和学院的教师说明前五年参加的所有组织以及对这些组织所作的贡献。法院认为：坚决地保护宪法自由，没有比美国大学更重要的地方了。通过限制州干预言论自由、研究自由与集会自由的权力，第十四修正案保护所有人的权利，而不管它们叫什么。对教师自由精神规定的禁令不受保护，因为它们不可避免地削弱了教师特意培育和实践的自由精神，在教师论坛上制造谨慎和怯懦。

法院在 1967 年的一宗案件中援引了上述判例。该案原告纽约州立大学教师因为拒绝签署一份认证书，说明他不是、并将永远不是共产党员而失去了工作。法院认为，认证书签署侵害了宪法第一修正案赋予教师的自由集会权利，并提出：国家严格保护学术自由，它对我们大家都具有超越性的价值，而不仅仅是对相关教师。因此，学术自由得到第一修正案的特别关注，它不容许法律将陈规陋习置于教室。教室是思想的市场。国家的未来取决于通过思想交流训练出来的领袖，他们通过无数的舌头发现真理而不是通过任何的权威选举。

（二）教师学术自由权利与学校管理者权力的平衡

高等教育并非私域，同时还具有较强的公共性，大学教师作为负有专门使命的专业工作者，应负有维护教育公共性的责任。[2] 因此，虽然美国法院高度强调教师的学术自由，但在审理案件过程中，法院还会综合考察不同案件中的具体因素，以平衡教师的学术自由权利与保护有效运作的教育系统的州利益。

1968 年的皮克林（Pickering）诉教育董事会案中，[3] 教师皮克林由于给地方报纸写了一封批判校董会财政计划的信而被解雇，因而起诉学校解雇行为侵犯了其第一修正案的言论自由。学校董事会辩护道，解雇是正当的，因为这封信毁坏了学校董事会和管理者的声誉，违反了学校纪律，会在教师、管理者、教育董事会与地区居民之间煽动"矛盾、冲突和反感"。最高法院综合考虑了下列因素：① 教师与其所批判的人是否有密切的工作关系？ ② 信的内容是否合法、是否是公众关心的问题？ ③ 信是否会对教育系统的管理产生破坏性影响？ ④ 写这封信是否妨碍教师行使其日常义务？ ⑤ 教师是作为专业人员还是作为公民写这封信的？ 法院调查发现，皮克林与校董事会没有密切的工作关系，信写的是公共事务，并得到大家同情，没有对学校产生危害性影响，写这封信没有妨碍其履行教师职责，而且教师皮克林是作为公民而不是教师写信的。根据这些事实法院认定，与限制一般公众的类似行为相比，学校管理部门限制教师参与公共事务并不能获得更大的利益。在这种情况下，缺少教师错误言论的证据，教师行使言论自由的权利不能构成被解雇的理由。

在 1979 年和 1983 年的盖威瀚（Givhan）诉校区案和康尼克（Connick）诉梅耶斯（Myers）案中，皮克林案的平衡分析因素是，得到最高法院的重新确认和进一步解释。第一个判例涉及皮克林案的平衡分析因素是，是否保护私下交流观点的教师。原告教师在与校长的几次私下见面时抱怨，认为学校的就业政策存在种族歧视。由于学校未与其续约，教师提起诉讼，称违反了其第一修正案权利。地区法院判决认为该教师私下表达观点的言论不受第一修正案的保护。最高法院驳回并将案件移送初审法院进一步审理。法院判决提出：第一修正案和法院决定都不能说明，公共雇员与雇主私下交流看法就要失去言论自由的权利。相反，私下表达与公开表达观点，一样要服从皮克林案的平衡分析因素。

第二个判例涉及皮克林案的平衡分析因素是是否保护公共雇员与办公室同事交流对办公室人事事务的看法。原告是一个助理地区律师,定期换位到办公室的分支部门。由于反对换位,给其他同事发放办公室运作问卷调查而被解雇。法院应用皮克林案的平衡分析因素,判定原告提出的问题是雇员对个人利益发表的看法,不符合公共事务,其分发问卷的行为干预了办公室的密切工作关系。因此,解雇行为没有侵犯原告的言论自由权利。这两个判例对于教师自由权利保护的差异表明,法院强调教师在谈论公共事务与私人事务方面的区别,这个区分并不取决于话语交流本身是公开还是私下进行的。虽然第二个判例似乎显得限制了皮克林案的平衡分析因素的范围,但法院强调了其判决局限于该案的特殊事实。因此,法院必须注意其他案件可能发生的各种具体事实,尤其是涉及大学教师的案件,他们享有学术自由权利,这是教师所处的工作场所最主要的价值,第二个判例不应当对教师的言论自由产生根本的影响。

(三) 不同场合教师学术自由权利的界限

教师与学校管理者在学术自由上产生冲突可能发生在不同的场合,而在不同的场合法院的司法态度会有所差别,导致教师学术自由界限在不同场合的变化。[4]总体而言,无论是在教室内还是教室外,管理者对教师行为和活动的权力随着教师行为活动与工作的相关程度增加而增加,随着教师的教学表现或对教育机构职能所产生影响的增加而增加。

1. 教室里的学术自由

法院对涉及课程内容、教学方法和教师表现等学术自由的纠纷最为保持沉默,一般认为这些事务最好留给学校管理者和教育者们去管理,他们对学校事务负有首要责任。但当危及教育职能,教师在教室里的行为或自由就会受到限制。

1972 年的克拉克诉霍姆斯案涉及教师的教学方法和行为。克拉克是北伊利诺伊州大学的一个临时代课教师,他被告知如果愿意对一些缺陷(如在健康调查课程中过分强调性,与学生谈话时关闭办公室的门,在与学生谈话时贬低其他教师等)进行补救,就可以被重新聘用。在与监察者谈话时克拉克为自己的行为辩护,之后被重新聘用。但由于同样的原因,他在学年中期被告知不能继续在春季教书了。克拉克起诉称,根据皮克林案,学校侵犯了他第一修正案的权利,因为学校只根据他的言论行为而没有重新聘用他。法院不同意他的观点,并拒绝将皮克林案的平衡分析因素运用于本案,原因是:① 克拉克与同事关于课程内容的纠纷不是皮克林案件中所指的公共事务;② 在本案中,克拉克是作为教师,而非私人公民的身份,而皮克林案件恰恰相反。法院因此认为,大学的利益胜过教师具有的一切言论自由的利益:我们不认为学术自由会允许不受控制地发表与课程内容相反的言论,内在地破坏大学的职能。第一修正案必须根据具体案件的特殊点来应用。本案原告不负责任地对一群学生滥发言论,而这些学生却要依靠他获得学分和推荐书。而且,皮克林案的判决也建议某些州的合法利益可以限制教师言论自由的权利。例如:① 与同事保持纪律和和谐的需要;② 保守机密的需要;③ 减少危害教师完成日常职责表现的行为;④ 鼓励雇主与上级管理者之间保持密切的或私人关系的需要,这种关系要求忠诚和信任。

2. 教师在机构事务中的学术自由

教师的义务可能延伸到教室之外,有关教师学术自由纠纷产生的可能性也是如此。教师可以要求获得其他官方或非官方的工作责任,享有在其他校园活动中的学术自由保护。在这种情况下,学校和教师所寻求保护的利益与在教室里的言论或行为是不同的。州的主要利益是保护教育机构不要失去民众信任,保持教师与机构的和谐关系,因而不太关心教师在机构事务中的言论对学生所产生的影响。因此,教师在机构事务中的学术自由权利会比教室里宽泛一些。

1973 年的施密斯(Smith)诉洛斯(Losee)案里,一名犹他州公立大学的非任职教授因没有被保留任职,提起诉讼称违反了第一修正案权利。法院发现,学校官员是由于该教师作为主席和教师协会行政委员会成员反对大学的行政部门,在协会会议上反对学校的管理政策而解雇教授的。法院将皮克林案的平衡分析因素应用到本案,同意教授的行为是行使第一修正案的言论自由权利,认为原告行使第一修正案所赋予的权利比被告提高大学的效率与和谐更重要,教师不能因此被解雇。但法院不支持教师有损于教育机构名誉的言行。在杜克(Duke)诉北德克萨斯州大学案中,原告在学生会议上使用了亵渎性言语而被解雇。学校提出解雇她的原因是,她的行为和话语显示她缺少该校关于学术自由表述中所要求的教师的学术责任,表现为:(1) 她在学生面前的话语以及参加违反大学规章和规则的会议的行为,损害了她作为教师的资格和作为学者的判断力;(2)根据她的话语和行为,表明她没有意识和认识到,公众会通过这种话语和行为,评价大学以及大学的教师。因此,她显然缺少大学要求的教师应具有的专业能力,而且法院发现,学校所要保护的利益,是保持教育机构中拥有有能力的教师,保证公众对大学的信任。在衡量了这些利益与教师自由利益的关系后,法院的判决支持了大学:作为过去的和前途美好的指导人员,杜克夫人没有限制自己的不尊重及冒犯性话语,对大学缺少起码的忠诚和礼貌,因此大学的利益比她寻求的保护更重要。

3. 教师私人生活自由的限制

教师的私人生活拥有最大限度的自由。因为"教师可以被看作是恰好在高等教育机构工作的普通公民",所以拥有普通公民所享有的私人生活自由的空间。教师的私人生活并不是完全不受州行政部门或教育机构的干涉,因为教师的某些活动也会对教育责任以及教育机构的其他合法利益产生影响。

教授在私人生活空间的权利,可以包括第一修正案之外的内容。1975 年的案件中,州立大学被授权实施一项教师修饰规章,一个教授拒绝刮胡子而被解雇。法院认为教授享有正当程序和平等保护的权利,因而,应首先将大学教师与其他政府雇员进行区分。法院认为,教师的胡子仪容会危害他的声誉和教学效率是不合逻辑的。因为即使是公立机构的教师,也不会像警察和其他直接处理公众事务的雇员那样抛头露面和产生广泛的社会影响。教育环境不需要像其他公共服务一样具有严明的纪律。法院阐明了教师的作用和角色是:[5]只有在这些规章与合法的管理或教育职能相关时,学校权威才可以规定教师的仪表和活动。公共雇主对某个特殊想法的唯一主观信念,是不足以证明教师超越了宪法保护的权利。

1969 年第五巡回法院的一个案件则说明了教师私人生活自由的另一个方面。学校管理部门警告一些兼职教师,他们如果继续在校外兼职,将失去工作职位,但却允许另外一些全职教师可以这样做。法院认为学校在允许其他雇员在校外兼职而禁止兼职教师这样做是不合宪法规定的。没有证据表明兼职教师在其他职位工作,会比其他教师做兼职工作占用更多时间。法院支持原告兼职工作的依据,是第十四修正案的平等保护条款。法院认为,[6]原告并不具有宪法权利参与其他法律服务项目,也没有宪法权利在法律学校兼职教书的同时参与兼职工作。然而,原告确实享有与其他地位相似的人得到州政府机构以相同方式对待的宪法权利,在本案中就是与其他法学院同事得到同等对待的权利。

(四) 结语

从上述案件中产生的法律原则以及法院有关学术自由的宣告可见,学术自由实质上已成为美国具有宪法地位的大学教师的权利,而学术自由概念本身也成为融合了宪法原则和学术观念的司法概念。从美国教育法制看,学术自由所包含的内容及边界主要可归纳为以下几个方面:

第一,教师享有自由表达学术工作心得与研究发现的权利。教师可以自由选择所探讨的问题并公开发表其观点或出版研究成果,所从事的学术研究与调查试验、课堂上的讲解、使用的教材、研究成果的发表与提交,除违反国家安全等法律规定为犯罪的行为和内容外,应享有充分的自由。大学教师的学术自由是基于教育的公共性,如果以学术自由为借口,不受控制地发表与课程内容相反的言论,内在地破坏大学的职能,不仅违反学术自由的旨意,同时还有犯罪的可能,不能受到学术自由的保障。

第二,教师享有职务受保障的权利,不能因教师学术立场差异而对其停职或解聘。防止学校管理者对观点相异的教师采取排挤手段,使教师能够自由地进行教学与学术研究,并忠实于学术主张。若教师自行停止学术工作,不求专业进步,以至不能胜任教师职务;或者道德沦陷,甚至实施犯罪,则违反了学术自由原则的旨意。

第三,申辩和公开解说的权利。学校和教师因对教师的晋升、停职、解聘或处置产生争议时,教师享有为自己申辩的权利。学校与教师产生争议进行处理时应遵守一定的法定程序。必须确保教育机构的学术自由规章在剥夺教师的自由或财产利益时,遵从正当的司法程序要求。这种程序的建立,[7]一则在于保障教师免于因学术立场的原因遭到排斥,二则在于保障教育机构免于因人事争议而影响学校声誉。

可见,教师在享有学术自由所赋予的权利的同时,也应承担作为一种特殊职业者所应履行的相应义务。一方面,教师与代表学术前沿的大学紧密相连,是一种特殊身份,特别是大学知名教授,其言论直接对学生、甚至对社会产生较大影响。因此,无论在校园内外,对于其专业领域外的言论和行为,都应有一定的分寸。不能以学术自由为借口,随意停课;或以学术自由为借口实施教唆、泄露国家学术秘密等法律禁止的行为;另一方面,作为在高等教育机构工作的普通公民,教师在教学过程中以及作为专家参与各种评审过程中,应忠诚于学术,遵守学术伦理,并秉承客观、公正的原则。

参考文献

[1] Sweezy v. New Haampshire. 354 U. S. 234 (1957). Shelton v. Tucker, 365 U. S. 479 (1960). Keyishian v. Board of Regents, 385 U. S. 589 (1967). William A. Kaplin, The Law of Higher Education[M]. San Francisco, Jossey—Bass, 1983. pp181—185.

[2] 余雅风. 公共性:学校制度变革的基本价值[J]. 教育研究, 2005, (4).

[3] Pickering v. Board of Education, 391 U. S. 563 (1968). Givhan v. Western Line Consolidated School District (1979). Connick v. Myers, 103S. Ct. 1684 (1983). Kern Alexander and M. David Alexander. American Public School Law. Sixth edition[M]. Thomson Learning, Inc. 2005. pp722—762.

[4] Clark v Holmes, 474 F 2d 928 (7th Cir. 1972). Smith v. Losee, 485 F. 2d 334 (10th Cir. 1973). Duke v. North Texas State University, 469 F. 2d 829 (5th Cir. 1973). 余雅风. 中国公立高等学校公共性的法律保障机制研究[R]. 北京师范大学博士后出站报告, 2004. 40—43.

[5] Hander v. San Jacinto Junior Collage, 519 F, 2d 273 (5th Cir. 1975). William D. Valente and Christina M. Valente, Law in the Schools [M]. Prentice-Hall, Upper Saddle River, New Jersey, Columbus, Ohio, 1998. p. 94—114.

[6] Trister v. University of Mississippi, 420 F. 2d 499(5th Cir. 1969). 劳凯声编. 中国教育法制评论(第三辑)[C]. 教育科学出版社, 2004. 309—313.

[7] 黄重宪编. 大学法与大学教育[M]. 台北：嵩山出版社，1987. 94.

（本文发表于《比较教育研究》2006 年第 7 期。作者余雅风，时属单位为北京师范大学教育学院）

七、教师申诉制度：美国的实践与 我国的现状

　　美国是奉行"法律主义"、"法律至上"的国家，十分注重通过调解与仲裁等手段及时处理各种教育纠纷与争端，形成了比较完备的教师申诉制度。在学校内部，通常设有专门的机构和配置纠纷调解人专门处理教师与学校之间的纠纷。教师因待遇、解聘等问题与地方教育当局之间发生纠纷可以通过教师工会出面，会同有关部门进行集体协商谈判来解决。如果调解和仲裁失败，那么可以由地方教育委员会出面处理，也可以直接通过诉讼途径解决纠纷。

　　近年来，美国各种形态的教育工会纷纷成立，教师为争取自身权益而告上法院的案例有增无减，这表明美国教师已把申诉作为其工作权利之一。本文拟就美国申诉制度中的"集体协商制度"、"对不利处分前的听证制度"和"仲裁制度"进行初步考察，并对我国教师申诉制度的现状与问题作一简要分析，以期对完善和健全我国教师申诉制度有所启示。

（一）集体协商制度：维护教师权益的"第一道屏障"

　　联邦《宪法》第十修正案规定："凡是未经宪法规定授予联邦政府行使或禁止州政府行使的各种权利，一律保留给州或保留给人民行使。"由于宪法中未提及到教育权的问题，因此，美国联邦政府认为教育是各州的责任，致使美国50个州形成了不同的教育系统，确立了分权的教育模式。

　　由于美国各州州情的差异，有关教育立法也迥然不同。按照传统，州教育委员会仅制定原则性条款，具体和细化的操作规程则由各学区教育委员会制定

并实施。州教育法规通常会对一些细节的问题做出规定,比如教师任期、退休、集体协商和专业谈判、合法的解聘程序等。

校方对教师的侵权行为,如降低工资、压缩科研经费、减员解雇教师等,往往引起教师不满,从而引起申诉。美国教师申诉的途径主要有两条,集体协商制度为其中的一条。

集体协商制度是指雇主与受雇者的代表在互相信任的氛围中,对工作的环境与雇主和受雇者双方的权利及义务进行协商,协商所产生的协议为日后签订契约的依据。由于美国教育行政制度采取地方分权制,美国教师的权益并无全美的统一标准。因为联邦宪法并未明文规定有关协商的条款,所以集体协商的性质、内容等完全取决于各州的立法机关,法院的判决也多以各州的有关协商法案中的规定为依据。

1. 协商的形式

根据州学校法一般有三种不同的形式协商:(1) 强制协商,学区教育委员会与教师团体就有关议题协商;(2) 禁止协商,州政府全面禁止双方协商,或者在某些议题上设有限制;(3) 自由协商,州学校法中并未提及协商事宜,所以学区教育委员会并无义务进行协商,但在某些特定的情况下,学区教育委员会"志愿"与教师协商。

2. 协商的主体

就协商双方的主体而言,虽然有对学区教育委员会作为雇主的代表性表示质疑,但如果州立法机关授权或同意,学区教育委员会即有权代表教师工会进行协商。工会代表某学区的教师,但并非所有的教师均为工会会员。

3. 协商的范围

对于集体协商的范围,主要由各州的立法机关确定。有的以条款方式列出协商议题,有的却只是概略规定,后者常常引起争端而必须由法院判决。法院认为必须协商的议题主要为工作时间、工作环境、薪酬等。法院持以上见解,其理由是为了维护学区教育委员会的经营管理权。凡是属于与学区教育委员会的经营管理权相关的议题,均不得列为协商的议题。例如,聘任教师权是其中的一项。在大多数判例中,法院认为不续聘教师的"程序问题"可列入协商,但实际决定权在教育委员会,不可列入协商范围。换言之,协议双方不能将教师是否续聘列入协商议题。此外,有关教师的工作调换、晋级等也是如此,一旦没有列入协商,除非学区教育委员会同意,否则有异议的教师不得申请仲裁,只能向法院进行申诉。[1]

(二)听证制度:不被续聘或解聘处理生效前的申诉

美国属英美法系国家,与德国和日本等国不同的是,公立学校教师不具有公务员身份,其权利和义务的确立与保障的根本依据以所签订的劳动合同为主。美国教师与教育委员会是一种雇佣关系,事先必须签订工作合约,所签合约分为长聘教师与试用教师两种,两者之间的待遇差异较大。由于各种原因,学区教育委员会对教师做出的不利处理极多,主要以薪酬与不被续聘最为严重。对于薪酬问题,工作合约中都有明文约定,如出现问题则可申请仲裁。对于解聘问题,涉及到将丢"饭碗"的大事,所以学区教育委员会和教师都非常慎重地对待,在对教师做出不被续聘的决定生效之前,允许教师进行申诉。

美国教师在获得长聘教师身份之前,首先要过试用教师这一关。虽然称其为试用教师,实际为取得教师资格的合格教师。试用教师的期限一般为三至五年,在试用期间,多为一年一聘,是否续聘完全取决于教育委员会对教师的全面评价,除有非常特殊原因外(如违反州的法律法规),大多数情况下,法院不愿介入。因此,对于试用教师而言,从"实体法"上看,教师根本就没有对将不被续聘的决定进行申诉的机会,充其量学校只是按照州的法律在一定期限前通知教师不被续聘而已。

长聘教师较之试用教师,在受雇方面有一定的优越性。能全面胜任工作的长聘教师,一旦获得长聘的资格,即享有工作的保障,并且享有规定的程序保护权利,不会因教育委员会的主观、恣意乃至非法的决定而丧失其工作。[2]如果教师被解聘,则必须要经过法律法规所规定的程序方可。四十一个州规定了可以解雇的理由,大致可分为 8 种情况:① 不胜任;② 身心不适合;③ 不道德或非专业行为;④ 失职;⑤ 严重的不服从;⑥ 犯罪行为;⑦ 所担任的教学职位已不再需要;⑧ 其他充分和正当的理由。

对于教师解聘,教育委员会必须提供类似联邦《宪法》第十四修正案的"正当程序",其中,听证会是较为普遍的形式。教师可以在听证会上进行申辩与陈述。某些州认为解聘长聘教师必须要举行听证会,但某些州则把是否要举行听证会的决定权下放给地方教育委员会。由于是非司法程序,听证会不必一定公开,听证会的形式也可以多样。在听证方面,可分为决定解聘前的听证和决定解聘后的听证。决定解聘前的听证,意在给予主雇双方再一次机会重新审视解聘行为的合理与合法性;决定解聘后的听证会,学区教育委员会扮演的是听证会仲裁者的角色,在听取教育行政部门与教师双方的意见后,做出是否支持解聘的决定,换言之,是一种更接近正式法院判案的听证形式。不管采取何种方式,对于面临解聘的长聘教师来说,在被解聘的决定还未生效之前,可以借助于听证会的机会为自己进行申辩,力争挽回对自己不利的局面。

纵使教育委员会给予了长聘教师申辩的机会,且不利于长聘教师处理的决定还未生效,但长聘教师是否最终被解聘的决定权还是掌握在教育委员会手中。因为教师与学区教育委员会是一种契约关系,所以只要不牵涉宪法权利的争端,法院多尊重教育委员会的决定。例如在莫里利诉教育委员会(Morelli v. Board. of Education, 1976)一案中,一位被解聘的教师抱怨未受到公开听证会的待遇,违反了其第十四修正案的权利。听证会是法院审理案件中所需的程序,然而在某些州的法律中,并未给教师公开听证的权利,代之以私下听证或与教育人员谈判的形式。[3]

美国高校教师与学校之间也是一种合同关系或契约关系。契约是一种要求双方遵守的协定性文件,具有一定的法律效力。如果单方毁掉合同,那么另一方就可凭借合同对毁约方提出上诉。大学教师对于有关自己的待遇、工作条件、晋升、"终身雇佣"、受到处分和免职等问题,有提出申诉和要求举行听证会的权利。[4]对于解聘教师除按照"正当程序"举行听证会外,地方教育委员会还必须要依照州的法律,在一定的期限内送达解聘的通知,在解聘通知书上,必须列举所违反之州的法律条款,并详细叙述其解聘的原由与事实,否则视为无效。

(三)仲裁制度:维护教师合法权益的非诉讼救济辅助工具

仲裁是美国教师申诉制度中的一种常用的方式,合约双方的任意一方对另一方违反合约中的条款而引发争议时可使用仲裁程序。与司法诉讼相比,仲裁省时省钱,因而美国教师都习惯于先启动仲裁程序,无果再诉讼到法院。申请仲裁的事由主要涉及教师人事问题、职务分配、不续聘与解聘等问题。

仲裁程序是一种邀请以公正身份出现的第三者（个人或团体）来解决合约双方争端的方式，其主要形式分为调解、查明事实、仲裁三种。调解往往是解决争端的第一步。如果调解不成，则按合约中的诉愿程序来进行。由于各州的法律不同，在进行仲裁时，有的州可能会从调解直接上升到仲裁，查明事实这一环节就省略了。有时查明事实后所做出的判决仅为建议，不具强制力；进行仲裁后，第三者的结论则具有司法效力，双方必须切实遵守。

在美国大约有 20 个州准许使用仲裁来解决合约上的争端，即使允许进行仲裁的州，也不完全承认仲裁者的判决效力，尤其是在不续聘与解聘教师的议题上，法院对此的看法依个案而有所不同。[5]

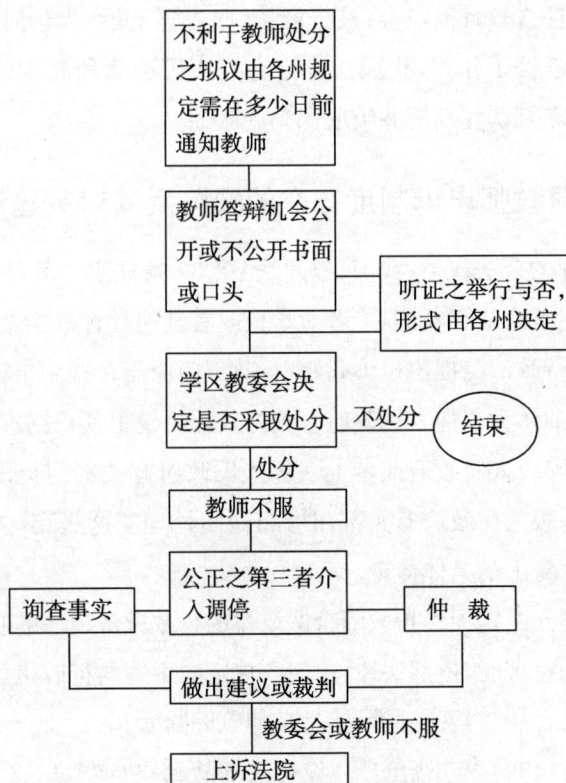

```
        ┌─────────────────┐
        │ 不利于教师处分  │
        │ 之拟议由各州规  │
        │ 定需在多少日前  │
        │ 通知教师        │
        └────────┬────────┘
                 │
        ┌────────┴────────┐      ┌──────────────┐
        │ 教师答辩机会公  │      │ 听证之举行与否，│
        │ 开或不公开书面  ├──────┤ 形式 由各州决定 │
        │ 或口头          │      └──────────────┘
        └────────┬────────┘
                 │
        ┌────────┴────────┐      ┌──────┐
        │ 学区教委会决    │ 不处分│ 结束 │
        │ 定是否采取处分  ├──────┤      │
        └────────┬────────┘      └──────┘
               处分│
        ┌────────┴────────┐
        │   教师不服      │
        └────────┬────────┘
                 │
  ┌──────┐┌──────┴──────┐┌──────┐
  │询查事实├┤公正之第三者 ├┤ 仲 裁│
  └──┬───┘│   介入调停   │└──┬───┘
     │     └─────────────┘   │
     └─────────┬─────────────┘
        ┌──────┴──────┐
        │ 做出建议或裁判│
        └──────┬──────┘
        教委会或教师不服
        ┌──────┴──────┐
        │  上诉法院   │
        └─────────────┘
```

美国教师申诉流程图

资料来源：（台）秦梦群. 教育行政——实务部分[M]. 台北：五南图书出版股份有限公司，2003. 255.

综上所述,虽然我们没能窥其美国教师申诉制度的全貌,但可略见一斑,集体协商制度、听证制度等在维护教师合法权益方面都发挥了很好的"程序法"保障作用,值得我国学习与借鉴。就申诉制度系统而言,当然暴露出其局限性与不完善性,例如,侵害试用教师不被续聘权利的诉权;当教师受到权益侵害时,在没有附加任何限制的前提下,可以直接寻求司法救济途径,等等。

第二次世界大战后,受教育民主运动的影响,美国法院开始愈来愈倾向减少对教育问题诉讼的限制,致使有关教师诉讼的案件逐年增加。尤其 20 世纪 60 年代以来,美国教育法律规定过分强调教师的权利,司法系统也多倾向于支持教师维护自己的合法权益,从而导致校园纠纷事件接连发生,形成了一种全社会性的"诉讼流行病"。教师们常常因为一件微不足道的小事去打官司,教师控告校长、教师控告教育委员会;被告辩护,原告再上诉,大量时间用于诉讼方面,严重影响了学校工作。[6]我国在修订有关法律法规和制定《教师申诉制度(办法)》过程中需要认真反思并吸取深刻的教训。

(四)我国教师申诉制度存在的缺陷及其对策建议

为保障教师的合法权益,我国《教师法》第 39 条规定:"教师对学校或者其他教育机构侵犯其合法权益的,或者对学校或者其他教育机构做出的处理不服的,可以向教育行政部门提出申诉,教育行政部门应当在接到申诉的三十日内,做出处理。""教师认为当地人民政府有关行政部门侵犯其根据本法规定享有的权利的,可以向同级人民政府或者上一级人民政府有关部门提出申诉;同级人民政府或者上一级人民政府有关部门应当做出处理。"这是宪法关于公民申诉权利规定在教师身上的具体体现。

《教师法》确立的这项维护教师合法权益的行政救济程序的制度,即教师在其合法权益受到侵害时,依照法律、法规的规定向主管的行政机关申诉理由、请求处理维护自己合法权益的制度,就是教师申诉制度。

从《教师法》(1994 年开始实施)设计这项教师申诉制度,迄今已有 12 载。12 年来的实践证明,此项制度本身,无论是从实体法、还是从程序法上都存在明显的缺陷。在实体法上,现行的教师申诉制度明显的缺陷表现在:其一,缺少专门申诉的机构或申诉部门存在的不确定性。现实情况是,有的教育行政机关是督导室(处)负责具体处理教师申诉,而有的是政策法规处(室、科)、人事处(室、科)具体处理教师申诉。由于教师申诉往往会涉及财产权、人身权等法律政策问题,结果导致各部门直接的相互推诿,从而使教师申诉找不着"北"。其二,提出教师申诉的人员厘定不清,受理的范围太宽泛。对教师概念界定的模糊性,工作在教学第一线的教师可以提起申诉是不用置疑的,但学校的教辅人员、后勤管理人员、医务人员以及民办学校的教师是否属于教师申诉受理的范围则没有统一的认定。

一项完整的法律制度包括实体与程序两方面内容,我国有"重实体,轻程序"的法律传统,就我国教师申诉的程序法而言,也是存在明显缺陷的。教育行政部门既是学校的上级,又是受理教师申诉的仲裁者,仲裁时既是"运动员"又是"裁判员"的角色,所以难以保证仲裁的公正与公平性。在这一点上,与美国教师申诉有异曲同工之处,教师都会对受理部门的代表性表示质疑。

我国教师申诉制度的缺陷还表现在对于教师处理未生效之前,缺少允许教师进行公开申辩、听证的平台。设计并完善听证制度,允许教师对自己的行为做出说明、辩解、提供证据,并按照一定程序吸纳各方代表组成听证委员会,参与调查事件与听证。

近年来,随着我国民主和法治化进程的加快,教师维权意识增强。同时,侵犯教师职务聘任、克扣、拖延、不兑现教师工资福利待遇、考核奖惩等合法权益的事件越来越多。典型的案例主要有:"读书为挣大钱娶美女案""女教师生小孩丢工作案"、"校企分离教师被迫下岗案"以及"骨干教师实名举报校长被解聘案"等,这些均已成为教育行政部门与司法机关工作的新热点与难点。

侵害教师合法权益的焦点与棘手问题反映出现行教师申诉制度的滞后性和不完善性。为此,我们建议:一是尽快出台并颁布与《教师法》配套的《教师申诉制度实施办法》,真正从实体法与程序法上完善这一项制度;二是在修订《教师法》时补充相关条款,使之更具有法律依据与可操作性;三是建立校内教师申诉机构,拓展教师申诉渠道。当教师对学校的有关处理不服从时,可以通过向学校的有关机构进行申诉和辩解,当校内救济途径穷尽,再向教育机关提出申诉。

深感欣慰的是,教育部政策研究与法制建设司 2005 年工作要点中提出了要制定好《教师申诉制度(办法)》的工作目标,有关教师申诉制度(办法)正在研制中。

参考文献

[1][5] (台)秦梦群. 教育行政——实务部分[M]. 台北:五南图书出版股份有限公司,2003. 248—250,253—254.

[2] Michael W. Lamorte . School Law Cases and Concepts seven edition [M] . A Person Education Company,2002. 218—230.

[3] (台)秦梦群. 美国教育法与判例[M]. 台北:高等教育出版社,2004. 167.

[4][6] 张维平等. 美国教育法研究[M]. 北京:中国法制出版社,2005. 146,222—223.

(本文发表于《比较教育研究》2007 年第 7 期。作者罗朝猛,时属单位为华南师范大学教育科学学院)

八、美国高校教师权利的维护

——以美国大学教授协会活动为例

学术自由是教师的一项基本权利,这一观念已经为美国高校所普遍接受,而且还实行了终身聘任制度,为教师学术自由权利的实现提供制度保障。同时,教师享有参与院校管理的权利,特别是学术事务管理的权利,这也是美国高校教师权利的重要内容。高校教师上述权益的实现,与美国大学教授协会(American Association of University Professors,以下简称 AAUP)的活动密不可分。

成立于 1915 年的 AAUP,其宗旨是:增进学术自由和分享管理(shared governance),明确高等教育的基本职业价值和标准,确保高等教育为公共利益服务。[1]在美国高等教育领域,该协会对高校教师权益维护做出了重要贡献。

(一) AAUP 成立的原因——教师权利自救

美国的高等院校拥有相当大的自治权,但美国的院校自治并不是欧洲大学的"学者自治",建立的是由外行组成的董事会作为院校最高决策机构的自治模式。在殖民地学院时期,强调教师的宗教信仰,教师数量也有限;以教会神职人员为主要成员的董事会操纵着学院的管理,教师"只有为学院存在的自由,而无在学院内的自由"。[2]内战以后,美国高校不仅教师数量大增,而且对教师的专业学术能力提出了要求。一些学院开始设置教授职位,"教授职位的出现是一个组织建设上的标志,标志着一次较大的学术和教学方式向知识专业化方向的转变"。[3]同时,柏林大学对科研的重视和强调"教学自由""学术自由"的思想,

447

逐渐被美国的学院和大学接受。"学术工作逐渐被看作是一种独立的活动,依据它自己设定的标准而不是教派设置的标准来做出评价。"[4]但是,大学教师的专业化并没有扩大教师参与大学事务的权利。尽管从 19 世纪中后期开始,世俗政治家、律师、富有的工商业人士开始代替牧师成为大学的董事会成员,但是由于知识价值观与商业价值观的冲突,19 世纪末导致,大财团操纵的大学董事会频繁解聘教授,不断引发大学管理者和教师之间的冲突,使教师认识到建立教师组织,利用集体力量维护自身权益的重要性。

1913 年,在罗斯事件的推动下,美国许多大学和学院的教师在霍普金斯大学召开了大学教授协会的成立筹备会,大会组委会向各学科领域的著名教授发出入会邀请。1915 年,美国 AAUP 成立,60 个学术机构的 867 位教授参加了会议,成为 AAUP 的创始成员。

可见,美国大学教授协会成立的动因是建立在教师队伍成长基础上的权利自我救济的努力。

(二) AAUP 制定保护教师权利的制度规范

AAUP 自成立以来,致力于教师权利的保护,特别是学术自由和参与院校管理权利的保护,发布了一系列声明和报告。协会重要的声明和报告结集以《美国大学教授协会的政策文件和报告》(AAUP Policy Documents and Reports)出版,有"红皮书"(red book)之称,是美国高等教育领域涉及教师权利事务处理的主要依据。

1. 制定有关学术自由和教师终身聘任的制度规范

AAUP 积极推动学术自由原则和终身聘任制的实施,其下设的学术自由与终身聘任制分委员会(也称 A 委员会),专门负责制定保护学术自由与终身聘任制的制度规范。

1915 年,该协会首次拟定并公布了关于学术自由和教授任期的若干原则声明(the 1915 General Declaration of Principles),阐述了学术权利的基础、学术组织的职能,并指出:"如果不在最大程度上承认和实行学术自由的原则,大学就不能履行其三重职能(教学、科研和社会服务)。"[5]但"由于担心教授们会过于保护自己而忽略学生和公众的利益",[6]上述原则并未得到贯彻。1940

年,协会发布了著名的《1940 年学术自由与终身教职的原则声明》(The 1940 Statement of Principles on Academic Freedom and Tenure),对 1915 年声明进行了补充,对终身教职做了明确而具体的界定,也强调了教师要承担的责任。此声明获得了绝大多数美国高校的赞同,并在教师的聘任合同中被普遍采纳。自此,学术自由原则"在美国学术界人士的思想中占据了不可替代的核心位置,学术自由的必要性得到人们的普遍公认"。[7]

此后,美国大学教授协会又随形势的发展,不断完善有关学术自由原则和终身教职的制度规范。如:1958 年关于解聘教师正当程序的声明,1966 年的专业人员道德声明(1966 Statement of Professional Ethics),1970 年对 1966 年声明的解释和评注,1983 年提出的终身聘任后评估指标的基本标准,20 世纪 90 年代的一系列有关声明;2003 年发表报告《危机时代的学术自由与国家安全》(Academic Freedom and National Security in Times of Crisis),2004 年发表报告《学术自由与电子交流》(Academic Freedom and Electronic Communication),2006 年发表报告《学术自由与外部言论》(Academic Freedom and Outside Speakers)和《再议机构的学术自由与终身聘任制制度》(Recommended Institutional Regulations on Academic Freedom and Tenure)。这一系列文件所阐明的原则和程序为美国高等院校教师的教学和科研以及聘任活动确定了规范。

2. 制定教师参与院校管理的制度规范

高等教育学术专业的发展带来了从 20 世纪早期年代开始的"学术管理重建运动",争取教师在学院和大学管理中的权力。AAUP 在 1916 年开始推动院校学术管理的改进,其下设的大学和学院管理委员会专司此事。该委员会提出了院校管理的"改良主义"(amelioratism),基本认可美国院校管理的基本框架,但要求教授会有更多的参与权。1920 年,AAUP 发布了有关院校管理的声明,强调教师参与院校人事选聘、预算分配和政策制定的重要性。1966 年 AAUP 又颁布了《关于学院和大学管理的声明》(Statement on Government of Colleges and Universities),进一步阐明了加强教师、校长、董事会之间沟通和理解的重要性;明确了教师参与学校管理的领域;要求学院和大学制定保障教师参与管理的组织原则和制度,建立学院、大学的各级教师代表机构,通过教师选举组成各级教师委员会以及教师评议会、教授会,充分保障教师履行民主管理的权利。最后,声明建议学院和大学建立教师、董事会和校长之间的长期协商机制,保持交流渠道的畅通,促进高等教育的健康发展。在 AAUP 的推动下,20 世纪 60 年代末,美国高等院校教职员中的绝大多数具有了参与学院事务、特别是学术事务的基本权利。

(三) AAUP 采取实际措施,促进教师权利的实现

AAUP 不仅制定了有关教师权利的制度规范,而且采取了一些措施促进教师权利的实现。

1. 对投诉事件进行深入调查和调停

AAUP 成立之初的主要目的是建立教师学术自由权利和教师聘用的规范,而不是调查处理学术自由事件。但是来自全国各大院校要求声援的投诉,使得协会不得不着手处理这类事件,否则将失去其会员对组织的信任。为此,AAUP 在学术自由与终身聘任制委员会成立了特别调查委员会,还在全美各地建立分会,负责听取教授们的申诉,调查取证,撰写调查报告,在校方和教师间进行调停。

在 AAUP 的早期调查中,影响比较大的是 1915 年对宾西法尼亚大学尼尔林事件的调查。尼尔林因为公开反对资本主义的自由化,引起宾西法尼亚大学保守的校友和董事会的不满,董事会不顾教授工会的建议而解聘了尼尔林,同事们进行抗议声援,引起公众的关注。AAUP 任命了由霍普金斯大学教授洛夫乔伊(A. O. Lovejoy)为首的调查委员会进行调查。调查认为,宾西法尼亚大学既没有经过同行专家的审查、也没有法定的程序就解聘教师的行为是违反学术自由原则的,并对其进行公开谴责,许多媒体以及专业协会也纷纷谴责该校的行为。尽管最终没有恢复尼尔林的职位,但宾西法尼亚大学不得不重新对教授终身聘任制和解聘教师的程序进行修订。之后,对教师投诉事件的调查成为 AAUP 工作的重要内容。

在教师投诉事件的调查中,AAUP 主要充当"调停人"的角色。它根据投诉事件的性质和影响的大小,决定是否派出调查小组。调查小组进行实地调查,听取当事各方的意见,主要通过非正式的或谈判调解的方式,促成校方和教

师的谅解来解决问题。AAUP 的调查不仅扩大了组织的影响,而且使学校在解聘教师或任何有可能违反学术自由原则的行为时都要有所顾忌。

2. 公布谴责院校名单(censure list)

为保证学术自由与终身聘任制原则的推行,AAUP 意识到,仅仅通过调查以促成当事双方和解的方式有时无法解决问题,有必要把调查的结果公之于众,这样既可以引起舆论的关注,也可促进人们明确:什么是违反学术自由原则,教师聘任应该遵循何种程序。[8]

1930 年,AAUP 建立定期公布"不推荐院校"名单的制度(non-recommended institutions),对违反学术自由与终身聘任制原则的院校进行曝光。一旦发现有学校当局严重侵害学术自由和终身教职制度的情况,AAUP 就启动调查程序,撰写调查报告。定稿后的报告将在 AAUP 的会刊——1979 年以前称《公报》(Bulletin),1979 年后更名《学术界》(Academe)上发表。翌年,AAUP 的全国委员会在春季会议上审议上一年发表的调查报告,提出谴责建议。当年 6 月的 AAUP 年度代表会议将讨论委员会的建议,将侵犯学术自由的学校列入谴责名单。AAUP 每年都公布谴责院校名单,除在《学术界》上公布外,还会在美国高等教育的主流报纸《高等教育纪事》(The Chronicle of Higher Education)中公布。委员会将继续关注谴责名单上的学校。对情况改善的学校,由 AAUP 年度代表会议讨论决定,是否从谴责名单上除名。[9] 从 1930 年到 2002 年,先后共有 183 个大学或学院(个别为学区或联合大学)被列入谴责名单,有 142 个经审查、监督、纠正后从名单上移除。[10] 到 2006 年为止,谴责名单上仍列有 43 个学校(个别为学区)。[11] 总的来说,谴责院校名单并不具有直接的制裁效力,但它是对求职人员的警告,也使上了黑名单的学校蒙羞。

3. 集体谈判

20 世纪 60 年代,美国大学教师维护合法权益的工会化(unionization)运动兴起。到 70 年代,大学校园中的教师工会组织迅速发展,集体谈判(Faculty Collective Bargaining)成为大学教师维护权益的重要手段。AAUP 起初并不赞成教师通过参加工会组织和集体谈判来维护权益,认为这种方式把大学教师等同于工厂企业的雇员,降低了大学教师的地位和身份。但是 AAUP 没有提出更有效的措施,来阻止教师和学校管理当局不断发生的冲突,保护教师的合法权益,最终不得不改变了对教师工会和集体谈判的态度,逐渐接受了教师罢课和集体谈判的维权方式。

1968 年,AAUP 发表了《关于教师参加罢课的声明》(Statement on Faculty Strike),虽然没有明确提出赞同教师参加罢课,但是也没有明确表示反对。1970 年 10 月,AAUP 决定把集体谈判作为实现 AAUP 目标的重要手段,鼓励各地分会争取教师集体谈判独家代理的资格,同时提出要建立适合高等教育特点的集体谈判方式。1973 年,AAUP 发布了《关于集体谈判的声明》(Statement on Collective Bargaining),明确提出将把集体谈判作为实现 AAUP 主张的重要手段。"如果要实现我们所坚持的原则,单纯依靠职业传统和道德说教的作用是不够的,还必须通过集体谈判达到的同意以及法律强制力作为必要的补充,才能有效保证我们的原则得到实现。"[12]之后,又发布了《集体谈判的方法》(Approach to Collective Bargaining)。此后,集体谈判成为 AAUP 推行其政策和措施的途径之一。截止到 1976 年,AAUP 用于集体谈判的预算占到了31%,开展教师集体谈判活动成为 AAUP 工作主要内容。目前,有分布在全美的 70 个 AAUP 分会成为教师、校园中大学生雇员以及其他专业人员进行集体谈判的代理机构。每年,AAUP 都召开关于集体谈判的夏季会议,就集体谈判的技巧进行培训。

4. 借助法律力量

在美国高等教育领域,司法救济是高等教育组织或个人维护自身合法权益的重要渠道。在过去 10 年中,美国教育领域求助法庭以解决争执的情形大增。AAUP 也注意利用法律途径来维护自身以及会员的合法权益。AAUP 设有法律事务办公室,一是为会员提供法律咨询,包括有关高等教育法律法规、教师聘用、保险等方面;二是与法律专家一起就重点案件,以法院之友(friend-of-the-court)的身份向法庭递交诉状;三是为 AAUP 内部各机构提供法律服务。

5. 设立专项基金

为促进教师参与院校管理,协会还设立了一项旨在鼓励院校管理权力共享的基金,对那些在推进院校管理权力共享方面成绩突出的校长、董事以及其他行政管理人员进行资助,资助他们在协会的会议上进行经验交流和相关问题研讨。

AAUP 为美国教师的自愿组织,积极开展各种活动,代表教师的利益诉求,维护教师的权益,对美国高等教育的学术事务处理、教师聘任制度以及院校管理产生了重要影响,促进了美国高等教育管理的改革。

参考文献

[1] About the AAUP [EB/OL]. http://www. aaup. org/AAUP/about,2007—05—20.

[2] Walter P. Metzger. Academic Freedom in the Age of the University [M]. Columbia University Press,1955. 43

[3][美]劳论斯·A·克雷明. 美国教育史:殖民地时期的历程 1607~1783(卷一)[M]. 周玉军等译. 北京:北京师范大学出版社,2003. 494.

[4] Jencks,Christopher & Riesman,David. The Academic Revolution [M], Garden City:Doubleday,1969. 322—323.

[5] Richard Hofstadter & W. Smith, American Higher Education:A Documentary History, Vol. 2 [M]. the University of Chicago Press,1961. 868.

[6] Neil Hamilton. Zealotry and Academic Freedom:A Legal and Historical Perspective [M]. Rutgers University,New Brunswick, 1995. 167.

[7] Robert K. Poch. Academic Freedom in American Higher Education:Rights, Responsibilities and Limitation[EB/OL]. http://www. ed. gov/databases/ERIC Digests/ed366262. html. 2007—04—30.

[8] Philo A. Hutcheson. A Professional Professoriate:Unionization, Bureaucratization, and AAUP[M]. Nashville:Vanderbilt University Press,2000.

[9] What Is Censure? [EB/OL]. http://www. aaup. org/Com＝ a/prcenback. htm. 2007—05—02.

[10] Censured Administrations 1930~2002[EB/OL]. http://www. aaup. org/AAUP/issuessed/AF/allcen. htm. 2007—02—5.

[11] Censured Administrations [EB/OL]. http://www. aaup. org/

AAUP/protectrights/academicfreedom/censuredadmins. htm. 2007—05—01.

[12]Statement on Collective Bargaining [EB/OL]. http://www. aaup. org/AAUP/pubsres/policydocs/statementcolbargaining. htm 2007—03—2.

（本文发表于《比较教育研究》2008 年第 2 期。作者杨凤英，时属单位为河北大学教育学院；作者毛祖桓，时属单位为北京科技大学文法学院）

九、美国教师解聘的法律保障分析

——以"正当程序"权为例

在美国,法院经常会处理教师解雇与续签合同(dismissal and renewal)方面的诉讼,而这些问题经常被提到宪法的高度,特别是教育者的"正当程序"权更是法院诉讼的核心。鉴于美国的判例法传统,文章试图先一般性地探讨正当程序权在这类案件中的适用问题,再结合两个案例详细分析。

(一) 正当程序权在教育诉讼案件中的一般适用

"正当程序"(due process)是美国法治的核心概念。正当程序权是美国公民最基本的权利之一。美国宪法第十四次修正案明确规定:"非经正当程序,任何州都不得剥夺任何人的生命、自由或财产……"正当程序权是由一系列确保个人权利得以实施的行动构成。

一般来说,如果教育者是终身职位或者他们签订了集体合同契约或者有书面的合同,并且对继续雇用产生了一种期待,或者学校委员会的指控破坏了教育者的名声,而限制了其以后的就业机会,那么学校委员会就侵犯了教育者的正当程序权。

从司法实践来看,如果学校委员会没有遵循法定的法律程序处理终身职位教师的解雇问题,教育者将有权获得财产损害赔偿和恢复职位救济。补偿性损害赔偿是一种全面的补偿,包括:欠薪赔偿、教育者新的薪水与先前可能收入之间的差异补偿、寻找新职位的损失或者代价、卖掉旧的住处和搬到新住处的费用、如果新职位没有提供同等的地方退休回报金而带来的损失、各种医疗费用和附加福利、其在雇佣的职位范围内本应得到的医疗保险费用、比到旧学校远的交通费用、律师费用。[1]

对于教育者享有的正当程序的适用范围问题,从司法实践看,只要教育者的自由或者财产利益受到损害时,他们就有要求正当程序的权利。至于其是否要遵循完整的听证程序,则视情况而定。如果是正式的解聘或不续聘则应遵循公正的听证程序,如果只是私下申斥教育者,则不需要听证。

一般认为,公正听证的正当程序应当具有以下基本要素:① 一份公正及时的通知,其内容包括解雇的原因、证词、证据和举行听证会的日期;② 举行一个指控教育者的公正听证会;③ 给教育者机会为听证做好准备;④ 教育者有提供口头和书面证据的权利;⑤ 教育者有与不利于自己的证据和证人对质的权利;⑥ 教育者有聘请辩护律师的权利。

为了更为彻底地理解正当程序权在教育者解雇与不续聘方面的适用情况,下面结合两个具体的司法案例加以介绍。

(二) 非终身教师的正当程序权分析

州立大学董事会诉罗斯案,[2] 是美国联邦最高法院 1972 年的判例。该案的被告大卫·罗斯(David Roth)1968 年被威斯康星州立大学聘为政治学助理教授。他与学校签订了一学年的定期合同。在完成该学年的任务后,校长通知他,在第二学年他将不被雇佣。校方没有给出理由,也没有给他提供任何形式的听证机会来辩驳。

罗斯向联邦地方法院提起诉讼,他对这个决定的程序和实质问题提出质疑。首先,他认为该决定剥夺了他对大学管理的某种批判性的机会,侵犯了他的言论自由权。其次,他认为大学官员没有给出不续聘的原因和听证的机会,侵犯了他的正当程序权。

联邦地方法院同意了罗斯关于程序问题方面的判断,要求大学官员为他提供不续聘的原因和听证会。州立大学董事会上诉,联邦最高法院同意调取案卷进行复审。斯图尔特法官阐述了法庭的观点。[3]

首先,法庭认为被告不能享受终身教师的连续雇佣权利。因为按照威斯康星州成文法的规定,州立大学教师只有在经过了四年连续雇佣后,才能获得终身教师职位,成为一个"永久"雇员,才有连续雇佣的权利。其次,法庭认为程序性保护的目的是为保护教师享有一个安全的工作职位。根据成文法,终身雇佣教师不能被随意"解雇,除非有书面的指控原因",并且解聘时应当遵循某些程序。非终身教师只有在他们一年的雇佣期间才享有某种程度的保护。

本案的焦点在于确认被告是否具备正当程序权的适用条件。正当程序权的必备条件是只有当剥夺了第十四次宪法修正案中规定的自由和财产利益时才能适用。

1. 罗斯的"自由"权没有受到侵犯

法庭首先对自由和财产的宪法含义进行了分析和推理。"伟大的宪法概念,其意义是从经验中得来的。它们与整个社会以及经济状况相关,开国元勋们知道只有一个停滞的社会才会死守着这个概念不变。"[4]正是由于这个原因,法庭可以将正当程序对财产权的保护延伸出一般不动产、牲畜和金钱等概念之外。同样,法庭对自由权的界定也可以超越一般意义上对犯罪人身自由的限制。

法庭认为,州立大学在拒绝重新雇佣被告时,并没有伤害他的声望和自由选择,因没有任何证据证明被告的荣誉正处于危险之中。同样,在这个案件里,也没有迹象表明被告的名誉受到了污损,妨碍了其自由雇佣的机会。例如这个州没有借助任何规则阻止被告在州立大学获取其他公共职位。

2. 罗斯的"财产"权也没有受到侵犯

法庭认为,财产权保护的实质是保卫个人已经获得的财产利益。听证权利的目的是为个人提供一个维护自己财产权益主张权的机会。

财产权本身并不是由宪法创造的,而是由现存的各项法律规则或者不成文的规定发展而来的。例如州关于保护某项福利并支持福利享有人具有主张这些利益权利的规定。只有这样,福利接受者才可以根据法令的规定,要求自己的"财产"权。

同理可证,被告在威斯康星大学的雇佣性"财产"利益应当来自于他的任命文件,但任命条款对他雇佣的保护仅止于第一学年末,根本没有对再次雇佣做出任何规定。州的法令或者大学的规则政策也没有保护被告的再次雇佣利益。因此,被告的再次雇佣权是不存在的"财产"权,是没有法律渊源的"财产"权。

所以,他不可能要求大学当局为其举行听证会。

3. 问题与疑问

法官实际上维护了州的法令和大学的规则,虽然法官对自由权和财产权都进行了庄严的扩大化解释,但是并没有将自由利益和财产利益赋予被告,故也没有将正当程序权赋予被告。

法官说他们的角色仅仅被限制在解释法律上,并不提出公立大学是否应当为非终身教师提供非续聘理由或举行非续聘听证会的建议。但实际上并不是这样,该判例已经提出了这样的建议,并明确否认了非终身教师续聘时的财产权和自由权。

罗斯案本身就有争议,它是5比3的判决。道格拉斯法官认为教师合同的非更新与解聘是同等程度的问题,其导致的结果同样相当重大。非更新合同的问题很有可能成为教师的污点,会对教师造成永远的心理创伤,会限制其再次从事教师职业的机会,至少在其所在的州会是如此。这种伤害即使构不成一种财产权益的损害,也构成了一种自由权益的损害。

由上我们可以得出结论,美国正当程序权的法律规定并不能保护非终身教师的非续聘权益。法院的判决既没有考虑教师队伍的承继性问题,也没有重视见习期教师的权利。

(三) 学区主管的"正当程序"权分析

该案例讨论的是对学区主管提供的解雇听证会是否正当合法。在贝尔德诉沃伦社区第205学区教育委员会案[5]里,贝尔德认为学区对他的解雇是不公正的。2000年,伊利诺伊州沃伦县第205学区雇用凯利·贝尔德为主管,签订了三年的合同。合同规定只有在主管的行为和管理对学区的最大利益有害时才能解雇他。另外,合同还规定了解雇的程序:学校委员会必须给出贝尔德书面的终止合同理由,在委员会的宣布决定之前贝尔德有预先听证权。

贝尔德诉称,委员会进行了秘密调查。他说,一些学校委员自2000—2001学年就开始从学区雇员那里收集关于他的负面言论。这个秘密调查持续了整个学年,最后被作为贝尔德的年度表现。2001年4月18日,委员会将这份年度表现连同一份解雇通知书交给贝尔德,解聘的原因是其工作表现不好,并定于 5 月 16 日举行解雇前听证会(pre-termination hearing)。

贝尔德的律师致函要求委员会延迟听证会,并为其提供一份相关文件的复印件和评价贝尔德工作表现不良的雇员名单,同时请求在听证会上撤换那些反对贝尔德并暗中调查的委员,因为他们带有某种偏见。

委员会拒绝了这些要求,提出贝尔德在听证会上只有"听的权利和接受通知的权利",还说贝尔德既不能叫证人作证,也不能知道是哪些人对他做出了不利评价,不需要任何雇员出席听证会,贝尔德只能就委员会提出的问题进行质问。贝尔德的律师反对这样的听证程序,抗议不公平。5 月 16 日晚,贝尔德及其律师在委员会面前反对这个听证程序,然后离开了听证会。委员会在贝尔德缺席的情况下举行。

贝尔德在州法庭对学校委员会提出诉讼,声称解雇程序不公正,侵犯了他的正当程序权。因为某些委员对他持有偏见态度,按照伊利诺伊州法律,学校委员会违反了合同条款。委员会将案件转到美国地区法庭,地区法庭法官没有支持贝尔德的正当程序主张,将其发回州法庭。

贝尔德上诉到第七巡回法庭。法官卡达希(Cudahy)写下了法庭的意见,第七巡回法庭推翻了地区法庭的判决。上诉法庭的判决围绕三个问题进行。

① 委员会对贝尔德的处理决定是否受到了偏见的干扰?卡达希法官驳回了贝尔德关于偏见的宣称。他认为,某些委员的行为虽然有些不光彩和愚蠢,但这更像是一种工作方式的问题,而不是一种偏见的问题。

② 委员会举行的解雇前听证会是否满足正当程序的要求?联邦最高法院1985 年在"克利夫兰教育委员会"诉"拉得米尔"案(Cleveland Board of Education v. Loudermill)中宣称了解雇公共雇员的基本程序要求——即如果一个雇员拥有完整的解聘后听证程序,包括请代理人的权利和请证人的权利以及盘问证人的权利,那么解雇前听证则仅仅只要提供一份指控通知书,对指控的原因进行解释以及给与回答的机会即可。

拉得米尔案的先例表明贝尔德有权要求举行完整的解聘后听证会。这个不完整的解聘前听证会只有在贝尔德一被解聘就得到完整的听证程序时,才符合宪法。

委员会则认为按照伊利诺伊州的法律,贝尔德可以通过诉讼在法庭上寻求他解聘后的完全听证权利,所以他们不必再提供一套解聘后听证。故委员会认为 5 月 16 日的听证已经足够了,贝尔德完全可以提起诉讼获得自己的解聘后听证会。

问题的关键在于解聘以后进行诉讼能否补救解聘前听证程序不足的问题?

卡达希法官认为委员会的听证程序是"无效的程序"。因为解聘后的诉讼案并不能及时充分地为贝尔德提供完整的解聘后听证程序。诉讼案件的成本太大,时间跨度太长,有时甚至长达几年。在诉讼案里,律师只能代表他引见证人和盘问证人,这并不能促使问题的快速解决,尤其涉及到复职之类的救济事件更是不行。正当合法的公共雇员解雇规则应当是,当雇员被解聘后只有诉讼这个唯一救济途径时,解聘前的听证就应当符合完整有效的程序规定,故 5 月 16 日的听证会不合法。

委员会在听证中拒绝提供学区雇员中秘密调查人员的名字以及贝尔德只能就委员会提出的问题进行质询的做法,严重削弱了贝尔德的完整听证程序权。在该案的听证会上必须讨论贝尔德能否复职的问题,只有这样才符合及时有效的正当程序援助理念。

③ 贝尔德提出反对意见并离开之后,是否丧失了质疑听证会合法性的权利? 法庭认为,贝尔德并没有放弃自己的权利。贝尔德只是试图寻求一个更为公正的听证,为了表示反对意见才参加了这个不完整的听证程序。很显然,委员会举行的听证会离完整的正当程序的距离太远。即使贝尔德在听证会上知道了被调查者的名字,也没有时间质询和盘问他们。在他提出反对意见后,不管他是否参加听证会他都同样面临被解聘的危险,因为没有充分的证据他很难进行有力的辩护。

从这两个案例看,美国的巡回法庭和联邦最高法院实际上就教育者的续聘与解聘问题,对宪法上的正当程序权进行了相当程度的解释与扩展。可以说,他们非常注意评价、援助教育者的宪法权利,体现了司法能动主义的特点。

这对我国当前法治建设中培养正当程序的理念有重要意义,"因为它通过正当程序来保障实体权利的实现,通过正当程序维护人的尊严。程序公正,能使利益主体受到公正对待,使人享有作为一个人而非动物或物品所必需的尊严和人格自治。"[6]

参考文献

［1］Daniel J. Gatti and Richard D. Gatti. The Education's En-cyclopedia of School Law. Prentice-Hall, Inc,1990. 113.

［2］Board of Regents of State Colleges v. Roth，408 U. S. 564(1972)．

［3］La Morte & Michael W. School Law：Cases and Concepts，6th Edition. Allyn & Bacon, 1999. 169—170.

［4］Board of Regents of State Colleges v. Roth，408 U. S. 564(1972)．

［5］Benjamin Dowling-Sendor, When Firing Backfires：If You Intend to Terminate an Employee, You Have to Follow the Rules. American School Board Journal, 2005. Vol. 192，No. 4.

［6］于群,于强. 正当程序的标准与法治［J］. 社会科学战线，2005，(4)：205.

（本文发表于《比较教育研究》2006 年第 10 期。作者柳国辉,时属单位为福建师范大学教育科学与技术学院）

英文目录
(Contents)

│ Teacher Quality and Status of Teachers │

Teacher Qualification System

Distribution of Teachers

Teacher Evaluation and Teacher's Salary

The Right and obligation of Teacher

后记

　　《比较教育研究》(Comparative Education Review)（原名《外国教育动态》）创刊于 1965 年，是受中央宣传部委托创办的新中国第一本教育学术专业刊物。半个世纪以来，《比较教育研究》虽历经坎坷，但不断成长。1966 年，《外国教育动态》在创刊仅一年之后就被迫停刊。在党和国家领导人的关怀下，1972 年，《外国教育动态》作为内部资料重新得到编辑，1980 年正式复刊，并公开发行。1992 年，《外国教育动态》更名为《比较教育研究》，2001 年由双月刊改为月刊。《比较教育研究》现兼作中国教育学会比较教育分会会刊，多年来一直是 CSSCI 来源期刊、全国中文核心期刊、中国人文社会科学核心期刊、教育类核心期刊。2013 年，《比较教育研究》成为国家社科基金首批资助期刊。

　　50 年来，《比较教育研究》共发表了近 5 000 篇文章，它"立足中国，放眼世界"，引介国外重要的教育理论与思想，追踪世界各国的教育政策与实践，持续关注我国比较教育学科的发展，促进比较教育学领域学者的成长，助力我国教育改革。2015 年，《比较教育研究》创刊 50 年，我们根据刊物多年关注的重点，以及当前我国教育改革的热点，选编了这套"中国比较教育研究 50 年"丛书。

　　本套丛书选编历时一年，是教育部人文社会科学重点研究基地北京师范大学国际与比较教育研究院各位同仁集体合作的成果。2014 年 9 月至 12 月，《比较教育研究》编辑部成员对 50 年来所刊文章进行了阅读与分类，提出了丛书选题建议，又经过顾明远教授、王英杰教授、曲恒昌教授等专家反复讨论，并征求出版社意见后，编委会最终确认了现有的 12 本分册主题。2014 年年底，确认各分册主编。2015 年年初到 6 月，各分册主编完成选稿工作。

《比较教育研究》创刊 50 年,不同时期的稿件编辑规范不同,这给本套丛书的选编带来巨大困难。除参与选编的老师外,北京师范大学国际与比较教育研究院的众多学生也加入到这一工作中,牺牲了宝贵的寒暑假和休息时间,为此付出了艰辛的劳动。在此,特别感谢以下同学(以姓氏笔画为序):

丁瑞常　卫晋津　马　骜　马　瑶　王玉清　王向旭　王苏雅

王希彤　王　珍　王　贺　王雪双　王琳琳　尤　铮　石　玥

冯　祥　宁海芹　吕培培　刘民建　刘晓璇　刘　琦　刘　楠

孙春梅　苏　洋　李婵娟　吴　冬　位秀娟　张晓露　张爱玲

张梦琦　张　曼　陈　柳　郑灵臆　赵博涵　荆晓丽　徐　娜

曹　蕾　蒋芝兰　韩　丰　程　媛　谢银迪　蔡　娟

在丛书即将出版之际,我们衷心感谢山东教育出版社对本套丛书的出版给予的最热忱的支持。

特别感谢国家社科基金对《比较教育研究》的资助!

本套丛书的选编难免存在一些瑕疵,敬请专家和读者批评指正!

"中国比较教育研究 50 年"丛书编委会

2015 年 10 月